LAW & BUSINESS
法商图书

私募股权合同

PRIVATE EQUITY CONTRACT

IN-DEPTH ANALYSIS OF 99 CORE CLAUSES

戴鑫泽 / 著

99个核心条款深度剖析

法律出版社 | LAW PRESS
北京

图书在版编目(CIP)数据

私募股权合同：99个核心条款深度剖析 / 戴鑫泽著
. -- 北京：法律出版社，2024
ISBN 978-7-5197-9065-3

Ⅰ. ①私… Ⅱ. ①戴… Ⅲ. ①股权-投资基金-合同法-研究-中国 Ⅳ. ①D923.64

中国国家版本馆CIP数据核字(2024)第083115号

私募股权合同:99个核心条款深度剖析
SIMU GUQUAN HETONG:99 GE HEXIN TIAOKUAN SHENDU POUXI

戴鑫泽 著

责任编辑 慕雪丹 章 雯
装帧设计 鲍龙卉

出版发行 法律出版社
编辑统筹 法商出版分社
责任校对 赵明霞
责任印制 胡晓雅
经　　销 新华书店

开本 710毫米×1000毫米 1/16
印张 24.75　字数 428千
版本 2024年8月第1版
印次 2024年8月第1次印刷
印刷 三河市兴达印务有限公司

地址:北京市丰台区莲花池西里7号(100073)
网址:www.lawpress.com.cn
投稿邮箱:info@lawpress.com.cn
举报盗版邮箱:jbwq@lawpress.com.cn

销售电话:010-83938349
客服电话:010-83938350
咨询电话:010-63939796

书号:ISBN 978-7-5197-9065-3
定价:99.00元
凡购买本社图书,如有印装错误,我社负责退换。电话:010-83938349

序　言

私募股权合同的“两板斧”

私募股权投资①是一种以私募股权基金为核心主体/载体的投资活动，广义上涉及私募股权基金的“募投管退”流程：基金募集、项目投资、投资项目管理及基金运营管理、投资项目退出及基金最终清算退出。在私募股权基金的整个生命周期中，核心涉及两个合同文本：一个是在基金募集阶段的私募股权基金合同（以下简称基金合同）；另一个是在项目投资阶段的私募股权投资合同（以下简称投资合同）。前述两个合同文本，可以视为私募股权领域合同的“两板斧”，前者主要约定基金管理人（以下简称GP）和基金投资人（以下简称LP）之间的权利义务关系，后者主要约定基金和投资项目之间的权利义务关系。透彻理解和把握这“两板斧”，是私募股权领域从业者必备的技能之一。

在笔者从业过程中，涉猎了不少文献和介绍，其中有若干极具价值的文献及资料②。然而，从笔者的学习及从业体会来看，大量资料存在“颗粒度”不够或“历

---

① 私募股权投资（private equity investment），即对非上市企业股权的投资，俗称“PE”。业内熟知的风险投资（venture capital investment），即“VC”，其实也可以被广义的认为是PE的一种，只不过狭义上说，VC投资于早期的非上市企业（一般是参股），PE投资于中后期的非上市企业（进行参股或直接控股并购）。需要指出的是：(1)针对上市企业的非公开发行股票的投资（private investment in public company，PIPE），一般也会被归为PE投资的一种。实践中，证券投资基金也大量参与此种类型的投资，PIPE是介于股权投资和证券投资之间的一种投资形式，或者换句话说，兼有两者某一侧面的属性，从股权投资的角度看，其是有别于公开发行的非公开发行，从证券投资的角度来看，其是针对有别于非上市股权的上市公司股票的投资。(2)从当前的监管实践看，股权投资基金可以参与PIPE，创业投资基金原则上不能参与PIPE。(3)股权投资基金所投资公司在北京证券交易所上市后基金增持部分，可以参与公开发行或公开交易（《备案指引2号》第13条第2款第3项）。

② 参见李寿双：《中国式私募股权投资——基于中国法的本土化路径》，法律出版社2008年版，第112－131页；李寿双：《中国式私募股权基金募集与设立》，法律出版社2009年版，第184－210页。该两本著作在文本溯源上做了很好的具有开创性的基础工作。另外，汪澍开设了《LPA审核实务要点系列课程》，该系列课程在对LPA的分析上，做了非常详细的展开，文本分析上有极精微的颗粒度。对基金合同和投资合同感兴趣的读者，该两位的书籍和课程是不能错过的。

史眼光”不足的问题。

从历史的角度来看,私募股权投资肇始于美国,作为舶来品进入中国。私募股权投资活动从美国法域进入中国法域,本土的行业研究者和从业者首先是将私募股权相关合同的文本进行了“本土化”,这种本土化以“英译中”为始,却不仅仅限于语言层面的翻译,更有为适应中国的商业环境、法律环境而进行的本土化。对私募股权合同文本的溯源,有助于我们重新审视初始合同文本的功能设计及其背后的机理,进而更深入地理解如何在中国的具体商业和法律环境中,将初始功能设计和背后机理在中国语境下的私募股权合同中做本土化的实现,而非仅针对文本生翻硬套。

需要进一步指出的是,从文本历史渊源的角度来看,美国基金合同和投资合同对中国语境下的基金合同和投资合同产生的影响是存在一定差异的。投资合同更直接受到美国实践的影响,笔者从业过程中涉猎的投资合同,目前仍有不少带着直接翻译美国文本的痕迹;而私募基金合同受到美国实践的影响则较为间接,核心的影响点在于“受托(委托)管理”的商业模式,以及由此衍生的费用支付和收益安排,易言之,管理费(Management Fee)支付和业绩报酬或超额收益分成(Carried Interest)安排。笔者从业过程中涉猎的基金合同,前述模式和安排一般是“功能性”地融入基金合同中,直接翻译的痕迹并不明显。

造成前述差异的原因,就笔者的观察而言,首先,可能是二者在可获得性上存在巨大差别,投资合同基于组合投资、分散投资的要求,从数量上来说天然是要比基金合同多,市面上多见并受到从业者关注的也首先是投资合同。其次,二者的行业协会“开放程度”存在差异,就投资端而言,美国国家风险投资协会(以下简称 NVCA)①早年就发布了风险投资的示范法律文本②,这些文本反映了业内在投资合同上的通行做法和习惯,对中国的实践有着直接的影响。而就基金端而言,机构有限合伙人协会(以下简称 ILPA)直至 2019 年才发布了示范有限合伙协

---

① 该协会是代表美国风险投资行业的主要行业协会,它被广泛认为是风险投资行业业态和数据的可靠来源。

② 笔者能检索到的最早版本为 2004 年左右的版本,具体为:美国律师协会(ABA):《ABA Comments to National Venture Capital Association Term Sheet》,载 ABA 网,https://www.americanbar.org/content/dam/aba/administrative/business_law/newsletters/CL930000/full-issue-200708.pdf,最新一版示范法律文本为 2020 年 8 月版本,详情请访问 NVCA 网,https://nvca.org/model-legal-documents/。

议[①]，其发布对中国的当前实践有一定参考意义，但就历史影响而言，并没有出现类似于私募投资合同文本"英译中"的直接影响[②]。最后，投资端和基金端的历史基础法律环境存在差异，就投资端而言，《民法通则》(1986年)、《公司法》(1993年)、《合同法》(1999年)等在早年就搭建好了投资端的基础法律环境，投资合同能够相对容易地通过从"英译中"开始实现投资合同机制功能的本土化。而就基金端而言，美国实践通行使用的是有限合伙协议(Limited Partnership Agreement, LPA)，有限合伙企业这种组织形式也是最符合私募股权基金内在逻辑要求的形式，但就国内而言，2006年修订《合伙企业法》时，才引入有限合伙制度，有限合伙企业作为符合股权投资领域要求的法律主体形态才开始被大量采用。

就"颗粒度"来说，作为私募股权领域的从业者，为了更好地理解业务、推进业务，有必要对私募股权合同的"两板斧"有深入细致的理解，而就笔者观察，市面上大部分的解读进行了非常精巧完善的体系化梳理、分析，部分解读就单个条款进行了非常完善的研究，但极少能见到对"两板斧"整个体系、每个条款做细致分析的资料。就笔者的从业体会来讲，对"两板斧"每个条款都给予足够多的关注、作深入的理解，与体系化的认知同等重要，因为在实际业务过程中，面对的是一个完整的合同，而非仅仅是核心的条款，并且若干"枝节"条款经常与核心条款钩稽或与合同整体效力、责任限制等息息相关，虽然是"枝节"但并非不重要。

鉴于以上，有了本书的展开。本书正文分为上下两篇，分别论述私募股权合同的"两板斧"——上篇基金合同和下篇投资合同。

上篇论述基金合同，从"颗粒度"的角度，笔者将对中国证券投资基金业协会(以下简称中基协)2016年7月发布的《合同指引3号》(以下简称指引[③])逐条进行剖析。从"历史眼光"的角度，笔者将重点就受托管理的商业模式、费用和收益支付安排进行回溯，引入美国相关实践对比，并参照ILPA示范有限合伙协议的相关内容进行比较分析。

下篇论述投资合同，从"历史眼光"的角度，笔者将对NVCA发布的风险投资

---

① See ILPA, *Model Limited Partnership Agreement*, ILPA, https://ilpa.org/model-lpa/.

② 这类合同集大成者，参见北京市大成律师事务所、北京市律师协会风险投资委员会组织编译：《美国风险投资示范合同》(中英文对照本)，法律出版社2006年版，第1-53页。

③ 法律法规对应简称表中列简称为《合同指引3号》，但因上篇内容主要依据该指引展开，如无特别说明则又以"指引"代称《合同指引3号》，以免表述繁复，特此说明。

的示范法律文本(聚焦到其中的"Term Sheet",即"条款清单")进行回溯。从"颗粒度"的角度,对前述条款清单逐条进行详细剖析。

需要特别指出的一点是,就"颗粒度"而言,基金合同和投资合同的条款都会受到"商务逻辑"和"规范框架"两个维度的影响塑造,叠加基金合同和投资合同两个内容后,具体条款的分析可见表 1 四个象限维度。

表 1　私募股权合同的四个象限维度

合同类型 / 涉及维度	基金合同	投资合同
商务逻辑	GP 和 LP 之间如何通过合伙协议、合伙企业安排实现"出钱 + 出力"的有效结合,建立相应的约束激励机制	基金和标的公司(及实控人)如何通过投资协议、标的公司实现基金股权非债权、参股不控股、投资不经营、投后有增值、投资要退出的安排
规范框架	GP 和 LP 如何在合伙企业法(强制规定)框架内、在基金监管法规下实现合伙目的	基金和标的公司如何在公司法、企业上市规范框架下,通过投资助推企业规范并做强做大,力图推动企业上市/被并购,并最终完成基金的投资退出

一般来说,商务逻辑比较柔性,业界通行操作是个软约束,具体条款有赖于合作各方的磋商;规范框架则比较刚性,部分强制性条款在合同中应得到刚性遵守。

全称、简称对照表

全　　称	简　　称
《私募投资基金备案材料清单(非证券类)》(2023 年修订,2023 年 9 月 28 日施行)	《备案材料清单(非证券类)(2023)》
《中国证券投资基金业协会私募投资基金备案须知》(2019 年 12 月 23 日施行)	《备案须知(2019)》
《私募投资基金备案指引第 2 号——私募股权、创业投资基金》(2023 年 9 月 28 日施行)	《备案指引 2 号》
《政府出资产业投资基金管理暂行办法》(2017 年 4 月 1 日施行)	《产业投资基金暂行办法》
《财政部、税务总局、发展改革委、证监会关于创业投资企业个人合伙人所得税政策问题的通知》(2019 年 1 月 1 日施行)	《创投个人合伙人所得税通知》
《上市公司创业投资基金股东减持股份的特别规定》(2020 年 3 月 31 日施行)	《创投股东减持特别规定》
《创业投资企业管理暂行办法》(2006 年 3 月 1 日施行)	《创投管理办法》
《财政部、税务总局关于创业投资企业和天使投资个人有关税收政策的通知》(2018 年 7 月 1 日施行)	《创投和天使税收政策》
《国家税务总局关于实施创业投资企业所得税优惠问题的通知》(2008 年 1 月 1 日施行,部分已失效)	《创投企业所得税优惠通知》
《深圳证券交易所创业板股票上市规则》(2023 年修订,2023 年 9 月 4 日施行)	《创业板股票上市规则》
《私募投资基金管理人登记和基金备案办法(试行)》(2014 年 2 月 7 日施行)	《登记备案办法(2014)》

续表

全　　称	简　　称
《私募投资基金登记备案办法》(2023 年 5 月 1 日施行)	《登记备案办法(2023)》
《私募基金管理人登记须知》(2018 年 12 月施行)	《登记须知(2018)》
《私募基金管理人登记指引第 1 号——基本经营要求》(2023 年 5 月 1 日施行)	《登记指引第 1 号》
《监管规则适用指引——发行类第 4 号》(2023 年 2 月 17 日施行)	《发行类 4 号指引》
《私募基金管理人登记法律意见书指引》(2019 年 12 月 22 日发布)	《法律意见书指引》
《上市公司非公开发行股票实施细则》(2020 年修订,2020 年 2 月 14 日施行)	《非公开发行股票细则(2020)》
《外商投资准入特别管理措施(负面清单)》(2022 年 1 月 1 日施行)	《负面清单(2021 年版)》
《中国证监会关于高质量建设北京证券交易所的意见》(2023 年 8 月 31 日施行)	《高质量建设北交所意见》
《中华人民共和国公司法》(2018 年修正,2018 年 10 月 26 日施行)	《公司法(2018)》
《中华人民共和国公司法》(2023 年 12 月 29 日修订,2024 年 7 月 1 日施行)	《公司法》
《最高人民法院关于适用〈中华人民共和国公司法〉若干问题的规定(三)》(2020 年修正,2021 年 1 月 1 日施行)	《公司法解释(三)》
《私募投资基金非上市股权投资估值指引(试行)》(2018 年 7 月 1 日施行)	《股权投资估值指引》
《全国中小企业股份转让系统股票交易规则》(2021 年修订,2021 年 11 月 15 日施行)	《股转系统交易规则》
《中华人民共和国合伙企业登记管理办法》(2019 年修订,2019 年 3 月 2 日施行)	《合伙企业登记管理办法》
《中华人民共和国合伙企业法》(2006 年修订,2007 年 6 月 1 日施行)	《合伙企业法》
《私募投资基金合同指引 1 号——契约型私募基金合同内容与格式指引》(2016 年 7 月 15 日施行)	《合同指引 1 号》

续表

全　　称	简　　称
《私募投资基金合同指引 2 号——公司章程必备条款指引》(2016 年 7 月 15 日施行)	《合同指引 2 号》
《私募投资基金合同指引 3 号——合伙协议必备条款指引》(2016 年 7 月 15 日施行)	《合同指引 3 号》
《国务院办公厅关于印发〈互联网金融风险专项整治工作实施方案〉的通知》(国办发〔2016〕21 号,2016 年 4 月 12 日施行)	《互联网金融整治通知》
《创业投资主体划型办法(征求意见稿)》(2021 年 4 月 20 日发布)	《划型办法》
《监管规则适用指引——会计类第 1 号》(2020 年 11 月 13 日)	《监管指引会计 1 号》
《中华人民共和国会计法》(2017 年修正,2017 年 11 月 5 日施行)	《会计法》
《企业会计准则——基本准则》(2014 年 7 月 23 日施行)	《会计基本准则》
《私募股权、创业投资基金备案关注要点》(2022 年 6 月 2 日施行)	《基金备案关注要点》
《中华人民共和国证券投资基金法》(2015 年修正)	《基金法》
《关于加强私募投资基金监管的若干规定》(2020 年 12 月 30 日施行)	《加强基金监管的规定》
《全国法院民商事审判工作会议纪要》(2019 年 11 月 8 日施行)	《九民纪要》
《中华人民共和国民法典》(2021 年 1 月 1 日施行)	《民法典》
《最高人民法院关于适用〈中华人民共和国民事诉讼法〉的解释》(2022 年修正,2022 年 4 月 10 日施行)	《民诉法解释》
《企业名称登记管理规定实施办法》(2023 年 10 月 1 日施行)	《名称登记办法》
《企业名称禁限用规则》(2017 年 7 月 31 日施行)	《名称禁限用规则》
《私募投资基金命名指引》(2019 年 1 月 1 日施行)	《命名指引》

续表

全　　称	简　　称
《私募投资基金募集行为管理办法》(2016 年 7 月 15 日施行)	《募集行为办法》
《中华人民共和国企业破产法》(2006 年修正,2007 年 6 月 1 日施行)	《企业破产法》
《上市公司股权激励管理办法》(2018 年修正,2018 年 9 月 15 日施行)	《上市公司股权激励办法》
《上市公司章程指引》(2022 年修订,2022 年 1 月 5 日施行)	《上市公司章程指引》
《上海证券交易所科创板股票发行上市审核问答(二)》(2019 年 3 月 24 日施行)	《审核问答(二)》
《中华人民共和国市场主体登记管理条例》(中华人民共和国国务院令第 746 号,2022 年 3 月 1 日施行)	《市场主体登记条例》
《中华人民共和国市场主体登记管理条例实施细则》(国家市场监督管理总局令第 52 号,2022 年 3 月 1 日施行)	《市场主体登记条例细则》
《首次公开发行股票注册管理办法》(2023 年 2 月 17 日施行)	《首发注册办法》
《私募投资基金监督管理暂行办法》(2014 年 8 月 21 日施行)	《私募管理办法》
《私募投资基金监督管理条例》(2023 年 9 月 1 日施行)	《私募条例》
《天津股权投资企业和股权投资管理机构管理办法》(津发改财金〔2011〕675 号,2011 年 9 月 1 日施行)	《天津管理办法》
《证券期货投资者适当性管理办法》(2017 年 7 月 1 日施行)	《投资者适当性办法》
《外商投资创业投资企业管理规定》(2015 年修正,2015 年 10 月 28 日施行)	《外商创投规定》
《中华人民共和国外商投资法》(2020 年 1 月 1 日施行)	《外商投资法》

续表

全　　称	简　　称
《中华人民共和国外商投资法实施条例》(2020 年 1 月 1 日施行)	《外商投资法实施条例》
《关于为深化新三板改革、设立北京证券交易所提供司法保障的若干意见》(2022 年 6 月 23 日施行)	《为新三板、北交所提供保证的意见》
《优先股试点管理办法》(2023 年修订,2023 年 2 月 17 日施行)	《优先股试点管理办法》
《证券发行与承销管理办法》(2018 年修订,2018 年 6 月 15 日施行)	《证券发行与承销办法(2018 年)》
《证券发行与承销管理办法》(2023 年 2 月 17 日施行)	《证券发行与承销办法(2023 年)》
《上市公司证券发行注册管理办法》(2023 年 2 月 17 日施行)	《证券发行注册办法》
《中华人民共和国证券法》(2019 年修订,2020 年 3 月 1 日施行)	《证券法》
《政府投资基金暂行管理办法》(2015 年 11 月 12 日施行)	《政府投资基金管理办法》
《关于支持浦东新区高水平改革开放打造社会主义现代化建设引领区的意见》(2021 年 4 月 23 日发布)	《支持浦东的意见》
《中华人民共和国中外合资经营企业法》(2016 年 9 月 6 日施行)	《中外合资企业法》
《中华人民共和国中外合资经营企业法实施条例》(2011 年 1 月 8 日施行)	《中外合资企业法条例》
《中华人民共和国仲裁法》(2017 年修正,2018 年 1 月 1 日施行)	《仲裁法》
《关于规范金融机构资产管理业务的指导意见》(2018 年 4 月 27 日施行)	《资管新规》

目　　录

上　篇　基金合同

第一章　基金合同的特质 3

第一节　基金合同的基金属性 3

第二节　有限合伙型基金合同 3

一、有限合伙的特点 4

二、有限合伙的法律性质 7

第二章　基金合同指引 9

第一节　基金合同指引的意义 9

第二节　具体条款的展开 10

一、规范依据 10

二、声明与承诺 11

三、合伙企业的名称 12

四、主要经营场所地址 17

五、合伙目的和合伙经营范围 19

六、合伙期限 23

七、合伙人的姓名或名称、住所 31

八、合伙人的出资方式、出资数额、出资比例和缴付期限 33

九、有限合伙人与普通合伙人的基本权利和义务 49

十、由普通合伙人担任执行事务合伙人 51

十一、执行事务合伙人应具备的条件及选择程序 56

十二、执行事务合伙人的权限及违约处理办法 58

十三、执行事务合伙人的除名条件和更换程序 61

十四、执行事务合伙人执行事务的报酬(包括绩效分成)及报酬提取方式 64
十五、执行事务合伙人执行事务的利益冲突及关联交易 92
十六、有限合伙人不执行合伙事务,不得对外代表合伙企业 97
十七、合伙人会议的召开条件、程序及表决方式 99
十八、管理人可以是执行事务合伙人也可以委托管理 108
十九、管理人就托管事项的授权范围 111
二十、不托管应明确保障投资基金财产安全的制度措施和纠纷解决机制 112
二十一、合伙人入伙的条件、程序及相关责任 115
二十二、合伙人退伙的条件、程序及相关责任 126
二十三、有限合伙人和普通合伙人相互转变程序 141
二十四、投资范围 143
二十五、投资运作方式 148
二十六、投资限制 150
二十七、投资决策程序 155
二十八、关联方及投资回避 158
二十九、投资后持续管理 159
三十、利润分配及亏损分担方式 160
三十一、税务承担 163
三十二、合伙企业费用的核算和支付事项 164
三十三、记账、会计年度、审计、年度报告、查阅会计账簿等 171
三十四、信息披露的内容、方式、频度等及报送 175
三十五、终止、解散的条件、清算程序 178
三十六、清算人及任命条件 180
三十七、清偿及分配 182
三十八、修订事由及程序 186
三十九、争议的解决方式 188
四十、合伙协议为准、备案版本为准 189
第三章 基金合同番外条款 194
第一节 何为番外条款 194
第二节 具体番外条款 194

一、维持运作条款 194
二、关键人士 196

下　篇　投资合同

第四章　投资合同的特质 201
第一节　投资合同的特殊权利安排 201
一、特殊权利安排的必要性 201
二、中美特殊权利安排的差异 202
第二节　投资合同的结构 204
一、基础结构中美相同:“Terms Sheet + 正式投资协议” 204
二、本土化尝试差异:“正式投资协议的分化” 206
第五章　示范投资合同 209
第一节　示范投资合同的意义 209
第二节　具体条款的展开 210
一、投资条款的分类 210
二、标题—投资意向书 212
三、首段—没有法律拘束力 213
四、交易条款 214
五、交割日 216
六、投资方 217
七、融资总额 218
八、每股价格 220
九、投前估值 222
十、股权结构 223
十一、章程 226
十二、分红权 227
十三、清算优先权 234
十四、表决权 243
十五、保护条款 245

十六、可选转换 252
十七、反稀释条款 254
十八、强制转换 263
十九、继续参与 266
二十、赎回权 276
二十一、股份购买协议 289
二十二、陈述与保证 289
二十三、交割条件 293
二十四、律师和费用 295
二十五、投资方权利协议 297
二十六、注册权 298
二十七、管理和信息权 309
二十八、按比例认购次轮融资的权利 313
二十九、不竞争和不劝诱协议 315
三十、保密和开发协议 317
三十一、董事会事项 319
三十二、员工股票期权 323
三十三、关键人员保险 326
三十四、IPO 定向股票 326
三十五、合格小企业股票 328
三十六、终止 329
三十七、优先购买权/共同出售协议和表决权协议 334
三十八、优先购买权和共同出售权 335
三十九、董事会/表决协议 340
四十、拖售 344
四十一、公司对投资者出售的优先购买权 347
四十二、终止 349
四十三、其他事项 350
四十四、创始人股票 351
四十五、现有优先股 353

四十六、排他/保密 354
四十七、到期及其他 356
四十八、CFIUS 事项 357
第六章　投资合同番外条款 364
第一节　何为番外条款 364
第二节　具体番外条款 364
一、业绩对赌 364
二、最优惠条款 371
三、再创业条款 376
四、创始人责任限制 377

上篇　基金合同

第一章　基金合同的特质

第一节　基金合同的基金属性

合同有多种类型,《民法典》所列典型合同就有包括买卖合同在内的 19 种[①]。基金合同自然也属于合同的一种,其特殊性体现在“基金”这一特别属性上,该属性的核心在于“受托管理、专业理财”,更聚焦一点其实是“受托管理”。

“受托管理”的内核即“投资人信赖,管理人受信”,管理人因为投资人的信赖而产生信赖义务(或受信义务)。学理上通常将信赖义务分为注意义务和忠实义务。注意义务是要求受信人在作出某项决策时,其行为标准必须为了委托人的利益,以适当的方式并尽合理地注意义务履行职责。忠实义务则要求受信人在行使其权利履行其职责时,其自身利益与委托人的利益一旦发生冲突,受信人则必须以委托人的最佳利益为重,不得将自身利益置于委托人的利益之上。[②]

管理人这种受信义务/信赖义务,会在基金合同若干条款中详细体现,可以毫不夸张地说,除了纯商务性质的条款外,基金合同核心要处理的问题是在投资人对管理人交付信赖的前提下,如何通过激励约束机制让管理人履行好其相应的受信义务/信赖义务。

第二节　有限合伙型基金合同

从基金合同大类型上来说,受限于私募股权基金形式的选择。私募股权基金

---

① 具体参见《民法典》第二分编典型合同。

② 参见郑泰安、钟凯、陈镜:《证券投资基金法律制度》,四川人民出版社 2008 年版,第 54 页。

可供选择的类型有多种,如公司型、合伙型(主要是有限合伙)、契约型,相应地,基金合同就分为章程(或委托管理协议)、有限合伙协议(或委托管理协议)、契约型基金合同。

基于"受托管理、专业理财"的基金商业逻辑,私募股权基金的参与者(主要包括管理人和投资人)对基金类型是有所偏好的。实践数据也能很好地证明这一点,中基协在《2020 年私募基金统计分析简报》[①]中披露,截至 2020 年年末,私募股权投资基金中,合伙型基金数量和规模占比最高,分别为 77.2% 和 79.7%,与 2019 年年末相比,合伙型基金数量占比上升了 4.09 个百分点。

有限合伙制的私募基金是当前私募股权投资基金的主流形式(有限合伙基金合同,逻辑当然的是当前私募股权投资基金的主流合同),这在中美情况类似,这一现象的出现并非偶然,核心原因是有限合伙企业有其独特的特点和法律性质,能够较好地契合私募股权基金参与各方的诉求。

一、有限合伙的特点

(一)可以很好地实现资金和专业能力的结合

在有限合伙制的基金中,"有钱的出钱,有力的出力":有钱的 LP 出钱,有专业管理能力的 GP 出力(或者出很少的钱)。

GP 原则上不受 LP 干涉,比较独立地运用自己的专业能力为 LP 管理资金,同时对有限合伙制基金债务承担无限连带责任。LP 投入资金,但不介入基金实际的经营管理,仅以其投入资金对基金债务承担有限责任,并对 GP 有一定限度的监督权力。

GP 和 LP 各司其职,各自发挥所长,有限合伙这种形式较好地实现了资金和专业能力之结合[②]。

(二)构成有效的激励约束与保护安排

虽然有前述(一)的优势,但是我们也应当看到,有限合伙企业中,LP 通过出资享有对合伙企业对应出资份额的所有权,但合伙企业的实际经营控制在执行合伙事务的 GP 手中,这是典型的所有权与控制权相分离的情形。

---

① 参见中基协:《2020 年私募基金统计分析简报》,载中基协网,https://www.amac.org.cn/researchstatistics/report/zgsmjjhysjbg/202106/P020210625357218469626.pdf。

② 参见李寿双:《中国式私募股权基金募集与设立》,法律出版社 2009 年版,第 108 页。

在所有权与控制权分离的情况下，企业的所有者成了委托人，管理者成了代理人。由于交易费用不为零，因而代理人不一定按照委托人的意愿进行工作，以使委托人的利益达到最大化，相反，代理人会追求自己的利益，甚至不惜牺牲委托人的利益，这就产生了委托代理问题。①

就处理委托代理问题的整体策略，公司法领域的学者做了很好的探索归纳，见表1-1。②

表1-1　保护委托人的策略

策略类型 时间点	规制型策略		治理型策略		
	代理人约束策略	从属条件	任免策略	决策策略	代理人激励策略
事前	规则	准入	选任	提议	信托
事后	标准	退出	罢免	否决	奖励

合伙企业和公司同属于“企业”“组织”范畴，对“委托代理问题”的规制解决策略原理是类似的，有限合伙制基金中的细化激励约束与保护安排，可以有效遏制有限合伙制企业的各方利益相关者从事减少合伙企业价值的机会主义行为，具体而言：③

对GP来说，常见的激励安排有：(1)当期的管理费安排，能够覆盖当期的管理成本（甚至有一定盈余），使GP做好当期的管理工作；(2)收益分成安排，即在GP给LP/基金创造超过特定门槛的收益时，能够获得部分超额收益分成，这种安排能够促使GP减少当期管理的机会主义行为，着眼于未来在最终基金组合退出时候的更大的收益；(3)共同投资安排，GP在基金中持有部分份额构成了共同投资的一部分，有些基金/LP会要求GP额外对投资项目强制共同投资，某种意义上，这是基金/LP的大金额投资撬动了GP的小金额跟投，这对GP来说是一种激励安排。

对GP来说，常见的约束安排有：(1)出资约束，GP在基金/项目中强制出资，这种出资构成基金财产的一部分对外进行投资，这实质上构成一种对GP投资决

① 参见张卫东：《新制度经济学》（第2版），东北财经大学出版社2018年版，第193页。

② 参见[美]莱纳·克拉克曼、[英]保罗·戴维斯等：《公司法剖析：比较与功能的视角》，刘俊海、徐海燕等译，北京大学出版社2007年版，第27页。

③ 为避免烦琐，以下论述未按照保护委托人的策略的分类进行论述，仅按照对GP/LP的激励/约束进行分类扼要列举，感兴趣的读者可以一一对照具体的激励约束与保护安排是属于哪一类策略。

策、投资管理的约束,即 GP 使用的基金的钱中有自己的一部分,这促使 GP 的利益和 LP/基金的利益在特定的基金组合投资中更加深度绑定、保持一致;(2)责任约束,在有限合伙企业中,GP 不管出资多少都是要承担连带责任的,这加深了对 GP 的约束效果;(3)资格约束,一般 LPA 会约定 GP 的条件和选任程序;(4)行为约束,有限合伙制基金一般登记为有限合伙企业,天然受《合伙企业法》等法律法规的约束,《合伙企业法》对有限合伙企业 GP 的机会主义行为有特别约束,如对竞争业务、利益冲突、关联交易行为的约束和限制;(5)收益返还,在特定的基金结构设计中,如果最终 GP 通过分配机制安排,实际获得的收益超过了原定的比例/金额,则在基金最终清算的时候,需要通过“回拨”机制将多获得的收益进行返还。

对 LP 来说,常见的保护安排有:(1)认缴出资制,LP 通过认缴份额参与有限合伙制基金的设立,而非立刻实际出资,这使得在最终实缴之前(考虑到下述“分期出资”,可以安排一个较长的实缴时间),LP 如果发现 GP 有机会主义行为,可以在有限合伙协议和《合伙企业法》的框架下,免除后续实际出资义务及时止损,同时追究 GP 责任;(2)分期出资,LP 实际出资的进度可以不安排为一次到位,而可以设置为分期出资,即根据基金的投资进度合理安排出资进度;(3)合理限度参与,虽然 LP 只出钱不实际介入合伙企业的投资运营,但是还是有一定限度的参与权利,如通过合伙人会议、咨询委员会等,对 GP 的某些行为(特别是关联交易等利益冲突行为)进行审议约束;(4)以认缴出资额为限承担责任,即无论合伙基金的整体债务是何水平,LP 均仅以其认缴出资额为限承担有限责任,这是对 LP 不介入合伙企业投资运营的“补偿”,实际构成了对 LP 的一大保护。

对 LP 来说,常见的约束安排主要体现在对 LP 违约的惩罚,常见的违约有未按期实缴出资违约、转让违约、退伙违约等,相对应的惩罚多样,以实缴出资违约为例,可以是“资格罚”,如丧失相关认缴出资或者后续认缴出资的实缴资格,可以是“金钱罚”,如交付迟延实缴的违约金,或者在后端分配的时候迟延获得分配或少获得分配。

总体来说,有限合伙制一方面较好地解决了 GP 自主、专业理财的问题,同时又能较好地遏制 GP 对 LP/基金的机会主义行为,避免其道德风险;另一方面虽然“剥夺”了 LP 对合伙制基金的控制,但给予其足够的保护,这无论对 GP 还是 LP,均构成了有效的激励约束与保护安排。

(三)是一个税收透明体

私募股权基金的税务安排,与基金的参与各方(GP、LP)实际获得的收益密切相关。因此,私募股权基金的税务问题,构成基金架构设计(包括形式、设立地等)、投资方案设计(包括被投对象选择、分红/转让退出选择等)核心考虑点之一,而其中基金的形式选择尤为重要,这一点上有限合伙形式具有明显的优越性。

有限合伙不是独立的纳税主体,根据《合伙企业法》第 6 条的规定,合伙企业的生产经营所得和其他所得,按照国家有关税收规定,由合伙人分别缴纳所得税,俗称“税收透明体”,一般而言税负较轻。同时,有限合伙制企业作为税收透明体,各个参与主体就合伙企业经营所得和其他所得,自行分别纳税,这意味着合伙企业的兼容性比较好,可以构成各种不同税务地位的主体①。

值得一提的是,就公司制股权投资基金来说,2021 年 4 月 23 日,中国共产党中央委员会、国务院发布了《支持浦东的意见》,该意见第 5 条提到,“在浦东特定区域开展公司型创业投资企业所得税优惠政策试点,在试点期内,对符合条件的公司型创业投资企业按照企业年末个人股东持股比例免征企业所得税,鼓励长期投资,个人股东从该企业取得的股息红利按照规定缴纳个人所得税”。这意味着,公司制创业投资企业税务方面的待遇在浦东特定区域可以与合伙企业“拉平”看待。不过我们应当注意到此文件适用上的局限性:第一,限定了区域,未来是否推广情况不明朗;第二,将享受优惠的主体限缩为公司型“创业投资企业”,缩小了适用的主体范围;第三,该文件着眼于“鼓励长期投资”,获得税收优惠必然要符合一定“长期投资”的条件。不过,鉴于公司制股权投资基金有其比较优势,如治理结构完善、股东有限责任等,加上符合一定条件也能享受类似有限合伙制基金的税务地位,公司制股权投资基金在未来必将长期存在②,只不过短时间内是不可能取代目前有限合伙制基金的主流地位的。

二、有限合伙的法律性质

从法律性质上讲,有限合伙企业属于民事主体的一类——非法人的企业/组织,这种法律性质定位,意味着其具有相对独立的财产,能够独立行使权利、承担

---

① 参见李寿双:《中国式私募股权基金募集与设立》,法律出版社 2009 年版,第 110 页。

② 就笔者观察而言,公司制股权投资基金在国有管理人、国有制基金中适用比较多,一个可能的解释是国有管理人、国有制基金对治理的需求可能高于对节税的需求。

责任。

(一)相对独立的财产

合伙人将出资实缴入合伙企业,相应的实缴出资即构成合伙企业自身的财产,与合伙人的其他财产无关①。就合伙企业的财产,其占有、使用、收益和处分的权利均由合伙企业享有。合伙企业首先以"自身财产"对外承担责任,从该角度看,合伙企业财产是"独立"的。特别的地方在于,如合伙企业的财产仍不足以对外承担责任,则由GP以自身财产对外承担责任,从这个角度看,合伙企业财产并非绝对独立而是"相对独立"的。

(二)独立行使权利及承担责任

合伙企业具有独立的民事主体地位,能够独立地以自己的名义从事民事活动,行使权利并承担相应的义务和责任。具体而言,一般是执行合伙事务的GP以合伙企业的名义对外从事民事活动。

有限合伙制基金的前述法律性质定位,对于交易相对人——标的项目而言,能够使对方容易将基金识别为交易主体,能够使对方对基金产生交易信赖,同时对于有限合伙制基金自身而言,其能够以其自有财产投资于标的项目,履行出资义务以获得股权,并行使股东权利。

① 《合伙企业法》第20条规定:合伙人的出资、以合伙企业名义取得的收益和依法取得的其他财产,均为合伙企业的财产。

第二章　基金合同指引

第一节　基金合同指引的意义

2013 年 6 月中央编办发文，明确中国证券监督管理委员会（以下简称中国证监会）负责私募股权基金的监督管理，实行适度监管，保护投资者权益[①]。2014 年 1 月中国证监会召开新闻发布会，明确由中基协开展私募基金管理人登记、私募基金备案及行业自律工作[②]。中基协是证券投资基金行业的自律性组织，接受中国证监会和民政部的业务指导和监督管理[③]。

中基协作为私募股权基金行业自律组织，其发布的合同指引具有重要意义。

中基协合同指引发布同期公布的《〈私募投资基金合同指引〉起草说明》[④]规定：随着私募基金的不断发展，作为私募基金的核心文件基金合同一直缺少专业指引，特别是一些中小基金或者新成立的基金，基金合同的制定较为随意容易产生争议。同时，私募基金行业鱼龙混杂，部分机构借"私募"之名从事违法违规活动而投资者无法从合同文本层面进行甄别。因此，为了能够更好地防范和控制风险，保护投资人的权益，有必要在基金合同方面为私募基金设置必要的指引。

前述说明有两层含义，首先，合同指引能起到"行业最佳实践"的指导作用；其次，如果未按照合同指引设定基金合同条款，是无法通过中基协的基金备案，进

---

① 参见中央机构编制委员会办公室：《中央编办发文明确私募股权基金管理职责分工》，载中国机构编制网 2013 年 6 月 27 日，http://www.scopsr.gov.cn/jgbzdt/gg/201811/t20181119_325719.html。

② 中国证监会：《私募投资基金管理人登记和基金备案工作正式启动》，载中国证监会网 2014 年 1 月 17 日，http://www.csrc.gov.cn/csrc/c100028/c1002184/content.shtml。

③ 参见中基协：《协会简介》，载中基协网 2023 年 11 月 24 日，https://www.amac.org.cn/aboutassociation/associationintroduction/briefintroduction/。

④ 参见中基协：《关于发布私募投资基金合同指引的通知》，载中基协网，https://www.amac.org.cn/aboutassociation/gyxh_xhdt/xhdt_xhtz/201604/t20160418_1397.html。

而无法合规运行对外投资的,因此合同指引实际还起着"刚性"的合规约束作用。

笔者下文将对指引逐条进行细致剖析,探究指引条款背后的机理,论述条款在实务中的运用/变种。同时,如序言所述兼顾"历史的眼光",部分重要的条款将回溯 ILPA2019 年及 2020 年发布的示范有限合伙协议条款清单所列相应条款。

第二节　具体条款的展开

一、规范依据

在进入指引所列具体必备条款(指引第 4 条及以下)讨论之前,我们有必要简单审视一下指引的前部内容(第 1 条至第 3 条)[①]。具体而言:

指引第 1 条罗列了制定指引的规范依据(第 3 条重申《合伙企业法》),我们可以看到,指引有两大基础支柱:一个是《合伙企业法》(规定组织形式为"有限合伙制");另一个是股权投资基金监管体系的规定(规范运作实质为"基金")。这实际上意味着有限合伙制的私募股权基金,一方面以《合伙企业法》作为组织法来设立并受其规范,另一方面也受中国证监会体系下私募基金相应管制规范的监管,是一个私法和监管法交叉影响的领域。在讨论具体必备条款时,这两个方面在不少条款中均有涉及并受其影响。

指引第 2 条明示管理人如要设立有限合伙制基金,从监管角度要求指引是必备条款;另外,就未尽事宜,也明示可以参考《合同指引 1 号》,而就公司制基金公司章程必备条款,指引也作了相同表述,原因可能是契约型私募基金合同内容已经比较成熟、通行和标准化。

---

① 指引前部第 1 ~ 3 条内容如下:(1)根据《证券投资基金法》(以下简称《基金法》)、《合伙企业法》、《合伙企业登记管理办法》、《私募投资基金监督管理暂行办法》(以下简称《私募办法》)、《私募投资基金管理人登记和基金备案办法(试行)》(以下简称《登记备案办法》)及其他相关规定,制定本指引。(2)私募基金管理人通过有限合伙形式募集设立私募投资基金的,应当按照本指引制定有限合伙协议(以下简称合伙协议)。合伙协议中应当载明本指引规定的必备条款,本指引必备条款未尽事宜,可以参考《私募投资基金合同指引 1 号》的相关内容。协议当事人订立的合伙协议应当满足相关法律、法规对合伙协议的法定基本要求。(3)本指引所称合伙型基金是指投资者依据《合伙企业法》成立有限合伙企业(以下简称合伙企业),由普通合伙人对合伙债务承担无限连带责任,由基金管理人具体负责投资运作的私募投资基金。

二、声明与承诺

（一）指引内容

指引第 4 条规定：私募基金管理人及私募基金投资者应在合伙协议首页用加粗字体进行如下声明与承诺，包括但不限于：

私募基金管理人保证在募集资金前已在中国基金业协会登记为私募基金管理人，并列明管理人登记编码。私募基金管理人应当向投资者进一步声明，中国基金业协会为私募基金管理人和私募基金办理登记备案不构成对私募基金管理人投资能力、持续合规情况的认可；不作为对基金财产安全的保证。私募基金管理人保证已在签订本合同前揭示了相关风险；已经了解私募基金投资者的风险偏好、风险认知能力和承受能力。私募基金管理人承诺按照恪尽职守、诚实信用、谨慎勤勉的原则管理运用基金财产，不对基金活动的盈利性和最低收益作出承诺。

私募基金投资者声明其为符合《私募办法》规定的合格投资者，保证财产的来源及用途符合国家有关规定，并已充分理解本合同条款，了解相关权利义务，了解有关法律法规及所投资基金的风险收益特征，愿意承担相应的投资风险；私募基金投资者承诺其向私募基金管理人提供的有关投资目的、投资偏好、投资限制、财产收入情况和风险承受能力等基本情况真实、完整、准确、合法，不存在任何重大遗漏或误导。

（二）内含机理

"声明与承诺"由两段内容组成，第一段为管理人的声明与承诺，第二段为 LP 的声明与承诺。

管理人声明与承诺的主要内容有：管理人已经备案为管理人；备案不构成中基协对管理人及基金财产的特别认可/保证；管理人已经履行合格投资者识别；管理人会诚信投资，不作收益承诺。

LP 声明与承诺的主要内容有：LP 为合格投资者；资金来源符合要求；风险承受能力符合要求；LP 向 GP 信息披露无问题。

该部分"声明与承诺"被中基协要求在合伙协议首页用加粗字体进行列示，用意在于向 LP 以及 GP 强调各自主要的义务，尤其意在"提醒"LP 注意 GP 的资质以及投资本身存在的高风险。特别的是，中基协在此处做了一个小小的"免责声明"，即"登记备案不构成对私募基金管理人投资能力、持续合规情况的认可，不作为对基金财产安全的保证”,此声明应该也是为了应对实践中部分“野鸡”机构打着中基协备案的名号欺骗甚至诈骗投资者的情况。

(三)适用及其他

本部分内容没有特别的“变种”,一般可以直接引用至正式的合伙协议中。当然根据具体要求可以调整,但一般而言只能“加码”,不能减弱。

三、合伙企业的名称

(一)指引内容

【基本情况】合伙协议应列明如下信息,同时可以对变更该等信息的条件作出说明:(1)合伙企业的名称(标明“合伙企业”字样)……

(二)内含机理

1. 名称是法定(登记)内容

名称是合伙企业的指称,是此一合伙区别于彼一合伙的重要标志。[①] 参与民事活动的民事主体,首先要向交易相对方表明的、同时获知交易相对方信息的均应当是民事主体名称,之后才能进行下一步的活动,名称对于企业参与商事活动必不可少。

名称系法定内容,合伙协议应当载明“名称”(《合伙企业法》第 18 条第 1 项)。名称也是法定登记事项之一(《市场主体登记条例》第 8 条第 1 款第 1 项)。

2. 名称的 4 个组成部分

《名称登记办法》第 8 条规定,企业名称一般应当由行政区划名称、字号、行业或者经营特点、组织形式组成,并依次排列。法律、行政法规和本办法另有规定的除外。具体而言:

行政区划名称,即企业的注册地名称。从横向的不同地域来看,注册地的选择主要看税收政策、投资人(合伙企业为 LP)的属地化诉求、注册难易程度[②]等。

---

① 参见李飞主编,全国人民代表大会常务委员会法制工作委员会编:《中华人民共和国合伙企业法释义》,法律出版社 2006 年版,第 26 页。

② 国务院办公厅 2016 年 4 月 12 日出台了《互联网金融整治通知》,本意是为了规范 P2P,但该通知第 3 条第 1 款规定:非金融机构、不从事金融活动的企业,在注册名称和经营范围中原则上不得使用“交易所”“交易中心”“金融”“资产管理”“理财”“基金”“基金管理”“投资管理”“财富管理”“股权投资基金”“网贷”“网络借贷”“P2P”“股权众筹”“互联网保险”“支付”等字样。前述规定殃及池鱼,导致私募股权基金和私募股权基金管理机构在一定时期内在一些地区注册主体时,困难重重。

从纵向的垂直层级上来看，是地方市场监督管理局还是国家市场监督管理总局注册，一般而言主要跟企业的认缴规模有关。需要特别指出的是，根据《名称禁限用规则》第20条的规定，经原国家工商行政管理总局（以下简称原工商总局）核准的，企业名称可以不含企业所在地行政区划：(1)国务院批准的；(2)原工商总局登记注册的；(3)注册资本（或注册资金）不少于5000万元人民币的；(4)原工商总局另有规定的。实践中笔者未见（有限）合伙企业在国家市场监督管理总局的登记案例，而不带行政区划或带有"中国"字样的有限合伙企业，在地方市场监督管理局注册的案例却并不少见①。

字号，也称"商号"，最能反映商事主体的独特特征，能够表现不同主体之间最根本区别的标志，是企业名称中最具显著性和识别性的部分。这个一般跟GP/管理人的字号或其相似变种保持一致，有时也会带有强势LP的字号。

行业或者经营特点，对于股权投资行业来说，可以是一般的"股权投资""创业投资"，也可以是特定行业的"半导体投资""生物医药投资"，还可以是特定区域的"浦东基金""京津冀基金"等。

组织形式，这个比较好理解，对于有限合伙来说，即合伙企业（另如下文所述，还必须标明"有限合伙"②）。特别说明的一点是，合伙制的基金一般不会是普通合伙企业，普通合伙企业的所有合伙人均可以执行合伙事务，均对合伙企业的债务承担连带责任，与私募股权基金的运行逻辑相悖，天津的地方规定实际也体现了这种考量，其规定股权投资企业不可以普通合伙形式设立（《天津管理办法》第10条）。

3. 必须标明"有限合伙"

针对有限合伙企业，合伙企业名称中应当标明"有限合伙"字样（《合伙企业法》第62条）。明确"有限合伙"字样，有助于交易相对方了解己方的企业性质、

---

① 如根据笔者2021年10月22日在全国企业信用信息公示系统查询信息，先进制造产业投资基金（有限合伙）在上海市市场监督管理局注册，中国文化产业投资基金（有限合伙）在北京市西城区市场监督管理局注册。

② 实务中曾出现过"××有限合伙"字样的名称，如中小企业发展基金（深圳有限合伙）（2015年12月至2022年12月）、中小企业发展基金（江苏南通有限合伙）（2016年12月至2021年9月），详情可于国家企业信用信息公示系统（https://www.gsxt.gov.cn/index.html）进行查询。

责任承担方式,实现维护交易安全之目的。[①]

不按规定标明“有限合伙”的会受到处罚。合伙企业未在其名称中标明“普通合伙”、“特殊普通合伙”或者“有限合伙”字样的,由企业登记机关责令限期改正,处以 2000 元以上 1 万元以下的罚款(《合伙企业法》第 94 条)。

4. 名称(登记事项)的变更登记

名称属于合伙企业的法定登记事项之一,合伙企业的法定登记事项还应当包括:主体类型,经营范围,住所或者主要经营场所,出资额,执行事务合伙人或者负责人姓名,合伙人名称或者姓名、住所、承担责任方式,法律、行政法规规定的其他事项(《市场主体登记条例》第 8 条)。

合伙企业登记事项发生变更的,执行合伙事务的合伙人应当自作出变更决定或者发生变更事由之日起 15 日内,向企业登记机关申请办理变更登记(《合伙企业法》第 13 条)。登记事项变更后,执行事务合伙人有义务在一定期限内进行变更登记,这实际上是要求登记的时效性,即尽可能保证事项登记与实际的情况保持一致,如果发生变更,需要及时进行登记,避免不一致的情形存续过长时间。前述登记外观和实际情况尽量保持同步的要求,实际上是为了保持登记的公信力,保护交易相对方的信赖,维护交易安全。

在此特别说明,有关其他合伙企业登记事项,本节以下也有涉及,有关其他登记事项的变更登记情况,与名称变更登记情况类似,在相应部分内容中不再一一赘述。

5. 中基协的额外监管要求

中基协发布的《命名指引》对合伙企业的命名作出了额外的指引要求,主要是从私募投资基金监管的角度,对私募投资基金命名作出了要求,归纳来看,主要是消极禁止和积极要求两个方面。

从消极禁止的角度,主要是:(1)禁止承诺保本保收益的字样,不得使用高收益无风险等表述(《命名指引》第 3 条),因为这样的字样与表述,与私募投资基金的风险收益特征不匹配;(2)不得含有夸大/误导基金业绩的带有虚假记载和误导性陈述性质的字样(《命名指引》第 4 条),避免误导投资人;(3)不得非法使用

① 参见李飞主编,全国人民代表大会常务委员会法制工作委员会编:《中华人民共和国合伙企业法释义》,法律出版社 2006 年版,第 101 页。

知名人士/机构名称或商号(《命名指引》第5条),一方面可能会误导投资人,另一方面其实也涉嫌对知名人士/机构姓名权、商誉的侵犯;(4)不得使用与金融机构发行的资产管理产品混淆的字样(《命名指引》第6条),避免误导投资人。

从积极要求的角度,主要是:名实相副,即名称与基金和合伙协议约定的投资范围、方向、收益特征等保持一致(《命名指引》第7条)。

《备案指引2号》第9条第2款从消极要求的角度,进一步规定私募股权基金的名称中不得包含"理财""资管产品""资管计划"等字样,法律、行政法规、中国证监会和协会另有规定的除外。未经批准或者授权,不得在基金名称中使用与国家重大发展战略、金融机构、知名私募基金管理人相同或者近似等可能误导投资者的字样。不得在基金名称中使用违背公序良俗或者造成不良社会影响的字样。

《备案指引2号》第9条第1款从积极要求的角度,进一步细化股权基金、契约型基金、创业投资基金的差异化管理[①],要求私募股权基金的名称应当标明"股权基金""股权投资",契约型的名称应当标明"私募股权基金",创业投资基金[②]的名称应当标明"创业投资基金"(但公司型或合伙型经营范围标明"从事创业投资活动"体现创投策略的除外)。

(三)适用及其他

1. 基金的名称

基金的名称从规范的层面来看,《合伙企业法》的相关规定是"有限合伙制"基金名称的一个基础基准,《命名指引》要求名称与投资范围、方向、收益特征等保持一致等可以作为有限合伙制"基金"名称的一个细化基准。就笔者的涉猎而言,天津市的地方性法规(《天津管理办法》第31条)虽然是2011年出台的,但相对来说比较完整具体也符合当前的监管要求,无特别需要的情况下可以作为一个重要的参考:

(1)合伙制股权投资企业

名称核准为:"××股权投资合伙企业+(有限合伙)"或"××股权投资基金合伙企业+(有限合伙)"。

---

① 被废止的旧规也有类似规定:《基金备案关注要点》第2条进　步细化公司型、合伙型,与契约型基金之间的差异化管理,后者要求必须包含"私募"及"基金"字样,而前两者要求包括以下一项或多项:"基金""投资""资产管理""资本管理"等。

② 《登记备案办法(2023)》第45条第3款有同样的规定:创业投资基金名称应当包含"创业投资基金",或者在公司、合伙企业经营范围中包含"从事创业投资活动"字样。

(2)公司制股权投资企业

名称核准为:"××股权投资股份公司"或"××股权投资基金股份公司"、"××股权投资有限公司"或"××股权投资基金有限公司"。

(3)"股权投资"/"创业投资"字样

就"股权投资""创业投资"而言,如果没有特别需要,则一般优选"创业投资",原因在于"创业投资"字样符合部分优惠扶持政策的要求[①]。首先是国家层面的税收、减持优惠[②],其次是垂直的中国证监会系统差异化优惠扶持。具体而言:

对基金来说,国家层面首要的优惠扶持政策为税收优惠。早年的税收优惠政策,即有名称登记为"创业投资企业"的特别要求[③],当前有效的部分税收优惠政策文件也有类似规定,如《创投企业所得税优惠通知》第 2 条第 1 项:工商登记为"创业投资有限责任公司""创业投资股份有限公司"等专业性法人创业投资企业。

国家层面除了税收优惠政策外,在标的公司上市后的减持层面,也针对创业投资基金有优惠政策安排,[④]相关的安排要求基金在中基协备案为创业投资基金类型,尽管未强制性要求名称包含创业投资,但从业内实践来看,既然要求了备案那么自然也就限定了要求名称包含创业投资字样。

国家发展和改革委员会(以下简称国家发展改革委)2021 年 4 月 20 日发布的《划型办法》第 3 条第 1 项规定:创业投资企业及创业投资管理企业应具有规范的企业名称,企业名称中的行业或者经营特点使用"创业投资"字样,该办法可

---

① 首要的就是中基协给予的优惠,根据《登记备案办法(2023)》第 45 条第 1 款的规定,协会对创业投资基金在基金备案、投资运作、上市公司股票减持等方面提供差异化自律管理服务。

② 《私募条例》第 36 条规定:国家对创业投资基金给予政策支持,鼓励和引导其投资成长性、创新性创业企业,鼓励长期资金投资于创业投资基金。国务院发展改革部门负责组织拟定促进创业投资基金发展的政策措施。国务院证券监督管理机构和国务院发展改革部门建立健全信息和支持政策共享机制,加强创业投资基金监督管理政策和发展政策的协同配合。登记备案机构应当及时向国务院证券监督管理机构和国务院发展改革部门报送与创业投资基金相关的信息。享受国家政策支持的创业投资基金,其投资应当符合国家有关规定。

③ 早前财政部、国家税务总局《关于促进创业投资企业发展有关税收政策的通知》(财税〔2007〕第 031 号)即有类似规定,该通知已于 2011 年失效,但前述通知第 1 条第 1 款第 1 项规定:工商登记为"创业投资有限责任公司","创业投资股份有限公司"等专业性创业投资企业。在 2005 年 11 月 15 日《创投管理办法》发布前完成工商登记的,可保留原有工商登记名称,但经营范围须符合《创投管理办法》规定。

④ 具体如《创投股东减持特别规定》等相关规定。需要说明的是,针对有限合伙虽然没有明文的规定,但按照现有政策精神及税务优惠申报实务,优选"创业投资"能够在未来获得相关政策支持时,在申请主体名称这个点上能避免疑义。

能为未来政策支持提供依据。①

在中国证监会系统层面，会对创业投资基金实施区别于其他私募基金的差异化监督管理：(1)优化创业投资基金营商环境，简化登记备案手续；(2)对合法募资、合规投资、诚信经营的创业投资基金在资金募集、投资运作、风险监测、现场检查等方面实施差异化监督管理，减少检查频次；(3)对主要从事长期投资、价值投资、重大科技成果转化的创业投资基金在投资退出等方面提供便利(《私募条例》第37条)。

在中国证监会系统下，更接近私募股权/创业投资基金的中基协层面，也会在登记备案、事项变更等方面对创业投资基金实施区别于其他私募基金的差异化自律管理(《私募条例》第38条)。

2. 外资基金差异化要求

就外商创投而言，其应当在名称中加注创业投资字样，除创投企业外，其他外商投资企业不得在名称中使用创业投资字样(《外商创投规定》第10条)。根据天津地方性法规的规定，采取合伙制组织形式设立的外商投资股权投资企业，由工商登记部门依法直接登记(《天津管理办法》第5条后段)。

3. 变更名称

合伙协议可另外约定：由GP单独决定变更合伙企业名称；由合伙人会议(一定比例)变更合伙企业名称；由合伙人特别会议(必须包含特定合伙人同意)变更合伙企业名称；其他变更方式。

四、主要经营场所地址

(一)指引内容

【基本情况】合伙协议应列明如下信息，同时可以对变更该等信息的条件作出说明：……(2)主要经营场所地址……

---

① 除了名称外，《划型办法》还规定了其他的条件，感兴趣的读者请参考全文。此外，中国证监会也有类似有关创业投资基金条件的规定，《登记备案办法(2023)》第45条第2款和第3款规定：创业投资基金是指符合下列条件的私募基金：(1)投资范围限于未上市企业，但所投资企业上市后基金所持股份的未转让部分及其配售部分除外；(2)基金合同体现创业投资策略；(3)不使用杠杆融资，但国家另有规定的除外；(4)基金最低存续期限符合国家有关规定；(5)法律、行政法规、中国证监会和协会规定的其他条件。创业投资基金名称应当包含“创业投资基金”，或者在公司、合伙企业经营范围中包含“从事创业投资活动”字样。

（二）内含机理

1. 主要经营场所是法定（登记）内容

主要经营场所是构成企业民事主体的基本条件之一，在其从事民事活动中不可或缺。主要经营场所是民事主体进行民事活动的重要载体，主要经营场所使相对方能够顺利找到企业进行交易，同时主要经营场所也为通知、送达等提供目的地，此外主要经营场所也是其承担行政、司法责任的前提，有了主要经营场所，才能确定行政和司法方面的管辖①。

主要经营场所系法定内容，合伙协议应当载明“主要经营场所的地点”（《合伙企业法》第18条第1项）。主要经营场所也是法定登记事项之一（《市场主体登记条例》第8条第1款第4项）。

2. 主要经营场所和注册/登记地址一致性要求

主要经营场所只能有一个（《市场主体登记条例》第11条），加上主要经营场所也是法定登记事项之一②，这意味着注册/登记地址和主要经营场所应当保持一致，这种一致性的保持，是为了让登记情况维持有效性、公信力，保护相对方对登记主要经营场所之信赖。实践中，部分合伙企业主要经营场所与注册地不一致，该种情况可能导致处罚（《市场主体登记条例》第24条第1款、第46条）。

就中基协的自律监管而言，目前仅要求基金管理人就其自身工商注册地和实际经营场所不在同一个行政区域的情况应充分说明分离的合理性③，尚未明确对合伙制基金若存在工商注册地和实际经营场所不在同一个行政区域的情况作出特别要求。相较上述强制一致性的要求来说，中基协似乎默认了管理人自身工商注册地和实际经营场所分离可能具有其合理性，对基金的要求就更为宽松。笔者认为，这也是针对私募股权投资行业商业业态特殊性而采取的务实态度。

---

① 《民诉法解释》第3条第1～2款规定：法人或者其他组织的住所地是指法人或者其他组织的主要办事机构所在地。法人或者其他组织的主要办事机构所在地不能确定的，法人或者其他组织的注册地或者登记地为住所地。这意味着，住所地首先是主要办事机构所在地，即主要经营场所，如果不能确定的，以注册地为准。

② 注册地与上文“三、合伙企业的名称”中所述企业名称第一个组成部分“行政区划”直接相关，一般注册在哪里名称中的行政区划就列明哪里；反之亦然。——笔者注

③ 《登记指引第1号》第8条第2款，另外，此前的旧规《登记须知(2018)》第2条第3项规定内容是一样的。

实务中,可能基于税务考量,管理人拟工商注册在 A 地,但基于展业成本、办公条件、人员雇佣等因素可能需要将实际经营场所放在 B 地,这是有分离合理性的,除非滥用则该种分离并不会造成对交易相对方的保护不够,如果硬是“拉郎配”要求必须合一,可能导致管理人徒增成本。另外,就基金而言,其由管理人来进行投资管理,本质上并无实际经营,可以只视为一个“账户”,其注册地址选择首要考虑税收因素(也受限于特定 LP 诉求、注册难易程度等),如果强求其注册地和主要经营场所一致,则将与私募股权投资基金投资商业基本诉求相背离,也会徒增成本。

(三)适用及其他

1. 地址变通

注册地址和实际经营地址不一致,可以将“送达/联系地址”约定为实际经营地址,另外保证注册地属地有(办公室等)硬件,属地邮件、电话等联络渠道畅通。一般而言,基金不会有多少复杂的业务,只要正常的联系就能够建立,所以一定程度的分离也符合实际商业需要。

2. 变更主要经营场所

合伙协议可另外约定:由 GP 单独决定变更合伙企业主要经营场所;由合伙人会议(一定比例)变更合伙企业主要经营场所;由合伙人特别会议(必须包含特定合伙人同意)变更合伙企业主要经营场所;其他变更方式。

五、合伙目的和合伙经营范围

(一)指引内容

【基本情况】合伙协议应列明如下信息,同时可以对变更该等信息的条件作出说明:……(3)合伙目的和合伙经营范围(应含有“基金管理”“投资管理”“资产管理”“股权投资”“创业投资”等能体现私募投资基金性质的字样)……

(二)内含机理

1. 合伙目的和经营范围是法定内容

合伙的目的,即各合伙人组成合伙企业这一组织,通过经营运作达成所想要的目标和结果[1]。合伙目的系法定内容,合伙协议应当载明“合伙目的和经营范围”(《合伙企业法》第 18 条第 2 项)。

有限合伙制私募投资基金的目的,一般而言为营利,基金力求通过投资运作盈利,以分配给投资者,这是题中之义。不过落实到实务中具体基金,情况可能会有所不同,不同的合伙人参与合伙的目的可能并不一定相同,作为合伙人的一般投资人,可能只是单纯地为了获得财务回报,但有特别的合伙人,如政府(尤其是政府引导基金)可能有招商引资的要求、可能有产业支持的要求,再如银行资金可能有投贷联动的要求、券商系资金可能有带动投行业务的诉求、险资可能希望在保险产品销售上与管理人联动等,各合伙人在管理人的协调下,形成一个统一的合伙企业的目的安排。

2. 经营范围前置要求

经营范围中有前置批准要求的,要提交前置批准文件(《合伙企业法》第 9 条第 2 款)。作为市场经济主体之一的合伙企业,其参与市场经济活动,并非什么业务都可以直接去做,有的业务存在国家的监管管制,需要获得相关政府部门的审批之后方可进行。针对需要前置审批的经营范围,未获得审批,登记机关是不会且不应当予以登记的。

就有限合伙制的私募股权基金而言,其经营范围并无前置审批要求。但就其实际的投资运作而言,根据中国证监会《加强基金监管的规定》第 6 条第 3 款的规定,私募基金管理人不得管理未备案的私募基金。其内涵应当是私募基金应在备案完成后,再对外进行投资运作,合伙制基金合同参照适用的契约型基金《合同指引 1 号》第 15 条后段规定,基金合同中应约定私募基金在中基协完成备案后方可进行投资运作;在备案完成前,根据《登记备案办法(2023)》第 40 条第 3 款的规定,可以以现金管理为目的,投资于银行活期存款、国债、中央银行票据、货币市场基金等中国证监会认可的现金管理工具[2]。

---

① 参见李飞主编,全国人民代表大会常务委员会法制工作委员会编:《中华人民共和国合伙企业法释义》,法律出版社 2006 年版,第 27 页。

② 被废止的旧规也有类似规定,中基协《备案须知(2019)》第 12 条规定:【备案前临时投资】私募投资基金完成备案前,可以以现金管理为目的,投资于银行活期存款、国债、中央银行票据、货币市场基金等中国证监会认可的现金管理工具。

（三）适用及其他

1. 经营范围

（1）基金的经营范围

①股权投资

天津地方性法规的规定可以作为一个一般基准：股权投资企业的经营范围核准为：从事对未上市企业的投资，对上市公司非公开发行股票的投资以及相关咨询服务（《天津管理办法》第 30 条第 1 款）。

②创业投资

国家发展改革委的相应规定可以作为创业投资企业的一个重要参考：创业投资企业的经营范围限于：A. 创业投资业务。B. 代理其他创业投资企业等机构或个人的创业投资业务。C. 创业投资咨询业务。D. 为创业企业提供创业管理服务业务。E. 参与设立创业投资企业与创业投资管理顾问机构（《创投管理办法》第 12 条）。

有的税收优惠政策针对"创业投资企业"有特别要求[①]，如《创投企业所得税优惠通知》第 2 条第 1 项：经营范围符合《暂行办法》[②]规定。

此外，国家发展改革委 2021 年 4 月 20 日发布的《划型办法》第 3 条第 1 项规定：创业投资企业及创业投资管理企业应具有规范的经营范围，在营业执照登记的经营范围应当表述为"创业投资（限投资未上市企业）""创业投资基金管理"等体现创业投资特点的字样。该办法可能为未来政策支持提供依据，在设定经营范围时建议相应参考，避免未来申请相关优惠造成不必要障碍。

（2）管理人的经营范围

管理人的经营范围不是指引必备内容，但是作为股权投资的从业者，实务中也会遇到，特列明天津地方性法规的规定作为一个参考：股权投资管理机构经营范围核准为：受托管理股权投资企业，从事投资管理及相关咨询服务（《天津管理办法》第 30 条第 2 款）。

---

① 早前财政部、国家税务总局《关于促进创业投资企业发展有关税收政策的通知》（财税〔2007〕第 031 号）即有类似规定，该通知已于 2011 年失效，但前述通知第 1 条第 1 款第 1 项规定：经营范围符合《办法》（笔者注：《创投管理办法》）规定，且工商登记为"创业投资有限责任公司"，"创业投资股份有限公司"等专业性创业投资企业。在 2005 年 11 月 15 日《办法》发布前完成工商登记的，可保留原有工商登记名称，但经营范围须符合《办法》规定。

② 《创投管理办法》。——笔者注

(3)外商创投经营范围差异化表述

针对外商创投企业而言,创投企业可以经营以下业务:①以全部自有资金进行股权投资,具体投资方式包括新设企业、向已设立企业投资、接受已设立企业投资者股权转让以及国家法律法规允许的其他方式;②提供创业投资咨询;③为所投资企业提供管理咨询;④审批机构批准的其他业务。创投企业资金应主要用于向所投资企业进行股权投资(《外商创投规定》第31条)。

(4)经营范围规范表述

2021年3月15日,国家市场监督管理总局发布《关于公开征求〈经营范围规范表述目录〉意见的通知》[①],对经营范围表述进行规范化管理,后续经营范围不能自主编写,只能从库里已有的选项中进行选择。

在"经营范围规范表述查询系统(试用版)"[②]中:以"股权投资""创业投资""基金管理"作为关键词进行查询,就基金而言,其合适的经营范围为"创业投资(限投资未上市企业);以私募基金从事股权投资、投资管理、资产管理等活动(须在中国证券投资基金业协会完成登记备案后方可从事经营活动);以自有资金从事投资活动",就管理人而言,其合适的经营范围为"私募股权投资基金管理、创业投资基金管理服务(须在中国证券投资基金业协会完成登记备案后方可从事经营活动);以私募基金从事股权投资、投资管理、资产管理等活动(须在中国证券投资基金业协会完成登记备案后方可从事经营活动)"。

2. 合伙目的

合伙目的一般为盈利/营利。而私募基金的营利/盈利,先通过投资未上市企业股权,然后通过转让股权等方式收回投资,获得利润。当然,部分特别的合伙人如果有特别的合伙目的,也是可以通过协商列入合伙协议中,作为合伙目的的。

(1)一般"基金"合伙目的

根据国家发展改革委的规定,创业投资企业可以通过股权上市转让、股权协议转让、被投资企业回购等途径,实现投资退出(《创投管理办法》第24条)。

---

① 参见国家市场监督管理总局:《关于公开征求〈经营范围规范表述目录〉意见的通知》,载国家市场监督管理总局网2021年3月16日,https://www.samr.gov.cn/hd/zjdc/art/2023/art_45c400468e9a45caa2254defd2ef074b.html。

② 详情可访问"经营范围规范表述查询系统(试用版)"网站(https://jyfwyun.com/home/)。

(2)外商创投合伙目的

针对外商创投企业,创投企业主要从出售或以其他方式处置其在所投资企业的股权获得收益。

详细来说,创投企业出售或以其他方式处置其在所投资企业的股权时,可以依法选择适用的退出机制,包括:①将其持有的所投资企业的部分股权或全部股权转让给其他投资者;②与所投资企业签订股权回购协议,由所投资企业在一定条件下依法回购其所持有的股权;③所投资企业在符合法律、行政法规规定的上市条件时可以申请到境内外证券市场上市。创投企业可以依法通过证券市场转让其拥有的所投资企业的股份;④中国法律、行政法规允许的其他方式。所投资企业向创投企业回购该创投企业所持股权的具体办法由审批机构会同登记机关另行制订(《外商创投规定》第 34 条)。

(3)特别的合伙目的

根据特定合伙人的要求,可以协商同意合伙企业的合伙目的,如有招商引资目的(返投、引进团队、引进主体落地),可能有产业支持的目的(投资特定产业、行业)等。

3. 变更目的和经营范围

合伙协议可另外约定:由 GP 单独决定变更;由合伙人会议(一定比例)变更;由合伙人特别会议(必须包含特定合伙人同意)变更;其他变更方式。

六、合伙期限

(一)指引内容

【基本情况】合伙协议应列明如下信息,同时可以对变更该等信息的条件作出说明:……(4)合伙期限。

(二)内含机理

1. 限定合伙期限主要是对 LP 的保护

(1)对 LP 的保护

①反向限制 GP

私募股权基金主要投资于一级市场标的股权,流动性比较差,限定合伙基金期限能促使 GP 提前安排投资组合的变现,使 LP 能够及时获得投资回报以收回投资。基金到期若不能就继续经营达成合意,则会触发解散清算,也促使 GP 采取必要措施及时终止投资组合中业绩不良的公司,防止损失扩大。

确定“基金”存续期要考虑基金规模、LP 资金属性(如是否长期资金,还是本身即有一定期限限制)、LP 诉求(如有的 LP 有扶持中小微企业的要求,则需分散投资,有较长期限要求)、投资标的储备、GP 投资能力及效率等。

②延长限制

对于私募股权投资基金来说,一般 7 ~ 8 年为较常见的期限,可约定通过决议延长。LP 能够在一定程度上反向控制期限之延长。不过,特定情况下延长合伙期限可以更好地保护 LP 利益,与 LP 的长期综合利益可能是一致的,如存量的投资组合已经上市了,但判断短期低估,中长期持续增长可能性较高。

(2)对 LP 的一定限制

限定合伙期限,其实还意味着对 LP 一定的限制。一旦合伙企业约定了合伙期限,即意味着所有合伙人同意合作到期限届满,所以在合伙期限届满前,合伙人(当然包括 LP)是不能随便退伙的(《合伙企业法》第 45 条)。如果合伙人在期限届满前,要求退伙,那么会影响其他合伙人的合伙预期,可能会给合伙企业/其他合伙人造成损失,因此期限届满前的合伙人自愿退伙受到限制。

中基协也有类似精神的监管规定,私募股权基金备案完成后,投资者不得赎回或者退出。有下列情形之一的,不属于前述赎回或者退出:①基金封闭运作期间的分红;②进行基金份额转让;③投资者减少尚未实缴的认缴出资;④对有违约或者法定情形的投资者除名、替换或者退出;⑤退出投资项目减资;⑥中国证监会、中基协规定的其他情形(《登记备案办法(2023)》第 35 条)①。

2. 一般合伙期限非法定内容

(1)非法定内容但有工商备案要求

法律并未明确规定合伙期限为法定内容(《合伙企业法》第 18 条),但应就合伙期限进行备案(《市场主体登记条例》第 9 条第 2 项)。

(2)合伙期限的法定效果

如果约定了合伙期限,期限届满前的法律效果在于,除了例外情形,合伙期限

---

① 被废止的旧规也有类似规定,根据《备案须知(2019)》第 11 条第 1 款的规定,【封闭运作】私募股权投资基金(含创业投资基金,下同)和私募资产配置基金应当封闭运作,备案完成后不得开放认/申购(认缴)和赎回(退出),基金封闭运作期间的分红、退出投资项目减资、对违约投资者除名或替换以及基金份额转让不在此列。

内不能随意退伙，详细论述见“二十二、合伙人退伙的条件、程序及相关责任”部分内容；合伙期限届满的效果在于，如果合伙人决定不再经营，那么合伙企业就应当解散，详细论述见“三十五、终止、解散的条件、清算程序”部分内容。

（3）有限合伙制基金的期限要求

就有限合伙制的基金而言，中基协要求私募基金应当约定明确的存续期（《登记备案办法（2023）》第36条）[①]。

根据《登记备案办法（2023）》第36条的规定，私募股权基金约定的存续期除另有规定外，不得少于5年。鼓励私募基金管理人设立存续期不少于7年的私募股权基金。[②]

（4）税收优惠角度创投企业最短期限

除了合伙企业法规定的合伙企业期限及其到期的法律效果外，对私募股权投资基金，还应当注意到基金期限的税收（优惠）效果。从政策角度来看，对于创业投资基金领域，享受特定税收优惠政策的创业投资基金应符合适用的国家发展改革委《创投管理办法》的相关规定[③]，而《创投管理办法》第19条规定，创业投资企业可以事先确定有限的存续期限，但是最短不得短于7年。

这意味着，拟根据《创投管理办法》享受税收优惠的创业投资基金，其存续期限应当不短于7年，这体现出了政策在基金期限方面的引导，即国家鼓励在股权投资领域配置长期投资基金。

3. 外商投资合伙期限为法定内容

（1）经营期限法定

投资者应在合同、章程中约定创投企业的经营期限（《外商创投规定》第37条第1款）。

---

① 被废止的旧规也有类似规定，根据《备案须知（2019）》第17条的规定，私募投资基金应当约定明确的存续期。

② 被废止的旧规也有类似规定，根据《备案须知（2019）》第17条的规定，私募股权投资基金和私募资产配置基金约定的存续期不得少于5年，鼓励管理人设立存续期在7年及以上的私募股权投资基金。另外，被废止的《基金备案关注要点》第2条第2款进一步明确规定，前述要求的存续期为“投资期＋退出期”，不包括延长期，即基金合同约定的初始投资期和退出期即须不低于5年。当前监管口径尚未明朗，不过就监管精神来说，应当是一脉相承从严把握。

③ 《创投和天使税收政策》第2条第2款规定：享受本通知规定税收政策的创业投资企业，应同时符合以下条件：……（2）符合《创投管理办法》（发展改革委等10部门令第39号）规定……关于创业投资基金的特别规定，按照上述规定完成备案且规范运作。《创投个人合伙人所得税通知》第1条第2款。

(2)外商创投企业最长期限

外商创投企业的经营期限一般不得超过 12 年(《外商创投规定》第 37 条第 1 款)。

(3)审批延长

经营期满,经审批机构批准,可以延期(《外商创投规定》第 37 条第 1 款)。在新的《外商投资法》和《外商投资法实施条例》施行之后,是否审批有一定疑问,从“从新”的角度,应当根据统一国民待遇的要求,不需要审批,但从“从特”的角度,是否鉴于投资行业的特殊性依然需要审批尚未明确。

(4)投资期限法定

投资者应在创投企业合同中约定对外投资期限(《外商创投规定》第 33 条)。

4. 合伙期限与基金期限的分离

有限合伙制基金作为一个有限合伙,如前所述,应按照监管要求约定一个合伙期限,且登记的时候合伙期限也属于必要登记事项之一。通常情况下,合伙期限与基金期限是保持一致的。

不过,从操作便利化的角度来看,可以将两者进行分离。在实践中,基金到期了以后,进行延期的情况时有发生,如果将合伙期限和基金期限进行强制挂钩,那么基金期限的延期必然要导致合伙期限的延期,进而要进行工商变更,这意味着既要进行内部的决策(基金期限延期决议程序),又要进行外部的合伙期限变更(合伙期限变更的工商登记[①])。如果将二者进行分离,即工商登记的合伙期限长于基金期限,那么发生基金延期的时候,根据合伙协议完成内部程序即可,不必要再去做工商变更登记。

需要注意的是,在合伙期限与基金期限分离的情况下,基金期限长于合伙期限的时间的长短,也是 GP 和 LP 可以博弈的一个点。从 GP 的角度,自然越长越好,但对于 LP 来说,也需要对 GP 有一定约束,可以考虑的方案是超过的时间,与基金期限按照约定能够延长的最长时间相匹配,这样既有灵活性,又对督促 GP 及时完成基金投资、管理、清算有足够的约束。

---

① 即原在工商行政管理部门登记的简称,现工商行政管理部门划入市场监督管理部门,有时也简称“市场监督管理部门登记”,为了行文便利,仍称工商登记。

5. 基金期限的划分

就基金的期限而言，当前的私募股权基金实务中还会将其细致划分为投资期、管理和退出期（有的甚至会明确清算期）。

（1）投资期

投资期的约定体现了 LP/合伙制基金对 GP/管理人投资进度的最终要求，有的基金还会细化约定投资期内各年的投资强度。投资期的安排，首先是通过期限限制实现对 GP 的投资督促，其次可以与 LP 出资义务相挂钩以设置投资期内（根据投资进度而定的）分期出资，最后投资期还跟管理费计算的基数有关①。

①投资期起始日

投资期起始日，其意义在于管理基金的管理人/GP 可以实质性管理基金对外开展投资业务，管理人/GP 开始产生投资的展业费用，也意味着管理费收取的必要条件达成。基于前述考量，投资期的起始日可以是基金的成立日，或者投资人首次出款日（“首次交割日”）。就基金的成立日而言，可以是合伙企业工商登记的设立日期，如果考虑到合伙期限和基金期限的分离，也可以不将设立日期作为起始日期，可以在设立日期之前或之后，一般可以放在设立日期之后。就首次交割日而言，可以是基金收到 LP 的第一期缴款日，也可以设定一定的门槛，即“首期缴款日 + 一定规模的实到金额”。

需要特别指出的是，如果基金募集期限较长，首次交割日和基金成立日之间可能时间相距比较长，最好能以首次交割日作为投资期起始日，否则会出现基金的实际投资期（及存续期）比约定的期限更短的情形。

②投资期中止/结束

投资期中止/结束，意味着因为特定的原因，GP 不能再管理基金继续从事投资活动。

投资期中止的情形可以是基于 GP 的特定原因，如出现了关键人士无法继续服务基金投资业务、出现了管理人更换事件等情况，②也可以是基于 LP 的特定原因，如因 LP 出资违约，导致基金账上没有足够的资金来开展投资活动，也可以是基于基金的特定原因，如假设基金专门投资于特定外资禁入行业，LP 或其上层投

---

①　这一点在下文“十四、执行事务合伙人执行事务的报酬（包括绩效分成）及报酬提取方式”会详细进行展开。——笔者注

②　该类情况，与上篇第三章第二节“一、维持运作条款”内容关联，可参阅。

资人发生 GP 无法控制的变更导致投资人适格出现问题,需要整改。

投资期结束的情形,一般是合伙协议确定的正常投资期限到期,投资活动根据协议终止,也可以设定为可投资额度[①]完成,“无钱可投”,基金事实上再无对外投资的能力,投资活动根据实施情况自然终止。这里增加说明的一点是,单纯的约定一个固定时间的投资期限,和额外增加一个可投资额度完成投资期结束,对 GP/LP 的友好程度有所不同:对前者而言,如果基金在固定时间的投资期限届满前,已经将所有可投资额度全部投资完毕,此时投资期也不截止,GP 可以继续按照一般的认缴规模乘以投资期费率收取管理费,通常对 GP 更有利;对后者而言,即便固定时间的投资期限尚未届满,投资期也将在可投资额度投资完毕后截止,之后的管理费一般将按照在管成本乘以管理和退出期费率计算,通常对 LP 更有利。

③投资期结束/终止的效果

投资期结束/终止的法律效果,除了 GP 不能再继续进行投资活动以外,一般情况下 GP 也不能再要求 LP 履行出资义务。

实务中,也会存在基金/LP 在投资期外出资的例外情形,例如:A. 为支付合伙企业尚未偿还的债务(如已经形成但尚未支付的管理费、后续管理和退出期的管理费)。B. 针对投资期结束前已经决策投资的项目进行出资。就这种情况应当予以注意,有的 GP 在投资期的前期及中期没有尽力管理基金,在快到期的时候,突击通过很多项目,很可能参差不齐,对 LP 造成不必要的投资风险,因此可以对投资期结束前一段时间的投资决策项目数/金额做一定限制,以此避免 GP 的道德风险[②]。C. 已投资项目重组上市、资本运作而导致的“投资”,如已投项目本来是内资公司,后来为了境外上市进行了境外重组,基金一般会在境内标的公司“退出”再向境外拟上市主体通过 ODI 进行“投资”,该投资实质上不是一笔投资期后的新增投资,不应当受到限制。

④投资期的延长

就投资期的延长,需要指出的是,投资期的延长可以导致基金期限的延长,也

---

① 实务中常见的设定是 70% ~85% 以上的认缴出资额已经用于投资,考虑到管理费支付在整个基金周期中的总额一般为 14%(粗略按 7 年、2%/年计算),前述可投资额设定是有一定合理性的。

② 参见汪澍:LPA 审核实务要点系列课程,载京陆私募学堂网 2019 年 7 月 23 日,https://app8ooy7jry7987.h5.xiaoeknow.com/p/course/audio/a_5d36c5392fe23_1G82M8T1?product_id=p_5d36c2eb4bffd_k1aa8eP4。

可以不导致基金期限的延长,而是导致管理和退出期的缩短。期限的区分加上各个期限管理费计算基数一般不同,是否导致基金延长可能会对管理费产生影响,因此需要在谈判合伙协议的时候予以注意,包括是否延长基金期限,以及延长的程序(鉴于涉及管理费收取,从利益冲突的角度考虑,一般不建议单独给 GP 自由决定延长的权限)。

(2)管理和退出期

管理和退出期指的是投资期结束后,基金持有投资组合的期间及投资组合最终退出的期间。管理和退出期(包括特定基金特别约定的清算期)的约定,明确了 LP/合伙企业对基金清盘并收回投资的最终时间预期。在管理和退出期,GP 的主要职责是对投资组合进行投后管理,以及推动投资组合退出。

在原约定的管理和退出期届满后,可能仍有需要对管理和退出期进行延长(同时也涉及对基金期限的延长)。对于 LP 来说,投资某个基金,原先设定了一个期限,如果迟迟退不出来,则会对其资金使用筹划造成影响,因此需要对此重点关注。

关注点有:[①]①有必要设定一个最长的延长期限。在最长延长期限届满后,无论如何,基金必须进行清算,这样防止基金无限期延长;②有必要就每次延长的期限做一个限定。如每次只能延长一年,加上对前①的考量,即如果最长只能延长 3 年,那么一共只能延长 3 次;③关注延长的程序。单独给予 GP 独立的延长权限,对 LP 可能是不利的,一般可以考虑由合伙人会议、咨询委员会等进行决策;④考虑延长期对管理费收取的影响。这个需要分情况进行处理,如果是 GP 导致的延长,建议不收取管理费或对管理费进行削减,如果是合理的原因,也可以确定按照原有标准收取管理费。

(三)适用及其他

1. 合伙期限

大部分基金的期限在 5 ~ 8 年。《汉坤 2020 年度基金募集项目数据分析报告》(以下简称《汉坤 2020 年募集报告》)中的相关数据可以作为一个参考:从 2020 年度的统计数据来看,90% 以上的私募基金为固定期限,其中基金期限为

---

① 参见汪澍:LPA 审核实务要点系列课程,载京陆私募学堂网 2019 年 7 月 23 日,https://app8ooy7jry7987.h5.xiaoeknow.com/p/course/audio/a_5d36c5601fa8f_PmYGjcCo?product_id=p_5d36c2eb4bffd_k1aa8eP4。

5～8年的占大多数,比重达到39%,期限为8～10年的也有20%。①

另外,如前所述,根据中基协的监管要求,就私募股权基金而言应不少于5年的合伙期限(基金期限),鼓励7年以上的私募股权基金,同时部分针对创业投资企业的税收优惠条件也要求7年以上,因此无特别要求,设立7年以上的基金是符合政策导向也是能享有一定政策优惠的。

2. 投资期及退出期

3～5年的投资期是比较常见的,除了明确的截止期限,增加投资额度使用完毕为孰早的节点之一也比较常见;退出期一般为合伙期限/基金期限减去投资期的剩余时间。

3. 延长

延长除外商创投外(《外商投资法》施行后存疑),一般不需要经过特别额外程序才能延长。合伙协议可约定:由GP单独决定延长;由合伙人会议(一定比例)延长;其他延长方式。

延长的期限一般2年比较常见,1年情形也不少。延长的期限可以是仅投资期延长或仅管理和退出期延长,也可以联动合伙期限/基金期限延长。无论是投资期延长还是管理和退出期延长,抑或最终的基金期限延长,LP和GP均需要考虑的点是管理费是否收取,这个需要根据涉及的延长期限性质、期限延长原因、期限延长的投资管理/处置效果等方面具体确定。

合伙期限和基金期限安排分离的情况下,合伙企业登记注册时候的合伙期限/营业期限,可以按照最长的"基金期限"+"(可能的)延长期"确定,以免未来延长时需要重新办理相关外部登记手续。

---

① 汉坤律师事务所:《汉坤2020年度基金募集项目数据分析报告》,载汉坤律师事务所网2021年11月8日,https://www.hankunlaw.com/downloadfile/newsAndInsights/66548cddc7447e491e41e5501b1ec413.pdf。汉坤律师事务所在以前年度还发布了多个分析报告:《汉坤2019年度基金募集项目数据分析报告》(以下简称《汉坤2019年募集报告》),载汉坤律师事务所网2020年9月5日,https://www.hankunlaw.com/downloadfile/newsAndInsights/3f4ea84cd59faf0c43d9503e6627a574.pdf。《汉坤2018年度VC/PE基金募集项目数据分析报告》(以下简称《汉坤2018年募集报告》),载汉坤律师事务所网2019年6月21日,https://www.hankunlaw.com/downloadfile/newsAndInsights/367ade14b19e1dd354437435a719e11e.pdf。《2017年度汉坤律师事务所部分私募投资基金项目数据分析报告》(以下简称《汉坤2017年募集报告》),载汉坤律师事务所网2018年6月15日,https://www.hankunlaw.com/newsAndInsights/lawList.html?type=3。

七、合伙人的姓名或名称、住所

（一）指引内容

【合伙人及其出资】合伙协议应列明普通合伙人和有限合伙人的姓名或名称、住所……同时可以对合伙人相关信息发生变更时应履行的程序作出说明。

（二）内含机理

1. 合伙人的姓名或者名称、住所系法定内容

合伙协议应当载明下列事项：合伙人的姓名或者名称、住所（《合伙企业法》第18条第3项、第66条）。

姓名或名称是民事主体（就自然人而言为姓名，就非自然人主体的公司、合伙企业等为名称）表彰自身并和其他交易主体相区别的手段。

合伙人住所的法律意义在于，确定债务履行地、确定案件管辖、确定法律文书送达地等。

2. 合伙人住所的确定

公民的住所地是指公民的户籍所在地，法人或者其他组织的住所地是指法人或者其他组织的主要办事机构所在地。法人或者其他组织的主要办事机构所在地不能确定的，法人或者其他组织的注册地或者登记地为住所地（《民诉法解释》第3条）。

3. 名称和住所的变更

一般情况下，合伙人名称和住所的变更系合伙人自身事务，无须经过特别程序，可由合伙人自身通过其适格程序决定变更。但需要注意的是，为了法律关系、状态的稳定，可以另行安排要求变更后一定时间内通知利害关系人，否则变更前的名称和住所仍然具有对外效力。

4. 作为合伙人的GP/管理人的名称

一般合伙人的姓名或名称，根据其相应适用规定命名即可无特别要求，而作为管理人的合伙人，从基金监管的角度来看，其名称有特别规定的需要。根据《法律意见书指引》第4条第2项的规定，名称应当与业务属性紧密相关，字样包括“基金管理”“投资管理”“资产管理”“股权投资”“创业投资”等。而根据《加强基金监管的规定》第3条第2款的规定，管理人应当在名称中标注“私募基金”“私募基金管理”“创业投资”字样。

(三)适用及其他

1. GP(管理人)名称

天津市的规定(《天津管理办法》第 31 条)可以作为内资管理机构名称的一个重要参考。

(1)合伙制股权投资管理机构①

名称核准为“××股权投资管理合伙企业 +(有限合伙)、(普通合伙)”或“××股权投资基金管理合伙企业 +(有限合伙)、(普通合伙)”。

(2)公司制股权投资管理机构

名称核定为“××股权投资管理股份公司”或“××股权投资基金管理股份公司”、“××股权投资管理有限公司”或“××股权投资基金管理有限公司”。

(3)外商创投管理人名称

外商创投 GP 也有额外要求,外商投资创业投资企业名称应当加注创业投资字样,除外商投资创业投资企业外,其他外商投资企业不得在名称中使用创业投资字样(《外商创投规定》第 10 条)。

而根据天津地方性法规的规定,采取合伙制组织形式设立的外商投资股权投资管理机构,由工商登记部门依法直接登记(《天津管理办法》第 5 条)。

2. 住所变通

就非自然人民事主体而言,注册地址和实际经营地址不一致,可以将“送达地址”约定为实际经营地址。就自然人而言,户籍所在地和实际居住地不一致,同样可以将“送达地址”约定为实际居住地。

3. 变更名称或住所

执行事务合伙人有在 15 日内提交变更登记的法定义务,但因为执行事务合伙人对合伙人就其自身的姓名/名称、住所变更不具有控制力或前置知悉的能力,可将压力前移,要求合伙人在变更名称或住所提前/及时(如 10 日内)书面通知执行事务合伙人。

① 《天津管理办法》第 10 条规定:股权投资管理机构可以普通合伙形式设立。在实务中,中基协登记管理人中也有不少是合伙企业,有限合伙企业和普通合伙企业均有。

八、合伙人的出资方式、出资数额、出资比例和缴付期限

（一）指引内容

【合伙人及其出资】合伙协议应列明普通合伙人和有限合伙人的……出资方式、出资数额、出资比例和缴付期限，同时可以对合伙人相关信息发生变更时应履行的程序作出说明。

（二）内含机理

1. 合伙人的出资方式、出资数额、出资比例和缴付期限系法定内容

合伙协议应当载明下列事项：合伙人的出资方式、数额和缴付期限（《合伙企业法》第 18 条第 4 项、第 66 条）。

如下有关“出资方式”部分所述，合伙人出资的方式可能有现金、实物、土地使用权、劳务等，因此合伙协议应当要明确合伙人出资究竟是哪一种或哪几种。出资方式是从“质”的方面明确出资内容，出资数额是从“量”的角度明确出资的数量额度，出资交付期限即各合伙人对合伙企业出资的具体期限。

2. 严格限定出资方式为货币出资

（1）一般有限合伙人不得以劳务出资

有限合伙人可以用货币、实物、知识产权、土地使用权或者其他财产权利作价出资。有限合伙人不得以劳务出资（《合伙企业法》第 64 条）。有限合伙企业是在普通合伙企业的人合性的基础上，增加有限合伙人投资而成立的企业，有限合伙人不参与合伙企业经营，不执行合伙事务，以其对有限合伙企业的认缴出资额为限承担责任。基于前述特点，有限合伙人“劳务”出资无法转移为合伙企业财产，出资实现不了，此外劳务出资与不执行合伙事务冲突，最后，在合伙企业对外承担责任时，有限合伙人以其出资——假设是劳务——为限承担责任，则其出资之劳务是无法进行量化的①。

（2）一般普通合伙人可以用劳务出资

合伙人可以用货币、实物、知识产权、土地使用权或者其他财产权利出资，也可以用劳务出资（《合伙企业法》第 16 条第 1 款）。合伙人以劳务出资的，其评估办法

---

①　参见李飞主编，全国人民代表大会常务委员会法制工作委员会编：《中华人民共和国合伙企业法释义》，法律出版社 2006 年版，第 105 页。

由全体合伙人协商确定,并在合伙协议中载明(《合伙企业法》第 16 条第 3 款)。

与有限合伙人相区别,普通合伙人有可能执行合伙事务,并对合伙企业的债务承担无限连带责任,因而劳务作为其出资形式的一种,没有特别的障碍。需要指出的是,劳务毕竟是无形的,同时其出资的数额主要的意义在于合伙人内部,因而劳务出资评估办法应由合伙人商定,并在合伙协议中载明,以免发生争议。

(3)基金募集中限定为(自有)货币出资

①一般合伙人

截至目前的基金监管相关法律、法规等,并未明确强制合伙人出资必须是货币出资,但从私募股权基金的运作本质上来说,应当要求合伙人以货币出资,而且应当是自有资金。

②作为投资人的有限合伙人

早年的天津地方性法规规定,股权投资企业及其管理机构的出资人应当以自有货币资金出资,且不得接受多个投资者委托认缴股权投资企业资本(《天津管理办法》第 13 条》)。

中国证监会《私募管理办法》第 2 条第 1 款的规定也体现了类似的规范精神,根据该款的规定,《私募管理办法》所称私募投资基金,是指在中华人民共和国境内,以非公开方式向投资者募集资金设立的投资基金。"募集资金"这个表述意味着,出资是而且应当是货币。

《资管新规》第 5 条第 3 款也明确规定,投资者不得使用贷款、发行债券等筹集的非自有资金投资资产管理产品。"不得使用非自有资金"这个表述意味着,出资不仅必须是货币,而且应当是自有的。

③作为管理人的普通合伙人

根据《登记指引第 1 号》第 5 条第 2 款①的规定,私募基金管理人的资本金应当以货币出资,不得以实物、知识产权、土地使用权等非货币财产出资。境外出资人应当以可自由兑换的货币出资。这意味着管理人自身的出资中均系货币出资。

在管理人和 GP 合一的情形下,会涉及管理人在基金中的出资问题,就出资形式而言也应当是货币而不应当是其他形式如劳务出资。

---

① 该新规与已被废止的旧规《登记须知(2018)》相关规定是一脉相承的,该须知第 5 条第 1 项规定:"……申请机构出资人应当以货币财产出资。"

具体而言，根据《登记备案办法（2023）》第 39 条第 1 款的规定，私募基金管理人应当自私募基金募集完毕之日起 20 个工作日内，向协会报送材料办理备案手续，而根据同条第 2 款就“募集完毕”的定义为“私募基金的已认缴投资者……首期实缴募集资金已进入托管账户等基金财产账户……”①，而根据《备案材料清单（非证券类）（2023）》产品备案第 9 项材料“实缴出资证明与基金成立日证明（盖章）”细化了实缴出资证明要求：托管人出具的资金到账通知书，无托管的出具银行回单等。②

基于以上，管理人如果同时为基金普通合伙人，则其对基金的出资应当也为货币出资。

3. 合伙人出资额的变更

合伙人按照合伙协议的约定或者经全体合伙人决定，可以增加或者减少对合伙企业的出资（《合伙企业法》第 34 条）。

合伙人对合伙企业的出资构成合伙企业经营资金的重要来源（另一个来源是对外的借债）。增加合伙企业的出资，意味着合伙企业经营实力的增强，对于增加认缴的合伙人来说，增加了其实缴份额的同时也意味着其实缴义务增加了，对于非增加认缴的合伙人来说，增强了合伙企业整体经营能力的同时也意味着其份额比例被稀释。减少合伙企业出资，意味着合伙企业经营实力降低，对于减少认缴的合伙人来说，减少了其实缴义务的同时也意味着其享受的份额比例降低，对于非减少认缴的合伙人来说，虽然其份额比例增大但是企业的整体经营能力下降。③

因而，不管是增加还是减少企业出资，对合伙企业和合伙人的影响都是比较大的，针对该事项的决策，应由全体合伙人同意的合伙协议具体约定决策方式，或

---

① 被废止旧规也有类似规定，根据《备案须知（2019）》第 10 条的规定，管理人应当在募集完毕后 20 个工作日内通过 AMBERS 系统申请私募基金备案，而在同条就“募集完毕”的定义为“已认缴……合伙型私募投资基金的投资者均签署……合伙协议并进行工商确权登记，均已完成不低于 100 万元的首轮实缴出资且实缴资金已进入基金财产账户。管理人……首轮实缴出资要求可从其公司章程或合伙协议约定”。

② 被废止旧规也有类似规定，根据《基金备案关注要点》第 2 条第 2 款的规定，细化了的“募集完成日”证明材料及时限要求：关于实缴出资证明，出具托管行出具的到账通知书，无托管的出具银行回单等。

③ 参见李飞主编，全国人民代表大会常务委员会法制工作委员会编：《中华人民共和国合伙企业法释义》，法律出版社 2006 年版，第 52 页。

者默认应当由全体合伙人决定。

4. 合伙人出资期限

《合伙企业法》和私募股权基金相关监管规定,均不要求基金设立时实缴,可以先认缴后实缴,这就涉及合伙人对合伙制基金的出资有出资期限。

《合伙企业法》规定的"缴付期限"首先是"最终的缴付期限",即全体合伙人就各自的认缴出资最终实缴到合伙企业的时间,一般工商登记时也需要明确该时间;其次是合伙协议如果约定,合伙人分期向合伙企业出资,那么需要明确各期出资的缴付期限,即"分期缴付期限"。

实务中,实际缴付时缴付的额度可以有不同安排:[①]

①一次性缴足。该安排在认缴规模比较小的基金中比较常见。

②同比例出资。安排一定进度,如按照基金认缴总规模的 30%、30%、40% 分 3 次同比例出资。

③按照当期缴付通知出资。从资金效用最大化的角度(基金规模较大如果严格按照上述①方式出资,会造成资金沉淀浪费)来看,实务中有的基金会安排 GP 根据投资进度安排,分几次向 LP 发出缴款通知,LP 根据当次缴款通知列明的金额出资。

④按照项目投资出资。实务中也有按照项目投资逐个缴付的,这种方案能使资金有比较好的使用效率,但是因为投资人将根据项目投资出资多次显得有些烦琐,此外这种出资方式有时也会给 GP 投资管理造成麻烦,现实的商业环境中有的项目投资机会可能稍纵即逝,如果资金到位出现差池,很有可能项目投资机会就丧失了。

⑤混合模式。比如有的合伙人认缴绝对金额很小(如就 100 万元),可能就一次性出资到位以免麻烦,认缴大额出资的合伙人适用按当期缴付通知出资的方式。

实务中,实际缴付的触发期限/时点可以有不同安排:[②]

---

① 参见汪澍:LPA 审核实务要点系列课程,载京陆私募学堂网 2021 年 2 月 24 日,https://app8ooy7jry7987.h5.xiaoeknow.com/p/course/audio/a_6035b571e4b00e4f5 e5b3645?product_id=p_5d36c2eb4bffd_k1aa8eP4。

② 参见汪澍:LPA 审核实务要点系列课程,载京陆私募学堂网 2021 年 2 月 24 日,https://app8ooy7jry7987.h5.xiaoeknow.com/p/course/audio/a_6035b571e4b00e4f5 e5b3645?product_id=p_5d36c2eb4bffd_k1aa8eP4。

①到期缴付。在一次性缴足和同比例出资的方式下，可能安排一个或几个时间，时间到了，出资义务成就到期缴付。

②条件成就是缴付。比如约定投委会通过某个项目投资，LP 履行相应出资义务。

③通知时缴付。通知可以是某个截至时间点（如 6 月 30 日前），也可以是某个时间段（如发出/收到通知之日起 15 日内）。

④混合模式。比如有的 LP 安排到期缴付，有的 LP 安排条件成就缴付（如实务中部分国资 LP，会将其他 LP 出资到位作为前置出资条件）。

5. 普通合伙人出资义务特别要点

（1）普通合伙人出资的必要性

主要资金是 LP 出，但是 GP 出资也是必要的，这在一定程度上形成利益的一致性。

从私募基金的角度来看，普通合伙人出资的绝对金额的大小，可以有两个方面的考虑：第一个方面是普通合伙人是合伙制基金的投资者之一，其应当符合合格投资者要求，应当有认缴出资额的门槛；第二个方面是普通合伙人如果是管理人，那么其就不应存在合格投资者限制，或者应豁免其合格投资者限制，其只是名义出资即可。

（2）普通合伙人出资比例及金额

就美国而言，在颁布《1986 年税收改革法》之前，GPs 需要投入一个基金总资本的 1%（1% 规则）[①]。我国法律没有特别规定，出资比例原则上可以自由确定。合伙人按照合伙协议的约定或者经全体合伙人决定，可以增加或者减少对合伙企业的出资（《合伙企业法》第 34 条），且不存在有关比例的强制性规定。在实务中，一般也是 1%，但有的时候会出到 10% 甚至更高，原因一般是 GP 为了体现对基金的信心、增信基金，以利于吸引 LP 出资，也可能是 GP 出于便利募资的要求（如为了尽早成立基金，先由 GP 先认缴多余份额，后续转让给新增 LP）。

在 GP 高比例认缴的情况下，需要关注的是：（1）GP（超过一般比例的）认缴出资是否与 LP 认缴出资享有同样的分配顺序，或者有优先劣后安排；（2）GP（超

---

① ［美］哈利·曾德罗夫斯基等：《私募股权投资历史、治理与运作》（第 2 版），孙春民、杨娜等译，中国金融出版社 2014 年版。

过一般比例的)认缴出资是否与LP认缴出资享有同样的门槛收益;(3)在后端超额收益分成计算上,是否所有比例都劣后于一般LP,还是差异化安排,部分比例视同一般LP一并参与超额收益分成。

(3)普通合伙人出资违约的特殊性

普通合伙企业的合伙人未按约足额出资,是没有强制的补缴义务的,原因在于普通合伙企业全体合伙人承担无限连带责任,其出资到位与否并不影响对外承担责任。[①] 尽管《合伙企业法》并未强制要求普通合伙人未按约足额缴纳出资的强制补缴义务,但基于前述"必要性"与"比例及金额"部分内容,普通合伙人的出资从基金的视角看是有其重要性的。

一般而言,普通合伙人的出资违约应当参照有限合伙人出资违约的安排,补缴之外还要对非违约的合伙人进行补偿,另外基于普通合伙人是基金运作关键角色这一考量,可以将GP出资违约安排为触发合伙基金解散、GP除名、投资期终止等后果。

6. 有限合伙人出资义务特别要点

(1)按期出资是有限合伙人的核心义务

对LP而言,按期出资系核心义务展开来说,LP出资有3个层面的重要意义:[②]①LP的出资义务构成合伙人之间的承诺,各方的出资构成其他方出资的前提和基础;②LP的出资构成了合伙企业的资产,对于第三方债权人来说,是除了GP无限责任外重要的履约保证;③LP出资一般构成了基金主要的投资资金来源,LP如果出资不到位可能导致合伙企业经营中止,按期出资对基金整体投资运作极为重要。

(2)私募股权基金中,有限合伙人"分期出资"的特别设置

在私募股权基金中,作为投资人的有限合伙人的出资核心点,或特别点在"分期出资"的安排。

从抑制GP道德风险的角度来看,分期出资一方面使GP当期能动用的资金受到限制;另一方面GP需在LP注资前接受LP审查,一定程度降低GP机会主

---

① 参见李飞主编,全国人民代表大会常务委员会法制工作委员会编:《中华人民共和国合伙企业法释义》,法律出版社2006年版,第107页。

② 参见李飞主编,全国人民代表大会常务委员会法制工作委员会编:《中华人民共和国合伙企业法释义》,法律出版社2006年版,第106页。

义行为。

除了前述要点外,分期出资一定程度上对基金的整体收益率是有好处的,如果一次性出资或出资进度超过投资进度,则会出现冗余资金沉淀在基金账户上,不利于资金有效利用,计算收益率的周期也被拉长。

(3)有限合伙人分期出资义务是否与GP“过错”挂钩

对于强势的LP来说,可以约定即使GP没有重大过错,只要LP丧失信心,就有权停止注资,保留撤销后续投资的权利①。

但对强势的GP来说,会排斥这一类型条款,强势LP无限制动用此类条款,可能导致基金整体规模受到实质性缩减,进而影响原定投资策略之实现,最终导致基金运作收益实现障碍。通常GP会反过来将该停止注资条款进行限制,如前置GP存在故意或重大过失,甚至再限制为前置GP存在故意或重大过失且绝对比例的合伙人同意,进而再增加限制为其故意或重大过失行为给基金或合伙人造成重大损失。而就“故意或重大过失”之判断标准,对GP更优化的处理方案是要求以有权司法机关的判决为准。如果加上了前述限制,则某特定LP想通过该条款停止注资,就会比较困难。

(4)有限合伙人出资违约责任设计

有限合伙人应当按照合伙协议的约定按期足额缴纳出资;未按期足额缴纳的,应当承担补缴义务,并对其他合伙人承担违约责任(《合伙企业法》第65条)。有限合伙人实缴出资有显著的意义,因而法律要求继续补缴;当然,在补缴义务之外,继续承担违约责任对非违约的合伙人进行补偿,也是应有之义。

实务中,有限合伙人违约责任有多种处理方案:②

①认定为出资违约合伙人

LP出现未按期足额缴付出资,根据基金合伙协议,由GP或经过特定程序认定LP为“出资违约合伙人”,以适用相应违约罚则。

②合伙权益的限缩

违约合伙人的投票权、委派特定人员权利将会受到限制。

---

① 李寿双:《中国式私募股权基金募集与设立》,法律出版社2009年版,第172页。

② 参见汪澍:LPA审核实务要点系列课程,载京陆私募学堂网2021年2月24日,https://app8ooy7jry7987.h5.xiaoeknow.com/p/course/audio/a_6035b571e4b00e4f5 e5b3645?product_id=p_5d36c2eb4bffd_k1aa8eP4。

③违约金

设置违约金条款,如每逾期一日承担应缴付未缴付金额万分之五的违约金。

④赔偿金

赔偿金,系违约金不足以覆盖违约责任造成损失的情形下的补充,如为追索出资支出的诉讼费用、因该笔出资未到位向第三方承担违约责任造成的损失。

⑤扣留分配额

将违约合伙人有权从基金中获得的分配进行扣留,用于实缴出资、支付违约金等,扣留的部分实质上也是应分配给违约合伙人的,只不过被管理人支配用于实缴出资等义务的履行。

⑥罚没分配额

定向减少违约合伙人可以获得的基金分配,如降低到 70%,减少的部分未来也不会支付给违约合伙人。

⑦定向减资

定向减少违约合伙人出资金额,将未能实缴的部分全部进行减资。

⑧强制转让未出资部分

强制转让未出资部分给第三方,一般该第三方可以由 GP 来选择。

⑨强制转让其全部财产份额

无论是实缴还是未实缴,全部强制转让一般还会设定价格确定原则,或者规定公允价格或者按照限定价格(如净资产/净资产打折等)。

⑩强制退伙

对违约合伙人适用强制退伙程序,对其进行除名。

最后需要指出的是,合伙人出资违约责任设计中,还有重要的一条是“违约责任的豁免”,一般会约定 GP 或其他特定程序(如合伙人会议),可以对出资违约责任进行全部或部分豁免。

7.“最低实缴”与“后续募集”

(1)最低实缴

私募基金应当具有保障基本投资能力和抗风险能力的实缴募集资金规模(《登记备案办法(2023)》第 33 条第 1 款)。细化来说:私募基金初始实缴募集资金规模除另有规定外,应当符合下列要求:私募股权基金不低于 1000 万元人民币,其中创业投资基金备案时首期实缴资金不低于 500 万元人民币,但应当在基金合同中约定备案后6个月内完成符合前述初始募集规模最低要求的实缴出资；投向单一标的的私募基金不低于2000万元人民币(《登记备案办法(2023)》第33条第2款第2、3项)。

对于私募股权基金而言,基于以上规定要求,其应当在基金协议中明确首期实缴规模不低于相应规定,相应基金协议才能符合后续备案要求。

(2)后续募集

①后续募集的概念

后续募集,一般是指基金完成首轮封闭(First Closing)和最终封闭(Final Closing)之间,进行的募集活动[①]。这个定义中有两个关键概念"募集"和"封闭"。

"募集"或者更确切地说股权投资基金的募集,是指股权投资基金管理人或者受其委托的募集服务机构向投资者募集资金,用于设立股权投资基金的行为。[②]

"封闭"(Closing)又称"交割",与私募股权投资领域的"交割"含义(参见下篇第五章第二节"五、交割日"部分内容)是相通的,在基金募集领域一般指的是基金募集款项支付/到账。

首轮封闭指的是管理人已经将一部分资金募集到位,基金已经有足够的资金可以开始进行投资运作了,但仍然接受新的投资人对基金的投资;最终封闭,指的是基金募集期结束或基金达到了预计规模或因管理人自行决定原因,管理人不在进行新的募集活动,基金正式封闭运作[③]。

②后续募集产生的原因

后续募集产生的原因,主要是募集节奏和资金需求之间的时间差矛盾:[④]

---

① 参见汪澍:LPA审核实务要点系列课程,载京陆私募学堂网2019年12月17日,https://app8ooy7jry7987.h5.xiaoeknow.com/p/course/audio/a_5df843d88a574_JdZkUNgg?product_id=p_5d36c2eb4bffd_k1aa8eP4。

② 中国证券投资基金业协会组编:《基金从业资格考试统编教材　股权投资基金》,中国金融出版社2017年版,第51页。

③ 参见汪澍:LPA审核实务要点系列课程,载京陆私募学堂网2019年12月17日,https://app8ooy7jry7987.h5.xiaoeknow.com/p/course/audio/a_5df843d88a574_JdZkUNgg?product_id=p_5d36c2eb4bffd_k1aa8eP4。

④ 参见汪澍:LPA审核实务要点系列课程,载京陆私募学堂网2019年12月17日,https://app8ooy7jry7987.h5.xiaoeknow.com/p/course/audio/a_5df843d88a574_JdZkUNgg?product_id=p_5d36c2eb4bffd_k1aa8eP4。

第一,“项目等不了”。管理人中意的投资项目可能急需融资,如果不先行封闭实施投资,那么项目可能就错过了。因而先行封闭把管理人拟投资的项目通过投资锁定,再进行后续募集以达到基金最初的预期规模。

第二,“管理人等不了”。在募集的过程中,管理人通常会花几个月进行路演,涉及多个投资人,有的投资人可能比较早的时候就明确了投资意向,而有的投资人可能决策流程比较长。如果管理人要等所有投资人都明确意向才实质启动封闭基金,经常可能会出现的意外情况是,原先明确了投资意向的投资人又反悔了。因而从“落袋为安”的角度考虑,一旦明确的投资意向达到了基金最低规模,即可实质启动封闭基金锁定投资人,待后续投资人明确后,再行后续募集。

第三,“投资人等不了”。规模比较大的基金,可能涉及的投资人很多,而且投资人的背景可能比较复杂,比如有高净值个人,有上市公司,有政府引导基金,如果要协调这么多背景各异的投资人同一天签约打款,是很难做到的。有的投资人可能已经决策了,资金就在账上等待出款,但有的投资人决策程序还没有走完,投资人很难去一等再等。因而大型的基金,一般会分批次进行封闭,即差不多类型、差不多时间能交割的投资人“打包”一起封闭。

第四,“投资人要等等看”。对于有的投资人来说,其“不见兔子不撒鹰”,对基金投资的确定性要求比较高。从管理人投资策略安排的角度,可以前期封闭投资一些比较靠谱的项目,再拿着既成的组合向前述这类保守投资人进行扩募,新投资人能享受已投资组合的收益,同时对新投资人的后续募集金额,还能对外再投资更多项目。

③后续募集的类型

最常见的后续募集类型是新投资人加入,相应增加了基金的总认缴规模。其次是原有投资人增加认缴出资,相应也增加了基金的总认缴规模。最后一种并不典型,是通过转让认缴未实缴部分来进行的募集,这种情形下,可以看成存量份额减少,然后新增了同等的份额[①]。

---

① 参见汪澍:LPA 审核实务要点系列课程,载京陆私募学堂网 2019 年 12 月 17 日,https://app8ooy7jry7987. h5. xiaoeknow. com/p/course/audio/a_5df843d88a 574_JdZkUNgg? product_id = p_5d36c2eb4bffd_k1aa8eP4。

④后续募集的商务关注点

后续募集会产生一定影响:[1]

第一,在先投资人和后续募集投资人资金成本存在差异。在先投资人先出资,可能基金已经投资了一批项目,后续募集投资人在后出资,而基金的整体收益都要在在先投资人和后续募集投资人之间进行分配。如果按照对应比例直接分配(而没有其他调整机制),那么在先投资人和后续募集投资人会按照同样的进度拿到对等比例的钱,而在先投资人和后续募集投资人资金投入时间是不一样的,这样就会造成在先投资人和后续募集投资人的资金成本存在差异。

第二,管理人工作重心安排。对于在先投资人,其一般是希望管理人将工作重心放到既有资金的投资和已投项目的投后管理中,但因为有后续募集的安排,管理人势必要花费一部分时间精力放到募集工作中,这对在先投资人的利益可能会造成影响。

第三,后续募集带来新投资人和基金规模的增加。对 GP 来说,这通常是一件好事,因为基金规模增大,管理费会增加,可投资资金也增加了。对 LP 来说,则可能是好事也可能是坏事。从好的方面来说,引入的新的投资人、新的资金,基金的投资人背景(如知名机构 LP)增强了、基金资源(如头部产业 LP)变多了、可投资项目范围变大。从坏的方面来说,基金规模扩大,在先投资人的基金份额就自动被稀释了,而且一般来说基金规模越大基金收益率就越低,这对在先投资人来说也是有影响的。

基于以上后续募集可能会产生的影响,在基金合伙协议中,应当要关注几个要点的处理:[2]

第一,后续募集期对应的法律效果。一般可以约定三个法律效果:其一,管理人可以招揽新的 LP 而无须经在先 LP 同意,相应地,如果超过了后续募集期要增加新 LP,则需要经过基金合伙协议约定的程序。其二,管理人可以自由分配精力到募资活动中,相应地,如果超过了后续募集期,则管理人应当把主要/全部精力

---

① 参见汪澍:LPA 审核实务要点系列课程,载京陆私募学堂网 2019 年 12 月 17 日,https://app8ooy7jry7987.h5.xiaoeknow.com/p/course/audio/a_5df843d88a574_JdZkUNgg?product_id=p_5d36c2eb4bffd_k1aa8eP4。

② 参见汪澍:LPA 审核实务要点系列课程,载京陆私募学堂网 2019 年 12 月 17 日,https://app8ooy7jry7987.h5.xiaoeknow.com/p/course/audio/a_5df843d88a574_JdZkUNgg?product_id=p_5d36c2eb4bffd_k1aa8eP4。

放到基金的投资活动中。其三,后续募集期内资金成本平衡的权利。因为在先投资人和后续募集投资人存在投入资金成本的差异,一般而言会安排后续募集投资人应当给在先投资人一定补偿。后续募集期内,可以把这个补偿的安排及其豁免权利交给 GP,即 GP 有权独立豁免后续募集投资人的补偿义务。相应地,如果超过了后续募集期,针对新投资人的加入,其补偿的豁免可能就需要经过基金合伙协议约定特定(如合伙人会议/咨询委员会)程序了。

第二,后续募集期的长短。一般会约定后续募集期限为 6 ~ 18 个月,可以经过约定程序(合伙人会议/咨询委员会)进行延长。

第三,基金的封闭规模。对基金的规模来说,可以有首轮封闭规模和最高封闭规模。就首轮封闭规模而言,是能够进行投资组合以产生资产配置效果的最低规模。就最高封闭规模而言,一般指管理团队管理能力范围内,能够管理的最高规模。就笔者的实务观察而言:其一,最高封闭规模还与投资领域和范围息息相关,如果投资范围、地域(如返投要求)限定比较死,作为底层资产的项目池有限、其能吸纳的投资有限,也会限制基金规模。其二,投资人的出资比例限制可能影响首轮(最低)及最高封闭规模。如有的政府引导基金对子基金的出资比例有限定①,如果该政府引导基金明确了投资额度,那么,相应地,就限定了基金的最低及最高封闭规模。需要特别指出的是,鉴于政府引导基金出资比例限制是比较刚性的,一般会在合伙协议/补充协议中约定基金规模不达预期时的投资比例调整机制,既可以是同比例缩减认缴出资额,也可以是 GP 及其关联方增加认购等。

第四,资金成本差异的平衡。平衡方法有多种:A. 出资时点的平衡。在分批出资安排的基金中,后续募集投资人后续批次出资中可以安排先出资,在先投资人暂时不出,这样反过来,让后续募集投资人在后续批次出资中出资成本垫高,在先投资人因为暂时不出,而使其在后续批次出资中资金成本变低。通俗来讲,先出的后面后出,后出的后面先出,这样一来一回把资金成本进行了平衡。B. 回款时点的平衡。可以约定回款先回给在先投资人,之后再回给后续募集投资人。这种安排因为不好预计什么时候回款,因而很难精确平衡资金成本。C. 资金成本

---

① 实务中大部分政府引导基金的出资额上限在 20% ~30% 。详见刘璟琨、胡宇佳等:《2021 年政府引导基金专题研究报告》,第 28 页,载投中信息网 2022 年 1 月 23 日,https://pic. chinaventure. com. cn/reportFiles/6890967722360832. pdf。

补偿款。可以约定后续募集投资人额外向在先投资人(实务中也有由基金留存以对外进行投资)支付一笔资金成本的补偿款,补偿款可以是按照在先投资人投资本金以一定年利率进行计算。D.项目收益区分。可以约定已经投资的项目的分配,后续募集投资人不参与[①],这也可以平衡资金成本。

第五,触发最终封闭的原因。几个比较常见的原因是:A.后续募集期结束。B.基金达到最高封闭规模。C.管理人自己宣布最终封闭。管理人基于对市场等的判断(如觉得募资环境不好),就独立决定最终封闭了。D.合伙协议约定的其他情形。比如,核心人员离职、基金产生了重大变化,可能会触及最终封闭。

第六,新增投资人的主体资质。A.新增投资者是否满足合格投资者要求。这是成为基金投资者的基础合规门槛。B.新增投资者是否会给基金带来额外的合规/运营的负担。实务中常见的是外资、国资、特殊要求,就外资而言,如果是人民币基金引入外资,需要关注拟投资的领域是否有外资限制/禁止;就国资而言,如果新增了国资LP,可能会多出来延伸审计等要求;就特殊要求而言,引导基金可能会要求返投,特定(行业)主题母基金可能会对投资领域有要求,“三类股东”引入可能会对被投资项目上市造成一定影响[②]。

除了以上几个要点需要关注以外,还有两个点也是需要在基金合伙协议中予以考虑的:[③]

第一,后续募集的管理费收取。后续募集完成后,从该时点对后续募集部分收取管理费自无疑问,有疑问的是,是否就后续募集部分在首轮封闭到后续募集完毕[④]之间追加收取管理费?肯定的理由是,从全体投资人资金成本平衡的角度考虑,应当收取;否定的理由是,在这个追加收取期间,管理人并未实际上对后续

---

① 需要指出的是,这种方式是能够在实质上解决资金成本的问题,但是涉嫌投资单元,基金监管上是有合规障碍的。根据《备案指引2号》第10条第2款的规定,私募基金管理人不得在私募股权基金内部设立由不同投资者参与并投向不同资产的投资单元或者基金子份额,但因投资排除等机制导致前述情形的除外。被废止的旧规也有类似规定,根据《备案须知(2019)》第15条规定:管理人不得在基金内部设立不同投资者参与并投向不同资产的投资单元/子份额,规避备案义务,不公平对待投资者。

② 详见下篇第五章第二节“二十二、陈述与保证”中有关投资者的陈述与保证。

③ 参见汪澍:LPA审核实务要点系列课程,载京陆私募学堂网2019年12月17日,https://app8ooy7jry7987.h5.xiaoeknow.com/p/course/audio/a_5df8441073d93_TsPzPhaJ?product_id=p_5d36c2eb4bffd_k1aa8eP4。

④ 我们假定管理费收取开始时点为募集完成时,实务中会有差异化安排,详见上篇第二章第二节“六、合伙期限”中有关投资期起始日的讨论。

募集部分进行管理。实务中,两种处理方案都有,没有统一做法,主要看各方谈判的结果。

第二,后续募集的资产评估问题。后续募集时,实际上存在一个棘手的问题,既存基金怎么进行估值? 尤其是在如果基金已经投资了一些项目的情况下,基金的估值就更困难了。[①] 实务中常见的是可以按照 1 元/1 元合伙份额的票面价格增资,也有特别的投资人如国资需要进行评估,不过因为股权投资基金基于其底层资产流动性不足的问题,这种评估也很难说公允反映真实情况。

⑤基金监管对后续募集的要求

基金原则上应当封闭运作,私募股权基金备案完成后,投资者不得赎回或者退出。有下列情形之一的,不属于前述赎回或者退出:A. 基金封闭运作期间的分红;B. 进行基金份额转让;C. 投资者减少尚未实缴的认缴出资;D. 对有违约或者法定情形的投资者除名、替换或者退出;E. 退出投资项目减资;F. 中国证监会、中基协规定的其他情形(《登记备案办法(2023)》第 35 条)[②]。

基金可以进行后续募集,根据《备案指引 2 号》第 22 条第 1 款的规定,私募股权基金开放申购或者认缴的,应当符合下列条件:A. 由私募基金托管人进行托管;B. 在基金合同约定的投资期内;C. 开放申购或者认缴按照基金合同约定经全体投资者一致同意或者经全体投资者认可的决策机制决策通过;D. 中国证监会、中基协规定的其他条件。

后续募集可以突破初始备案规模的 3 倍,根据《备案指引 2 号》第 22 条第 2 款的规定,私募股权基金开放申购或者认缴,增加的基金认缴总规模不得超过备

---

① 中基协《股权投资估值指引》规定了对股权投资基金投资的非上市股权的估值原则、方法等,但此类方法也很难对后续募集中的基金资产评估形成比较确定的方案,只能作为一个参考。

② 被废止的旧规也有类似规定,根据《备案须知(2019)》第 11 条第 1 款的规定,【封闭运作】私募股权投资基金(含创业投资基金,下同)和私募资产配置基金应当封闭运作,备案完成后不得开放认/申购(认缴)和赎回(退出),基金封闭运作期间的分红、退出投资项目减资、对违约投资者除名或替换以及基金份额转让不在此列。

案时基金认缴总规模的 3 倍,[1]但符合下列情形之一的除外:A. 既存投资者或者新增投资者中存在社会保障基金、企业年金等养老基金;B. 既存投资者或者新增投资者中存在慈善基金等社会公益基金、保险资金或者地市级以上政府出资产业投资基金,并且前述投资者之一的实缴出资不低于 1000 万元;C. 既存投资者和新增投资者均为首期实缴出资不低于 1000 万元的投资者,私募基金管理人、私募基金管理人员工直接或者间接通过合伙企业等非法人形式间接投资于本公司管理的私募股权基金,且实缴出资不低于 100 万元的除外;D. 在协会备案为创业投资基金,且开放申购或者认缴时,基金已完成不少于 2 个对早期企业、中小企业或者高新技术企业的投资;E. 中国证监会、中基协规定的其他情形。

需要注意的是,如果基金本身性质不符合扩募条件,如"单一项目基金",则相应的后续募集条款应当予以调整,实务中协会有这样的备案反馈意见:"本基金不符合扩募条件,请在基金合同中删除后续募集增加认缴出资等相关条款,请管理人通过修改基金合同或签署补充协议的方式在合同中约定该事项后重新上传。"

⑥托管"原路返回"对缴付出资的要求

根据《募集行为办法》第 12 条第 1 款的规定,募集机构及合同约定的责任主体应当开立私募基金募集结算资金账户用以下具体事项(见表 2－1)。

---

① 被废止的旧规对后续募集监管口径要更为严格,其规定一般不能后续募集,符合特定条件的才能进行后续募集且新募集规模不能突破初始备案规模的 3 倍。具体而言,根据《备案须知(2019)》第 1 条第 2 款的规定,已备案基金,同时满足下列条件可以新增投资者或增加认缴出资,增加的认缴出资额不得超过备案时认缴出资额的 3 倍。

具体条件	说　明
公司型或合伙型	·契约型完全"封闭运作",仅公司型/合伙型有限度开放
依法设立并适格托管	·强制托管要求
处在约定投资期内	·投资期内变化规模,管理及退出期逻辑上没有变化规模之必要
组合投资,单一标的资金不超过最终认缴出资额的 50%	·避免对单一投资基金/单元投资规避备案
适格表决机制通过	·投资者保护程序

另外,已被废止的《基金备案关注要点》第 1 条规定,中基协备案时会关注基金合同中是否设置增加认缴等与后续扩募相关的条款。

表 2-1　私募基金募集结算资金账户用途

具体事项	资金流向	说明
统一归集私募基金募集结算资金	↓	·向下自投资者进募集结算资金专用账户
向投资者分配收益	↑	·原路返回
给付赎回款项	↑	
分配基金清算后的剩余财产	↑	

实务中可能出现的不符合要求的情形有:A. 投资者用别人名下的账户出资;B. 投资者用自己名下的多个账户出资;C. 投资者用自己名下的一个账户但分多次打款出资。

根据前述“原路返回”的要求,反过来对投资者缴付出资的具体要求为:必须是投资者由其本人名下 1 个账户出资到基金中。前述情形中,情形 A 是不可以的,这种操作还涉嫌代持或汇集资金;情形 B 不建议如此操作,虽然不违规但分配时比较麻烦,托管行在后续资金分配时,需要投资者、基金和管理人确认具体以哪个账户为准进行返回(另外需要特别说明的是,如果投资者实缴出资用的一个或若干账户,但分配时其要求支付至第三账户,这实际上也是可以的,因为其也符合“原路返回”到投资者的要求,只不过同样的托管行需要投资者、基金和管理人确认具体回款账户);情形 C 是符合监管要求,没有问题的。

另外,需要特别指出的一点是,“原路返回”的实质在于返回给投资人,而并非必须返回给投资人特定账户,如果投资人要求更换回款账户,管理人、投资人、托管人确认同意也是可以更换的。

(三)适用及其他

1. 普通合伙人出资

实践中普通合伙人出资比例一般均为 1%,出于普通合伙人增信募资要求、增厚投资收益等目的,可以超过这个比例,但一般不太会超过 10%。

2. 实缴期限

(1)最终期限

实缴出资最终缴足期限一般跟投资期限相匹配,但也有例外。如最终缴足期限比投资期限稍微短一点,这样约定能够使资金提前到位,匹配投资进度。

(2)分期出资

在最终期限内,分期出资可以有不同的处理方法:①GP 自行决定发通知(可安排为与实际投资进度挂钩),按照通知要求的数额比例、时间缴足;②合伙协议中直接明确出资次数(或时间间隔)、数额比例。

3. 未按期出资罚则

针对未按期出资合伙人,尤其是有限合伙人,罚则可以设置如下:

(1)宽限缴付期限的逾期违约金

可以给予逾期缴付的合伙人一个宽限期,但是出于对其他守约合伙人、合伙企业整体利益考虑,逾期缴付可以设置承担一定逾期违约金,对其他守约合伙人及合伙企业进行相应补偿。

(2)宽限期内仍未缴纳的罚则

可适用一项或多项方案:①就尚未缴纳部分丧失缴纳权利,普通合伙人/合伙协议其他决定方式可决定将相应份额转让给第三方,或减少合伙企业总认缴额度;②代表违约合伙人的咨询委员会成员(如有),视为自动去职;③转让逾期缴付合伙人在本合伙企业的合伙权益,该转让价格由普通合伙人/合伙协议其他决定方式决定;④排除该逾期缴付合伙人参与今后任何投资项目的权利;⑤减少逾期缴付合伙人的本应享有的出资份额比例,并将扣减部分按比例分配给守约合伙人。

4. 变更出资数额、比例、方式、期限

合伙协议可另外约定:由 GP 单独决定变更合伙企业出资数额;由合伙人会议(一定比例)变更合伙企业出资数额;其他变更方式。数额的变更方式自然适用于比例的变更方式。

对出资方式、缴付期限变更没有明确规定,但从性质上类比,变更方式应当同出资数额、比例的变更方式相同。

九、有限合伙人与普通合伙人的基本权利和义务

(一)指引内容

【合伙人的权利义务】合伙协议应列明有限合伙人与普通合伙人的基本权利和义务。

(二)内含机理

1.“基本权利和义务”为题中之义

“基本权利和义务”作为必备条款之一罗列,无特别大的必要。基本权利和义务可以类比为合伙协议中有关 GP 和 LP 权利的一个提取公因式的总则,但鉴于合伙协议中 GP 和 LP 的权利和义务没有那么复杂,体系化的必要性并不强。GP 和 LP 的所有权利和义务的细化均分散在合伙协议的各处,单独一条罗列 GP 和 LP 的基本权利是没有太大的必要的,反而可能会显得重复。

将该条作为必备条款罗列的一个理由可能是“兜底性”或“宣示性”的,即合伙协议应当包含 GP 和 LP 的所有基本权利和义务,不能有所遗漏,但并不意味着合同指引强制将 GP 和 LP 的基本权利和义务全部细化到该条的名目下。

2. GP 和 LP 的基本权利和义务要点①

GP 和 LP 的基本权利和义务追本溯源应当是被(有限)合伙这种商事组织形式的特点和私募股权基金投资这种商事活动内在逻辑决定的。在有限合伙制基金中,LP 出钱 GP 出力(或是出很少的钱),同时 LP 和 GP 配以相应的激励约束和保护措施安排,以实现各参与方利益一致下的利益最大化。基于此,GP 和 LP 的基本权利和义务得以展开,见表 2－2。

表 2－2　GP 和 LP 的基本权利和义务

LP和 GP 权利和义务 \ 逻辑与措施		LP 出钱 GP 出力	激励约束与保护措施
LP	权利	投资收益	承诺制出资;分期出资;合理限度参与
	义务	实缴出资	实缴、转让、退伙违约之惩罚
GP	权利	管理权;管理费	收益分成;共同投资
	义务	实缴出资(少量,如有);受信义务	行为约束;投资限制;收益返还

(三)适用及其他

参考“法天使”的版本(刘建伟的《私募基金》——《私募基金合伙协议(有限

① 本部分可以与上篇第一章第二节“一、有限合伙的特点”部分作镜像考察。

合伙）》），可以作出如下细化约定。

1. GP 的基本权利和义务

（1）GP 基本权利——投资管理权、获得管理费及业绩报酬等

投资管理权：①主持基金经营管理工作、对外代表基金；②拟定基金管理制度；③召开合伙人会议；④决定投委员会成员；⑤作出投资及退出决策；⑥选聘中介机构。

获得管理费及业绩报酬等：①合伙利益分配；②获得清算分配。

（2）GP 基本义务——实缴出资（少量，如有）及受信义务

实缴出资义务：实缴出资。

受信义务：①勤勉尽责；②披露义务；③不得以合伙企业举债担保；④竞业限制、关联交易约束；⑤无限连带责任；⑥亏损弥补；⑦保密；⑧同类合伙设立披露；⑨估值。

2. LP 的基本权利和义务

（1）LP 基本权利——投资收益及合理限度参与

投资收益：①转让份额；②优先购买份额；③份额出质；④收益分配；⑤清算分配。

合理限度参与：①监督权；②决定入伙退伙；③建议权；④查阅权；⑤请求召开、参加合伙人会议；⑥关联交易表决。

其他：①可以自营竞争业务；②与本合伙交易；③诉讼仲裁；④派生诉讼。

（2）LP 基本义务——实缴出资

实缴出资：①实缴出资；②出资为限承担责任。

其他：①不恶意损害合伙；②保密；③不干预合伙投资及退出。

十、由普通合伙人担任执行事务合伙人

（一）指引内容

【执行事务合伙人】合伙协议应约定由普通合伙人担任执行事务合伙人，执行事务合伙人有权对合伙企业的财产进行投资、管理、运用和处置，并接受其他普通合伙人和有限合伙人的监督……

（二）内含机理

1. 普通合伙人担任执行事务合伙人为法定内容

合伙协议应当载明：合伙事务的执行（《合伙企业法》第 18 条第 6 项）。合伙

目的的实现,有赖于合伙事务的执行,合伙事务具体执行的方式应当予以明确。具体而言,需要明确应当由谁执行合伙事务,执行合伙事务的范围、后果,执行事务如果超越权限应当如何处理等[①]。

(1)普通合伙和有限合伙中执伙均由普通合伙人担任

对于普通合伙企业来说,合伙人对执行合伙事务享有同等的权利(《合伙企业法》第 26 条第 1 款)。

合伙企业具有非常强的人合性,跟法人完善的授权—管理结构(如公司制的股东会、董事会、经营层、法定代表人)相比,有着经营上灵活性的要求,其不需要专门设定对外代表合伙企业的机构,每个普通合伙人都可以执行合伙事务,而且其权利是平等的,[②]执行合伙事务的结果都归属于合伙企业。

有限合伙企业由普通合伙人执行合伙事务(《合伙企业法》第 67 条)。执伙的法定条件是执伙必须是普通合伙人。相应地,有限合伙人是不能担任执行事务合伙人的,此系合伙企业的基本属性要求,[③]有限合伙人以出资为限承担责任不参与合伙企业经营,承担无限责任的普通合伙人参与执掌合伙企业的经营。

(2)国企等不得成为普通合伙人和执伙

①“国有企业”不得成为普通合伙人之辨

普通合伙人有适格性要求,其中国有独资公司、国有企业、上市公司以及公益性的事业单位、社会团体不得成为普通合伙人(《合伙企业法》第 3 条)。这是出于对国有成分、公益单位的保护,因为普通合伙人将对合伙企业的债务承担无限连带责任。不过事分两面,这也成为对国有成分、公益单位从事民事活动的一个限制,就私募股权基金而言,国企不能成为普通合伙人,对国有类创投从事业务的灵活度构成一定障碍。

其中对“国有企业”的界定,理论和实务中存在一定含混之处。

根据全国人大常委会法制工作委员会对合伙企业法的释义,国有企业的概念

---

① 参见李飞主编,全国人民代表大会常务委员会法制工作委员会编:《中华人民共和国合伙企业法释义》,法律出版社 2006 年版,第 28 页。

② 参见李飞主编,全国人民代表大会常务委员会法制工作委员会编:《中华人民共和国合伙企业法释义》,法律出版社 2006 年版,第 39 页。

③ 参见李飞主编,全国人民代表大会常务委员会法制工作委员会编:《中华人民共和国合伙企业法释义》,法律出版社 2006 年版,第 108 页。

则较宽泛，可以理解为包括国有独资企业、国有控股企业和国有控股公司。[1] 财政部也秉持以上相同看法，从资本构成和控制力两个层面理解国有企业。[2] 但前述释义看法，在法律解释上有不通畅之处，如果按照上述理解“国有企业”是应当涵盖“国有独资公司”的，而《合伙企业法》第 3 条则并列“国有独资公司”[3]“国有企业”。

实务中，确实出现不少宽泛意义的“国有企业”（甚至包括穿透后 100% 国资的情况）担任合伙企业 GP 的案例，多为穿透多层方可识别国资全资/控股的情况。笔者推测，可能的原因是，工商登记系统严格限缩理解“国有企业”，将之定义为“企业全部资产归国家所有”的“非公司制的经济组织”[4]。

基于前述可能的理解，“国有企业”/“国有独资公司”的子公司（即便是全资子公司）是能够担任普通合伙人的，比照实务中上市公司按照合伙企业法不能担任普通合伙人，但上市公司子公司可以担任普通合伙人，逻辑上看是一致的。

②基金监管层面的理解

在私募股权投资领域监管层面，国家发展改革委 2012 年曾明文将国有企业

---

① 参见李飞主编，全国人民代表大会常务委员会法制工作委员会编：《中华人民共和国合伙企业法释义》，法律出版社 2006 年版，第 6 页。

② 财政部《关于国有企业认定问题有关意见的函》（财企函〔2003〕9 号）第 3 条规定：对“国有公司、企业”的认定，应从以下角度加以分析：（1）从企业资本构成的角度看，“国有公司、企业”应包括企业的所有者权益全部归国家所有、属《企业法》调整的各类全民所有制企业、公司（指《公司法》颁布前注册登记的非规范公司）以及《公司法》颁布后注册登记的国有独资公司、由多个国有单位出资组建的有限责任公司和股份有限公司。（2）从企业控制力的角度看，“国有公司、企业”还应涵盖国有控股企业，其中，对国有股权超过 50% 的绝对控股企业，因国有股权处于绝对控制地位，应属“国有公司、企业”范畴；对国有股权处于相对控股的企业，因股权结构、控制力的组合情况相对复杂，如需纳入“国有公司、企业”范畴，须认真研究提出具体的判断标准。

③ 《公司法（2018）》第 64 条第 2 款规定：本法所称国有独资公司，是指国家单独出资、由国务院或者地方人民政府授权本级人民政府国有资产监督管理机构履行出资人职责的有限责任公司。最新《公司法》第 168 条第 2 款、第 169 条第 1 款就国有独资公司的规定，细节表述有差异，但实质内涵是保持一致的。

④ 国家统计局、原国家工商行政管理总局《关于划分企业登记注册类型的规定调整的通知》（国统字〔2011〕86 号）第 3 条规定：国有企业是指企业全部资产归国家所有，并按《中华人民共和国企业法人登记管理条例》规定登记注册的非公司制的经济组织。不包括有限责任公司中的国有独资公司。第 7 条第 3 款规定：国有独资公司是指国家授权的投资机构或者国家授权的部门单独投资设立的有限责任公司。

界定为"国有股权合计达到或超过 50% 的企业"[①](但 2014 年后股权投资领域划归到中国证监会系统,且国家发展改革委 2016 年废止了前述规定[②])。

当前的监管部门中国证监会体系尚未明确界定"国有企业"范围,但就中基协的登记来看,存在穿透后 100% 国资的主体备案成管理人并担任合伙企业 GP 的案例[③]。从该现状来看,中国证监会/中基协对"国有企业"的理解认定应当比原国家发展改革委体系要更为狭义严格。

(3)非自然人执伙由其委派代表执行合伙事务

作为合伙人的法人、其他组织执行合伙事务的,由其委派的代表执行(《合伙企业法》第 26 条第 3 款)。法人和其他组织作为(普通)合伙人执行合伙事务时,由于其非自然人,不能当然直接执行合伙事务,可由其委派代表——特定的自然人——代为执行合伙事务。

关于委派代表的资格,其系由执行事务合伙人自行委派,一般没有禁止性规定。实务中会出现执行事务合伙人拟委派的代表同时是合伙企业有限合伙人的情况(有注册成功的案例),但部分工商局不接受此种安排,法律依据是有限合伙人不执行合伙事务,不得对外代表有限合伙企业(《合伙企业法》第 68 条第 1 款)。从严格限缩的角度来看,作为执伙的普通合伙人执行合伙事务并对外代表有限合伙企业,其委派代表(因其系意定委派非法定确定[④])并不当然(跨过执行事务合伙人)对外代表有限合伙企业。不过从宽泛意义上理解,执行事务合伙人委派代表毕竟是被授权代表执行事务合伙人,其行为首先归属于执行事务合伙

① 国家发展改革委办公厅《关于印发全国股权投资企业备案管理工作会议纪要和股权投资企业备案文件指引/标准文本的通知》(发改办财金〔2012〕1595 号)规定:一是关于国有企业担任普通合伙人问题,根据《中华人民共和国合伙企业法》第 3 条规定,以及 2864 号文第一条关于股权投资企业应当遵照《公司法》、《合伙企业法》有关规定设立的要求,国有独资公司、国有企业、上市公司以及公益性的事业单位不得成为股权投资企业的普通合伙人。根据有关立法部门的解释,结合股权投资实际,《股权投资企业合伙协议指引》将"国有企业"界定为"系指国有股权合计达到或超过 50% 的企业"。

② 国家发展和改革委员会公告 2016 年第 13 号。——笔者注

③ 根据笔者 2022 年 9 月 26 日于国家企业信用信息公示系统和中基协私募基金管理人分类查询公示系统查询的信息,仅举一例:中国旅游产业基金管理有限公司 2017 年 5 月 16 日成立,2019 年 10 月 31 日登记为私募股权、创业投资基金管理人,其登记编码为 P1070308。该管理人穿透后为 100% 国有企业(国务院国有资产监督管理委员会→中国旅游集团有限公司→中旅金融控股(深圳)有限公司→中国旅游产业基金管理有限公司),且其同时担任 3 家合伙制基金的 GP 暨管理人,3 家合伙制基金分别为:三亚星旅启明基金合伙企业(有限合伙)、苏州星旅典吉投资合伙企业(有限合伙)、嘉兴星旅嘉景股权投资合伙企业(有限合伙)。

④ 可以对比的是,公司的法定代表人,当然对外代表公司。

人，执行事务合伙人的行为最终归属于合伙企业，从这个意义上看，如果有限合伙人担任了执行事务合伙人委派代表，从执行了合伙事务这个角度上看，确实有不明晰之处，部分工商局如此的窗口指导也有其道理。

2. 执伙执行合伙事务但受监督

（1）执行合伙事务

合伙事务的执行是指对内就合伙企业进行经营管理，对外代表合伙企业，以合伙企业的名义从事经营活动，包括企业对外与对内两个部分①。从效力上来看，执行事务合伙人对企业进行经营管理，建立、变更、消灭内部关系（与其他合伙人的关系），内部经营管理拘束其他合伙人，执行事务合伙人以合伙企业名义对外从事经营活动，建立、变更、消灭合伙企业本身的外部关系（合伙企业与第三方的关系），外部经营活动拘束合伙企业。

（2）其他合伙人有权监督执伙执行合伙事务情况

非执行事务的合伙人因不负责执行合伙事务，对合伙企业经营状况难以了解控制，但他们作为合伙企业的投资者和受益者，应具有了解所投资资金使用情况和企业盈利亏损情况的基本权利，同时，如果没有适度的监督，会放大执行事务合伙人的道德风险，可能导致执行事务合伙人滥用权力，损害其他合伙人和合伙企业的利益。因此，法律规定不执行合伙事务的合伙人有权监督执行事务合伙人执行合伙事务的情况（《合伙企业法》第 27 条第 2 款）。

从基金的角度来看，作为有限合伙人的投资人对执行事务合伙人/GP 的监督，主要体现在知情权的行使、特定事项如关联交易等通过合伙协议约定的对应适格程序决策等。

（三）适用及其他

1. 作为执伙的 GP 执行合伙事务

作为执伙的 GP 执行合伙事务，对内、对外执行合伙事务，具体内容由“执行事务合伙人的权限”具体规定。

2. 执伙受其他合伙人监督

其他合伙人有权监督执伙执行合伙事务情况。该监督权展开后，包括要求执

---

① 参见李飞主编，全国人民代表大会常务委员会法制工作委员会编：《中华人民共和国合伙企业法释义》，法律出版社 2006 年版，第 28 页。

行事务合伙人报告业务经营情况的权利;必要时有权查阅企业相关会计账册的权利等。

十一、执行事务合伙人应具备的条件及选择程序

(一)指引内容

【执行事务合伙人】……合伙协议应列明执行事务合伙人应具备的条件及选择程序……

(二)内含机理

1. 执伙条件及选择程序系法定内容

有限合伙企业合伙协议还应当载明下列事项:执行事务合伙人应具备的条件和选择程序(《合伙企业法》第 63 条第 2 项),此为针对有限合伙企业的特别规定。有限合伙人出资参与合伙企业,其不执行合伙事务,由执行合伙事务的普通合伙人负责合伙企业的经营管理,这意味着有限合伙人和合伙企业的利益实现完全依赖于执行合伙事务的普通合伙人,执行事务合伙人的具体情况及其选任,对有限合伙人来说就很重要,需要在合伙协议中予以明确。

从基金方面来看,作为 LP 的投资人将出资交给执行合伙事务的 GP 进行经营和管理,其本身并不直接参与合伙企业的经营。执行合伙事务之 GP 的行为直接影响着 LP 的投资收益,对 LP 利益影响巨大。因此,从保护 LP 的角度考虑,GP 的选定及更换就很重要,应当明确执行事务合伙人的条件及选择程序。

2. 执伙的条件及选择程序

(1)执伙的条件

①法定条件

有限合伙企业由普通合伙人执行合伙事务(《合伙企业法》第 67 条)。执伙的法定条件是执伙必须是普通合伙人。相应地,有限合伙人是不能担任执行事务合伙人的,此系合伙企业的基本属性要求。

②意定条件

从基金角度来看,如前所述作为 LP 的投资人其利益实现依赖于执伙[①]对合

---

① 尤其在执伙和管理人合一的情况下是如此,在执伙和基金管理人分离的情况下,鉴于目前中基协规定二者必须有关联关系因而实质上仍是“合一”的,情况亦然。——笔者注

伙事务的勤勉执行，LP对执伙的条件应当作出更为实质性的规定。例如，从基金合规的角度来看，执伙应当具有管理人资格（合一情形）或为管理人关联方（分离情形）；再如从基金实质投资运作效果考虑，执伙（管理人）应当保证相当数量的适格从业人员稳定性（可以与关键人士条款钩稽使用，具体参见上篇第三章第二节“二、关键人士”）。

③外商创投必备投资者的特别条件

对于非法人制的外商创投来说，其必备投资者应对创投企业的债务承担连带责任（在有限合伙形式下，即应当是普通合伙人），同时应当具备多个实质条件①。

(2)执伙的法定选择程序

对于普通合伙企业来说，合伙人对执行合伙事务享有同等的权利，按照合伙协议的约定或者经全体合伙人决定，可以委托一个或者数个合伙人对外代表合伙企业，执行合伙事务（《合伙企业法》第26条第1、2款）。委托了一个或者数个合伙人执行合伙事务的，其他合伙人不再执行合伙事务（《合伙企业法》第27条第1款）。鉴于合伙企业经营的特定需要，如特定的合伙事务适合由特定的合伙人执行，或有的合伙人不愿意执行合伙事务，则也可以委托一个或数个合伙人执行合伙事务，在这种情况下，其他合伙人不执行合伙事务。需要注意的是，如果合伙人内部约定了委托一个或数个合伙人执行合伙事务，除非第三人明知，否则此内部约定是不能对抗善意第三人的。

有限合伙企业由普通合伙人执行合伙事务（《合伙企业法》第67条）。有限合伙人放弃执行合伙事务，作为对价，其仅以其出资额为限承担合伙企业责任，而合伙事务交由对合伙企业承担连带责任的普通合伙人来行使。此外，对于有限合

---

① 《外商创投规定》第7条规定：必备投资者应当具备下列条件：(1)以创业投资为主营业务；(2)在申请前3年其管理的资本累计不低于1亿美元，且其中至少5000万美元已经用于进行创业投资。在必备投资者为中国投资者的情形下，本款业绩要求为：在申请前3年其管理的资本累计不低于1亿元人民币，且其中至少5000万元人民币已经用于进行创业投资；(3)拥有3名以上具有3年以上创业投资从业经验的专业管理人员；(4)如果某一投资者的关联实体满足上述条件，则该投资者可以申请成为必备投资者。本款所称关联实体是指该投资者控制的某一实体、或控制该投资者的某一实体或与该投资者共同受控于某一实体的另一实体。本款所称控制是指控制方拥有被控制方超过50%的表决权；(5)必备投资者及其上述关联实体均应未被所在国司法机关和其他相关监管机构禁止从事创业投资或投资咨询业务或以欺诈等原因进行处罚；(6)非法人制创投企业的必备投资者，对创投企业的认缴出资及实际出资分别不低于投资者认缴出资总额及实际出资总额的1%，且应对创投企业的债务承担连带责任；公司制创投企业的必备投资者，对创投企业的认缴出资及实际出资分别不低于投资者认缴出资总额及实际出资总额的30%。

伙企业来说,如果存在多个普通合伙人,应当可以参照适用普通合伙相应规定,即按照有限合伙协议约定或经全体合伙人决定,可以委托一个或者数个合伙人对外代表合伙企业,执行合伙事务。

(三)适用及其他

1. 执行事务合伙人的条件

典型的有限合伙制基金为"1 个 GP + N 个 LP",GP 和执行事务合伙人可以在协议中定义为同义,所以执行事务合伙人的当然条件是普通合伙人。鉴于在有限合伙制基金中,执伙的角色比较重要,特别是在普通合伙人—执伙—管理人为同一主体的情况下,LP 的利益一体系于其身,可以就执伙的条件进行增加额外门槛条件,如要求一定投资经验的全职雇员不少于多少数量、要求其具有中基协备案的管理资格等。

2. 执行事务合伙人的选择程序

在普通合伙人仅 1 人的情况下,全体合伙人签署有限合伙协议即视为普通合伙人被选定为合伙企业的执行事务合伙人;存在复数普通合伙人的情况下,可以明确选定 1 人为执伙,也可以存在复数执伙,但要明确各个执伙的权限范围。

此外,考虑到执伙对 LP 利益的重要性,就执伙的选定/更换,有限合伙协议也可以作出另行约定,如可增加额外程序条件:有限合伙人全体一致同意。

十二、执行事务合伙人的权限及违约处理办法

(一)指引内容

【执行事务合伙人】……合伙协议应列明……执行事务合伙人的权限及违约处理办法……

(二)内含机理

1. 执伙权限及违约处理系法定内容

除普通合伙企业合伙协议的一般规定外,有限合伙企业的合伙协议还应当载明:……(3)执行事务合伙人权限与违约处理办法(《合伙企业法》第 63 条第 3 项)。有限合伙企业不能执行合伙企业事务,完全依赖于执行事务合伙人的执行合伙事务行为,有必要对执伙的权限进行约定,同时对其违约的处理予以明确,这样反过来能对执伙有一定约束。

2. 执伙权限及违约处理约定系对 LP 之保护

（1）明确执伙的权限

LP 不参与合伙事务执行，为维护自己利益，减少风险，LP 有权和执伙协商在合伙协议中约定执伙的权限，这一方面是对执伙权利的明确，更重要的另一方面是对执伙权利的限制。

（2）明确违约的处理

通过约定执伙权限的同时，约定执伙违约的惩罚，反向对执伙道德风险、可能损害合伙企业和 LP 利益的行为进行防范和限制，当实际发生类似违约行为时，约定的惩罚可以实现对 LP 及合伙企业的赔偿等救济。

①执伙、从业人员对给合伙企业和其他合伙人造成损失承担责任

由一个或者数个合伙人执行合伙事务的……其执行合伙事务所产生的收益归合伙企业，所产生的费用和亏损由合伙企业承担（《合伙企业法》第 28 条第 1 款）。执行事务合伙人基于合伙协议和法律赋予的代理权限执行合伙企业的事务，其行为代表合伙企业，结果自然归属于合伙企业（针对费用、义务层面，合伙企业受约束；针对利润、权利层面，合伙企业享有），但前述“归属”结果有个前提，即执伙是在“执行合伙事务”，且其根据其代理权限行事。

如果执伙超越权限，或违反权限，或存在利益冲突，甚至故意损害其他合伙人和合伙企业的利益，那么“归属”不但丧失了基础，还会对执伙有不利后果。

合伙人执行合伙事务，或者合伙企业从业人员利用职务上的便利，将应当归合伙企业的利益据为己有的，或者采取其他手段侵占合伙企业财产的，应当将该利益和财产退还合伙企业；给合伙企业或者其他合伙人造成损失的，依法承担赔偿责任（《合伙企业法》第 96 条）。合伙企业的财产和利益，具有一定的独立性，执伙或合伙企业从业人员非法据为己有，或直接侵占合伙企业财产和利益的，自然应当返还。同时，执伙和从业人员因为自己的非法行为（包括但不限于超越权限、违反权限、故意或过失等），给合伙企业造成损失的，自然也应当承担相应的赔偿责任。

被聘任的合伙企业的经营管理人员应当在合伙企业授权范围内履行职务。被聘任的合伙企业的经营管理人员，超越合伙企业授权范围履行职务，或者在履行职务过程中因故意或者重大过失给合伙企业造成损失的，依法承担赔偿责任（《合伙企业法》第 35 条）。合伙企业的经营管理人员对合伙企业事务的执行，也

有与执伙一样类似的“代理”原理,相应地,经营管理人员因为自己的非法行为(包括但不限于超越权限、违反权限、故意或过失等[①]),给合伙企业造成损失的,自然也应当承担相应的赔偿责任。

前述“赔偿损失”系“金钱罚”,下述撤销委托及除名则为“资格罚”。

②撤销对执伙的委托及除名

受委托执行合伙事务的合伙人不按照合伙协议或者全体合伙人的决定执行事务的,其他合伙人可以决定撤销该委托(《合伙企业法》第29条第2款)。执伙执行合伙事务的权利来源于其他合伙人的委托,具体渊源可以是合伙协议或全体合伙人的决定,执伙自然应当在前述权限范围内行事,超出权限范围的行为自然导致丧失了委托的基础,因而其他合伙人可以决定撤销执行合伙事务的委托。

需要注意的是,撤销委托必须经过“决定”,而并非其他合伙人提出异议时即撤销委托并导致合伙事务终止执行,这是一种平衡。一方面照顾到非执行合伙事务的其他合伙人监督的权利;另一方面考虑到合伙企业经营、执伙执行合伙事务一定的独立性[②]。

除前述撤销委托之外,实际还有更严厉的违约处理,即除名(见上篇第二章第二节“十三、执行事务合伙人的除名条件和更换程序”部分)。

(三)适用及其他

1. 执伙的权限

(1)概括权限

“概括”约定权限,即只要符合一般的诚实信用原则,执伙有权根据其自由裁量权利,对内经营管理,对外代表合伙企业缔结合同、达成交易。这种处理方式,一般适用于对LP有较强议价能力的强势GP。此外,在仅有一个GP并由其担任执伙的情况下,一般也仅对权限进行概括约定。

(2)列举权限

“列举”约定权限,即一项一项罗列GP享有的权限,此种处理方式适用于一般的GP,或更适用于存在多个GP(多个执伙)的情形,需要对GP的权限进行明

---

① 参见李飞主编,全国人民代表大会常务委员会法制工作委员会编:《中华人民共和国合伙企业法释义》,法律出版社2006年版,第54页。

② 参见李飞主编,全国人民代表大会常务委员会法制工作委员会编:《中华人民共和国合伙企业法释义》,法律出版社2006年版,第44页。

确列举,并在多个 GP/执伙之间进行划分。

参考“法天使”的版本(刘建伟的《私募基金》——《私募基金合伙协议(有限合伙)》),执伙权限还可以作出多项细化约定[①]:

一是一般权限,包括:①投资、管理、退出决策;②缔约、处分合伙财产;③投入时间精力、安排顾问代理人雇员协助;④根据《合伙企业法》履职。

二是独占及排他权限,包括:①决定投资及其他业务;②取得、拥有、管理、维持、处分合伙财产;③以合伙名义开展经营活动;④开立、维持、撤销合伙各类账户、开票;⑤选聘中介机构;⑥选聘审计机构;⑦缔结日常运管协议;⑧缔结投资工具协议;⑨处分合伙企业财产;⑩聘任管理人员;⑪分配返还实缴出资后减少认缴和实缴出资;⑫代表合伙企业应诉、诉讼;⑬处理合伙企业涉税事项;⑭代表合伙企业签署交付执行文件;⑮其他实现合伙目的必要行动。

三是不可撤销特别授权,包括:①对合伙协议的修改:a. 根据合伙协议 GP 有权自行决定的事项;b. 合伙协议笔误修正。②合伙企业的审批登记备案文件。③符合约定的入伙、退伙、转让、增加减少认缴出资等 GP 有权单独决定的事项。④获得约定的特定比例决议/表决证明即可代表全体合伙人签署、修订协议及相关文件。

2. 执伙违约处理

主要的考虑点是:需承担赔偿责任的主体是执伙还是还包括从业人员,被损害的主体是合伙企业,还是还包括其他合伙人;责任的方式是赔钱(“金钱罚”)还是委托撤销/除名(“资格罚”)。

除非有特别细化的需要,执伙违约处理可约定为一般违约条款:因执伙的故意或重大过失,致使合伙企业受到损害的,执伙应当承担赔偿责任。

十三、执行事务合伙人的除名条件和更换程序

(一)指引内容

【执行事务合伙人】……合伙协议应列明……执行事务合伙人的除名条件和更换程序……

---

① 该细化案例着重于“合伙制基金对外投资方面”,日常运营中未列举合伙人会议召集、组织这一重要事宜。——笔者注

(二)内含机理

1. 有限合伙企业执伙除名条件和更换程系法定内容

除普通合伙企业合伙协议的一般规定外,有限合伙企业的合伙协议还应当载明:……(4)执行事务合伙人的除名条件和更换程序(《合伙企业法》第 63 条第 4 项规定)。合伙企业、有限合伙人利益的实现,有赖于执伙的合伙事务执行,执行事务合伙人的行为直接决定着有限合伙企业是盈利还是亏损,直接决定着 LP 的投资是否有回报,有限合伙人对其有监督的需要,监督机制中最重要的一件"杀器"就是对其进行"罢免"——除名或更换,对罢免机制进行明确约定就很有必要。

2. 法定的一般除名条件和更换程序

我国《合伙企业法》在普通合伙企业的一般规定中,规定了合伙人的除名条件和更换程序,同时在有限合伙企业的特别规定中,特别规定有限合伙企业应当规定"执行事务合伙人的除名条件和更换程序",但对有限合伙企业中执伙的除名条件和更换程序并未明确是否适用/仅能适用一般规定。在实践操作中,一般默认有限合伙企业中对执伙的除名和更换可以作另行约定。

(1)除名

有关执行事务合伙人的除名情形及相关程序,可以完全适用一般合伙人退伙的相关内容(参见上篇第二章第二节"二十二、合伙人退伙的条件、程序及相关责任"中有关"除名退伙"部分的内容)。简单来说,程序上应当全体合伙人一致同意,实体条件上除了法定事由外,可以通过合伙协议约定退伙触发事由。

(2)更换

换新的执伙逻辑上应当适用执伙的选择程序。

对于普通合伙企业来说,合伙人对执行合伙事务享有同等的权利,按照合伙协议的约定或者经全体合伙人决定,可以委托一个或者数个合伙人对外代表合伙企业,执行合伙事务(《合伙企业法》第 26 条第 1、2 款)。

有限合伙企业没有特别约定,应当可以参照适用,即按照有限合伙协议约定或经全体合伙人决定,可以委托一个或者数个合伙人对外代表合伙企业,执行合伙事务。

3. GP/管理人的实控人变更导致的除名/更换

私募基金管理人的股东、合伙人、实际控制人拟发生变更导致实际控制权发生变更的，应当及时将相关情况告知私募基金管理人，私募基金管理人应当及时向投资者履行信息披露义务，并按照基金合同约定履行相关内部决策程序（《登记备案办法（2023）》第49条第2款）。

私募基金管理人的实际控制人发生变更，从商务的层面来看，可能导致LP对管理人信任/信心的丧失，从监管的层面来看，管理人资格视为"重新申请"而要经中基协审核，无论从哪个层面看，管理人实控人发生变更对LP的影响都很大，在该种情形下，LP可以通过基金合同约定管理人实控人发生变更时，LP可以通过特定的合伙人会议等决策程序对管理人进行除名（管理人和GP合一情形）/更换。

4.外商创投及地方特别规定

（1）外商创投特别规定

针对外商创投，必备投资者撤出设置了特别条件。

必备投资者（备注：相当于GP）在创投企业存续期内不得从创投企业撤出。特殊情况下确需撤出的，应获得占总出资额超过50%的其他投资者同意，并应将其权益转让给符合《外商创投规定》第7条[①]要求的新投资者，且应当相应修改创投企业的合同和章程，并报审批机构批准（《外商创投规定》第13条第2项）。

（2）天津特别规定

天津的地方规定对GP来说不算友好（当然反过来说，倾向保护LP），并有两个特点：①考虑了GP损害基金利益的一般"外部性"情形，还考虑了管理机构丧失管理能力等"自身性"情况；②明确"情形之一"的即构成退任，而不需要在一般的实质损害上，额外叠加程序通过要求。

---

① 《外商创投规定》第7条规定：必备投资者应当具备下列条件：（1）以创业投资为主营业务；（2）在申请前3年其管理的资本累计不低于1亿美元，且其中至少5000万美元已经用于进行创业投资。在必备投资者为中国投资者的情形下，本款业绩要求为：在申请前3年其管理的资本累计不低于1亿元人民币，且其中至少5000万元人民币已经用于进行创业投资；（3）拥有3名以上具有3年以上创业投资从业经验的专业管理人员；（4）如果某一投资者的关联实体满足上述条件，则该投资者可以申请成为必备投资者。本款所称关联实体是指该投资者控制的某一实体、或控制该投资者的某一实体、或与该投资者共同受控于某一实体的另一实体。本款所称控制是指控制方拥有被控制方超过50%的表决权；（5）必备投资者及其上述关联实体均应未被所在国司法机关和其他相关监管机构禁止从事创业投资或投资咨询业务或以欺诈等原因进行处罚；（6）非法人制创投企业的必备投资者，对创投企业的认缴出资及实际出资分别不低于投资者认缴出资总额及实际出资总额的1%，且应对创投企业的债务承担连带责任；公司制创投企业的必备投资者，对创投企业的认缴出资及实际出资分别不低于投资者认缴出资总额及实际出资总额的30%。

有下列情形之一的,股权投资管理机构应当退任:①管理机构解散、破产或者由接管人接管其资产的。②管理机构丧失管理能力或者严重损害股权投资企业投资者利益的。③按照委托管理协议约定,持有一定比例以上股权投资企业权益的投资者要求受托管理机构退任的。④委托管理协议约定受托管理机构退任的其他情形(《天津管理办法》第 18 条第 2 款)。

(三)适用及其他

1. 执伙的除名条件

宽松的除名条件包括:(1)若干除名事项任一触发(如故意或重大过失给合伙企业造成损失、违反执伙的承诺保证、违反监管规定等);(2)合伙人大会表决是否除名(执伙回避)。

严格的除名条件包括:(1)执行事务合伙人故意、不当或重大过失行为;(2)致使合伙企业受到重大损失;(3)经按照合伙协议约定的司法程序裁决执行事务合伙人存在上述情形;(4)并经全体有限合伙人一致同意,可将执行事务合伙人除名。

可以根据严格和宽松的除名条件,拟订中间方案。

2. 执伙的更换程序

除名的同时,按照合伙协议的约定或者经全体合伙人(旧执伙回避)作出接纳继任的执伙的决定。继任的执伙同意接受合伙协议约束并履行执伙职责和义务。

十四、执行事务合伙人执行事务的报酬(包括绩效分成)及报酬提取方式

(一)指引内容

【执行事务合伙人】……合伙协议同时可以对执行事务合伙人执行事务的报酬(包括绩效分成)及报酬提取方式……作出约定。

(二)内含机理

1. 报酬分为固定报酬(管理费)和激励报酬(业绩报酬)

对于一个有限合伙制的基金来说,对执伙的报酬机制由两个主要的部分构成:一个是管理费,这一部分是没有风险的固定报酬;另一个是业绩报酬(或称为超额收益分成、绩效分成等),即对应有限合伙基金利润特定百分比,这部分收益是有一定激励性质的,直接和有限合伙的运营投资收益挂钩,执伙想要获得更高

的超额收益分成就必须勤勉工作，以使自身利益最大化。

管理费的内涵，可以做更细致的划分，见表2－3。

表2－3　管理费的内涵划分①

<table>
<tr><th>内涵划分</th><th>基金服务必要开支</th><th>GP的服务报酬</th></tr>
<tr><td>核心含义</td><td>管理费主要是用于覆盖GP提供优质的投资管理服务所需的必要开支</td><td>为聘请GP为基金提供优质服务而支付的报酬</td></tr>
<tr><td rowspan="2">常见费用
对应内涵</td><td>④与项目投资业务尽调相关的差旅费等
⑤与项目投资相关的中介费用等</td><td>①管理人日常开支，包括人事和其他必要业务开支
②与基金管理相关的办公场所租金、办公设施费用及其他日常办公经费</td></tr>
<tr><td colspan="2">③与项目投资相关的投决会会议费用及投决会委员差旅费</td></tr>
<tr><td>适用场景</td><td>对管理费支出比较敏感的LP</td><td>适用于GP相对有一定话语权的情况</td></tr>
<tr><td>对管理费的管理</td><td>原则上管理费虽然按照固定比例收取，但是应当符合“必要开支”的限制要求；经常需要对管理费进行审计，同时根据管理费严重不足/超出预期的实际情况，会对管理费进行一定调整</td><td>管理费是支付给GP的报酬作为GP的收入之一，GP如何支出不受LP控制，且GP无义务用管理费来覆盖基金事务的相应开支</td></tr>
</table>

2. 法律规定有限合伙协议可以（应当）约定执伙报酬及提取方式

有限合伙企业中，执行事务合伙人可以要求在合伙协议中确定执行事务的报酬及报酬提取方式（《合伙企业法》第67条）。从GP和LP及合伙企业（基金）利益一致的角度来看，为了激励GP更好地服务与合伙企业利益，为LP创造更多的收益，可以给予GP一定的报酬。

（1）作为报酬的管理费

在GP和管理人合一的模式下，一般或限缩意义的执行事务报酬即为管理费。

国家发展改革委对管理费有细化规定：创业投资企业应当在章程、委托管理

① 参见汪澍：《LPA审核实务要点解读系列（二）——私募基金的管理费》，载京陆私募学堂网2020年2月14日，https://app8ooy7jry7987.h5.xiaoeknow.com/v2/course/alive/l_5e425cdd38552_POk-SkJ65?type=2。

协议等法律文件中,明确管理运营费用或管理顾问机构的管理顾问费用的计提方式,建立管理成本约束机制(《创投管理办法》第 17 条)。

(2)作为报酬的绩效分成/业绩报酬

业绩报酬实际体现在投资收益/利润的分配上。

合伙协议应当载明“利润分配……方式”(《合伙企业法》第 18 条第 5 项)。利润分配方式指的是合伙企业的经营结果在各合伙人之间进行分配的方法,包括分配的比例、顺序、分配额计算方法、分配的频率等,利润分配方式构成合伙人获得合伙企业利润的基本依据①。同时,合伙企业的利润分配……按照合伙协议的约定办理(《合伙企业法》第 33 条第 1 款),除禁止性的约定以外,其他的约定均为法律所允许,这给合伙人之间灵活约定执伙可以获得的业绩报酬留下了宽松的制度空间。

一般的(普通)合伙企业中,合伙协议不得约定将全部利润分配给部分合伙人(《合伙企业法》第 33 条第 2 款)即为前述所谓禁止性约定,但有限合伙反过来有更特别的规定,即有限合伙企业不得将全部利润分配给部分合伙人,但是合伙协议另有约定的除外(《合伙企业法》第 69 条)。

国家发展改革委对业绩报酬有细化规定:创业投资企业可以从已实现投资收益中提取一定比例作为对管理人员或管理顾问机构的业绩报酬,建立业绩激励机制(《创投管理办法》第 18 条)。就外商创投企业,也有类似特别规定,即创投企业的投资者可以在创业投资合同中依据国际惯例约定内部收益分配机制和奖励机制(《外商创投规定》第 22 条)。

3. 管理费收取方式

(1)美国的实践

根据美国的研究统计,管理费计算公式有两个要素:基数和每年根据基数支付给管理人的费用比例……常见的管理费计算公式类型如下:②

①传统固定费用:基于认缴出资额的固定比例收取

这种管理费计算方法,意味着管理费在整个基金生命期内是固定不变的,因

---

① 参见李飞主编,全国人民代表大会常务委员会法制工作委员会编:《中华人民共和国合伙企业法释义》,法律出版社 2006 年版,第 28 页。

② See Kate Litvak, *Venture Capital Limited Partnership Agreements: Understanding Compensation Arrangements*, The Universityof ChicagoLaw Review, Vol. 76:161, p. 169 – 172 (2009).

为承诺/认缴出资额在整个基金寿命中一般不发生变化。

这种方法使用的越来越少，因为就该种方法而言，GP 早期投入大量人力、物力，后期才盈利，前期对 GP 来说不公平；而反过来对 LP 来说，GP 后期会盈利，所以一直支付不变管理费，后期对 LP 来说不公平。

②弹性固定费用：基于认缴出资额按根据时间浮动的比例收取

这种管理费计算方法仍基于认缴出资，与上一种方法相比，差别在于其费率是随着时间的推移而根据预先指定的公式/方式进行变化。

在这种方法下，一般的安排是费率随着基金期限逐步递减，该种方法能一定程度解决收益和付出相匹配的问题。在基数为认缴出资额保持不变的情况下，前期 GP 为投资付出较高的成本，但通过较高的费率能获得较高的管理费，后期 GP 投入成本减少，但递减的费率对应了递减的管理费，这一定程度满足了 GP 的要求，同时消除了 LP 的担心。

③完全基于所管理资本的费用

“管理资本”指的是以成本为基础计价的未分配和未清算的投资。不像在整个基金期限一般都不变化的认缴出资，其是一直处于变动的一个基数。在基金投资期，在管资本随着投资的增多而增加，在投资期结束一般到达顶峰，后续随着退出的增加，在管资本逐渐降低。观察叠加收费比例，如果费率保持不变，这种方式计算的管理费在前期逐步爬坡，中期达到顶峰，后期逐步下降直至最终变成零。

这种管理费的计算方式，初期费用非常低，但初期恰好是 GP 需要付出最多时间和精力的阶段，费用不匹配会给 GP 造成展业困难。此外，这种跟在管资本直接挂钩的管理费，会导致不当激励，即诱使 GP 过早过快把资金投出去（这样很难保证决策的审慎性），同时通过各种方式推迟退出项目投资。

④从承诺到在管资本转换机制的费用

这种管理费计算方法，在前期，费用设置为以认缴出资为基础按一定比例计算，在后期，以在管资本为基础按一定比例计算。因为在管资本后期是逐渐下降的，所以从整体上来看，管理费在基金生命周期中呈现了一个逐渐下降的过程。

从积极的方面来看，这种分配方式在前期按照承诺资本是可以有一个较高的费用的，这部分费用能够匹配 GP 前期展业、投资的活动支出，后期按照在管资本有一个逐步降低的费用，但是如果在管资本退出有超额收益，是能够平滑 GP 的总体收入的。

不过,后段的管理费计算方式,还是会导致 GP 一定的道德风险。GP 迟延处置在管资本以获得较高管理费,此外 GP 延迟处置在管资本,如果资产升值了,GP 还能获得额外升值产生的超额收益分配。

⑤固定数额

这种计算方式,抛弃计算方法和公式的罗列,直接列明应支付的管理费数额。

笔者涉猎的实务中,比较少的基金会用到这种方式,如规模较小的基金(如不到 1 亿元),为了减少计算的复杂性,可以直接约定一个固定数额的管理费,先期支付或分期支付。

(2)国内的实践

就管理费相关国内实务,汪澍在其课程中做了详细讨论,要点梳理如下:①

①管理费的计算公式(管理费三要素)

管理费的计算公式可以列成:管理费 = 计算基数 × 管理费率 × 管理时间。因此"计算基数""管理费率""管理时间"构成管理费计算的三要素。

②管理费三要素之计算基数

计算基数常见的有:认缴出资额、实缴出资额、实际投资额、基金净值。

第一,认缴出资额,这种是以投资者对私募基金的认缴出资金额作为计算基数的。选择认缴出资额作为计算基数的基金有以下几种情况:一是基金规模总体较小,按照认缴来计算管理费本来就不高,如果按照实缴/投资额来计算,基数更低,很难覆盖管理人前期成本。二是管理人总体管理规模较小。管理人可能刚起步,整体收入还比较小,如果按照实缴来收取,管理人很难养活团队。三是投资期较长,募集时通常未有明确投资标的的,盲池基金一般很难短时间投下较大金额,如果按照实缴收取管理费,可能一个较长期限内管理人都很难收到管理费。四是底层资产较难估值。这类基金管理费的计算,按照认缴来计算比较简便。

第二,实缴出资额以投资者对基金的实缴出资额为基数计算。使用这一计算基数的基金一般有以下几种情况:一是基金规模较大。按照实缴收取管理费的金额就很可观,管理人实际可能还花不完。二是管理人的总体管理规模比较大。管理人有比较稳定的收入,团队也比较壮大稳定,按照实缴出资额收取管理费对管

---

① 参见汪澍:《LPA 审核实务要点解读系列(二)——私募基金的管理费》,载京陆私募学堂网,https://app8ooy7jry7987.h5.xiaoeknow.com/v2/course/alive/l_5e425cdd38552_POkSkJ65? type = 2。

理人整体收入影响不大。三是基金投资期较长,募集时通常有特别明确的投资标的。不管是专项基金还是盲池基金,按照实缴出资收取都是可以接受的。四是底层资产较难估值。这类基金管理费的计算,按照实缴来做也是一个简便的办法。

第三,实际投资额以基金实际对外投资金额①的大小作为计算管理费的基数。该计算基数适合的基金情况为:一是投资项目总体明确;二是底层资产较难估值。

第四,基金净值,即以基金当时实际净值情况作为管理费计算基数。该计算基数适合的基金情况为:一是存续期内基金规模变化波动较快;二是净值波动较大;三是底层资产易于估值。这种计算基数不常见于私募股权基金,而常见于私募证券投资基金。

基数的选择,还要考虑以下几个因素:

第一,缴付出资期限。如果缴付出资期限较长,基金的认缴出资额和实缴出资额存在差异的时间较长,选择认缴还是实缴是需要认真考虑的。如果选择实缴,就会刺激 GP 尽快要求打款,而投资进度可能没那么快,这会造成资金在基金层面出现沉淀浪费;如果打款和投资进度挂钩或 GP 对内部收益率的追求,促使 GP 尽快将资金投出去而可能忽略了投资质量把控,放大风险。如果选择认缴,则如果出现部分 LP 存在出资违约,那么实质上会导致守约 LP 额外为违约 LP 承担了部分管理费,这对守约 LP 是不利的,此时应当安排管理费的回拨机制。

第二,实际投资额/未退出成本的界定。实际投资额一般比较好界定,就是基金实际投资到被投资项目中的金额,会产生一定疑惑的地方是投资项目产生的费用(如财务法务尽调的中介费用)是否算在内,需要明确。实际投资额在管理和退出期会转变为“未退出成本”的概念,未退出成本有两种理解:一种是投资人未回收的本金;另一种是基金未回收的本金。实务中会出现的情况是,部分项目退出已经覆盖了投资人的全部本金,这时投资人未回收的本金为零,但基金未回收的本金为尚未退出项目的投资本金,基金合伙协议中应当予以明确。此外,实务中会出现另一个问题是,项目分红是否会减少投资成本,按照股息红利的性质,一般是不会减少投资成本的,但是如果约定了分红冲抵投资成本,那也是可以的。

---

① 实际投资金额,在管理及退出期内又通常称为“未退出成本”,所以概念上,实际投资金额≈在管成本≈未退出成本。

第三,具体投资节奏。实缴或认缴的选择会影响投资节奏,按照规模(无论是实缴还是认缴)或实际投资金额作为基数,也会影响到具体的投资节奏。如果募集时,项目比较确定,那么按照实际投资金额或按照规模作为基数差别可能不大;反之,管理费计算差额会比较大,按照实际投资金额的方式会促使LP尽量加快投资节奏。

计算基数就行业惯例来说,投资期通常以认缴出资额为准,部分规模较大的基金或对管理费敏感的强势LP,也会安排实缴出资额为准。管理和退出期,计算基数一般按照实际投资额/未退出成本/在管成本为准。

③管理费三要素之管理费率

管理费率有固定费率和浮动费率两种。固定费率是在管理费收取期间,按照特定的不变费率进行收取。浮动费率是根据特定的因素,变化收取管理费的费率。常见的浮动费率有:一是根据基金不同的期限属性变动费率,如投资期是X费率,管理和退出期是Y费率;二是根据约定的条件成就变动费率,如与GP评价、投资业绩表现、退出业绩情况等挂钩浮动变化费率。

管理费率就行业惯例而言,一般是固定费率2%。部分也会设定浮动费率,如按照一定比例逐年递减,最终降到一个特定费率。对于LP来说,可以预先测算整个基金周期内,管理人收取管理费的金额以及占整个基金规模的比重,预先进行总量控制。

④管理费三要素之管理时间

管理时间是指管理时间的起算日和终止日之间的时间期间。管理时间的起算日一般为GP开始进行管理的时间,即投资期开始的时间,因而通常而言可以是基金成立日或基金的首次交割日。管理时间的终止日一般是以基金存续期结束之日为准,但根据延长期是否收取管理费、清算期是否收取管理费,也会有一些差异化安排。管理时间就行业惯例而言,一般是基金成立日/首次交割日开始,至基金存续期结束之日为止。

管理时间的区分对管理费也会造成影响,管理时间一般区分为投资期、管理和退出期、延长期,不同的管理区间计算基数和费率会做差异化处理。

第一,投资期内,管理人密集开展投资活动,人员开支较大,一般而言投资期内管理费收取是最多的,基本以认缴规模为基数按照每年2%收取。

第二,管理和退出期,基金一般不会再新增投资,人员开支大大降低,管理费也可以相应进行一定调整。可以是计算基数的调整，如从认缴规模调整为未退出成本/在管成本，也可以是费率的调整，如安排年降。

第三，延长期，是否收取以及如何收取管理费有不同的考量因素：一是基金期限的延长是否与GP怠于履职有关系，如果有则可以不收或降低管理费，如管理人在投资期快结束时，投了一个很早期的明显基金存续周期退不出来的项目。二是基金期限的延长是否需要GP持续作可观的管理投入，如果有则可以收取或少降低管理费，如疫情等导致投资受影响/停滞（LP也可以要求受影响期间管理费减免），考虑到疫情影响做一些延长，延长期需要GP持续管理投入。三是基金期限的延长是GP单独决定还是由LP决定，如果是前者延长期管理费基数及费率不变，那么会给GP不当激励，因此可以安排GP独立决定延长的部分不收管理费/少收管理费。

⑤管理费支付方式

管理费支付方式的考量因素核心有两点：第一点，管理费是GP维持正常运营的现金流；第二点，管理费对可投资本总额的影响非常大。就第一点而言，需要关注管理费收取总额、不同期间收取基数及费率、收取频率。就第二点而言，需要关注管理费收取总额、年度的管理费总额、管理费预留情况。

基于以上考量，管理费按照不同角度的划分，可以有不同的支付方式。

第一，按照谁来支付管理费进行划分，可分为基金向管理人支付管理费、LP直接向管理人支付管理费。前者LP仅向基金出资由基金以LP出资支付管理费，后者LP除了向基金出资外还应当向管理人支付管理费，这种情况下基金不再向管理人支付管理费。

在基金向管理人支付管理费的情况下，管理费如何分摊给各个LP、是否分摊给GP出资部分，以及如果出现LP违约的情况是否导致守约LP被多分摊管理费，都应当予以关注。实务中，经常出现的是LP违约，GP豁免了LP出资违约且同意其减资退伙，基金规模下降，这会导致守约LP更多地承担管理费，管理费应当进行回拨。

在LP直接向管理人支付管理费的情况中，需要考虑一个问题是投资人的“成本”（钩稽门槛收益等）是否包含额外向管理人支付的管理费，如果不作约定是不包含的，但是也可以明确约定包含。

第二，按照管理费是否预留来划分，可分为预留、后补。预留是在基金账户中,将管理费进行预留,这部分资金将不用于基金对外投资。后补是不在基金账户中预留管理费,管理费以未投资基金或未来项目回款进行支付。假设一个基金7 年期限,每年均以基金规模按照 2% 收取管理费,全部预留的情况下扣除预留的14%,只有基金规模的 86% 能对外投资,相比全部后补极端情况下基金规模100% 均可以对外投资,资金使用的效率是有很大差异的[①]。

第三,按照管理费支付频率划分,可分为一次性或按照固定周期支付(如季度、半年度、年度支付)。按照固定周期支付的,一般都是进行预收,如季度开始、年度开始即收取当季度、当年度全部管理费,因此一般周期越长对 GP 越有利。另外,按照固定周期预收,如果是在管理和退出期按照未退出成本/在管成本预收,可能会造成比较大的差异,会刺激 GP 延后退出、延后分配,以按照较高的未退出成本/在管成本收取管理费。LP 应对此种不利的方案是:(1)缩短管理费支付周期,如尽量按照季度支付,甚至按照月度进行支付;(2)约定对管理费的调整机制,如约定实际要按照在管成本以天为单位分割计算管理费,具体可以约定以审计的结果为准,这种方式精确但烦琐。

⑥管理费的调整机制

管理费一般用简单模式计算即可,但实务中会出现一些极端情况,需要考虑适用调整机制进行调整。

第一,根据 GP 管理规模调整。根据 GP 募集情况,基金规模达到特定规模/超出特定规模/达到最高规模,相应调整管理费。

第二,后续追加 LP。如果对新 LP 追加管理费,则追加时点自适用于存量投资人的时点起,如果不追加管理费,则管理费收取时点自新 LP 首次签约/工商变更/首次出资日开始。

第三,根据对象调整。对出资较早、优质投资人、出资较多投资人适用低费率,对后续出资人、出资较少投资人、普通投资人适用低费率。

第四,根据实际管理天数进行调整。按照季度/半年度/年度支付管理费时,可能首期或最后一期并非完整的一个周期,这时需要根据实际管理天数进行调整。此外,如果周期内出现了特别事件,如关键人士事件、GP 除名等,则实际管理

① 汪澍曾做过虚拟案例详细分析,具体参见汪澍:《提升资金效率,拉高长期回报——紫荆资本效率论》,载知乎网 2018 年 8 月 21 日,https://zhuanlan.zhihu.com/p/42585247。

天数也需要进行调整。

第五,根据 GP 的当期绩效评价调整。根据 GP 一定期限(如一年内)绩效评价情况(募资、投资、管理、退出工作),按照是否达到 LP 预期来对管理费进行调整。

第六,根据工作量调整。根据 GP 在一定期限内工作量情况,根据工作量去调整管理费收取。

⑦管理费的监管合规要求

针对管理费,《备案指引 2 号》第 19 条规定,私募基金管理人应当设置合理的管理费。私募基金管理人不收取管理费或者管理费明显低于管理基金成本的,应当具有合理性,并在提请办理备案时提供相关说明。私募基金管理人以外的其他主体不得收取管理费①。私募基金管理人不得通过约定管理费返还等方式,变相向投资者提供保本保收益安排。

根据中基协 2022 年 4 月发布的《关于发布私募基金备案案例公示的通知》②中的案例六"管理人出让投资决策权成为'通道'":双执行事务合伙人结构,其中未登记机构负责委任投委会委员、筛选项目并进行投后管理,同时该机构收取部分基金管理费……管理费收取是由管理人来进行,用以覆盖管理人基础运营成本,其他执伙不得以该名义收取相关费用。

私募基金备案实务中,尤其是双执行事务合伙人模式,私募基金管理人和执行事务合伙人费用收取情况、与实际提供服务匹配情况、过高过低/不收,都是被重点关注的。一般而言,管理人收取至少相当数额的管理费,执行事务合伙人以执行事务合伙报酬、咨询费等名义收取一定费用。另外需要指出的是,双管理人中,管理费不能由非管理人收取,但超额收益是可以的。

4. 绩效分成/业绩报酬收取方式

业绩报酬是在有限合伙制基金中普遍采用的对 GP 进行激励的方式。业绩报酬通常的含义是将基金(LP)投资总收益计提一定比例支付给 GP,作为 GP 为

---

① 被废止的旧规也有类似规定,根据《基金备案关注要点》第 6 条的规定,关注基金合同约定的私募基金管理人(以下简称管理人)是否超过一家。关注未担任管理人的普通合伙人、特殊有限合伙人、投资者是否在基金合同中约定收取或通过其他方式变相收取管理费。

② 中基协:《关于发布私募基金备案案例公示的通知》,载中基协网 2022 年 4 月 18 日,https://www.amac.org.cn/businessservices_2025/privatefundbusiness/gzdt/202204/t20220419_13432.html。

LP“挣钱”的一个激励/奖励。从业绩报酬的含义上看,它比管理费的计算方式应该要简单得多,一般的合伙协议中都不会单独列一个部分写明收益分成的比例,但其实这是有一定迷惑性的,实务中的收益分成计算复杂精细得多,收益分成的具体安排到底是怎样的,是要通过仔细分析分配规则才能看得出来的。

业绩报酬的核心要素有三个,即范围、分配方式和比例。具体而言:

(1)业绩报酬的范围

基金获得的收入可以有多种类型:[①]①投资项目处置的收入;②投资项目分红派息的收入;③投资项目估值调整补偿的收入;④基金通过对账上现金进行现金管理获得的收入(如购买合伙协议允许的银行短期理财等获得的收入);⑤基金获得的税收返还、政府补贴等非经常性/经营性收入;⑥基金因第三方违约(如LP 出资违约、投资项目交易对手方违约等)获得的补偿收入。

考虑到业绩报酬是与基金投资运营收益挂钩的带有激励性质的报酬,因而在划定业绩报酬范围时,应当做两次限缩,第一次限缩为“运营相关”,即跟 GP 的管理绩效直接挂钩的收益才在业绩报酬范围内,否则应当排除在外,第二次限缩为“收益”,即并非毛收入,而是需要扣除相应的成本之后的净收益[②]。

就第一次限缩而言,直接跟 GP 管理绩效相关的收益才能纳入业绩报酬的范围,应当包括项目投资直接相关的收益,如处置收入、分红派息等,也包括项目投资相关的违约收入,如交易相对方达成协议后违约支付给基金的“分手费”,但是不应包括对基金现金管理获得的收入,不包括税收优惠返还、政府补贴等非经常性损益,也不应包括 LP 出资违约支付给基金的违约金收入。

业绩报酬范围外的收入,就现金管理的收入而言,其实基于所有合伙人投入基金的现金财产通过理财等产生的收入,应当属于所有合伙人,一般应当按照份额比例直接在合伙人之间进行分配;就 LP 违约导致的违约金收入,一般安排是归属守约合伙人;就税收返还、政府补贴等收入,获得的理由可能是基金的规模(跟 LP 的出资直接相关)、基金贡献的税收、GP 在符合基金投资要求的前提下对

---

① 参见汪澍:《LPA 审核实务要点解读系列(四)——私募基金的收益分配(上)》,载京陆私募学堂网 2020 年 3 月 3 日,https://app8ooy7jry7987. h5. xiaoeknow. com/v2/course/alive/l_5e562cda5cba8_1ozoR1I7? type =2。

② 参见汪澍:《LPA 审核实务要点解读系列(四)——私募基金的收益分配(上)》,载京陆私募学堂网 2020 年 3 月 3 日,https://app8ooy7jry7987. h5. xiaoeknow. com/v2/course/alive/l_5e562cda5cba8_1ozoR1I7? type =2。

基金所在地政府的招商支持等，因而这类收入性质可能会有差异，笼统的安排是归属于基金由所有合伙人按比例享有，但考虑到 GP 或特定 LP 的贡献，也可以差异化处理。

就第二次限缩而言，需要注意的是，涉及项目的处置收入、分红派息、业绩补偿收入，其“收益”，应当要减去投资成本、与特定项目有关的费用之后的收益。

在讨论业绩报酬实际分配方式之前，实务中，有一个前置的问题是，回款均全部进行分配，还是允许（部分）循环投资？循环投资是 LPA 中的一项条款，允许普通合伙人在规定的时间内将退出项目后的收益在基金层面循环使用。该等循环资本将相应增加有限合伙人未实缴的认缴出资额，在投资期内可用于基金进一步投资而提取。[①]

当前并无法律法规或监管规定，禁止循环投资，这可以在基金合伙协议中进行自由约定。从 LP 的角度来看，循环投资会导致 LP 较晚获得回报，且实质增加了其认缴出资额，一般需要禁止或至少约束循环投资，将循环投资限制在合理的范围。从 GP 的角度来看，为了提升资金的使用效率，可以争取循环投资，并争取将循环投资的适用范围尽可能扩大，常见的如募集期退出资金、基金交割后一定时间（2～3 年）的资金，或者退出项目超过投资成本的部分可以循环投资[②]。

（2）业绩报酬的分配方式

业绩报酬的分配方式有三个核心点：①返本是基于基金整体还是基于单笔交易；②收益是先在合伙人之间进行划分还是整体直接进行分配；③是否设置优先回报（以及优先回报是否构成业绩报酬提取之范围）。

①核心点一：“整体基金”还是“逐笔交易”

ILPA 发布了两个全面的、基于特拉华州法律的示范 LPA，可用于构建对传统私募股权收购基金的投资，包括“整体基金”分配瀑布和“逐笔交易”分配瀑布经济安排。[③] 对于业绩报酬的分配，乃至对于基金组建来说，首要或最基本的一个问题是，就“返还本金”来说，是采取“整体基金”的分配瀑布模式，还是“逐笔交

---

① 《机构有限合伙人协会（ILPA）原则 3.0 版——促进透明、治理以及普通合伙人与有限合伙人的利益一致性》（本中文版由竞天公诚律师事务所王勇律师团队受托 ILPA 翻译），第 42 页。

② 常见适用范围参见何欣：《私募投资基金 LPA 关键条款全解析》（上），载云端 · 北京基金小镇网 2023 年 4 月 13 日，https://www.beijingfundtown.com/cloud-class/vod/373。

③ See ILPA, *Model Limited Partnership Agreement*, ILPA 12/13/2023, https://ilpa.org/model-lpa/.

易”的分配瀑布模式。

整体基金(whole of fund 或 by – fund)模式指的是将私募投资基金在整个存续期限内所有实缴出资额作为绩效收益的考量基准,通常业界称为“欧式分配模式”(European waterfall);逐笔交易(deal by deal 或 by deal)模式指的是将私募投资基金在整个存续期限内所有已退出项目的投资成本作为绩效收益的考量基准,通常业界称为“美式分配模式”(American waterfall)①。

Distribution Waterfalls in Private Equity Funds 一文详细分析了这两种模式的利弊差异,根据该文举例的模拟情形,简要梳理其分析要点如下:②

就逐笔交易模式,从 LP 的角度来看,当基金的 A、B 项目相关分配结束时,LP 获得的分配金额仅为投资 A 的资本回报、投资 B 的核销金额以及分配给这两项投资的管理费和费用,投资于 B、C 和 D 的资本仍然存在风险。而 GP 将在 A、B 项目相关分配结束时,收到一定的超额收益,但如果后续投资遭受损失,则其收到的超额收益可能超过其应得份额。这就需要一套相当复杂的“回拨”条款,将超额收益的超过部分返还给投资者。从 GP 的角度来看,该模式使其在基金存续期的早期就能更容易获得有意义的超额收益,这有助于激励 GP 以及吸引人才加入 GP。

就整体基金模式,从 LP 的角度来看,分配结束时,其已经收回全部投入资本和优先回报。其所有投资的资本都已归还,并不再有风险(LP 特定情形回拨除外)。基金其他投资(B、C、D)的处置收益将作为投资者的收益。此外,从资金的时间价值来看,基金存续期早期(在向 GP 支付超额收益之前)投入的资本被返还对 LP 是有利的,其可以将相应的资本再投资于其他机会。最后,整体基金模式消除了对 GP 回拨的需要,免除一定复杂计算和难以执行的情况。因此,这种分配模式往往被机构 LP 青睐。而从 GP 的角度来看,这种模式的吸引力要小得多。首先,从大部分情况看,可能要接近基金期限的尾声,GP 才能收到可观的超额收益。其次,这种模式不利于激励有才华的初级专业人士,他们的时间跨度往往比

---

① 《汉坤 2017 年募集报告》,第 19 页。

② LUCAS K. T. LEE, *Distribution Waterfalls in Private Equity Funds*, lucasktlee, https://lucasktlee.com/2015/03/06/pe – distribution – waterfalls/#: ~ : text = % 20Distribution% 20Waterfalls% 20in% 20Private% 20Equity% 20Funds% 20, perspective% 20of% 20the% 20investors% 20in% 20the. . . % 20More% 20.

高级的专业人士要短，延迟获得超额收益会导致这些人员没有动力留在公司或选择最佳投资（因为他们不期望在很长一段时间获得这些交易的回报）。最后，超额收益推迟至基金期限结束，可能会限制 GP 吸引优秀专业人士加入的能力，因为没有太多的资金可供其奖励业绩。

ILPA 也按照“整体基金”和“逐笔交易”的基础分类，发布了两个版本的示范有限合伙协议，简要列示和评述见表 2 -4、表 2 -5。

表 2 -4　整体基金模式①

条文举例	评述
基金作为整个瀑布	/
任何组合投资的可分配收益最初应按其在该组合投资中的份额在合伙人之间进行分配。按比例分配给关联合伙人的金额将分配给该关联合伙人	·这是“逐个合伙人模式”，先把收益在各个合伙人之间进行分配，就该模式的分析详见以下“②核心点二：‘全体合伙人’还是‘逐个合伙人’”部分内容
分配给所有其他合伙人的金额应按以下方式分配：	
(1)100% 分配给该合伙人，直到该合伙人收到与该合伙人总出资额相等的累计分配	·这一部分是整体基金模式和逐笔交易模式区隔的核心，要点在于“总出资额”，这意味着这是该合伙人对基金出资的整体，而不区分分配对应的投资成本到底是多少
(2)100% 支付给该合伙人，直至本协议项下分配给该合伙人的累计金额等于该合伙人的优先回报	·合伙人优先回报的基数也是该合伙人对基金出资的整体
(3)向普通合伙人支付 80%，向该合伙人支付 20%，直至普通合伙人就本协议该合伙人收到的累计分配额，等于根据上一段和本段向该合伙人进行的分配以及就该合伙人向普通合伙人进行的分配总和的 20%；和	·这是 GP 针对优先回报的追赶，即 GP 适用 20% 分配规则的范围覆盖优先回报
(4)此后，(x)20% 给普通合伙人，(y)80% 给该合伙人	·80/20 规则

① See ILPA, *Whole of Fund Model LPA Term Sheet* (*Word*), ILPA 2020 年 7 月 1 日, https://ilpa.org/model - lpa/.

表 2-5　逐笔交易模式①

条文举例	评述
逐笔交易瀑布	/
任何组合投资的可分配收益最初应按其在该组合投资中的份额(按相对出资额计算)在合伙人之间进行分配。按比例分配给关联合伙人的金额将分配给该关联合伙人	·这是“逐个合伙人模式”,先把收益在各个合伙人之间进行分配,就该模式的分析详见以下“②核心点二:‘全体合伙人’还是‘逐个合伙人’”部分内容
分配给所有其他合伙人的金额应按以下方式分配:	
(1)100% 分配给该合伙人,直到该合伙人收到的累计分配等于以下之和(去掉重复)	·这一部分是整体基金模式和逐笔交易模式区隔的核心,要点在于投资组合的“各项成本”,这意味着这并不是该合伙人对基金出资的整体,而是产生分配收益的投资组合的成本(包括以退出投资组合成本和已经发生的亏损等)
a. 该合伙人用于为以下各项成本提供资金的出资:(i)该等组合投资;(ii)每项已实现的组合投资(包括实现特别股息、再融资、资本重组或类似交易);(iii)未实现亏损总额;以及	
b. 该合伙人用于支付基金费用(含管理费)的出资额	
(2)100% 支付给该合伙人,直至本协议项下分配给该合伙人的累计金额等于该合伙人的优先回报	·优先回报的基数也是该合伙人对产生分配收益的投资组合而支付的成本
(3)或者(i)向普通合伙人支付 80%,向该合伙人支付 20%,或(ii)100% 给该合伙人②,视情况而定,直至普通合伙人就该合伙人收到的累计分配额,等于(x)向该合伙人和普通合伙人分配或正在分配的,与该合伙人相关的累计分配金额超出(y)如上述步骤(1)所述该合伙人出资额部分的 20%	·这是 GP 针对优先回报的追赶,即 GP 适用 20% 分配规则的范围覆盖优先回报
(4)此后,(x)20% 给普通合伙人,(y)80% 给该合伙人	·80/20 规则

① See ILPA, *Deal - by - Deal Model LPA Term Sheet* (*Word*), ILPA 2020 年 7 月 1 日, https://ilpa.org/model - lpa/.

② 疑为普通合伙人。——笔者注

②核心点二:“全体合伙人”还是“逐个合伙人”

全体合伙人模式,即 all partner 分配模式:基金收益纳入统一收益池,根据各方事先商定的分配顺序和比例在各方之间逐步分配,每步分配均是在全体或部分出资方和管理方之间进行;逐个合伙人模式,即 partner – by – partner 分配模式(也称先划分后分配模式):基金收益先在各出资方之间根据约定比例进行划分,划分给每一方的部分根据事先商定的分配顺序和比例在该出资方和管理方之间逐步分配,在具体每步分配时,原则上不再涉及不同出资方之间的分配。[①] 与 all – partners 分配模式相比,partner – by – partner 分配模式的优势在于,一方面,目前尚无法律法规明确绩效收益是否需要按照劳务收入缴纳增值税,那么这种模式下普通合伙人不再对自己的出资获得的投资收益提取绩效收益,减少了这部分收入被要求缴纳增值税的风险;另一方面,如果普通合伙人和某一有限合伙人就收益分配有特殊的安排,partner – by – partner 分配模式可能更容易安排和操作[②]。

《LPA 审核实务要点解读系列(四)——私募基金的收益分配(上)》[③]中,对“逐个合伙人”和“全体合伙人”模式举例进行了详细的讨论,特整理见表 2 – 6、表 2 – 7(备注:为行文方便,部分数据及表述作了微调)。

表 2 – 6　逐个合伙人模式

条文举例	对应案例举例及笔者评述
/	假定条件: 1. 基金规模 1 亿元,GP 出资 1000 万元,LP 出资 9000 万元 2. 投资项目 1 个,投资 10,000 万元,投资 3 年后回款 20,000 万元 3. 门槛收益率为年化 10%

① 《汉坤 2018 年募集报告》,第 15 页。

② 《汉坤 2017 年募集报告》,第 18 页。

③ 汪澍:《LPA 审核实务要点解读系列(四)——私募基金的收益分配(上)》,载京陆私募学堂网 2022 年 11 月 28 日,https://app8ooy7jry7987.h5.xiaoeknow.com/v1/course/video/v_5e5f1e7ebbbe0_e-6IqkQ9b?type=2&pro_id=p_5d36c2eb4bffd_k1aa8eP4&from_multi_course=1。

续表

条文举例	对应案例举例及笔者评述
就合伙企业源于项目投资的可分配收入(源于项目处置收入和投资运营收入的可分配收入),应当首先在参与该项目的各合伙人之间按照其对该等投资项目的投资成本分摊比例进行初步划分。按此划分归属普通合伙人的金额,应当实际分配给普通合伙人,按此划分归属任一有限合伙人的金额,应当按照下列顺序进行实际分配:	计算过程: · 先按比例划分,并分配 GP 收益:GP 按照出资比例获得对应收入:20,000 万元 × 10% = ***<u>2000 万元</u>*** · 剩余:20,000 万元 - 2000 万元 = 18,000 万元
	评述: · 先划分后分配,这是显著的"逐个合伙人"特征,另予以注意的是,GP 对应的部分实际支付给 GP,而 LP 对应的部分进入后续分配瀑布中,原因在于 GP 的业绩报酬实质上来说是针对给 LP 挣得的钱来进行计提的(GP 本身出资对应挣得的钱自不应在计提范围,或反过来说自己计提给自己也没有实质意义)
(1)成本返本,100% 向该有限合伙人进行分配,直至该有限合伙人就该时点以及之前已退出的投资项目而在本第(1)段下获得的分配总额等于其届时缴付至合伙企业的实缴出资总额(与过桥融资相关的实缴出资除外)	计算过程: · 返还 LP 本金:LP 获得的本金:**<u>9000 万元</u>** · 剩余:18,000 万元 - 9000 万元 = 9000 万元
	评述: · 截至这一步,我们看到的结果是,GP 通过上一步收回了其投资本金及对应份额比例的收益,LP 获得了其投资本金
(2)优先回报,100% 向该有限合伙人进行分配,直至其就上述第(1)段下累计获得的分配额获得每年 10% 的单利计算所得的优先回报。优先回报的计算期间为该有限合伙人每一期实缴出资额的缴资到期日(或实际出资日,如更晚)起至该有限合伙人收回该部分实缴出资额之日止	计算过程: · LP 获得门槛收益:9000 × 10% × 3 = **<u>2700 万元</u>** · 剩余 9000 万元 - 2700 万元 = 6300 万元
	评述: · 评述:这是设置了门槛收益的 LP 对应的门槛收益
(3)普通合伙人追补,全部分配给普通合伙人,直至普通合伙人于本第(3)段下累计获得的收益分配额等于本第(3)段与上述第(2)段优先回报之和的 20%	计算过程: · GP 获得追赶回报:2700 万 × 25% = ***<u>675 万元</u>*** · 剩余 6300 万元 - 675 万元 = 5625 万元
	评述: · 我们可以设 GP 本段应得为 x,则可得公式 x/(x + 2700) = 20%,公式变形:x = 20% x + 2700 × 20%,再次变形可得 x = 2700 × 20%/80% = 2700 × 25% = 675 万元。 · 这部分追赶回报是 LP 门槛收益对应的 GP 应得的 20/80 分配规则中的 20%

续表

条文举例	对应案例举例及笔者评述
(4)收益分成,剩余部分(i)20%分配给普通合伙人,(ii)80%分配给有限合伙人(普通合伙人根据第(3)段至第(4)(i)段所得分配,即"绩效收益")	计算过程: ·GP和LP的20/80分配:GP获得=5625万元×20% =***1125万元***;LP获得5625万元×80% =**4500万元**
	评述: ·针对LP的总收益,GP获得其中的20%,这部分收益跟GP本身投入的出资额对应的收益无关,这一点从"*先划分后分配*"这一步就已经决定了
最终分配结果	·GP获得=2000万元+675万元+1125万元=3800万元 ·LP获得=9000万元+2700万元+4500万元=16,200万元

表2-7　全体合伙人模式

条文举例	对应案例举例及评述
/	假定条件: 1.基金规模1亿元,GP出资1000万元,LP出资9000万元 2.投资项目1个,投资10,000万元,投资3年后回款20,000万元 3.门槛收益率为年化10%
就合伙企业源于项目投资的可分配收入(源于项目处置收入和投资运营收入的可分配收入),应当按照下列顺序进行实际分配:	评述: 与逐个合伙人模式相比,这一步是不进行划分的,这是关键一点,即以下是在所有合伙人之间针对所有合伙人进行分配的
(1)成本返本,100%向全体合伙人进行分配,直至该有限合伙人就该时点以及之前已退出的投资项目而在本第(1)段下获得的分配总额等于其届时缴付至合伙企业的实缴出资总额(与过桥融资相关的实缴出资除外)	计算过程: ·向所有合伙人进行返本分配:GP获得返还本金***1000万元***,LP获得返还本金**9000万元** ·剩余20,000万元-1000万元-9000万元=10,000万元
	评述: ·无差别地向GP和LP返还本金

续表

<table>
<tr><th>条文举例</th><th>对应案例举例及评述</th></tr>
<tr><td rowspan="2">(2)优先回报,100% 向全体合伙人进行分配,直至其就上述第(1)段下累计获得的分配额获得 10% 的单利计算所得的优先回报。优先回报的计算期间为该有限合伙人每一期实缴出资额的缴资到期日(或实际出资日,如更晚)起至该有限合伙人收回该部分实缴出资额之日止</td><td>计算过程:
·全体合伙人的优先回报:LP 的优先回报:9000 万元 × 10% × 3 = <u>2700 万元</u>,GP 的优先回报:1000 万元 × 10% × 3 = <u>300 万元</u>
·剩余 10,000 万元 - 300 万元 - 2700 万元 = 7000 万元</td></tr>
<tr><td>评述:
·无差别地向 GP 和 LP 返还回报。这一步包含了 LP 的门槛,即 LP 投资对应的部分也享受门槛收益</td></tr>
<tr><td rowspan="2">(3)普通合伙人追补,全部分配给普通合伙人,直至普通合伙人于本第(3)段下累计获得的收益分配额等于本第(3)段与上述第(2)段优先回报之和的 20%</td><td>计算过程:
·GP 获得追赶回报:(300 万元 + 2700 万元) × 25% = <u>750 万元</u>
·剩余 7000 万元 - 750 万元 = 6250 万元</td></tr>
<tr><td>评述:
·我们可以设 GP 本段应得为 x,则可得公式 x/(x + 300 + 2700) = 20%,公示变形可得:x = 20% x + 3000 × 20%,可得 x = 3000 × 20%/0.8 = 3000 × 25%。
·这部分追补的是门槛收益的对应的 GP 应得的 20/80 分配规则中的 20%</td></tr>
<tr><td rowspan="2">(4)收益分成,剩余部分(i)20% 分配给普通合伙人,(ii)80% 分配给全体合伙人(普通合伙人根据第(3)段至第(4)(i)段所得分配,即“绩效收益”)</td><td>计算过程:
·GP 获得 20/80 分配规则中的 20%:6250 万元 × 20% = <u>1250 万元</u>。剩余部分 6250 万元 - 1250 万元 = 5000 万元在所有合伙人之间分配,其中 GP = 5000 万元 × 10% = <u>500 万元</u>,LP = 5000 万元 × 90% = <u>4500 万元</u></td></tr>
<tr><td>评述:
·左述(i)20% 部分实际上包含了(α)GP 投资本金对应收益的 20%,也包含了(β)LP 投资本金对应收益的 20%。
·左述(ii)80% 支付给全体合伙人,既包括(γ)GP 投资本金对应的收益的 80%,也包括(δ)LP 投资本金对应收益的 80%。
·上述分配中,GP 实际获得的超额收益分成是(β);而 GP 自身投资本金获得的收益是(α) + (γ);最后(δ)为扣除支付给 GP 的超额收益分成后其应得的部分</td></tr>
</table>

续表

条文举例	对应案例举例及评述
最终分配结果	计算过程： · GP 获得 = 1000 万元 + 300 万元 + 750 万元 + 1250 万元 + 500 万元 = 3800 万元 · LP 获得 = 9000 万元 + 2700 万元 + 4500 万元 = 16,200 万元
	评述： · 逐个合伙人模式和全体合伙人模式虽有差异，但其分配的结果是一样的

可以更直观地用图形来体现两种分配方式的不同之处，见图 2 - 1。

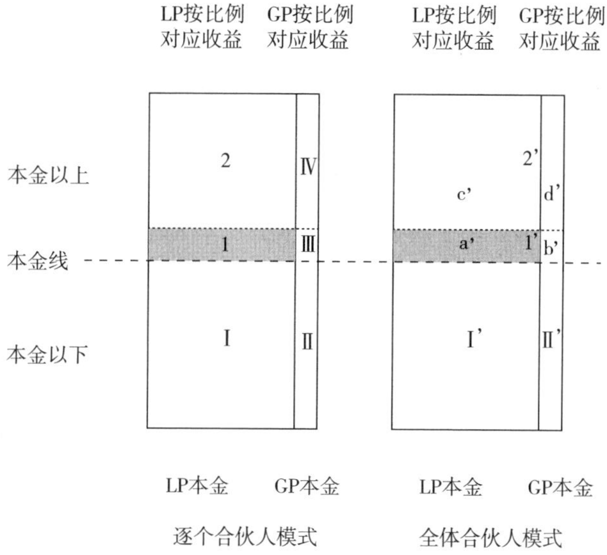

图 2 - 1　逐个合伙人模式 VS 全体合伙人模式

如图 2 - 1 所示，不考虑基金费用、门槛收益[①]等情况，假设基金回收的金额是所有合伙人认缴和实缴出资的 2 倍（通俗来讲，花了 1 块钱，挣了 2 块钱，净利润 1 块钱）。

① 需特别说明的是，就虚假门槛而言，门槛收益实际归入本金以上的部分；就真实门槛而言，门槛收益可以视为本金以下部分，从这个角度上看，所列图形也可以认为是考虑了门槛收益的情况。

就逐个合伙人模式来说,GP 按照比例应分得的部分是不参与整体分配的,即Ⅱ、Ⅲ、Ⅳ是直接在第一步就分配给 GP。参与分配流程的是 LP 按照比例的对应的Ⅰ、1、2 部分,在具体分配流程上,Ⅰ的部分是返还“LP”的本金,而作为 LP 超额收益的 1 +2,其中 1 的部分(20%)是分配给 GP 作为超额收益分成,2 的部分(80%)是分配给“LP”的,全部分配完毕后的结果是,LP 将其超额收益(1 +2)中的 20% 部分(1)给了 GP 作为奖励。

就全体合伙人模式来说,所有的回收资金都参与分配,并不先在 LP 和 GP 之间进行划分。这意味着本金的部分一般先分 LP 本金(1’),再分 GP 本金(Ⅱ’)。而超额收益部分(包括 LP 和 GP 的超额收益),先给 GP 提取 20% (1’ = a’ + b’),剩余的 80% (2’ =c’ +d’)分配给全体合伙人(包括 GP 和 LP)。就该模式下的 20% 分配(1’ =a’ +b’),其中的 a’是 LP 超额收益(a’ +c’)中提取的 20% 部分,而其中的 b’是 GP 依据其出资额应得的超额收益;该模式下 80% 的分配(2’ =c’ +d’),其中 c’是 LP 全部超额收益提取了 20% 给 GP 之后自己应得的 80% ,而 d’是 GP 依据其出资额应得的超额收益。

逐个合伙人模式和全体合伙人模式,20% 部分均分给 GP,但实际对应的分配基数是不一样的,80% 在逐个合伙人模式下分配给 LP,在全体合伙人模式下分配给全体合伙人,实际上对应的分配基数也是不同的,而导致最终分配的结果是一样的。就超额收益分成而言,GP 在逐个合伙人模式下获得 1,在全体合伙人模式下获得 a’,二者是等效的,其实质含义是 LP 将 GP 为 LP 挣得的超过本金部分的收益,拿出 20% 给 GP 作为奖励。

③核心点三:是否设置优先回报

优先回报(preferred return)也称为门槛回报,指的并非是 GP/管理人向基金投资人承诺最低回报,其本质上是 GP/管理人可提取绩效分成的一个前提和门槛。存在优先回报安排的情况,只有在向投资人已分配的收益达到事先约定的门槛回报率(hurdle rate)后,GP/管理人才能从剩余收益中提取绩效分成。①

虽然优先回报设置可能构成了绩效分成的一个前提和门槛,但是,优先回报的部分是否也被纳入 GP 超额业绩报酬 20% 提取范围,是需要特别注意的。就笔者的涉猎而言,部分有限合伙协议设置了优先回报,GP 不就这部分优先回报提取

---

① 《汉坤 2018 年募集报告》,第 17 页。

20%，仅在优先回报以上部分提取 20%，因此这些协议中优先回报构成了“真门槛”；而部分有限合伙协议虽然设置了优先回报，但是同时也设置了 GP 的追赶条款对这部分优先回报追赶提取 20%，导致的结果就是 GP 提取 20% 的实际范围是超过实缴出资的部分，即实质上优先回报仅仅是触发提取 20% 的门槛，但并不构成提取 20% 的范围的门槛。

④具体分配方法

在具体分配方法上，有 3 条主要因素需要考虑：[①]第一，GP 的流动性需要，该需要使得早期的额外收入对于 GP 来说很重要；第二，GP 的信用风险，投资的早期如果将利润过早过多地分给 GP，则会有可能使后者没有足够动力那么努力工作；第三，GP 为了加速现金流，会在创业公司未成熟的时候就卖出所投资公司的股份，这样会使投资者利益受损。

因此，在分配方式方法上，既要考虑 GP 收入与成本的匹配性，又要考虑对 GP 的持续正向激励，还要考虑对 GP 道德风险的防范。就如何进行分配的方法，美国学者基于美国的实践，按照对 GP 友好程度逐渐提高的程度归纳了几种方法：[②]

第一，第三方托管。在这种安排下，因为利润在基金期限内任何时候都可能被分配，但是 GP 对应的利润会被划拨到一个托管账户内，基金到期后才能获得。这种方法减少了双方的信用风险，同时也减少了 GP 操纵分配的风险，但是这种方法对 GP 来说很不友好，GP 没有办法平滑其收入。

第二，先返还所有出资。GP 在投资者得到的分配等于投入本金之前，不会得到分配。一旦投资者获得其本金分配，GP 将会在之后的分配中就其给投资者的分配获得其业绩报酬，接着在每一笔后续分配中获得其对应比例的利润。这种方式有可能会导致利益不一致的激励：GP 为了获得收益，会加速处置基金对外投资。

第三，125%、120% 等上限。只有在分配后基金的净资产高于投资成本的一定百分比时，GP 才可以得到属于他的利润份额，保留在基金中未分配的部分将在基金清算的时候分配。这种方法通过将 GP 的部分业绩报酬留在基金中直到基

---

① 参见李寿双：《中国式私募股权基金募集与设立》，法律出版社 2009 年版，第 165 - 166 页。

② See Kate Litvak, *Venture Capital Limited Partnership Agreements: Understanding Compensation Arrangements*, The Universityof ChicagoLaw Review, Vol. 76:161, p. 177 - 178 (2009).

金清算,减少了信用风险,同时降低了 GP 过早处置基金财产的动力。

第四,无息返还。每一个项目盈利,GP 都可以获得属于他那部分的收益,但是这个收益并没有减去投入的本金,所以 GP 需要再向基金支付对应的本金。这种安排只是为了进行证券分配,而非现金分配。GP 可以通过以 GP 对基金的权益担保的无息票据支付对应的本金,该无息票据可以在基金清算时支付。这意味着,在基金的整个生命周期内,GP 被系统地超额支付,并在清算时无息返还超额支付的款项。

(3)业绩报酬的比例

GP 业绩报酬的比例,比较常见的是 20%。根据美国的研究报告,业绩报酬的比例从 12.5% 至 30% 不等,平均值为 22.3%,中位数为 20%[①]。

业绩报酬 20% 的比例数字看上去比较简单,但如前收取方式部分所述,实际的运用过程中会在收益分配方式设置上展现出较为复杂的一面。此外,20% 也不是一成不变的,实务中基于投资人或一些较为强势的 LP,可能会要求 GP 少收取业绩报酬,具体方式包括补充协议直接降低绩效分成比例、补充协议约定 LP 收益达到一定倍数前降低收益分成比例、安排投资者或关联方在普通合伙人持有权益、收取绩效分成后通过顾问/咨询协议等方式向投资人或其关联方返还[②]。

5. 回拨机制

回拨是指对于普通合伙人在基金的整个存续期内收取来自基金的累计利润可能超过 LPA 中约定的比例所进行的限制。在触发回拨条款后,要求普通合伙人向基金有限合伙人返还的金额等于“超额”分配给普通合伙人的金额。[③] 回拨通常会出现在不采用“完全返本”(使用“逐笔交易”)分配结构的情况下,降低收益分 配回拨的最佳方法是采用“完全返本”的分配瀑布结构[④]。

前述回拨可以视为狭义的回拨,即 GP 将给自己多分的金额(多为业绩报酬)

---

① See Kate Litvak, *Venture Capital Limited Partnership Agreements: Understanding Compensation Arrangements*, The Universityof ChicagoLaw Review, Vol. 76:161, p. 175 (2009).

② 常见具体方式参见何欣:《私募投资基金 LPA 关键条款全解析(上)》,载云端 · 北京基金小镇网 2023 年 4 月 13 日,https://www.beijingfundtown.com/cloud-class/vod/373。

③ 《机构有限合伙人协会(ILPA)原则 3.0 版——促进透明、治理以及普通合伙人与有限合伙人的利益一致性》(本中文版由竞天公诚律师事务所王勇律师团队受托 ILPA 翻译),第 41 页。

④ 《机构有限合伙人协会(ILPA)原则 3.0 版——促进透明、治理以及普通合伙人与有限合伙人的利益一致性》(本中文版由竞天公诚律师事务所王勇律师团队受托 ILPA 翻译),第 11 页。

返还给 LP,随着商业的发展,也出现了 LP 的回拨等多种情形:[①]

(1)GP 的回拨

①回拨的类型

第一,业绩报酬的回拨。在按照逐笔交易分配的模式下,极有可能出现的情况是,前几个先退出的项目挣钱了,也实际给 GP 支付了业绩报酬,但是之后退出的项目发生了亏损,综合下来应当支付给 GP 的业绩报酬就没那么多(甚至可能因亏损严重吃掉了前期的利润,都不能计提 GP 业绩报酬),这个时候就需要对 GP 的业绩报酬进行回拨。

第二,管理费的回拨。一般出现在管理费计算基数(尤其是基金规模)频繁发生变化的情形。如已经按照计提周期计提了管理费,但实际在该周期中发生了有限合伙人退伙且 GP 未要求其退伙合伙人承担管理费,那么造成的结果就是存续合伙人多承担了管理费,或者换句话说,GP 多收取了管理费。出现前述情形,按照“实际关了多少规模多少时间”计算准确的管理费,再就多收的管理费进行回拨。

第三,计算错误的回拨。业绩报酬和管理费都有可能因为计算问题出现数学错误,此时也要根据准确的数值进行回拨。

②回拨的限制

GP 回拨系平衡费用/业绩报酬条款设计导致的“应然”和“实然”之间的冲突,并非一味走极端,也需要进行一定再平衡:

其一,回拨时间限制:通常限定为基金清算时,也有安排为出现项目亏损或按照年度核算发现不一致时,进行回拨。

其二,回拨金额限制:通常以取得的管理费/业绩报酬为限,主要是避免 GP 承担过多责任,且容易导致 GP 在向 LP 进行保底的质疑。

③回拨的保障

为了确保 GP 有足够的能力履行回拨义务,通常会进行以下安排:

第一,设置回拨准备金账户。每次收取业绩报酬时,提取一定比例(20% ~ 30% 不等)放入准备金账户,如回拨触发/基金清算时,用准备金履行回拨义务,

---

① 汪澍:《Clawbacks——回拨机制条款,LP 的权利保障与收益陷阱》,载知乎网 2020 年 5 月 6 日,https://zhuanlan.zhihu.com/p/138447361。

如有剩余则转入 GP 自身账户。

第二,回拨承诺。通常适用于 GP 和管理人分离的情形,如 GP 无法履行回拨义务时,管理人承担连带回拨责任。[①]

(2)LP 的回拨

①回拨的类型

第一,业绩报酬的回拨。在有复杂业绩报酬设计的基金中可能会遇到此类问题,如基金整体收益 3 倍时收取 20%,5 倍时收取 30%,会出现的情况是 GP 在某个阶段少收取了业绩报酬,后续退出项目收回款项不足以覆盖少收的业绩报酬,这就需要 LP 进行回拨。

第二,税务问题导致的回拨。如按照当时的税务(优惠)政策计算税款,已经

---

① 《机构有限合伙人协会(ILPA)原则 3.0 版——促进透明、治理以及普通合伙人与有限合伙人的利益一致性》(本中文版由竞天公诚律师事务所王勇律师团队受托 ILPA 翻译)第 11 页更多地从 LP 保护的角度,罗列了若干 GP 回拨条款设置中应当予以考虑的原则:

回拨收益分配回拨是普通合伙人与有限合伙人之关系中较具挑战性的情形之一,因此应该尽可能避免。降低收益分配回拨的最佳方法是采用"完全返本"的分配瀑布结构。然而,若发生收益分配回拨的情况,应考虑下列原则:

· 在每个报告期结束时,应确定实际发生和潜在的收益分配回拨,并应向有限合伙人明确披露,或至少应在经审计的年度财务报告中进行披露,并写明普通合伙人针对收益分配回拨问题的解决方案。

· 所有回拨款项应为包含已支付税收的金额,并应在回拨义务确认后两年内返还。

· 若要求返还分配回拨含税总额不可行或将造成过重负担,所适用的假设的边际税率应反映适用于相关普通合伙人个人成员的实际边际税率,并说明:

· 亏损抵免和结转;

· 在州税层面基金收入和扣除额的性质;

· 由回拨或相关联的资本账户变化而导致的任何一般性扣除或损失。

· 如果回拨金额的计算公式是以扣除税款后的金额计算,则不应仅仅从应付款项中减去税额,还应将优先回报考虑在内。

· 还款责任应与受回拨影响的收益分成直接挂钩。

· 回拨期限须超过基金期限,包括基金清算和任何关于有限合伙人返还已分配金额的条款。

· ILPA 强烈建议普通合伙人的个人成员为回拨义务承担连带保证责任,将其作为一种最佳做法。若该等连带保证责任无法实现,则可行的替代方案是由以下任何一方对全部回拨款项进行保证:实质母公司、单个普通合伙人成员或一部分普通合伙人成员。在可行的情况下,该等回拨义务应由母公司的资产来担保。

· 引发临时回拨机制的情形应在基金文件中明确约定,例如预先约定的期间或特殊事件(如关键人士事件或资产净值覆盖率不足)。

· 资产净值覆盖率测试的方式应保证有足够的估值容错空间(如设置至少 125% 的资产净值覆盖率)。收益分成托管账户(至少 30% 的收益分成)也可以对回拨义务提供有效保证。

· 有限合伙人应确保具备较强的强制执行力,包括直接对普通合伙人的个人成员执行回拨义务的能力。

· 执行回拨义务保证的成本应由普通合伙人而非合伙企业承担。

做了分配,但之后税务(优惠)政策发生变化,LP 需要多缴税,此时就需要 LP 进行回拨。

第三,因基金无法履行债务导致的回拨。一种情况是现金流管理不善导致基金无法履行债务,比如 GP 完成某项分配后发现账上没有钱来支付管理费,则需要 LP 返还部分收益支付管理费,这种情况不常见;另一种情况是基金出现重大债务,正常基金是不会出现重大债务的,但商业环境复杂,很可能基金受第三人起诉、基金举债/担保情形导致基金出现大额负债。基金剩余财产无法偿付负债的,通常原本 LP 以出资额为限承担有限责任,GP 承担无限责任,但是 GP 为减轻自己的债务负担,而要求 LP 进行回拨以履行企业债务。

第四,计算错误的回拨。给 LP 的分配可能因为计算问题出现数学错误,此时也要根据准确的数值进行回拨。

②回拨的限制

LP 的回拨机制是可以进行约定的,常见的税务回拨、计算错误是可以理解的,但是需要注意回拨机制是否变成了变相的返还机制,即要求有限合伙人对基金债务承担实质上的补充责任,这种补充责任与《合伙企业法》规定的有限合伙人的有限责任是不相符合的,[①]实务中会对 LP 的回拨进行一定的限制。

对 LP 回拨条款的限制主要有:

第一,回拨时点的限制:一般会限制在分配完成后一定时间内,如 12 个月。

第二,回拨金额上限的限制:一般为限定为 LP 的认缴出资额或从基金取得的财产孰低。

第三,回拨触发事项的限制:如涉及回拨弥补基金债务,则需要对基金债务的范围进行严格的限定。

③因基金无法履行债务导致回拨的特别讨论

基金无法履行债务,需要 LP 进行回拨,有其不妥当的地方:

第一,部分 LP 可能无法履行回拨义务。比如母基金,其从子基金中获得的回款可能很快就支付给其 LP 了,发生回拨义务时母基金账上没有资金,如果母基金本身没有设置回拨条款,那么其也无法对子基金履行回拨义务。再如政府引

---

① 参见何欣:《私募投资基金 LPA 关键条款全解析(上)》,载云端 · 北京基金小镇网 2023 年 4 月 13 日,https://www. beijingfundtown. com/cloud - class/vod/373。

导基金,受制于严格的管制和审计,如果要动用其资金来承担回拨义务,属于预算外事项,存在较大的障碍。

第二,与“落袋为安”的朴素理念存在一定冲突。

第三,和国内 GP、LP 法律保护状况有一定背离。实务中存在大量 GP 侵害 LP 权益的情形,GP 本应承担无限责任,但仍将部分责任通过 LP 回拨进行转嫁,使得 LP 承担的责任超越了以出资额为限的责任。

第四,基金债务外延被 GP 不断扩大。LP 不参与基金的管理,对基金的债务是不能有效进行控制的,有部分债务是正常的,如基金管理费、中介费、诉讼费等,但实务中债务外延经常被不当扩大。如“免责保证义务”①,原本 GP 系管理人,其雇员也是 GP 股权,相应导致的第三方索赔应当由管理人来承担,但通过扩张不当转嫁给基金承担。

第五,GP 可以通过其他制度预防/解决基金无法履行债务的问题。如建立风险准备金制度,将收益部分预留在基金以应对风险事件;如为其高管和雇员购买董事责任险等商业险;提前做好预算和现金流管控,避免基金突然陷入困境。

(3)回拨的税务因素考量

无论是 GP 的管理费/业绩报酬的收取,还是 LP 收益的获得,一般均已经缴纳了相应税收,在涉及回拨时应当考虑到税务成本,相应予以扣除。比如就 LP 回拨而言,其设定的上限应为从基金实际获得的收益扣除相应税款之后的余额。

(三)适用及其他

1. 管理费及提取方式

(1)国内常见计算方法:投资期内以承诺资本为基础计算,管理和退出期以在管成本计算,费率 2% 较为常见

《汉坤 2020 年募集报告》中的相关数据,可以作为一个参考:根据 2020 年度的统计数据,75% 的基金选择将认缴出资额作为投资期的管理费计算基数……至于管理费费率投资期内仍以 2% 为绝对主流;退出期的管理费基数则通常以基金未退出项目的投资成本计算,其在 2020 年度的占比达到 57%……同样,退出期管理费率也是 2% 最为常见②。

---

① 参见上篇第二章第二节“三十二、合伙企业费用的核算和支付事项”部分的相关内容。

② 参见《汉坤 2020 募集报告》,第 16、17 页。

总体来说，通行的做法是，投资期内为合伙人认缴出资额总和的2%，投资期结束后为尚未变现的项目投资的投资成本之和的2%。

实务中，需要注意的要点是：①认缴出资额是全体合伙人还是LP全体，差异在于GP认缴的部分是否"复收"；②投资期是否包含投资期延长的部分（考虑到延长期限内GP也有工作量，则包含是合适的；考虑到投资期延长主要可能是疑问GP原定投资期未能按约进行投资，则不包含也是合适的）；③投资期结束后管理资产是所有合伙人还是LP全体对应，差异在于GP出资份额对应的部分是否"复收"；④为投资目的设立的SPV通道是否收取管理费（一般是不收的，因为SPV设立仅仅是"特殊目的"性质，并未有实质的"管理"活动，或者换个角度来看，设立SPV仅仅是已收取管理费对应的大的管理活动中的一件"小事"）。

（2）国内常见提取方式：按年提取

《汉坤2020年募集报告》显示，有接近40%的基金选择按年提取管理费，其他按半年度和季度提取管理费的基金均在17%至18%的区间[①]。

2. 业绩报酬比例及分配方式

（1）GP的业绩报酬比例常见为20%，但有不少差异化安排

据笔者的观察，国内20%是比较常见的业绩报酬比例。不过根据《汉坤2019年募集报告》，存在为数不少的基金并未选择20%的绩效分成比例，特别是创投基金，其相对PE基金来说，获得超高收益的可能性更高，因而安排多层绩效激励（对基金收益分档，基金收益越高的档，对应绩效分成比例越高[②]，有点类似于税务上的"超额累进税率"），对GP/管理人的激励效果会更好。

（2）常见分配方式及顺序

常见的顺序为：LP本金（或所有合伙人本金）→GP本金（或在LP门槛之后）→LP门槛收益→（GP门槛收益，或无）→GP针对门槛的20%追补→超额部分20%分配给GP、80%分配给LP/全体合伙人。

前述顺序中，"GP针对门槛的20%追补"有显著差异，有此约定则意味着GP的20%分配规则覆盖了超过本金部分的所有范围，无此约定则意味着GP20%分配规则覆盖的范围必须是LP获得门槛收益以上的部分。最后一步"80%分配给

---

① 参见《汉坤2020募集报告》，第17页、第18页。

② 参见《汉坤2020募集报告》，第16页。

LP/全体合伙人"前者是逐个合伙人模式,后者是全体合伙人模式。

需要指出的是,实践中,前述顺序、门槛等可以根据具体情况做各种搭配组合。

十五、执行事务合伙人执行事务的利益冲突及关联交易

(一)指引内容

【执行事务合伙人】……合伙协议同时可以对执行事务合伙人执行事务的利益冲突及关联交易等事项作出约定。

(二)内含机理

1. 法定限制合伙人与合伙企业同业竞争及关联交易

(1)限制同业竞争

①禁止 GP 同业竞争

(普通)合伙人不得自营或者同他人合作经营与本合伙企业相竞争的业务(《合伙企业法》第 32 条第 1 款)。普通合伙人除了投资标的合伙企业外,一般投资其他公司或合伙企业,甚至直接经营其他与本合伙企业不相关的业务应不受限制,但鉴于普通合伙人投资标的合伙企业,同时(大部分情况下)执行合伙事务,对标的合伙企业的经营策略、财务状况、业务情况都会有比较深入的了解,甚至有相当的影响力或决策力,如果允许其对外投资经营与标的企业有竞争关系的业务,势必会对标的企业的竞争能力产生不利影响,[①]甚至损害标的合伙企业合法的经营利益,因而应予以禁止。

合伙人违反《合伙企业法》规定或者合伙协议的约定,从事与本合伙企业相竞争的业务的,该收益归合伙企业所有;给合伙企业或者其他合伙人造成损失的,依法承担赔偿责任(《合伙企业法》第 99 条)。合伙人违反法律规定或合伙协议约定,从事了竞争性的业务,其所获的收益来源基础非法/不正当,其收益应被归属于合伙企业,[②]以矫正非法/不当的情形;同时,在有的情形下,虽然合伙人违法或违约从事了竞争性的业务,其自身没有获得收益,但给合伙企业或其他合伙人

---

① 参见李飞主编,全国人民代表大会常务委员会法制工作委员会编:《中华人民共和国合伙企业法释义》,法律出版社 2006 年版,第 48 页、第 49 页。

② 参见李飞主编,全国人民代表大会常务委员会法制工作委员会编:《中华人民共和国合伙企业法释义》,法律出版社 2006 年版,第 158 页。

造成了损失，那么也需要对这种非法/不当的情形予以矫正，违约/非法合伙人应当对前述损失承担赔偿责任。

②不禁止 LP 同业竞争

有限合伙人可以自营或者同他人合作经营与本有限合伙企业相竞争的业务；但是，合伙协议另有约定的除外（《合伙企业法》第 71 条）。有限合伙人与普通合伙人（尤其是执伙）不同，其不参与合伙事务的执行，对合伙企业的经营情况了解受限、对合伙企业的经营也没有决策权限，允许其从事与标的有限合伙企业相竞争的业务，不会构成对标的合伙企业之不利。不过，有限合伙人这种“权利”（或相较于普通合伙人的“特权”），也是可以放弃的，如果合伙人通过协商，认为所有有限合伙人放弃参与与标的企业存在竞争关系的业务是对合伙企业利益最大化的安排，那也是可以通过合伙协议约定，禁止有限合伙人自营或合作经营竞争业务的。

（2）限制关联交易

①默示限制 GP 关联交易

针对普通合伙人，除合伙协议另有约定或者经全体合伙人一致同意外，合伙人不得同本合伙企业进行交易（《合伙企业法》第 32 条第 2 款）。普通合伙人执行合伙事务，其决定了合伙企业的经营行为，如果允许普通合伙人“自由”与合伙企业进行交易，那么普通合伙人可以利用便利，进行损害合伙企业、为自己或其关联方谋取不当利益的关联交易，因而此种关联交易一般性禁止，但需要看到，不是所有的关联交易都有失公允、存在利益输送，因而也应当允许在合伙协议另有约定或合伙人一致同意的情况下进行豁免，通过合伙协议或合伙人一致同意即消除/补正/正当化了关联交易的潜在负面性。从基金运作的角度来看，合伙制基金向 GP 支付管理费[①]即典型的关联交易，但一般就此点没有过多的讨论，是因为管理费支付是基金成立中核心的谈判点之一，基金成立之前就由 GP 和 LP 进行详细磋商并由各方达成了一致，这个磋商一致的过程即消灭潜在负面性的过程。

②默示同意 LP 关联交易

针对有限合伙人，有限合伙人可以同本有限合伙企业进行交易；但是，合伙协议另有约定的除外（《合伙企业法》第 70 条）。与普通合伙人不同，有限合伙人不

---

① 此为管理人和 GP 合一情形，在分离情形下，部分基金安排 GP 收取执行合伙事务费用/报酬的情况也类似。

执行合伙事务,不决定合伙企业的经营活动,其与合伙企业有天然的独立性,有限合伙人与合伙企业交易,一般并不会不当损害合伙企业和其他合伙人的利益,因而允许该类交易是妥当的。当然,合伙人通过合意在合伙协议中约定禁止此类交易,也是符合意思自治的原则的。

合伙人违反合伙企业法规定或者合伙协议的约定,与本合伙企业进行交易的,该收益归合伙企业所有;给合伙企业或者其他合伙人造成损失的,依法承担赔偿责任(《合伙企业法》第 99 条)。此与同业竞争规范责任的逻辑是一致的,关联交易同样会导致不当损害合伙企业/其他合伙人的正当利益,需要予以矫正,一方面需要剥夺不当方的获利,另一方面即便不当方没有从不当关联交易行为中获利,也需要赔偿因此给合伙企业和其他合伙人造成之损失。

(3)兜底规定

限制同业竞争的出发点和落脚点,都是合伙人不得从事损害本合伙企业/其他合伙人利益的活动。GP 不当利用其在合伙企业中的地位和便利,损害合伙企业/其他合伙人利益的方式是可以多种多样的,同业竞争和关联交易只是其中比较典型常见的两类,因此法律作了一个兜底性质的规定,合伙人不得从事损害本合伙企业利益的活动(《合伙企业法》第 32 条第 3 款),合伙人通过其他行为,给合伙企业或者其他合伙人造成损失的,自然也要依法承担赔偿责任。

2. 规范同业竞争及关联交易为 GP 受信义务的逻辑延伸

GP 负有受信义务,主要内涵包含注意义务和忠实义务。忠实义务的逻辑延伸,即就涉及利益冲突和关联交易的事项,GP 应当主动/被动接受一定限制。从 LP 的角度来看,一般情况下被动/静默的 LP,在此类事项出现或可能出现时,其应当被"激活"并被赋予对 GP 进行主动限制的权利。

中基协明确要求,私募基金管理人应当建立健全关联交易管理制度,在基金合同中明确约定关联交易的识别认定、交易决策、对价确定、信息披露和回避等机制。关联交易应当遵循投资者利益优先、平等自愿、等价有偿的原则,不得隐瞒关联关系,不得利用关联关系从事不正当交易和利益输送等违法违规活动(《登记备案办法(2023)》第 38 条第 1 款)。

在私募股权基金的领域内,会触发 GP 受信义务的利益冲突和关联交易,可以归纳为涉及同业竞争和涉及关联交易两类情形。具体而言:

(1)同业竞争

GP 了解合伙企业的经营情况,包括财务状况、管理方式等内部情况,如果允许其经营与合伙企业有竞争关系的业务,就会使合伙企业处于不利的竞争地位,会不当损害合伙企业的利益。为了避免 GP 的道德风险,通常有限合伙基金协议规定 GP 不得与有限合伙企业进行同业竞争。一般会涉及对以下几个情形的限制:

①新募基金

新基金的募集能够增加 GP 管理费收入,对 GP 有好处,但是会减少 GP 对原有基金的关注,对原有基金及其 LP 产生潜在的不利影响。

②投资机会分配

投资机会有好有坏,有优质有一般,同一个投资机会在不同基金之间进行分配,可能会产生"厚此薄彼"的不公平的情况,而 GP 一般握有投与不投、投哪个项目的"生杀大权"。

③跟投机制

广义的跟投,既包括 GP/管理公司跟投,也包括 GP/管理公司的高管/员工跟投,跟投机制有其特别价值。比如,在基金已经决定投资的情况下,GP 追加投资,提高了被投企业成功概率;GP 自掏真金白银投资,可以激励 GP 对项目更加关注,防范 GP 选择项目时的道德风险。

但跟投机制是需要进行限制的,GP 的跟随投资权必须是第二位的,而且应当有一定比例的限制,否则容易引发道德风险。会产生的不利情况可能会有:如果 GP 投资了某一个特定项目,其一方面可能会花过多的精力在这些企业身上,导致对其他未跟投项目注意不足;另一方面如果跟投标的遇到困难,其可能不会及时终止投资以止损,甚至可能还会动用基金的资金再进行追加投资,这样就不当放大了基金投资资金损失的风险。

跟投机制中,还有一个是强制性跟投还是选择性跟投的问题。选择性跟投[所谓选出最佳项目(cherry picking)],可能使 GP/管理人花费基金支付的管理费、利用基金的资源获取好项目,后续反而将好项目好交易优先分配给 GP/管理人自己,这样会极大损害基金/投资人利益。选择性跟投,放大了利益冲突,强制性跟投(受限于前述第二位及比例限制)相对而言,缓解了一定程度利益冲突。

(2)关联交易

关联交易对合伙企业来说,可能有利,也可能不利。如果 GP 利用关联交易将本应属于合伙企业的利润转移到自己的企业,或者将本应属于自己企业的亏损转嫁给合伙企业,利用关联交易为自己谋取私利,将损害合伙企业和其他和合伙人的利益。从规范 GP 道德风险的角度,应当对关联交易进行规制。

中基协要求,在基金合同中应明确约定关联交易的识别认定①、交易决策、对价确定、信息披露和回避等机制(《登记备案办法(2023)》第 38 条第 1 款),通过关联交易的识别、决策、对价、披露、回避等详细制度安排,规范关联交易,保护 LP/合伙企业的合法权益。

(三)适用及其他

1. 同业竞争限制

(1)新募基金

对新募基金的限制一般来说有以下几种:①有限合伙协议可以规定在现有基金出资一定比例或金额被投资之前或一定日期之前,禁止 GP 新募基金,以确保 GP 有足够多的精力覆盖现有基金;②有限合伙协议也可以以在管规模和用途等方面的属性来进行限制,如已有的投向早期创业企业的创业投资基金可以允许 GP 只能再募集一只投向成熟期的 PE 基金。

(2)投资机会分配

可以一般规定 GP 应当公平对待所管理的基金,保护投资者利益。细化规定可以要求 GP 根据符合基金要求的投资目标、投资范围、投资策略、投资组合和投资限制、项目具体要求来进行投资投资机会的分配。

(3)跟投机制

对 LP 来说,GP 的跟投机制可以有以下关注点:①GP 对投资组合中单个企业的投资额可以有一定限制,限制通常可以是以占基金总投资额的一定百分比来定,或者可以是特定标的融资规模中一定比例(如 GP 只能占到 5% 以内的投资额度,剩余 95% 及以上必须分配给基金);②GP 对投资组合中单个项目投资的时间及条件的限制,通常要求 GP 投资必须与合伙企业的投资在同一时间、同一估值

---

① 有关关联交易的认定,被废止的旧规可以做一个参考,根据《备案须知(2019)》第 19 条规定,关联交易是指私募基金与管理人、投资者、管理人管理的私募基金、同一实际控制人下的其他管理人管理的私募基金或者与上述主体有其他重大利害关系的关联方发生的交易行为。

水平上进行，如果不一样，就会有基金给 GP“抬轿子”的风险；③GP 如果要跟投，就得强制跟投即每个项目都跟投（如果可选跟投，则需要 LP 等额外同意）。

2. 关联交易限制

关联交易控制一般要考虑：(1) 关联交易程序（如需经过合伙人会议/咨询委员会等通过）；(2) 关联交易数量级规范（如一个自然年度累计不得超过多少金额）；(3) 关联交易价格公允性确认；(4) 关联交易频次控制（如一个自然年度不得超过多少次）等。

十六、有限合伙人不执行合伙事务，不得对外代表合伙企业

（一）指引内容

【有限合伙人】有限合伙人不执行合伙事务，不得对外代表合伙企业。但有限合伙人的下列行为，不视为执行合伙事务：

1. 参与决定普通合伙人入伙、退伙；

2. 对企业的经营管理提出建议；

3. 参与选择承办合伙企业审计业务的会计师事务所；

4. 获取经审计的合伙企业财务会计报告；

5. 对涉及自身利益的情况，查阅合伙企业财务会计账簿等财务资料；

6. 在合伙企业中的利益受到侵害时，向有责任的合伙人主张权利或者提起诉讼；

7. 执行事务合伙人怠于行使权利时，督促其行使权利或者为了合伙企业的利益以自己的名义提起诉讼；

8. 依法为合伙企业提供担保。

合伙协议可以对有限合伙人的权限及违约处理办法做出约定，但是不得做出有限合伙人以任何直接或间接方式，参与或变相参与超出前款规定的 8 种不视为执行合伙事务行为的约定。

（二）内含机理

1. LP 不执行合伙事务，不代表合伙企业系法定内容

有限合伙人不执行合伙事务，不得对外代表有限合伙企业（《合伙企业法》第 68 条第 1 款）。

对于普通合伙企业来说，所有普通合伙人均享有平等的执行合伙事务的权

利。而有限合伙企业,有着不同的制度安排,有限合伙人对合伙企业债务以自己出资额为限承担有限责任,作为对价就是其不参与合伙企业的对内管理、对外经营,有限合伙企业的对内管理、对外经营由承担无限连带责任的普通合伙人承担,这是法律上权利义务对等原则的具体体现①。

2. 不视为执行合伙事务的 8 个除外事项

有限合伙人的下列行为,不视为执行合伙事务(《合伙企业法》第 68 条第 2 款),虽然有限合伙人不得执行合伙事务,但并不意味着有限合伙人不能在有限程度上参与、监督合伙企业的运行。一些有限度的参与和监督对有限合伙人自身权益、对合伙企业整体利益、对 GP 执行合伙事务的水平都有裨益,因而应允许有限合伙人的有限度参与、监督等,而这些有限的参与、监督等行为不应视为其执行了合伙事务。具体而言,可以有以下除外事项:

(1)参与决定普通合伙人入伙、退伙

GP 作为有限合伙企业的执行事务合伙人,其人选对有限合伙人利益影响重大。作为 LP 出资额衍生的基础“管理性”权利,即选任普通合伙人,选任自然包括“选上”和“选下”,自然对应着(特定情形下)普通合伙人入伙和退伙。

(2)对企业的经营管理提出建议

LP 虽然不能直接参与合伙事务的执行,但对合伙企业运营中的问题应该可以发表意见,提供咨询,这是 LP 监督权利的一个体现。

(3)参与选择承办有限合伙企业审计业务的会计师事务所

有限合伙企业作为一个市场经营过程中的主体,其以营利为目的,其对 LP 来说核心的关切点在于有限合伙企业的财务经营状况,包括经营过程及经营结果,而财务经营状况能通过审计的方式被客观呈现。实践中,有的有限合伙企业规模巨大,尤其是私募基金,有限合伙人有了解合伙企业经营状况的必要和需要,其知情权保障就显得比较重要。参与选择自己信赖的会计师事务所,对合伙企业进行审计,应当也是被允许的。

(4)获取经审计的有限合伙企业财务会计报告

作为知情权的延伸,有限合伙人有权参与选择承办有限合伙企业审计业务的

---

① 参见李飞主编,全国人民代表大会常务委员会法制工作委员会编:《中华人民共和国合伙企业法释义》,法律出版社 2006 年版,第 110 页。

会计师事务所，当然也应当有权获得有关有限合伙企业的经审计的财务会计报告。

(5)对涉及自身利益的情况，查阅有限合伙企业财务会计账簿等财务资料

该条也是有限合伙企业知情权的一个具体体现。对于企业经审计的财务会计报告，LP 可以无理由获得，但是有限合伙企业会计账簿等财务资料，可能涉及有限合伙企业的经营信息、商业秘密等，无理由开放给 LP 可能对有限合伙企业造成不当损害，因此针对 LP 对会计账簿的查阅权增加了“涉及自身利益的情况”的限制，达成一个利益的平衡。

(6)在有限合伙企业中的利益受到侵害时，向有责任的合伙人主张权利或者提起诉讼

无救济无权利，法律如果规定了权利，但是当权利被侵害时不给予权利人救济途径，那么权利也就虚设了。就 LP 而言，当其权益受到侵害时，应当有主张权利以及就此依法提起诉讼（或依约定提起仲裁）的权利。

(7)执行事务合伙人怠于行使权利时，督促其行使权利或者为了本企业的利益以自己的名义提起诉讼

此条为有限合伙人监督权及其衍生的“派生诉讼”权利。就“派生诉讼”权利而言，即有限合伙人可以为了合伙企业的利益以自己的名义提起诉讼，同时诉讼救济，这跟上一事项有所不同，上一事项是以自己的名义为了自己的利益提起诉讼。

(8)依法为本企业提供担保

LP 自愿为有限合伙企业提供担保，这种情形增加了合伙企业的偿债能力，能更好地保护合伙企业债权人的利益，同时减轻了普通合伙人的负担，不存在负面影响自然不应当禁止。

(三)适用及其他

无特别变种，可以直接引用。

十七、合伙人会议的召开条件、程序及表决方式

(一)指引内容

【合伙人会议】合伙协议应列明合伙人会议的召开条件、程序及表决方式等内容。

(二)内含机理

1. 合伙企业的权力分配

有限合伙企业不是法人,但也是一个组织/团体,类似于法人治理结构的公司,有限合伙企业的治理结构可以粗略进行类似划分:

(1)基础事项

与企业自身相关的基础重大事项属于全体合伙人决策事项范围,相当于公司的股东会决定与公司自身相关的基础重大事项。

(2)经营事项

与合伙企业经营相关的事项属于 GP(更确切地说属于执行事务合伙人)权力范畴,相当于公司董事会决定与公司相关的重大经营事项。

(3)日常管理

合伙企业可以聘请经营管理人员,这相当于公司的管理层具体执行公司的经营事务。

(4)监督权(延伸的"咨询委员会")

监督权由非执行合伙事务的合伙人共同行使,相当于公司中监事或小股东的监督。

在私募股权基金实务中,非执行事务合伙人的监督权,有时也会以"咨询委员会"的形式来实现。咨询委员会成员一般由(特定)LP 委派,有时也由 GP 委派部分咨询委员会成员。咨询委员会将根据合伙协议的约定,对关联交易、利益冲突以及 LP 特别关注的事项(如投资方向、投资地域、投资形式)进行审议。咨询委员会的决议可以是决定性的,也可以是建议性的,但即便是建议性的,如果是建议性否决,对 GP 来说也构成一定的软约束力。

①咨询委员的选任和更换

国内实务中,咨询委员会呈现出"机构模式"和"自然人模式"两种(与投委会大多均由自然人组成不同):[①]机构模式下,咨询委员会委员是(LP)机构本身,参会是由该机构委员通过授权委托书,委派特定人员参会,决议一般也是由机构委员盖章确认。自然人模式下,又分常设情况和个案确认。机构通过内部程序确认

① 参见汪澍:LPA 审核实务要点系列课程,载京陆私募学堂网 2019 年 12 月 16 日,https://app8ooy7jry7987.h5.xiaoeknow.com/p/course/audio/a_5df72ecc 59901_dx5VomoB?product_id=p_5d36c2eb4bffd_k1aa8eP4。

委派特定的人为咨询委员，参与所有咨询委员会会议，这是常设情况，机构就每次咨询委员会会议单独授权特定人员参会，这就是个案确认情况。自然人模式下，决议一般由参会咨询委员签署即可。

咨询委员的更换主要与其推荐单位有关：[①]第一，推荐（LP）机构主动更换，一般自动触发咨询委员更换。第二，推荐（LP）机构丧失推荐权，如推荐（LP）机构出资违约。第三，咨询委员是通过 LP 共同推荐，那么更换也要根据基金合伙协议约定的程序进行更换。第四，特别原因也会导致更换，如咨询委员自原单位离职、消极履职（不参加、不表决），则会通过基金合伙协议约定的弹劾程序进行更换。前两种情况，不涉及其他 LP，一般 GP 统一即可更换，后两种情况涉及多个 LP，一般要征询其他 LP 意见。

②咨询委员会决策事项

咨询委员会常见的决策事项有以下几类：[②]第一，对关联交易事项进行审核。第二，对重大利益冲突事项进行审议。第三，对超出投资限制的事项进行投资。比如，投资期以外的投资、超出特定投资金额限制或特定投资比例限制的投资、超出特定投资领域的投资、超出特定投资方式（与典型股权投资方式有差异的债转股投资，甚至是债权投资）的投资。第四，对基金核心要素进行变更。比如，基金期限的延长、关键人士替任及关键人士事件后续处置方案、基金（托管、审计）服务机构选聘和解聘。

③咨询委员会议事规则

典型是“一人一票多数决”，变形情况可以参考投委会决策（参见上篇第二章第二节“二十七、投资决策程序”中“对投资决策规则的控制”的部分内容）。

就投资决策委员会来说，其常见内设在 GP 中，效率高于程序要求，比较灵活，但咨询委员主要系 LP 议事机构且主要行使对 GP 的监督权力，因此从保护 LP 权益和注重程序正义的角度来说，需要重点关注咨询委员会议事规则、议事程

---

① 参见汪澍：LPA 审核实务要点系列课程，载京陆私募学堂网 2019 年 12 月 16 日，https://app8ooy7jry7987.h5.xiaoeknow.com/p/course/audio/a_5df72ecc 59901_dx5VomoB?product_id = p_5d36c2eb4bffd_k1aa8eP4。

② 参见汪澍：LPA 审核实务要点系列课程，载京陆私募学堂网 2019 年 12 月 16 日，https://app8ooy7jry7987.h5.xiaoeknow.com/p/course/audio/a_5dca 629c19057_2BQ1KUut?product_id = p_5d36c2eb4bffd_k1aa8eP4。

序的完备性:①第一,会议的召集。主流有 3 种,第一种是 GP 来召集,第二种是咨询委员主席或秘书来召集,第三种是 LP 来召集。第三种情形主要是为了应对前两种不履职的情况,一般会约定特定比例以上/特定人数以上 LP 有权单独召集咨询委员会。第二,会议通知。为了保障 LP 充分的知情权,需要提前给 LP 预留时间了解议案并进行实质性决策。因此,一是需要制作会议议案,列明事项全部信息,如关联交易审议,需要列明具体交易情况、为什么构成关联交易、定价机制如何、交易方案是否合适等。二是要提前发出会议通知,需要明确会议时间、地点、召开方式。第三,会议审议过程和会议文件的制作。当前开会的方式越来越灵活,除了线上还有视频会议、电话会议,文件传递方式也并非单一纸质传递,通过传真、邮件等传递方式也越来越多,从保护 LP 知情和决策权、证明 GP 勤勉履职的角度,一般建议做好咨询委员会会议记录、决议文件,并交由咨询委员会签字/盖章留档。

2. 合伙人会议的召集、表决事项及方式系基金监管要求

基金合同还应当对下列事项进行约定:股东会、合伙人会议或者基金份额持有人大会的召集机制、议事内容和表决方式等(《登记备案办法(2023)》第 29 条第 1 项)。

3. 合伙人会议的召集

《合伙企业法》并未明确规定合伙人会议相关事项,实务中一般是参考公司法、基金法等来约定合伙人会议的召集等事项:②

(1)召集权人

一般来说,会约定 GP 来负责召集,但是也会设置预警机制。预警机制指的是 GP 怠于履行职责或拒绝履行职责时,一定比例的 LP 有权提请召开合伙人会议。

---

① 参见汪澍:LPA 审核实务要点系列课程,载京陆私募学堂网 2019 年 12 月 16 日,https://app8ooy7jry7987.h5.xiaoeknow.com/p/course/audio/a_5df72ecc59901_dx5VomoB?product_id=p_5d36c2eb4bffd_k1aa8eP4。

② 参见汪澍:LPA 审核实务要点系列课程,载京陆私募学堂网 2019 年 12 月 16 日,https://app8ooy7jry7987.h5.xiaoeknow.com/p/course/audio/a_5df72fff52bb0_It8w2vT7?product_id=p_5d36c2eb4bffd_k1aa8eP4。

(2)通知时限

定期会议,如年度合伙人会议,一般会参照《公司法》有关股东会的规定[1],提前15天发出会议通知;临时会议,一般也要提前发出会议通知,时间可以灵活处理(如定为10天)。

(3)会议议案

从保护LP知情权的角度来看,合伙协议应当约定会议议案内容的详细程度,此外可以约定LP随时提出要求,要求GP对议案内容进行补充和完善。

(4)会议形式

会议形式灵活多样,可以线下、电话、视频,也可以文件传签。如果LP对会议形式有特别要求,可以在合伙协议中进行明确约定。

(5)出席人数

一般合伙人会议没有特定出席人数要求,但有的会参照《基金法》的相关规定[2],约定需要半数(人数/份额数)以上合伙人出席,方才有效。

4. 合伙人会议的表决方式及事项

(1)默认一人一票并经半数通过,但允许另有规定

①按照合伙协议约定表决办法表决合伙事项

合伙人对合伙企业有关事项作出决议,按照合伙协议约定的表决办法办理(《合伙企业法》第30条第1款)。

合伙企业是人合性企业(有出资的情况下,也带有一定资合性),合伙人之间有相互信任的关系,合伙企业决定有关问题的表决应该更多地体现合伙人意思自治原则和协商原则。这意味着,合伙协议应当规定表决方式,包括是按照出资额,还是按照人数,或者是前两者相结合的表决方式,另外还应就决议成立并通过的条件作出规定。

---

① 《公司法(2018)》第41条第1款规定:召开股东会会议,应当于会议召开15日前通知全体股东;但是,公司章程另有规定或者全体股东另有约定的除外。最新《公司法》第64条第1款与旧法规定保持一致。

② 《基金法》第86条第1款和第2款规定:基金份额持有人大会应当有代表1/2以上基金份额的持有人参加,方可召开。参加基金份额持有人大会的持有人的基金份额低于前款规定比例的,召集人可以在原公告的基金份额持有人大会召开时间的3个月以后、6个月以内,就原定审议事项重新召集基金份额持有人大会。重新召集的基金份额持有人大会应当有代表1/3以上基金份额的持有人参加,方可召开。

②默认一人一票半数决

合伙协议未约定或者约定不明确的,实行合伙人一人一票并经全体合伙人过半数通过的表决办法(《合伙企业法》第30条第1款后段)。

对普通合伙企业来说,默认一人一票半数决,这样的规定,是基于合伙人对合伙企业事务均有平等权利和义务,且虽然出资和获利比例可能不一,但是合伙人均对合伙企业债务承担无限连带责任。对于普通合伙企业来说,这一规定在一定程度上也体现了对出资少、获利小的小合伙人的保护[①]。

对于有限合伙制基金而言,基于LP"出资但不管事"的逻辑,一般会明确约定表决办法,且还会进一步约定按照出资额超过一定比例来通过特定事项。实务中,常见的决策比例可以是简单多数,但与GP/管理人有关系的事项比例可能会安排得更高一些,如2/3或者75%以上,且需要适用回避表决规则。

③合伙协议约定原则的例外:法定排除

合伙企业法对合伙企业的表决办法另有规定的,从其规定(《合伙企业法》第30条第2款)。

虽然合伙企业的表决办法以协议约定为基本原则,且默认一人一票半数决。但如《合伙企业法》对表决事项有其他规定的,比如,对某一事项明确要求全体合伙人一致同意的(相应事项见下一部分"默认一致同意事项"),应当依照法律规定执行。

(2)默认一致同意,但合伙协议可另有约定事项

合伙企业中,除了一般事项外,还有一些基本的重大事项,关系到合伙企业的生存发展或影响到全体合伙人的权益[②]。这类重大事项采用部分合伙人或GP单独决定,或者采用多数决(包括人数多数决和资本多数决),都不是很妥当,法律默认而应当由全体合伙人一致同意才可作出决定。不过,基于合伙人意思自治原则,如果合伙人提前磋商同意相关事项不必经过全体合伙人一致同意的,也应当允许合伙人意定并在合伙协议中另行约定。

除合伙协议另有约定外,合伙企业的下列事项应当经全体合伙人一致同意

---

① 参见李飞主编,全国人民代表大会常务委员会法制工作委员会编:《中华人民共和国合伙企业法释义》,法律出版社2006年版,第45页。

② 参见李飞主编,全国人民代表大会常务委员会法制工作委员会编:《中华人民共和国合伙企业法释义》,法律出版社2006年版,第46页。

(《合伙企业法》第 31 条):

①改变合伙企业的名称

合伙企业名称,尤其是其中的“字号”/“商号”,是企业有别于其他企业的标识,一定程度表现着合伙企业的“商誉”,经工商登记后又在一定行政区域内具有专用权,即其有一定的商业和财产价值,对其进行修改意味着放弃了附着在原有名称上面的商誉/财产价值,势必会影响合伙企业的整体商业价值,因此更名需要全体合伙人一致同意。

具体到私募股权基金的语境,有的基金名称中,除了 GP/管理人本身的字号/商号融入其中外,部分强势的 LP 基于其商业利益(例如市场化母基金或政府引导基金,拟将其子基金做成一个“系列”,以扩大影响力,前者是市场影响力,后者是政策影响力)等考量,也会将其商号/字号或特定用语融入到合伙企业名称中。对这类名称的改动,会较大影响到这部分 LP 的利益,因此对基金更名需要经过合伙人一致(或该特定强势 LP 的)同意,也是应有之义。另外,需要指出的是,正因为合伙制基金名称中的“字号”/“商号”对 GP 和特定 LP 有特别的意义,所以当 GP 或特定 LP 发生变动时,如 GP 或其关联方不再担任合伙制基金 GP,特定 LP 及其关联方退伙,则有必要要求基金变更名称,停止使用或更改相关特定“字号”/“商号”。

②改变合伙企业的经营范围、主要经营场所的地点

经营范围属于合伙人成立合伙企业、参与合伙事业的基本考虑之一,是合伙人合伙目的的具体体现,属于合伙企业的基本面之一。改变经营范围,包括扩大或缩小经营范围,改变某一经营项目等①,这些改变都可能会违背合伙人参与合伙的初衷、影响合伙企业的基本面,进而对合伙企业的总体价值产生影响,最终导致合伙人合伙目的不能实现。因此,改变经营范围,默认需要全体合伙人一致同意。

但是,《合伙企业法》并未明确规定合伙目的的变更需要经全体合伙人一致同意,属于立法空白。从合伙目的的基础性、重要性上来看,应当比照适用经营范围之约定,即除另有约定的需经全体合伙人一致同意方可更改。

---

①　参见李飞主编,全国人民代表大会常务委员会法制工作委员会编:《中华人民共和国合伙企业法释义》,法律出版社 2006 年版,第 46 页。

主要经营场所有多方面的法律及经济意义,如某些业务在某些地区经营会有经济上(如人力成本)的优势,经营场所确定在甲地可能比在乙地更有政策、税收上的优势,部分 LP 有将合伙制基金落地某地可能有特定的政策诉求(如返投等),经营场所决定了部分有关合伙企业的涉诉管辖地等。主要经营场所的确定关乎合伙企业/LP 的切身利益,因而对其改变,一般要经过全体合伙人一致同意(或特定 LP 可能会要求变更合伙制基金主要经营场所前,须获得其前置同意)。

③处分合伙企业的不动产

合伙企业不动产包括房产、土地使用权等,是合伙企业经营的重要物质保障。通过买卖、赠与或投资对其进行处分之后,合伙企业将丧失对不动产的直接支配,这属于重大问题。

④转让或者处分合伙企业的知识产权和其他财产权利

合伙企业的专利、商标、著作权等知识产权,对合伙企业的生产经营有重大影响。对该类知产及财产权的处分应当经全体合伙人一致同意。

就前述③、④两个事项而言,一般私募股权基金不会持有不动产、知产权[①],但一旦持有,其处置一般对合伙企业来说就比较重大,因而要求全体合伙人一致同意,也是妥当的。

需要特别指出的是,私募股权基金持有的一般是被投资企业的股权(可以归为"其他财产权利"),而基金处置被投资企业的股权一般属于 GP 当然管理事项,所以通常是不需要合伙人会议决议的。

⑤以合伙企业名义为他人提供担保

以合伙企业名义对外担保,可能导致合伙企业对被担保债务承担无限连带责任,这种对外担保会使合伙企业财产处于不安全、不稳定的状态,属于合伙企业有关的重大问题。

在私募股权基金语境下,根据《加强基金监管的规定》第 8 条第 1 款第 1 项和第 2 款的规定,私募基金以股权投资为目的,可以按照合同约定为被投企业提供 1 年期限以内借款、担保,但借款或者担保到期日不得晚于股权投资退出日,且借款或者担保余额不得超过该私募基金实缴金额的 20%。

---

① 实务中很难穷尽实际情况,如基金被投企业破产清算,剩余财产的分配是有可能获得不动产的。

需要注意的是，如果基金有对外担保的安排，应当在基金协议中予以明确。实务中协会有这样的备案反馈意见："请管理人根据《若干规定》约定 LPA 中有关'举债及对外担保'的条款设置（全体投资人签章确认）。"

⑥聘任合伙人以外的人担任合伙企业的经营管理人员

经营管理人员要行使某些管理权限，参与某些管理和决策活动，对合伙企业生产经营产生一定影响，因而对合伙企业经营管理人员的选任具有重大性。

就合伙制基金而言，在 GP 有独立的管理团队、投资决策团队的情况下，一般不会让合伙企业再单独聘任经营管理人员，在管理团队、投资决策团队"内设"在合伙企业中的情况下，聘任合伙人以外的人担任合伙企业经营管理人人员，对合伙企业即具有重大性，此种情形一般是属于（如果不是全部的话）多数合伙人决议同意的事项。

（三）适用及其他

1. 合伙人会议召开条件

《合伙企业法》并未对合伙人会议召开条件作出规定，可参照《公司法》第 39、41、62、64 条有关有限责任公司股东会召开的条件作出约定。

（1）定期会议的召集

可以年度或半年度召开一次定期会议。定期会议一般由 GP 来负责召集。定期会议一般审议一些阶段性事项，如半年度、年度投资经营情况等，但也不排除特定事项的审议（合伙协议约定需要合伙人会议决议通过的其他事项）。

（2）临时会议的召集

可以就一些特定事项召开临时会议进行审议。临时会议一般也由 GP 来负责召集，但是也不排除其他召集人（比如持有一定比例出资额的 LP 共同作为召集人，或由前者选择并推举 1 名有限合伙人作为召集人，或直接确定特定 LP 作为召集人等）。审议事项可以是：①投资期延长；②除名及更换 GP；③批准 GP 将其持有权益转给非关联方；④提前解散和清算合伙企业；⑤召集人决定讨论的其他事宜；等等。

（3）具体召开条件

可约定合伙人会议须有所持合伙权益超特定百分比以上出席方能召开。也可以约定书面征求合伙人意见，并获得特定比例同意的意见后，即可形成决议。

2. 合伙人会议召开程序

召开程序一般包括:(1)提前特定天数通知;(2)通知的方式;(3)会议将要审议的内容议案。

3. 合伙人会议表决方式

一般采用"资本多数决",可以有多种变种,如简单多数还是绝对多数,如是参与表决的多数还是全部合伙人出资的多数,如是否设置某些 LP 的(就某些事项的)一票否决等。

十八、管理人可以是执行事务合伙人也可以委托管理

(一)指引内容

【管理方式】合伙型基金的管理人可以是合伙企业执行事务合伙人,也可以委托给其他私募基金管理机构。合伙协议中应明确管理人和管理方式,并列明管理人的权限及管理费的计算和支付方式。[①]

(二)内含机理

1. 普通合伙人、执伙、管理人、GP

在有限合伙企业的视角下:(1)一个有限合伙企业最少要由两名合伙人组成,其中至少 1 名普通合伙人,至少 1 名有限合伙人。(2)普通合伙人有执行合伙事务的权限,但也可以委托某个或某几个普通合伙人执行合伙事务,这意味着执伙必定是普通合伙人,但普通合伙人不一定是执伙。(3)执伙才有执行合伙事务的权限。

在私募股权基金语境下,出现一个新的概念——管理人,管理人是募集合伙制基金,受托管理合伙制基金日常运营、对外投资、投资退出等事项,并收取管理费(及业绩报酬)的主体。一般而言,委托主体可以是其他合伙人也可以是合伙企业,而受托主体可以是普通合伙人也可以是第三方。

GP,即普通合伙人的英文渊源——General Partner 的缩写,与 LP(Limited Partner)相对。在私募股权基金实务中,GP 有时宽泛指基金的管理人,但也有不一致的时候:

---

① 委托给其他私募基金管理机构的,管理人的权限及管理费的计算方式,与"合一"模式下的内容基本一致,此处不再赘述,以下仅就"合一"模式展开讨论。——笔者注

(1)GP 和管理人有时候是绝对合一的,即普通合伙人—执伙—管理人为同一主体。

(2)有时候是相对合一,如存在多个 GP 的情况下(俗称“双 GP”),管理人可以是其中一个 GP,管理人也可以同时由多个 GP 合资之后,由该多个 GP 通过合资的管理人分享管理权限。

(3)管理人也可以和普通合伙人完全分离,即狭义的基金 GP 不对基金进行管理,基金的管理人是非 GP 的第三方主体。基金的 GP(如前述可以是一个也可以是多个)根据合伙协议执行合伙事务,但同时有第三方作为管理人根据委托管理协议受托管理基金。

2. 管理人与 GP(执行事务合伙人)合一

(1)优势

按照通行的理解(及《合伙企业法》的一般观念),作为执行事务合伙人的 GP 执行合伙企业事务,管理合伙企业,经营合伙事业,是逻辑自然的“管理人”。因而,这种安排便于参与各方理解,减少沟通成本,实务中私募股权基金管理人与 GP 的合一安排也是很常见的。

(2)劣势

①“无效”管理成本增加

这种模式下,每个作为私募基金的管理人均需要管理人作为合伙制基金的普通合伙人参与合伙企业的设立、变更(工商等手续)。然而从效率的角度来看,好钢用在刀刃上,管理人实际上仅需要将专业的投资能力予以运用即可,无须花费更多的精力在“无效”的工商等手续上。

②风险未完全隔离

有限合伙企业中,普通合伙人对合伙企业的债务承担无限连带责任。但即便是普通合伙人尽职尽责的情况下,仍然可能发生超出基金自身财产以外的损失,这种情形下,作为普通合伙人的管理人将对此承担无限连带责任,这将不适当地放大管理人的责任。

3. 管理人与执行事务合伙人分离

(1)符合“LP 出钱 + GP 出力”的私募基金基本运行机理

LP 出的资金和 GP 实体分离,仅通过管理协议连接的“分离委托管理”模式,常见的情形是“公司制(/合伙制)基金→管理协议→第三方管理人”,这种模式吸收了有限合伙制的“LP 出钱 + GP 出力”组合,确保“资本 + 人”的结合又将两个要素予以分离,并分离为两个实体,由两个实体之间签订委托管理合同,承担各自的法律义务。

(2)劣势

将“合一”模式下企业内部化的合伙关系,外化成两个实体外部之间的合同关系,这种分离可能会牺牲部分效率。

(3)优势

管理人和 GP 分离的优势,或者说原因,有文章做了很好的梳理和归纳:①①分散风险,破产隔离。大型管理机构母公司出于管理上的便利,新设基金时新设一个(全资)SPV 作为 GP,然后以母公司作为管理人,当某一基金出现风险时,能够将无限责任局限在该基金该 GP,不至于影响母公司、其他基金及相应的旗下 GP 主体。②规避 GP 主体资格限制。如国有独资公司、国有企业不能担任 GP,可以由相应国企与第三方成立其控股主体作为 GP,相应有管理能力的国企可以作为基金管理人,如此实现主体资格限制之规避。③灵活进行收益核算与分配。分离架构中管理人和 GP 可以分别收取管理费和业绩报酬。首先,方便多只基金的管理人对各只基金进行独立核算,GP 设立有特殊目的一般在对应基金结束后即清算。其次,对多方股东/合伙人合资成立的管理人和 GP,可以根据各方的角色和贡献大小,通过调节在基金管理人和 GP 层面不同的出资比例,对基金管理费和业绩报酬进行差异化分配(如管理人层面按照持股比例分配可以均等,但基于对产业投资人提供案源、筛选项目方面的特殊作用,在 GP 层面向产业投资人进行倾斜给予其更多的业绩报酬)。最后,可以通过不同基金管理团队在 GP 层面参股出资,可以在基金实现业绩报酬后,对管理团队进行相应分配,以达到充分激励的目的。这种主要适用于大型、专业的管理人,其团队庞大且一般分设不同的投资方向,一般不适用于每个投资团队的核心均在母管理人层面持股,可以通过在团队对应管理基金的 GP 中设置一定参股比例来实现激励。④应对基金业协会自律监管要求。管理人登记条件越发提高、程序越发严格,为了满足风险隔离、便于收益分割等诉求,尽可能用已备案的管理人作为管理人,另新设无须进行

① 参见余瑶:《私募基金管理人与普通合伙人主体相分离的原因解析》,载《企业研究》2017 年第10 期。

管理人登记的 GP 发起成立基金，降低管理人登记成本。⑤满足特定投资者的募资要求。特定投资者如险资，会对管理人持续管理记录有要求，某些管理团队新设主体可能没有持续管理记录但确实有管理能力，此时可以委托符合相应要求的管理人管理，同时前述特定管理团队在新设 GP 中占有重要份额，以符合特定投资者募资要求。⑥享受注册地税收优惠政策。可在税收优惠地设立 GP，以获得税收优惠政策。额外增加说明的一点是，管理费和超额收益分成予以区分，管理费作为收入缴纳增值税，超额收益分成作为投资收益则不需要缴纳增值税，这可以降低整体的税务风险避免被多征税。

（三）适用及其他

1. 合一

合伙企业管理人是合伙企业（单一）普通合伙人和执行事务合伙人，管理人对合伙企业的管理方式为自主管理。

2. 分离

合伙企业的运作采取委托投资管理的方式，委托××公司/合伙企业负责投资管理。公司与管理人的委托投资权利义务根据双方签署的《委托管理协议》确定，管理人在《委托管理协议》的规定范围内受托进行项目投资、投资管理及投资变现，合伙企业根据《委托管理协议》履行出资义务、享受投资收益等。

十九、管理人就托管事项的授权范围

（一）指引内容

【托管事项】合伙企业财产进行托管的，应在合伙协议中明确托管机构的名称或明确全体合伙人在托管事宜上对执行事务合伙人的授权范围，包括但不限于挑选托管人、签署托管协议等。

（二）内含机理

1. 托管是基金独立性的重要保障，法定默认托管

托管安排使管理人不能“随心所欲”支配受托管理的基金财产，而是要受到托管机构一定程度的监督，这构成基金（财产）独立性的重要保障。

除基金合同另有约定外，非公开募集基金/私募基金应当由基金托管人托管（《基金法》第 88 条、《私募管理办法》第 21 条第 1 款）。

就地方典型规定而言，天津地方有类似规定，股权投资企业应当与具有托管

资质的商业银行签订托管协议,委托商业银行托管股权投资企业资产(《天津管理办法》第20条)。

2. 合伙协议应明确托管事项授权范围

合伙协议如果不对托管事项作出约定,有关是否托管、托管人的挑选、托管协议签署等自然应默认是执伙自行决定的事项。但如前述分析可知,托管是基金财产重要的监督和保障手段,对投资人/基金有较强的保护作用,正因如此,自律监管要求合伙协议明确约定全体合伙人就该事项对执行事务合伙人的授权范围,以加强对投资人的保护。

(三)适用及其他

普通合伙人一般应有权独立决定托管事项,即包括但不限于是否托管、挑选或者更换托管人、签署托管协议,并在决定后及时通知有限合伙人。

需要指出的是,托管事项可以作为LP监督权的一个重要事项,强势的LP也可以要求对托管细节事项有一定参与决策的权限。

二十、不托管应明确保障投资基金财产安全的制度措施和纠纷解决机制

(一)指引内容

【托管事项】……全体合伙人一致同意不托管的,应在合伙协议中明确约定本合伙型基金不进行托管,并明确保障投资基金财产安全的制度措施和纠纷解决机制。

(二)内含机理

1. 基金财产安全问题、托管作用及不强制托管

基金财产一般会面临以下安全问题:(1)基金财产与管理人财产、投资者财产、服务机构财产或其他基金财产混同;(2)基金财产被侵占、挪用;(3)不同的基金财产被不公平对待;(4)基金财产被利用进行利益输送;(5)(管理人等)从事损害基金财产的投资活动;(6)(管理人等)从事内幕交易、操纵交易价格及其他不正当交易活动(《基金法》第20条、《私募管理办法》第23条及《私募投资基金服务业务管理办法(试行)》第14条等)。

前述问题,可以通过第三方托管的形式解决一大部分,因而从监管的角度上来说,是鼓励进行托管的。

不过,除基金合同另有约定外,非公开募集基金/私募基金应当由基金托管人

托管(《基金法》第 88 条、《私募管理办法》第 21 条第 1 款)。这意味着,法律并不强制所有的私募基金进行托管。

这是因为,虽然托管有利于基金财产安全,但托管毕竟一定程度影响了管理人管理效率(需要签订相应托管合同、相关投资流程增加),增加了基金运营成本(托管费用支付),如果基金合伙人达成合意,认为不进行托管,也能确保基金财产安全,那么监管也是认可的。

2. 实践中契约型基金及几种特别情况需强制托管

虽然原则上监管不要求强制托管,但针对几种不托管就可能会对投资人/基金财产造成不当风险的情况,例外规定需要强制托管。

2018 年下半年,中基协已要求申请备案的契约型私募基金应当确保由获得托管资格的基金托管人独立托管。业务综合报送平台中添加了相应的设置:契约型私募基金在备案时,如果选择“契约型”的组织形式,系统跳转后会自动提示“契约型私募基金应当由具有托管资格的基金托管人进行托管”。

根据《备案指引 2 号》第 21 条第 1 款的规定,私募股权基金存在下列情形之一的[①],应当由私募基金托管人托管:①私募股权基金的组织形式为契约型,但按照基金合同约定设置能够切实履行安全保管基金财产职责的基金份额持有人大会日常机构等制度措施的除外;②通过特殊目的载体开展投资的;③法律、行政法规、中国证监会和中基协规定的其他情形。

3. 不托管的后续保障安排系法定内容

基金合同约定私募基金不进行托管的,应当在基金合同中明确保障私募基金财产安全的制度措施和纠纷解决机制(《私募管理办法》第 21 条第 2 款、《登记备案办法(2023)》第 29 条第 4 项)。实际需要达到的目标是,替代方案应当与被替代的方案——第三方托管机制——所能达到的功能基本相当。

---

① 被废止的旧规也有类似精神的规定,但旧规多增加一项即要求私募资产配置基金应当托管,具体而言,《备案须知(2019)》第 4 条进一步明确了 4 种应当托管的情形:①私募资产配置基金应当由已依法设立并取得基金托管资格的托管人托管;②私募基金通过公司、有限合伙等特殊目的载体间接投资底层资产的,应当由适格托管人托管,托管人对此种情形应当事前掌握资金划转路径,事后获得划转及投资凭证;③契约型基金应当进行托管,但是如果基金合同约定设置能够切实履行安全保管基金财产职责的基金份额持有人大会日常机构或基金受托人委员会等制度安排的,也可以不托管;④备案后基金或私募配置基金,需要新增投资者或增加既存投资者的认缴出资的。根据同样被废止的《基金备案关注要点》第 2 条的规定,中基协当时重申契约型基金和 SPV 必须托管,同时关注托管人数量;并未禁止多家托管人情况但将审查其必要性及合理性。

(三)适用及其他

参考吴增的《私募基金财产替代安全保障制度措施浅析》①,可做如下安排:

1. 基金财产账户监督

可通过赋予投资者对基金财产账户的监督权,监督管理人使用基金财产账户及资金的行为,以替代第三方的监管。例如,可以约定基金管理人主动或根据投资者要求,及时向投资者提供基金财产账户特定时期内的资金流水明细、基金财产账户开立及注销资料,将基金财产账户的开立、使用及注销均置于投资者监督之下。

2. 投资运作行为监督

在不进行托管的情况下,为防治基金管理人投资运作过程中发生违规行为,可以赋予投资者对基金管理人投资运作监督权利。具体来说,可以考虑在投资决策、投后管理、退出决策三个环节赋予投资者查阅相关尽职调查报告、分析研究报告、投资协议、投后管理文件、退出协议以及投资/退出决策资料、交易记录等投资交易原始资料的权利。

3. 基金财产定期审计

为防止基金管理人在内部基金财产保管、财务核算方面发生违规行为,可以赋予投资者委托会计师事务所对基金财产进行定期(年度、半年度)审计的权利。私募基金的年度财务(审计)报告应在年度信息披露时,由基金管理人作为年度管理报告的一部分或附件报送投资者。

4. 强化信息披露监督

通过强化基金运作期间信息披露、保障投资者知情权,可以起到投资者有效监督管理人的作用。强化信息披露监督,主要包括提高信息披露频度、增加信息披露内容、引入信息披露复核等措施。以私募股权基金为例,具体措施包括:

(1)季度信息披露

参照《私募投资基金信息披露内容与格式指引 2 号——适用于私募股权(含创业)投资基金》的内容与格式要求,进行季度信息披露。

(2)临时信息披露

在基金合同中将投资运作中的投资/退出决策、重要的交易执行等重大事项

---

① 参见吴增:《私募基金财产替代安全保障制度措施浅析》,载微信公众号“PE 实务”2017 年 9 月 18 日,https://mp.weixin.qq.com/s/MQ1K9-qla-6xqLhav7_zvQ。

的发生，约定为临时信息披露的触发条件，并在临时信息披露报告中对相关决策资料、协议、交易记录等信息予以披露。

(3)对信息披露的复核

引入会计师事务所对信息披露报告进行复核，可以进一步保障管理人信息披露的真实性、准确性、完整性，从而对管理人形成监督制约。

5. 基金财产清算特别安排

基金合同终止后，管理人需要组织清算组对基金财产进行清算。鉴于基金财产清算对保护基金财产安全非常重要，因此可以通过对基金财产清算程序的特别约定保护基金财产安全。具体而言，可选方案包括：

(1)约定清算组构成

约定清算组由管理人及会计师事务所、律师事务所等中介服务机构组成，并约定上述中介服务机构的选聘程序。

(2)清算报告经中介机构复核

约定清算组出具的清算报告应当经会计师事务所审计，甚至可以约定经律师事务所出具法律意见书。

二十一、合伙人入伙的条件、程序及相关责任

(一)指引内容

【入伙、退伙、合伙权益转让和身份转变】合伙协议应列明合伙人入伙……的条件、程序及相关责任……

(二)内含机理

1. 入伙条件程序等系法定内容

合伙协议应当载明“入伙……”(《合伙企业法》第 18 条第 7 项)。有限合伙协议还应当载明“有限合伙人入伙……的条件、程序及相关责任”(《合伙企业法》第 63 条第 5 项)。

需要特别指出的是，对有限合伙制的私募基金而言，其是有限合伙人的财力和普通合伙人的人力的结合，有限/普通合伙人的入伙，相较于单纯的普通合伙企业来说，对企业的影响更大。

2. 实践中入伙的 3 种情形

根据合伙企业法规定和实践操作，合伙企业的入伙一般而言，包含 3 种情形：

(1)受让份额

非合伙人以受让的方式接受原合伙企业的合伙人在合伙企业中的财产份额,而成为合伙企业的合伙人。

(2)增加认缴

非合伙人以增加认缴出资额的方式申请加入合伙企业,被接纳而成为合伙人。

需要注意的是,就合伙制基金而言,如基金本身性质不符合扩募条件,如“单一项目基金”,则相应新增合伙人入伙条款应当予以调整,实务中协会有这样的备案反馈意见:“本基金不符合扩募条件,请在基金合同中删除新增投资者入伙……相关条款,请管理人通过修改基金合同或签署补充协议的方式在合同中约定该事项后重新上传。”

(3)合法继承

现有合伙人死亡或被宣告死亡,其合法继承人根据合伙协议的约定或全体合伙人一致同意,而成为合伙人。

3. 入伙程序、条件

(1)增加认缴

①法定默认全体合伙人一致同意但允许意定

新合伙人入伙,除合伙协议另有约定外,应当经全体合伙人一致同意……(《合伙企业法》第 43 条第 1 款)。

合伙企业是人合性的组织,各合伙人之间基于相互信任而组成合伙企业。特别就普通合伙人而言,每个合伙人都享有平等执行合伙事务的权利,对于合伙企业债务,合伙人相互承担无限连带责任。一个新合伙人的加入,意味着原有普通合伙人都将对新合伙人在合伙企业中的行为承担无限连带责任[①]。基于以上,合伙人一致同意是一个必然要求。同时,合伙协议是经全体一致同意订立的协议,新合伙人的入伙,合伙人发生变化,实际修改了协议,也应当由全体合伙人一致同意。

但正是因为合伙企业系各合伙人以合伙协议为基础建立和运行,除非有强制

---

① 参见李飞主编,全国人民代表大会常务委员会法制工作委员会编:《中华人民共和国合伙企业法释义》,法律出版社 2006 年版,第 66 页。

性规定，应当尊重合伙人的自由意思自治，允许合伙协议作出另外安排。

②订立书面入伙协议

新合伙人入伙……依法订立书面入伙协议（《合伙企业法》第 43 条第 1 款）。

合伙协议是合伙企业存在和正常运行的基础，新合伙人入伙，原有合伙人的权利、义务、责任也要相应调整，需签订新的合伙协议予以确定，签订书面入伙协议属于法律的强制性规定。

此种情形下的入伙，与通过受让和继承两种入伙，法律安排不同。核心的区别点在于，后两种入伙，新入伙的合伙人所享有的权利、所承担的义务受到受让/继承的合伙份额的限制，不会超出标的合伙份额。[①] 后两种入伙情形只是变更一下标的合伙份额的主体，仅修改合伙协议中合伙人情况即可，不需要重新订立入伙协议。

③如实告知合伙企业经营状况和财务状况

订立入伙协议时，原合伙人应当向新合伙人如实告知原合伙企业的经营状况和财务状况（《合伙企业法》第 43 条第 2 款）。

合伙人入伙后，普通合伙人将对合伙企业的债务承担无限连带责任，有限合伙人将以其出资额对合伙企业债务承担责任。对新入伙的合伙人，其应当对合伙企业状况有一个全面了解，否则对其不公平。对原有合伙人来说，其对合伙企业经营和财务状况是最了解的，其应当如实披露合伙企业经营和财务状况，如通过欺骗隐瞒方式引入新合伙人，则新入伙合伙人可追究其相应责任。

（2）受让份额之普通合伙人转让

①向外转让法定默认全体合伙人一致同意但允许意定

除合伙协议另有约定外，合伙人向合伙人以外的人转让其在合伙企业中的全部或者部分财产份额时，须经其他合伙人一致同意（《合伙企业法》第 22 条第 1 款）。合伙企业是资本的聚合，也是人的聚合，合伙人数量一般不多且彼此了解和信任，普通合伙人对外代表合伙企业并可以相互代理。此特性决定了对外转让应当受到限制，原则上全体合伙人一致同意，但允许合伙协议实现另定。

---

① 参见李飞主编，全国人民代表大会常务委员会法制工作委员会编：《中华人民共和国合伙企业法释义》，法律出版社 2006 年版，第 68 页。

②向外转让同等条件下其他合伙人有优先购买权,但可另行约定

合伙人向合伙人以外的人转让其在合伙企业中的财产份额的,在同等条件下,其他合伙人有优先购买权(《合伙企业法》第23条)。

就向外转让,如果受让的是有限合伙人的身份和份额,不参与合伙事务执行则影响不大,但如果作为普通合伙人,将来要参与合伙事务的执行,如果不能实现"人合"则可能导致合伙企业矛盾、僵局甚至解体,因此,安排其他合伙人有优先购买权就是一个合理的机制。原合伙人的优先购买权,仅涉及原合伙人内部份额变化,除争夺合伙企业控制权/经营权外,一般不会对合伙企业经营产生影响。[①]立法上,一般鼓励合伙人内部财产份额转让,同时规定原合伙人的优先购买权,是为了维护合伙企业人合性和稳定性。

合伙协议另有约定的除外(《合伙企业法》第23条),允许合伙协议就对外转让中原合伙人是否有优先购买权作出另外约定。

③向外转让须修订合伙协议

合伙人以外的人依法受让合伙人在合伙企业中的财产份额的,经修改合伙协议即成为合伙企业的合伙人,依照合伙企业法和修改后的合伙协议享有权利,履行义务(《合伙企业法》第24条)。

外部人受让原合伙人转让合伙份额,还不是当然的合伙人,新入伙的合伙人地位要经修改原合伙协议并签字、盖章后,才能确立。[②] 同时,因转让份额,使原合伙协议合伙人、份额比例均发生变化,此为实质性变化,也要修改原合伙协议。

④向内转让履行通知程序

合伙人之间转让在合伙企业中的全部或者部分财产份额时,应当通知其他合伙人(《合伙企业法》第22条第2款)。内部转让属于内部关系,只关系到合伙份额比例的变化,不影响总额,无须征得其他合伙人同意,仅通知即可。

⑤有限合伙人受让普通合伙人份额的效果

实务中会有这样的疑问,如果是(无论是新进还是既存)有限合伙人受让了普通合伙人持有的份额,是否会导致有限合伙人承担无限责任?

---

① 参见李飞主编,全国人民代表大会常务委员会法制工作委员会编:《中华人民共和国合伙企业法释义》,法律出版社2006年版,第36页。

② 参见李飞主编,全国人民代表大会常务委员会法制工作委员会编:《中华人民共和国合伙企业法释义》,法律出版社2006年版,第37页。

合伙人承担有限责任还是无限责任是与其身份有关(如果是普通合伙人身份则承担无限责任,如果是有限合伙人身份则承担有限责任),而与合伙人持有的份额无关。份额的多少(根据合伙协议特定约定)与享有权利的多寡有关,与承担责任的关系仅对有限合伙人有意义,因其就认缴的份额为限承担责任,对承担无限责任的普通合伙人来说没有实质性意义,无论认缴多寡其均承担无限责任。有限合伙人和普通合伙人身份的确认,尤其是转换需要经过特定程序(参见上篇第二章第二节"二十三、有限合伙人和普通合伙人相互转变程序"的有关内容)。

因而,就上述疑问而言,受让份额的合伙人因其身份之确认为有限合伙人而承担的是有限责任而非无限责任,责任限额为其受让之合伙份额加上其原持有之份额(如有)。

实务中有回避上述疑问的操作方案,即普通合伙人缩减份额,新入伙者以有限合伙人身份认缴同等份额,同时操作。与受让份额的方案相比,核心在于"现金流向"不同,受让份额现金流在普通合伙人和新入伙有限合伙人之间发生,在缩减同时增加份额的情形下,现金流分别在普通合伙人、新入伙有限合伙人与合伙企业之间发生。

(3)受让份额之有限合伙人转让

①允许向外转让无严格限制

有限合伙人可以……向合伙人以外的人转让其在有限合伙企业中的财产份额(《合伙企业法》第73条)。有限合伙人不参与执行合伙事务,按约定实缴其认缴出资后,仅以出资额为限对合伙企业债务承担责任。有限合伙人的个人情况对合伙企业的影响不像普通合伙人那样大,因此法律对其转让合伙份额的限制,不应像普通合伙人那么严格。

在私募股权基金实务中,作为投资人的有限合伙人份额转让时,经常会出现的一个问题是业绩报酬怎么收取?就转让投资人而言,其虽然是份额转让,但通过份额转让其实实在在获得了收益,管理人是应当有权就这部分收益按照合伙协议进行业绩报酬提取的。在实际操作中,也可以用两种方式来进行:一种是转让投资人支付业绩报酬,即转让投资人支付业绩报酬给管理人,管理人可暂不作为收入确认,待退出时确认收入;另一种是受让投资人支付业绩报酬,即受让人认可转让投资人原始成本为管理人收取业绩报酬的起点,待退出时,统一核算业绩报酬。

②通知程序

按照合伙协议的约定,合伙人可以通过合伙协议对转让程序等进行规定(《合伙企业法》第 73 条),这属于合伙人意思自治范畴。

向内转让,比照普通合伙企业的规定,应当通知其他合伙人(《合伙企业法》第 22 条第 2 款)。与普通合伙企业内部转让情况类似,内部转让属于内部关系,只关系合伙份额比例的变化,不影响总额,无须征得其他合伙人同意,仅通知即可。

向外转让,应当提前 30 日通知其他合伙人(《合伙企业法》第 73 条),提前通知程序,使得其他合伙人有所准备,防止对合伙企业的经营产生不利影响。同时如合伙协议对程序、优先购买等另有约定的,自然通知程序也要符合合伙协议之约定,可能需要预留更多(更少)时间进行特别安排。

(4)受让份额之资金结算

从纯合伙企业法的领域来看,受让(转让)份额涉及的资金结算关系是非常清晰的,转让方将持有的标的份额转让给受让方,受让方向转让方支付相应标的份额对应的转让价款。

然而,叠加了基金监管的视角后,受让(转让)份额的资金结算关系会产生一些理解上的疑惑和混乱。具体而言,中基协 2023 年 5 月 12 日在其官网公布了若干纪律处分决定书,其中两份《纪律处分决定书(信泉和业(济南)私募基金管理有限公司)》(以下简称"信泉案")①、《纪律处分决定书(丰圣财富资产管理有限公司)》(以下简称"丰圣案")②均涉及份额转让中"违规划转资金"的问题。在展开讨论之前,需要特别指出的是,"丰圣案"和"信泉案"涉及的基金产品都是"契约型"的,而且"丰圣案"还是契约型的私募证券投资基金,"信泉案"为契约型的私募股权投资基金,从与本篇主题相关程度及涉案纪律处分决定书详略程度(但决定精神应当是类似的)来看,以下讨论以"信泉案"为主。

在"信泉案"中,中基协认定违规事实:投资者王某平于 2017 年 5 月 11 日向管理人公司账户支付"信文绿洲基金"认购款 101 万元;次日,管理人将该款项支付给潘某玲,付款备注为"基金份额转让款"。管理人通过公司账户完成基金份

---

① 参见中基协:《纪律处分决定书(中基协处分〔2023〕109 号)》,载中基协网,https://www.amac.org.cn//selfdisciplinemeasures/cyry/hyjg/202305/P020230515530641612008.pdf。

② 参见中基协:《纪律处分决定书(中基协处分〔2023〕106 号)》,载中基协网,https://www.amac.org.cn//selfdisciplinemeasures/cyry/hyjg/202305/P020230515529643320000.pdf。

额转让的行为属于违规划转资金。以上行为违反了《募集行为办法》第12条关于“募集机构或相关合同约定的责任主体应当开立私募基金募集结算资金专用账户，用于统一归集私募基金募集结算资金、向投资者分配收益、给付赎回款项以及分配基金清算后的剩余基金财产等，确保资金原路返还”的规定。

管理人相应提出听证意见：“信文绿洲基金”投资者退出和认购资金实质为基金份额转让款，并非基金初始认购款。因该基金已完成募集，投资者份额转让无法通过募集账户完成，投资者出于对自身交易安全性的考虑和对管理人的信任，强烈要求由管理人对转让款进行代收代付，并非违规划转资金。

中基协最终意见：私募基金份额转让的正当路径为原投资者资金通过基金财产账户划转至资金募集账户，从募集账户原路返还至投资者资金账户，受让该份额的投资者资金通过其资金账户划转至募集账户，再通过募集账户划转至基金财产账户，管理人自身账户不应介入份额转让过程。本案通过管理人公司账户完成基金份额转让的操作客观上构成违规划转资金的行为。

然而，笔者认为仅根据《募集行为办法》第12条的规定，是很难在份额转让情形下解读出“混合模式”中资金结算路径的。中基协在“信泉案”的处理思路很容易导致理解上的混乱，即将“份额转让模式”（Ⅰ份额自转让方转移给受让方+Ⅱ价款自受让方支付给转让方）完全扭曲为“份额增减同时做模式”（Ⅲ受让方支付价款给基金Ⅳ受让方获得增加份额+Ⅴ转让方减少份额Ⅵ转让方自基金获得价款）。仔细梳理中基协的处理决定，实际上其认定的规范份额转让，并非单纯的“份额转让模式”，也并非“份额增减同时做模式”，而是两种模式各取一半的“混合模式”——Ⅰ份额自转让方转移给受让方+Ⅲ受让方支付价款给基金+Ⅵ转让方自基金获得价款。

在混合模式下，资金支付的结算方式在法律关系上更像是转让资金由基金代为收支。这种模式可能有如下考虑：[①]①将募集合规要求置于份额转让之前，确保合规募集。②减少份额转让环节过程中买卖双方可能存在的交易纠纷，保证基金正常运作。③从反洗钱等需要对基金业务的持续事中事后监管要求而言，如果和投资者发生的资金来往都在基金账户中有相应留痕，后续进行相应的监管时可

---

① 参见汪澍：《【政策研究】从“违规划转资金”处罚看基金份额转让资金结算要求》，载微信公众号“VC小乒乓的窝”2023年6月1日，https://mp.weixin.qq.com/s/Prq4TJFQsNZ78zECJjaE1A。

以做到“有迹可循”。

中基协在“信泉案”的处理思路自有其监管层面的合理考量,但就笔者观察的实务而言,尤其是非契约型的合伙/公司型私募股权投资基金份额转让,其资金结算至少是在“信泉案”之前基本还是按照单纯的“份额转让模式”来操作(需要指出的是,部分登记机关实务中会要求将转让至少在合伙人会议决议层面做成“增加份额+缩减份额”的方式,即“份额增减同时做模式”)。

就目前监管规则而言,如果将合伙/公司型私募股权投资基金份额转让强行按照“信泉案”的处理精神进行规范,实际上会使实务界对原有规则的普遍理解被推翻,会使原有通行的实务操作大面积违规,这是监管需要去考量的。就未来监管展望而言,中基协基于其合理的监管理由,在相关监管规则中,明确在份额转让模式下的合规资金结算方式(假设均以“混合模式”为准),后续实务操作予以遵循,当然也并无不可。

(5)合法继承

①按合伙协议约定或全体合伙人同意取得资格

合伙人死亡或者被依法宣告死亡的,对该合伙人在合伙企业中的财产份额享有合法继承权的继承人,按照合伙协议的约定或者经全体合伙人一致同意,从继承开始之日起,取得该合伙企业的合伙人资格(《合伙企业法》第 50 条第 1 款)。

死亡或被宣告死亡,实际上是法定退伙情形,办理退伙是逻辑延伸,然后由继承人继承退伙结算的货币或实物,但也应允许合伙人做出其他选择。比如,死亡的合伙人对合伙企业贡献很大,或者是合伙企业主要创始人,愿意接纳死亡合伙人的继承人加入,让其分享合伙企业的利益,此时就不办理退伙结算,而是由继承人直接“受让”合伙份额。

②例外情形:退还被继承人的财产份额

有以下三种情形,合伙企业应当向合伙人的继承人退还被继承的合伙人的财产份额:第一种情形,继承人不愿意成为合伙人;第二种情形,法律规定或者合伙协议约定合伙人必须具有相关资格,而该继承人未取得该资格;第三种情形,合伙协议约定不能成为合伙人的其他情形(《合伙企业法》第 50 条第 2 款)。

继承人不受让合伙份额,直接办理退伙结算的情形也是可能存在的。如上述第一种情形允许继承人放弃成为合伙人的权利,第二种情形系继承人有合伙人资格限制，第三种情形允许合伙人意思自治排除继承人成为合伙人。

③通过变更合伙企业形式取得资格

合伙人的继承人为无民事行为能力人或者限制民事行为能力人的，经全体合伙人一致同意，可以依法成为有限合伙人，普通合伙企业依法转为有限合伙企业（《合伙企业法》第50条第3款）。

合伙企业合伙人为自然人，应当具有完全民事行为能力，继承人为无/限制民事行为能力，理论上是不能成为合伙人的。但特殊情况下，不允许成为合伙人，必然导致退伙，而退伙可能导致合伙企业解体，此外，不让其继承分享合伙企业利益，也不利于对该继承人的保护。可以通过变更合伙企业性质为有限合伙企业实现灵活安排。

全体合伙人未能一致同意的，合伙企业应当将被继承合伙人的财产份额退还该继承人（《合伙企业法》第50条第3款）。允许合伙人就此种情形，作另外约定，但应当将财产性质的份额退还给该继承人。

4. 相关责任

（1）普通合伙人

①同等权利同等责任

入伙的新合伙人与原合伙人享有同等权利，承担同等责任（《合伙企业法》第44条第1款）。此系由合伙企业人合性的性质决定的。

入伙协议另有约定的，从其约定（《合伙企业法》第44条第1款）。此基于合伙企业意思自治决定，允许原合伙人对新合伙人增加义务方面的限制，或提供额外的权利。如果就“不同等”的部分协商一致，并记载于合伙协议中，就应当尊重遵守。

②入伙前债务

新合伙人对入伙前合伙企业的债务承担无限连带责任（《合伙企业法》第44条第2款）。

新入伙普通合伙人对入伙后合伙企业债务承担无限责任，应无疑问。就对入伙前合伙企业债务承担责任的问题，比较法有不同做法。国内采取承担责任的做法，主要原因有：第一，法律原则上规定，新入伙合伙人与原合伙人享有同等权利、承担同等义务，债务承担上应当也保持一致；第二，入伙时候，对合伙企业的财务和经营状况应当是清楚的，其承担无限责任也没有过度加重其负担；第三，全体普通合伙人对合伙企业债务承担无限责任是一项基本原则,合伙企业债务的范围不应当再作区分,实际也很难作区分。[①]

此债务承担为强制性能规定,合伙协议约定不得对抗合伙企业债权人。但新合伙人清偿后,可以依据合伙协议向原合伙人进行追索。

(2)有限合伙人

新入伙的有限合伙人对入伙前有限合伙企业的债务,以其认缴的出资额为限承担责任(《合伙企业法》第 77 条)。

新入伙的有限合伙人,以其出资额为限对入伙后有限合伙企业债务承担责任自无疑问。新入伙的有限合伙人,以其出资额为限对入伙前的有限合伙企业债务承担责任有如下原因:①新入伙有限合伙人入伙后,同原有限合伙人享受同样权利承担同样义务,因此在对入伙前合伙企业债务承担上,应当不区别对待;②新有限合伙人入伙时,原合伙人应当如实告知合伙企业的经营和财务情况,新有限合伙人在知情的情况下加入,不会不当加重其负担、增加其风险;③有限合伙人以其出资额对合伙企业债务承担责任,此系基本原则,将入伙前的债务剔除不妥当,实际也很难区分;④新有限合伙人入伙后,其实缴出资部分成为合伙企业相对独立的财产,对外承担责任,如果将该部分剔除,则对合伙企业的债权人保护不利。[②]

此条属于强制性规定,内部约定不能对抗外部第三方。但如果合伙协议另有约定,在新入伙合伙人以其实缴出资对外承担责任之后,自然应依据合伙协议要求原合伙人承担相应责任。

5. 基金监管角度关注点

(1)原则封闭运作,但允许特定情形转让、增加认缴、减资等

私募股权基金备案完成后,投资者不得赎回或者退出。有下列情形之一的,不属于前述赎回或者退出:①基金封闭运作期间的分红;②进行基金份额转让;③投资者减少尚未实缴的认缴出资;④对有违约或者法定情形的投资者除名、替换或者退出;⑤退出投资项目减资;⑥中国证监会、中基协规定的其他情形(《登

---

① 参见李飞主编,全国人民代表大会常务委员会法制工作委员会编:《中华人民共和国合伙企业法释义》,法律出版社 2006 年版,第 70 页。

② 参见李飞主编,全国人民代表大会常务委员会法制工作委员会编:《中华人民共和国合伙企业法释义》,法律出版社 2006 年版,第 125 页。

记备案办法(2023)》第35条)①。

就新增投资者或增加认缴出资而言,中基协也规定了相应的条件和要求(详见上篇第二章第二节“八、合伙人的出资方式、出资数额、出资比例和缴付期限”项下“后续募集”的部分内容)。

(2)新合伙人合格投资者等要求

无论是通过受让份额,还是增加认缴,抑或合法继承,新合伙人要成为私募股权基金的合伙人需要符合监管机构对其合格投资者要求。此外,如果涉及作为管理人的普通合伙人的入伙,其私募股权基金的管理资格也需要同时符合。

(三)适用及其他

1. 有限合伙人入伙

(1)条件和程序

决策:可由强势GP独立决策是否同意新有限合伙人入伙,或可由咨询委员会/合伙人会议等决策是否同意新有限合伙人入伙,或安排由前两者“双通过”决策机制。

限制:可以有新合伙人入伙时间限制(主要针对通过认缴加入)。

(2)相关责任

除了法定默认责任——以认缴出资额为限对加入前的合伙企业债务承担责任——以外,可由合伙协议作额外约定。

特别地,就通过认缴入伙的有限合伙人,需补缴管理费及需支付补偿款。具体而言,后续有限合伙人应当就其首期出资向合伙企业支付自首次交割日起至该后续有限合伙人缴付首期出资之日止的补偿款,如果既存合伙人的实缴出资额系分期缴付的,则补偿款一般也可以分段计算。

2. 普通合伙人入伙

(1)条件和程序

私募股权投资领域的有限合伙企业,LP出钱,GP执行合伙事务,GP的变动对LP影响巨大。

---

① 被废止的旧规也有类似规定,根据《备案须知(2019)》第11条第1款的规定,【封闭运作】私募股权投资基金(含创业投资基金,下同)和私募资产配置基金应当封闭运作,备案完成后不得开放认/申购(认缴)和赎回(退出),基金封闭运作期间的分红、退出投资项目减资、对违约投资者除名或替换以及基金份额转让不在此列。

关注要点:一般不得接纳新的普通合伙人;普通合伙人可以将份额转让给其关联方,但也需合伙人会议/咨询委员会一致同意;在原普通合伙人被强制除名情况下,才接纳新的普通合伙人。

(2)相关责任

根据法律规定,新普通合伙人对入伙前的合伙企业债务承担无限连带责任。

二十二、合伙人退伙的条件、程序及相关责任

(一)指引内容

【入伙、退伙、合伙权益转让和身份转变】合伙协议应列明合伙人……退伙的条件、程序及相关责任……

(二)内含机理

1. 合伙人退伙条件、程序等系法定内容

合伙协议应当载明“……退伙”(《合伙企业法》第 18 条第 7 项)。有限合伙协议还应当载明“有限合伙人……退伙的条件、程序及相关责任”(《合伙企业法》第 63 条第 7 项)。

有限合伙企业是有限合伙人的财力和普通合伙人的人力的结合,有限合伙人的入伙退伙,相较于普通合伙企业来说,对企业的影响更大。尤其是在股权投资领域,如果允许有限合伙人可以随意退伙,将有可能使有限合伙的资金规模达不到原拟定的投资强度(包括数量和单笔投资额度),进而使合伙目的不能实现,甚至可能直接导致合伙企业提前解散,损害其他合伙人利益。① 因此,通行的做法是给有限合伙人退伙设置较高的限制,或在合伙协议中设定一个“封闭期”,在该期限内限制有限合伙人退伙。

2. 退伙系清算前分割合伙企业财产的正常情形之一

合伙人在合伙企业清算前,不得请求分割合伙企业的财产(《合伙企业法》第 21 条)。合伙企业成立,合伙人向合伙企业认缴并实缴的出资构成合伙企业相对独立的财产团,该财产团是合伙企业经营和对外承担责任的基础。清算前,一般不允许分割企业财产,这样是为了维持合伙企业经营的稳定性。

---

① 参见李飞主编,全国人民代表大会常务委员会法制工作委员会编:《中华人民共和国合伙企业法释义》,法律出版社 2006 年版,第 103 页。

但是,《合伙企业法》另有规定的除外(《合伙企业法》第 21 条),在此另有规定中,依法退伙是正常情况。在运营过程中,可能会出现一些情况导致原合伙人不便或根本不能继续留在合伙企业,为此需要对合伙企业财产进行清理分割,对退出合伙人的财产部分予以退还。

3. 实践中退伙的 3 种情形

(1)自愿退伙

合伙人按照自己的意愿,主动提出退伙而退出合伙企业,丧失合伙人资格。

(2)法定退伙

出现法定情形时,合伙人资格当然消失,也称为当然退伙。

(3)除名退伙

出现法定事由或约定事由时,其他合伙人决议将某一合伙人除名,使其非自愿地丧失合伙人资格。

4. 自愿退伙

合伙企业是基于合伙人的信任而建立的,当信任丧失或其他原因合伙人不愿意留在合伙企业,则应当允许其自愿退伙,但对其他合伙人来说,该合伙人的退伙必然会对合伙企业造成一定影响,因而对自愿退伙的合伙人应当也要有一定的限制。

(1)约定合伙期限的

约定合伙期限的,各合伙人均有一个期限的预期,该期限一般情况与合伙企业的目的实现紧密相关。合伙人在期限届满前,自愿要求退伙的,势必给合伙企业造成不当影响,因此要受到一定限制,即只有满足特定条件才能自愿退伙。

合伙协议约定合伙期限的,在合伙企业存续期间,有下列情形之一的,合伙人可以退伙(《合伙企业法》第 45 条)。

①合伙协议约定的退伙事由出现

合伙协议是合伙人之间权利义务的基础,如合伙协议约定了,在合伙期限届满前出现某些事由构成退伙情形,则合伙人可以据此要求退伙。

②经全体合伙人一致同意

全体合伙人一致同意,实际上是“临时”解除原有合伙期限对合伙人退伙的限制,该合伙人当然可以自愿退伙。

③发生合伙人难以继续参加合伙的事由

发生了非合伙人主观意愿所能决定的客观事由(如合伙人身染重疾丧失行

为能力等),使该合伙人无法继续参加合伙,经申请退出合伙。特别需要注意的是,如果是合伙人主观能决定的事由导致不能继续参加合伙的,则不应属于本项下的事由,如搬离原有居住地导致不能继续参加合伙等。[①]

④其他合伙人严重违反合伙协议约定的义务

其他合伙人严重违反合伙协议的约定,导致合伙的信任基础丧失,合伙人可以要求退出合伙。

(2)未约定合伙期限的

合伙协议未约定合伙期限的,合伙人在不给合伙企业事务执行造成不利影响的情况下,可以退伙,但应当提前 30 日通知其他合伙人(《合伙企业法》第 46 条)。据此,未约定合伙期限的退伙要点如下。

①随时退伙

未约定合伙期限的,合伙人可以随时提出退伙,这不违反合伙协议的约定。

②不给合伙事务执行造成不利影响

一个合伙人退伙,可能使合伙事务执行无法进行,或业务衔接出现问题,这些情况会影响合伙事务执行,甚至损害合伙企业或其他合伙人利益。因此,合伙人提出退伙时,应当对合伙企业中的相关事项进行妥善安排,防止因其退伙给合伙事务执行造成不利影响。

③提前 30 日通知其他合伙人

不给合伙企业事务执行造成不利影响的退伙,也应当提前 30 日通知其他合伙人,此安排系给其他合伙人留出一定时间,以便存续合伙人对退伙后的有关事项提前进行安排、处理,以减小退伙给合伙企业造成的影响。

(3)"违约"退伙责任

合伙人违反《合伙企业法》第 45 条("约定合伙期限的自愿退伙")、第 46 条("未约定合伙期限的自愿退伙")的规定退伙的,应当赔偿由此给合伙企业造成的损失(《合伙企业法》第 47 条)。

合伙人不符合(未约定以及约定期限的)自愿退伙规定而提出退伙,基于合

---

① 参见李飞主编,全国人民代表大会常务委员会法制工作委员会编:《中华人民共和国合伙企业法释义》,法律出版社 2006 年版,第 72 页。

伙企业的人合性特征，无论是从法律上还是从实践操作上，都无法禁止。[①] 该种情形下，合伙人可以退伙，但是应当承担一定的法律责任。换句话说，自愿退伙可能不符合法律和合伙协议的规定，但是退伙的直接效果是可以达成的，退伙合伙人就退伙不规范给合伙事务执行造成的不利影响，给合伙企业造成损失的，应当承担相应赔偿责任。

5. 法定退伙

合伙企业存续期间，一旦某个合伙人出现了法律规定的某种特殊情况，该合伙人自然丧失合伙人的资格而退伙。法定退伙是非基于合伙人的主观意愿产生的，所以也称为非自愿退伙或者当然退伙。

(1)法定退伙的 5 种情形

合伙人有下列 5 种法定情形之一的，当然退伙(《合伙企业法》第 48 条第 1 款)。

①自然人死亡/被宣告死亡

公民的民事权利始于出生终于死亡，死亡/被宣告死亡后，不再具有法律上的人格，当然也就丧失了合伙人资格。

②丧失偿债能力

就普通合伙人来说，合伙人以其个人财产对合伙企业债务进行担保。当合伙人丧失偿债能力，这种担保就不存在，让其继续留在合伙企业中，对保护合伙企业债权人不利。同时，合伙人丧失偿债能力，最终结果必然是利用其在合伙企业中的财产份额来偿还债务，最终同退伙的后果是一样的。[②]

不过这里可以探讨的是，丧失偿债能力作为当然退伙的情形是否妥当。丧失偿债能力，只是意味着相应主体对外承担责任的物质基础被破坏，其实际偿还债务的能力受到影响，一定情形下其偿债能力是有可能恢复的(如获得了一笔额外的补贴等)。因此，考虑到丧失偿债能力的不利影响，将丧失偿债能力作为当然退伙的“可被主张”的退伙条件而不是“形成性”的退伙条件，应当是比较妥当的。

---

① 参见李飞主编，全国人民代表大会常务委员会法制工作委员会编:《中华人民共和国合伙企业法释义》，法律出版社 2006 年版，第 74 页。

② 参见李飞主编，全国人民代表大会常务委员会法制工作委员会编:《中华人民共和国合伙企业法释义》，法律出版社 2006 年版，第 76 页。

③法人或组织被吊销营业执照、责令关闭、撤销,或被宣告破产

法人或其他组织被关闭、撤销并最终清算注销,意味着合伙企业丧失法律人格,相当于自然人合伙人的死亡,自然也应当丧失合伙人资格。

存在一定疑问的是,被吊销营业执照以及被宣告破产尚未清算注销,该等情形下,实际上作为合伙人的法人或非法人组织主体上仍然存续并未消灭,只是其行为能力受到一定限制,一定情形下还有可能恢复完全行为能力。该等情形下,认定当然退伙可能是有一定问题的,参照上条的讨论逻辑,将"被吊销营业执照、责令关闭、撤销,或被宣告破产"作为"可被主张"的退伙条件而不是"形成性"的退伙条件,应当是比较妥当的。

④法定或意定资格丧失

如果法律规定或合伙协议约定了合伙人资格,则相关的资格构成合伙人资格的基础,资格丧失则合伙人资格基础不存在,自然产生当然退伙效果。

这里需要讨论的是,法定或意定资格可能是暂时丧失,一定情形下还是有可能恢复的。该等情形下,认定法定或意定资格丧失导致当然退伙,可能也是有一定问题的。同样地,参考上两条的讨论逻辑,将"法定或意定资格丧失"作为"可被主张"的退伙条件而不是"形成性"的退伙条件,应当是比较妥当的。

⑤全部合伙份额被强制执行

第一,合伙份额作为偿债来源。合伙企业财产相对独立,不允许合伙企业财产(或合伙人份额对应的部分)直接用于偿还合伙人个人的债务。就合伙人认缴和实缴进合伙企业的出资,以及相应的合伙份额作为合伙人偿债的来源,主要途径有两个:

其一,合伙人偿债来源之一:合伙份额收益。合伙人的自有财产不足清偿其与合伙企业无关的债务的,该合伙人可以以其从合伙企业中分取的收益用于清偿(《合伙企业法》第 42 条第 1 款)。合伙人在合伙企业的份额,是一种类似股权的权益财产,可通过分红派息等获得收益,该收益是合伙人的个人财产收益,可以用于偿还合伙人个人债务。

其二,合伙人偿债来源之二:合伙份额变现。债权人也可以依法请求人民法院强制执行该合伙人在合伙企业中的财产份额用于清偿(《合伙企业法》第 42 条第 1 款)。合伙人在合伙企业的份额,是合伙人个人财产之一,合伙人债权人可以要求强制执行该合伙份额,通过合伙份额的变现实现其债权。

第二，合伙份额变现结果。强制执行可能的两种结果：合伙份额减少但仍然有剩余，合伙人仍持有合伙企业财产份额；合伙人持有的合伙份额减少到0，合伙人发生变更。

第三，合伙份额变现程序。人民法院强制执行合伙人的财产份额时，应当通知全体合伙人，其他合伙人有优先购买权；其他合伙人未购买，又不同意将该财产份额转让给他人的，依照《合伙企业法》第51条（"退伙结算"）的规定为该合伙人办理退伙结算，或者办理削减该合伙人相应财产份额的结算（《合伙企业法》第42条第2款）。据此，变现程序涉及以下几个方面内容：

一是通知全体合伙人。强制执行合伙份额会导致合伙人的财产份额（实际也导致合伙企业财产）被处分，另外涉及下述的其他合伙人的优先购买权，所以在强制执行时，必须通知全体合伙人。

二是其他合伙人优先购买权。考虑到合伙企业的人合性，其他合伙人应当有优先购买权的。

三是其他合伙人未行使优先购买权，可对外转让。优先购买权未被行使的，得向第三人转让。需要注意的是，向第三人转让，自然需遵守有关份额转让的规则。

四是合伙人未购买又未同意对外转让，则退伙/削减份额。现实生活中，可能会出现合伙人既未购买也未达成一致同意对外转让的情况。为解决这一"僵局"，设置了"削减份额"的规则：如果合伙人的债务小于其被执行的相应合伙企业财产份额的，则削减份额，再确认削减后其仍然持有的剩余财产份额；反之，则削减其在合伙企业的所有份额，作退伙处理。

（2）无/限制民事行为能力处置

①自然人合伙人（部分）丧失民事行为能力，经一致同意可转为有限合伙人

合伙人被依法认定为无民事行为能力人或者限制民事行为能力人的，经其他合伙人一致同意，可以依法转为有限合伙人，普通合伙企业依法转为有限合伙企业（《合伙企业法》第48条第2款）。

普通合伙企业，合伙人为自然人的，应当具有完全民事行为能力。2006年《合伙企业法》修改前，原《合伙企业法》规定，丧失行为能力的，当然退伙。但实践中，合伙人可能对合伙企业已经做了很大贡献，如果按照原规定当然退伙，将使得该合伙人不能享有合伙企业后续收益，这样不是很公平；同时，从法理上说，丧

失行为能力导致的限制或无民事行为能力并不能当然剥夺其作为民事主体享有的财产权利。[①] 2006 年修订《合伙企业法》时引入有限合伙制度,可以相应地进行衔接,对合伙人丧失民事行为能力做出灵活处理——经同意可以转为有限合伙人,即没有完全民事行为能力导致普通合伙人资格丧失,但不影响其就合伙份额享有的财产权利,可以转为有限合伙人,相应地,如果是普通合伙企业则转换为有限合伙企业。

②自然人合伙人(部分)丧失民事行为能力,就转变为有限合伙人未能达成一致的退伙

其他合伙人未能一致同意的,该无民事行为能力或者限制民事行为能力的合伙人退伙(《合伙企业法》第 48 条第 2 款)。仍然是基于合伙企业的人合性,就丧失民事行为能力的合伙人转为有限合伙人若达不成一致意见,则该合伙人按照退伙处理。这里隐含的情况是,退伙应当返还退伙财产,即仅剥夺退伙合伙人之合伙人资格,但是其退伙前的合伙份额对应的财产权利还是受到保护的。

(3)退伙生效日

退伙事由实际发生之日为退伙生效日(《合伙企业法》第 48 条第 3 款)。

①法定退伙系法律事实触发之当然退伙

法定退伙事由出现后,当然退伙,退伙时间点应当为退伙事由实际发生之日。

特别需要指出的是,基于上文“②丧失偿债能力”“③法人或组织被吊销营业执照、责令关闭、撤销,或被宣告破产”“④法定或意定资格丧失”的额外讨论,在前述 3 种类型的退伙情形下,退伙生效日不宜定为相关退伙事由发生之日,相关退伙事由发生之日应作为利害关系人可主张相关合伙人法定退伙的起始日,而作为前述逻辑及事实延伸结果的实际退伙的时间作为退伙生效日。而就上文“(1)法定退伙的 5 种情形中的①自然人死亡/被宣告死亡”来说,作为合伙人的自然人死亡/被宣告死亡,其民事主体资格灭失,自然产生当然退伙的结果,其死亡日或被宣告死亡日自然为退伙生效日。就“(1)法定退伙的 5 种情形中的⑤全部合伙份额被强制执行”而言,被强制执行的结果,即合伙份额被剥夺被转移给第三方,发生事实上和法律上物权转移的效果,退伙生效日自然就是全部合伙份额被强制执行之日。

---

① 参见李飞主编,全国人民代表大会常务委员会法制工作委员会编:《中华人民共和国合伙企业法释义》,法律出版社 2006 年版,第 77 页。

②对内与对外

退伙生效日后，退伙合伙人和存续合伙人及合伙企业之间需据此进行"结算"并明确退伙的财产分割、责任承担，此为合伙企业内部的事情。

退伙生效日至合伙企业登记机关作相应变更登记可能有一定时间差，就第三方来说，合伙企业变更登记是有公示效力的，法定退伙生效日自然不能对抗善意第三方，退伙导致的合伙企业变更登记完成后，自然才能对第三方产生效力。

6. 除名退伙

除名退伙是指在合伙企业存续期间，当某一合伙人出现法定事由或者合伙协议约定的事由时，其他合伙人一致同意将该合伙人开除合伙企业，使其丧失合伙人资格。

（1）前置程序：一致同意

合伙人有下列情形之一的……经其他合伙人一致同意，可以决议将其除名（《合伙企业法》第 49 条第 1 款）。

退伙问题上，基于合伙企业较高的人合性特质，一个合伙人可以选择退伙，而其他合伙人也可以选择不与某一个合伙人合作而将其除名退伙。但除名退伙毕竟是强制剥夺某个合伙人合伙人资格的行为，应当安排强度比较高的限制，以免出现"多数人的暴政"。对除名的限制，首先体现为"其他合伙人"的"一致同意"，这对合意的范围提出了极高的要求，其次并非其他所有合伙人一致同意就可以除名某一合伙人，还必须基于特定的原因。

（2）除名情形

除名的情形有以下几种（《合伙企业法》第 49 条第 1 款以下）。

①未履行出资义务

合伙人认缴并实缴之出资构成合伙企业经营的物质基础，合伙人未实缴出资可能导致合伙企业无法正常经营，同时也会导致其他合伙人对未实缴合伙人丧失信心而不愿意与其继续合作，[①]此种情形下应当允许除名。

对合伙制基金来说，合伙人按期出资是基金正常对外投资运作的前提，正因为此重要性，可对未履行出资义务的违约合伙人予以除名的"资格罚"。

---

① 参见李飞主编，全国人民代表大会常务委员会法制工作委员会编：《中华人民共和国合伙企业法释义》，法律出版社 2006 年版，第 79 页。

②因故意或重大过失给合伙企业造成损失

合伙企业人合性意味着合伙人之间具有高度的信任,当某一合伙人因故意或重大过失,给合伙企业造成损失时,这种信任的基础就不存在了,此时允许除名,也是为了防止该合伙人通过进一步行为导致合伙企业扩大损失或产生新的损失。

③执行合伙人事务有不当行为

普通合伙人执行合伙事务,需要遵守法律、合伙协议之约定,并且根据一般原则其应当善意、尽责执行合伙事务。此事项与前事项的机理类似,不当行为可能并不一定导致了损失,但实际造成了信任基础的丧失,并进而有可能损害合伙企业和其他合伙人合法权益。出现此种情况,应当允许在其他合伙人一致同意的情况下将该合伙人除名。

④协议约定之事由成就

合伙企业除名应当遵循合伙人的意思自治,除以上情形外,应当允许合伙人提前就共同关心的除名事项予以约定。

(3)过程程序:通知

①书面通知

对合伙人的除名决议应当书面通知被除名人(《合伙企业法》第 49 条第 2 款)。除名合伙人系对该合伙人合伙资格的强制剥夺,是一种比较严重的处置,书面通知构成对该合伙人有一定保护性质的程序安排。

②退伙生效日

被除名人接到除名通知之日,除名生效,被除名人退伙(《合伙企业法》第 49 条第 2 款)。虽然安排了书面通知这一机制,但是为了确保除名的效果,也同时明确了接到通知之日除名即生效,并发生退伙的效果。

另需要注意的是,此与法定退伙生效日形成差异,法定退伙生效日为事由出现之日,除名退伙生效日安排为被除名人接到除名通知之日(而非其他合伙人同意之日或通知发出之日或其他更早日期),也系对被除名合伙人一定程度的保护。

(4)后置程序:起诉

①异议起诉

被除名人对除名决议有异议的,可以……向人民法院起诉(《合伙企业法》第 49 条第 3 款)。

其他合伙人启动除名程序时,被除名合伙人处于被动状态,可能会出现其他合伙人恶意排挤某一合伙人，损害该合伙人合法权益的情况，因此给予异议被除名合伙人向法院起诉之救济渠道比较妥当。如异议被除名合伙人向法院起诉并获得胜诉，则被除名合伙人自判决生效之日起恢复合伙人资格，并可以请求其他合伙人赔偿因被除名退伙而遭受的损失[①]。

②期限

被除名人……可以自接到除名通知之日起 30 日内……起诉（《合伙企业法》第 49 条第 3 款）。

异议被除名合伙人的诉讼救济有一定时限要求，否则会影响合伙企业正常经营，前述期限为固定不变期限，超过了则意味着异议被除名合伙人不能再向法院起诉[②]。

7. 退伙结算、了结及支付

（1）退伙结算

合伙人退伙，其他合伙人应当与该退伙人按照退伙时的合伙企业财产状况进行结算，退还退伙人的财产份额（《合伙企业法》第 51 条第 1 款）。

①结算系公平要求

毕竟退伙合伙人入伙时投入了资金/人力，无论什么原因退伙，应当对合伙企业财产状况进行结算，保证退伙结算公平、公正。如退伙合伙人死亡/被宣告死亡，则应由其继承人参与结算。[③]

②结算时点

合伙企业运营期间，合伙企业资产/债务情况时刻发生变化。[④] 退伙结算需要明确一个时间点，方能依据该时点确定合伙企业资产/债务，进而进行结算。

退伙结算的时间点应当是"退伙时"，要按照法律或合伙协议的约定执行。如按照《合伙企业法》的规定，法定退伙的生效时间是法定退伙事由实际发生之

---

① 参见李飞主编，全国人民代表大会常务委员会法制工作委员会编：《中华人民共和国合伙企业法释义》，法律出版社 2006 年版，第 80 页。

② 参见李飞主编，全国人民代表大会常务委员会法制工作委员会编：《中华人民共和国合伙企业法释义》，法律出版社 2006 年版，第 80 页。

③ 参见李飞主编，全国人民代表大会常务委员会法制工作委员会编：《中华人民共和国合伙企业法释义》，法律出版社 2006 年版，第 83 – 84 页。

④ 参见李飞主编，全国人民代表大会常务委员会法制工作委员会编：《中华人民共和国合伙企业法释义》，法律出版社 2006 年版，第 84 页。

日,除名退伙时间是被除名合伙人接到除名通知之日。至于自愿退伙,法律未作明确约定,按照合伙协议约定执行,也可以由合伙人另行协商确定。[①]

③结算数额

其一,净资产 >0。退伙时,如果合伙企业的净资产 >0,则将相应净资产金额乘以下文“④结算比例”中的相关比例,即可计算出退伙合伙人退伙对应的应从合伙企业取得的净资产。

其二,净资产 <0。合伙人退伙时,合伙企业财产少于合伙企业债务的,退伙人应当……分担亏损(《合伙企业法》第 54 条)。如果净资产 <0,就说明合伙企业因为亏损处于资不抵债的状态,退伙合伙人此时不但不能取得财产份额,还要根据规定弥补合伙企业亏损,按照其应承担的部分向合伙企业交付财产。[②] 在该种情形下,普通合伙人和有限合伙人承担亏损的情况是不同的,有限合伙人仅以其出资额为限承担责任,如果有限合伙人之前已经全部实缴了其应缴出资,则其不再承担额外责任,但普通合伙人是对合伙企业债务承担无限连带责任的,所以其基于连带责任的身份安排,是有可能在其实缴出资以外更进一步承担额外责任的。

“相应承担部分”的规则是:合伙企业的利润分配、亏损分担,按照合伙协议的约定办理;合伙协议未约定或者约定不明确的,由合伙人协商决定;协商不成的,由合伙人按照实缴出资比例分配、分担;无法确定出资比例的,由合伙人平均分配、分担(《合伙企业法》第 33 条第 1 款)。

从意思自治的角度来看,退伙结算的数额是可以进行约定的,但从基金监管角度来看,应当注意避免“变相保本”式的数额约定。

④结算比例

在对合伙企业财产进行结算的基础上,根据退伙人在合伙企业中享有的财产份额比例,计算出应当退还的财产份额。

具体比例确定,可以参照合伙企业清算之规定(《合伙企业法》第 89、33 条第 1 款):按照合伙协议约定→协议未约定,协商确定→协商不成,实缴出资比例→

---

① 参见李飞主编,全国人民代表大会常务委员会法制工作委员会编:《中华人民共和国合伙企业法释义》,法律出版社 2006 年版,第 84 页。

② 参见李飞主编,全国人民代表大会常务委员会法制工作委员会编:《中华人民共和国合伙企业法释义》,法律出版社 2006 年版,第 87 - 88 页。

无法确定实缴比例，合伙人平均。

⑤扣减赔偿

退伙合伙人对给合伙企业造成的损失负有赔偿责任的，相应扣减其应当赔偿的数额（《合伙企业法》第 51 条第 1 款）。

退伙合伙人可能在执行合伙事务中或在退伙时，给合伙企业造成损失并对合伙企业负有赔偿责任，此种情形下，退伙结算份额相应扣减应当赔偿的数额，实际上是在进行债务冲抵。① 这种安排一方面避免了退伙合伙人偿债能力问题导致对合伙企业赔偿不利，另一方面也是出于方便操作的考虑。

（2）事务了结

退伙时有未了结的合伙企业事务的，待该事务了结后进行结算（《合伙企业法》第 51 条第 2 款）。

退伙结算原则上以退伙生效时合伙企业的财产状况为准，但退伙时存在未了结的合伙事务，如强行"退伙结算"，则可能不利于退伙合伙人/存续合伙人/合伙企业利益之最大化安排。就未了结事务产生的收益，退伙人有权享有，所产生的亏损，退伙人也有责任承担。

如果以退伙时的合伙企业财产状况进行结算，那么未了结事务了结后，就需要根据损益情况，重新对退伙人进行该笔事务的结算，从而增加合伙企业和退伙人的负担，因而，安排事务了结后再行结算属于便利性考虑②。

（3）退伙支付

退伙合伙人在合伙企业中财产份额的退还办法，由合伙协议约定或者由全体合伙人决定，可以退还货币，也可以退还实物（《合伙企业法》第 52 条）。

实践中合伙企业出资情况是多种多样的，难以确定用哪种方式来进行退还：如果规定退还实物，对应依赖单一实物/财产权利才能存续的合伙企业来说，可能会直接导致合伙企业解散，同时对于劳务出资来说原物返还根本做不到；如果规定退还货币，当出资是以非货币特别是知产出资时，不允许其取回其知产也可能

---

① 参见李飞主编，全国人民代表大会常务委员会法制工作委员会编：《中华人民共和国合伙企业法释义》，法律出版社 2006 年版，第 84 页。

② 李飞主编，全国人民代表大会常务委员会法制工作委员会编：《中华人民共和国合伙企业法释义》，法律出版社 2006 年版，第 85 页。

是不妥当不公平的。[①] 根据《合伙企业法》的规定,退伙清算的支付办法完全由合伙人意思自治决定,应当是没有任何限制性的敞口规定的。

在私募股权基金领域,商务实践中通常的约定是只能进行现金分配,一般不得以实物分配。监管政策上对此无强制性要求,如 2022 年 7 月 8 日,中国证监会网站发布消息:[②]中国证监会将启动私募股权创投基金向投资者实物分配股票试点工作,通过该试点机制,私募股权基金、创业投资基金可将其持有的上市公司首次公开发行前的股份通过非交易过户方式向投资者进行分配。2022 年 10 月 14 日,中国证监会网站进一步发布消息:[③]中国证监会原则上同意开展私募股权创投基金向投资者实物分配股票首单试点。由此可见,监管上不但不禁止非实物分配,而且还在一定程度上支持并为上市前股份这一特定类型的实物分配创造条件。

就实物分配而言,需要注意两个问题:一个是实物分配的决策;另一个是实物分配的估值。一般而言,实物分配除了证券类非现金资产 LP 有动力放在自己手里进行减持,针对一般的实物资产 LP 是不愿意接受的,所以在实物分配的决策上 LP 应当限制 GP 独立决定的权利(如只能分配流动性高的上市证券),或至少要求要经过合伙人会议/咨询委员会等机构通过。实物分配的估值是另一个问题,这经常会涉及本金的覆盖以及超额收益的计算问题,如果分配的实物有公允价值计价(如上市公司股票),那么可以按照公开价格或一定期间的公允价格(如实物分配前 30 个交易日收盘价)计价,如果没有公允价格,那么从 LP 的角度上来看至少要规定需要经过评估。

8. 退伙责任

(1)普通合伙人退伙

退伙合伙人对基于其退伙前的原因发生的合伙企业债务,承担无限连带责任(《合伙企业法》第 53 条)。

退伙发生后,会进行退伙结算,结清债权债务并进行权利义务的清理,从逻辑

---

① 参见李飞主编,全国人民代表大会常务委员会法制工作委员会编:《中华人民共和国合伙企业法释义》,法律出版社 2006 年版,第 85 – 86 页。

② 参见中国证监会:《证监会启动私募股权创投基金向投资者实物分配股票试点 支持私募基金加大服务实体经济力度》,载中国证监会网 2022 年 7 月 8 日,http://www.csrc.gov.cn/csrc/c100028/c4277340/content.shtml。

③ 参见中国证监会:《证监会原则同意开展私募股权创投基金向投资者实物分配股票首单试点》,载中国证监会网 2022 年 10 月 14 日,http://www.csrc.gov.cn/csrc/c100028/c5979494/content.shtml。

上来说,退伙后,退伙人应当与合伙企业没有什么关系。但是,合伙企业的经营是连续性的,有的债务虽然发生在退伙后,但是退伙前导致的,如果退伙人就此"解套",对存续合伙人来说不公平。同时,如果允许退伙人"解套",可能导致退伙人通过退伙逃避债务承担的道德风险,损害合伙企业债权人利益。[①] 此处退伙责任,有两个关节点:①时点是退伙前导致的企业债务,退伙后导致的债务不承担责任;②本条属于强制性规定,不能以协议或其他方式排除,但排除约定可以有内部效力。

(2)有限合伙人退伙

有限合伙人退伙后,对基于其退伙前的原因发生的有限合伙企业债务,以其退伙时从有限合伙企业中取回的财产承担责任(《合伙企业法》第81条)。

如此安排与对普通合伙人退伙责任安排的考虑一致,都是考虑到合伙人之间的公平以及防范对合伙企业债权人的道德风险。也同样有两个关节点:①时点是退伙前导致的企业债务,退伙后导致的债务不承担责任;②仅以其从合伙企业中取回的财产为限。如此安排,符合有限合伙人以其出资为限承担责任的原则,不会加重其负担,同时,合伙企业债权人以合伙企业全部财产来判断偿债能力,让有限合伙人仅以其退伙时从合伙企业取回的财产为限承担责任,不会损害债权人利益[②]。

在私募股权基金实务中,有的合伙协议对有限合伙人退伙的责任安排为"以其退伙时从合伙企业所获得的收益总额为限",或约定为更明确的"以其从合伙企业所获得的收益总额为限",这就对有限合伙人加重了责任承担,应予以特别注意。

9. 退伙导致有限合伙维持条件不足之处理

(1)仅剩有限合伙人

有限合伙企业仅剩有限合伙人的,应当解散(《合伙企业法》第75条)。有限合伙企业的基本特征是,有限合伙人以出资额为限承担责任但不执行合伙事务,普通合伙人执行合伙事务但对合伙企业债务承担无限连带责任,这意味着有限合

---

① 参见李飞主编,全国人民代表大会常务委员会法制工作委员会编:《中华人民共和国合伙企业法释义》,法律出版社2006年版,第86页。

② 参见李飞主编,全国人民代表大会常务委员会法制工作委员会编:《中华人民共和国合伙企业法释义》,法律出版社2006年版,第130-131页。

伙企业必须至少有 1 名普通合伙人。当有限合伙企业没有普通合伙人(和执行事务合伙人),只剩下有限合伙人时候,有限合伙企业的基本要素缺少,有限合伙企业没有存在的基础,即应当予以解散。

(2)仅剩普通合伙人

有限合伙企业仅剩普通合伙人的,转为普通合伙企业(《合伙企业法》第 75 条)。如前述有限合伙企业的基本特征,当仅剩下普通合伙人的时候,有限合伙企业基本特征缺失,可以转为普通合伙企业。值得注意的是,合伙企业可以“变性”继续存续而非如上有限合伙企业情况予以解散,一方面是剩余的普通合伙人可能有继续通过普通合伙企业合作经营的需要,则利用老主体是经济的也不会有负外部性;另一方面如剩余普通合伙人不愿意继续经营,则再行通过解散合意也是可以将合伙企业解散的,因而此种制度安排是合适的。另外,如果剩余的普通合伙人只有一个,那么合伙企业也应当予以解散,因为这不符合合伙企业至少 2 人以上的特征,自无须赘述。

(三)适用及其他

1. 有限合伙人退伙

(1)条件和程序

私募股权投资基金中,作为出钱角色的 LP 之稳定性对私募基金募集和投资运作均极为重要,因此一般会对有限合伙人退伙设置较高限制。

①意定退伙

有的合伙协议约定,除了根据合伙协议转让外,有限合伙人不得退伙。同时就有限合伙人转让退伙作出限制性安排:转让不会影响合伙企业经营、受让方承继转让方义务、普通合伙人同意等。

②法定退伙

当然退伙的情形下,也在合伙协议中安排其他合伙人的优先购买权,如未行使,则缩减合伙企业份额。

③除名退伙

就出钱的 LP 而言,除名退伙情形一般为法定的未履行出资义务。但需要注意的是,一般会安排一定的宽限期。

(2)相关责任

对退伙前的合伙企业债务,以其退伙时从有限合伙企业中取回的财产承担责任（实务中，常见约定以其认缴出资为限承担责任，但约定是否有效有待司法裁判确认）。

2. 普通合伙人退伙

（1）条件和程序

①意定退伙

作为出力的GP，其稳定性系LP加入并成立有限合伙的基本前提，因此其意定退伙应当设置较高的门槛。通常而言，非经合伙人一致同意GP不得转让退伙，而且受让方应当是GP的关联方并具有相应的管理能力（或资格）。

②法定退伙

发生当然退伙情形时，如果按照法律规定自情形出现之日即退伙，则合伙企业立刻就需要清算、注销，此安排可能对合伙企业造成不利影响并损害其余合伙人利益。一般而言，允许在一定期限内选择继任普通合伙人，接纳新的普通合伙人后，合伙企业继续运行。

③除名退伙

对于除名，强势GP会约定比较高的除名条件：GP故意或重大过失＋给合伙企业造成重大损失＋司法程序确认＋全体合伙人一致同意。

（2）相关责任

对除名前的合伙企业债务承担无限连带责任。

二十三、有限合伙人和普通合伙人相互转变程序

（一）指引内容

【入伙、退伙、合伙权益转让和身份转变】合伙协议应列明……有限合伙人和普通合伙人相互转变程序。

（二）内含机理

1. 合伙人相互转变程序系法定内容

有限合伙协议还应当载明“有限合伙人和普通合伙人相互转变程序”（《合伙企业法》第63条第6项）。合伙人身份转换并不少见，需要加以规范，减少纠纷。

2. 转换需一致同意但允许意定

有限合伙企业系基于全体合伙人协商一致的基础上设立的，拥有有限合伙人还是普通合伙人身份均为合伙人自主选择；有限合伙企业存续期间，合伙人基于

其真实意思表示,通过合伙人的协商,改变自己的身份,应当予以允许。

普通合伙人和有限合伙人在合伙企业中的权利义务有很大差异,身份转变会对合伙企业及其他合伙人造成较大影响。就普通合伙人转变为有限合伙人而言,其转变后不再执行合伙事务,合伙企业的经营不能再依靠该合伙人,其转变后对合伙企业之后的债务承担有限责任,必然加重其他合伙人的责任。就有限合伙人转变为普通合伙人而言,其转变后执行合伙事务,其他合伙人要对该合伙人的行为负责,必然要重新评估其经营能力和个人的其他情况[①]。

基于以上,转变程序理应有一个较高的程序门槛:普通合伙人转变为有限合伙人,或者有限合伙人转变为普通合伙人,应当经全体合伙人一致同意(《合伙企业法》第 82 条)。

但转变毕竟属于合伙企业内部事务,合伙协议作出另外的规定应当也予以允许(《合伙企业法》第 82 条),例如,如果合伙协议约定转变需要经过特定表决程序,那么合伙人身份转变就要遵循相应的表决程序。

3. LP→GP

有限合伙人转变为普通合伙人的,对其作为有限合伙人期间有限合伙企业发生的债务承担无限连带责任(《合伙企业法》第 83 条)。

LP 转变为 GP 后,对转变前的合伙企业债务承担无限连带责任,该规定的后果是,LP 转变后将对合伙企业的所有债务承担无限连带责任。此规定原因有三:[②](1)转变相当于一个新的普通合伙人入伙,应当同等适用新普通合伙人入伙之规定;(2)所有 GP 对合伙企业债务承担无限连带责任,此为基本原则,对普通合伙人承担连带责任的范围进行区分很难操作,也没有必要;(3)转变前 LP 对合伙企业的财务和经营状况是了解的,其加入不会过度增加其负担。

以上为强制性规定,但是如果合伙人通过合伙协议或其他文件加以排除,则此种排除不得对抗合伙企业的债权人。

4. GP→LP

普通合伙人转变为有限合伙人的,对其作为普通合伙人期间合伙企业发生的

---

① 参见李飞主编,全国人民代表大会常务委员会法制工作委员会编:《中华人民共和国合伙企业法释义》,法律出版社 2006 年版,第 132 页。

② 参见李飞主编,全国人民代表大会常务委员会法制工作委员会编:《中华人民共和国合伙企业法释义》,法律出版社 2006 年版,第 133 页。

债务承担无限连带责任(《合伙企业法》第84条)。

GP转变为LP,相当于GP退伙,同等适用退伙的安排,对转变前的有限合伙企业债务承担无限连带责任。如此安排,是因为如果允许普通合伙人转变后不再对合伙企业债务承担无限连带责任,则可能导致道德风险,即普通合伙人通过恶意转变逃脱债务,进而损害其他合伙人和合伙企业债权人之利益。[①]

GP转变成LP后,对转变后合伙企业债务承担有限责任,一般系其主要目的所在。GP转变为LP,相当于新LP加入,对加入后的合伙企业债务,适用新LP加入之规定,以其认缴出资额为限对合伙企业债务承担责任,也是妥当的。

(三)适用及其他

就私募股权投资基金而言,LP出钱、GP出力,两个角色所对应的要求以及相应的权利义务有很大区别,转换一般情况下不太会出现也不太现实。因此,一般的合伙协议会约定,除非法律规定或协议另有约定,一般不允许转换。

就转变前后的责任承担问题,则基本依据法律强制性规定来确定。

二十四、投资范围

(一)指引内容

【投资事项】合伙协议应列明本合伙型基金的投资范围……

(二)内含机理

1. 投资范围为LP诉求与GP专长之结合

LP如果想承担高风险赚取高收益,则可能会偏向于投资生物医药、TMT领域的早期企业;LP如果想承担较低风险赚取一般收益,则可能会偏向于投资(传统)制造业在成长期、成熟期的企业。LP在选择GP的过程中,会将自己的诉求考虑在内。

对GP来说,过往的投资业绩可以作为募资时候的亮点吸引LP,限定于已经有过投资经验的领域,对LP来说,更加稳妥靠谱一些。否则,可能会导致GP使用LP的钱在GP不熟悉的领域"试水"投资的情况,这增加了GP经验值,但容易不当扩大LP风险。

---

① 参见李飞主编,全国人民代表大会常务委员会法制工作委员会编:《中华人民共和国合伙企业法释义》,法律出版社2006年版,第134页。

2. 投资范围的维度

基金在募集阶段,基金管理人就应当在募集推介材料、风险揭示书等文件中,就投资范围等重要信息向投资者披露(《登记备案办法(2023)》第 28 条第 1 款)。基金合同应当约定主要投资行业、投资地域、投资阶段、投资集中度等,并符合私募股权基金投资范围要求(《备案指引 2 号》第 13 条第 1 款)[①]。

(1)时间

投资的企业是种子期、天使期,还是成长期、成熟期的企业。带有高收益要求或带有政策引导性的 LP 一般会偏向于种子期、天使期的企业。带有稳妥收益要求的 LP(通常参与规模很大的基金)一般会偏向于成长期、成熟期的企业。

(2)空间

一定或全部基金份额投资特定区域内的企业,或是对投资区域没有任何限制。对投资区域有限制一般是"返投条款"要求,有的 LP 带有地方政府引导性质,通过自己在基金中的 LP 份额撬动社会资本服务当地经济。返投比例可能为 1∶1,或是其他比例,具体跟 LP 和 GP 的议价能力有关。

(3)行业

通常来说,是要求投资国家战略性新兴产业,不限定特定行业,但也有针对特定行业的行业属性基金。

(4)标的

①一般标的

私募股权基金的投资范围包括未上市企业股权,非上市公众公司股票,上市公司向特定对象发行的股票,大宗交易、协议转让等方式交易的上市公司股票,非公开发行或者交易的可转换债券、可交换债券,市场化和法治化债转股,股权投资基金份额,以及中国证监会认可的其他资产(《登记备案办法(2023)》第 31 条第 2 款)。

《备案指引 2 号》第 13 条第 2 款,对前述投资范围进行了细化要求,见表 2-8。

---

① 被废止的旧规也有类似精神的规定,《备案须知(2019)》第 21 条要求管理人应当在基金合同中明示私募投资基金的投资范围,同时针对"投资范围",《基金备案关注要点》第 3 条第 1 款对其进行了细化描述的要求,如主要投资行业、投资地域、投资阶段、投资集中度等。

表 2－8　私募股权基金的投资范围

投资范围	具体要求
未上市企业股权	应当符合《登记备案办法》第 41 条的规定，不得变相从事信贷业务、经营性民间借贷活动，不得投向从事保理、融资租赁、典当等与私募基金相冲突业务的企业股权，不得投向国家禁止或者限制投资以及不符合国家产业政策、环境保护政策、土地管理政策的企业股权
首发企业股票、存托凭证	应当通过战略配售、基石投资（港股等境外市场）等方式，不得参与网下申购和网上申购
上市公司股票	应当通过定向增发、大宗交易和协议转让等方式，不得参与公开发行或者公开交易，但所投资公司上市后基金所持股份的未转让及其配售部分和所投资公司在北京证券交易所上市后基金增持部分除外
上市公司可转换债券和可交换债券	应当通过非公开发行或者非公开交易的方式
公开募集基础设施证券投资基金份额	应当通过战略配售、网下认购和非公开交易等方式，不得参与面向公众投资者的发售和竞价交易
资产支持证券	限于不动产持有型资产支持证券
区域性股权市场可转债	投资金额应当不超过基金实缴金额的 20%

根据《备案指引 2 号》第 13 条第 3 款的规定，鼓励创业投资基金投资早期企业、中小企业和高新技术企业。而根据《备案指引 2 号》第 13 条第 3 款第 2、3 项和第 2 款的规定，创业投资基金可以投资于：(1) 投资未上市企业股权（但不得变相从事信贷业务、经营性民间借贷活动，不得投向从事保理、融资租赁、典当等与私募基金相冲突业务的企业股权，不得投向国家禁止或者限制投资以及不符合国家产业政策、环境保护政策、土地管理政策的企业股权）；(2) 所投资公司上市后基金所持股份的未转让及其配售部分股票。

②创投基金的投资标的

中国证监会监管体系下，创业投资基金是指符合下列条件的私募基金：投资范围限于未上市企业，但所投资企业上市后基金所持股份的未转让部分及其配售部分除外（《私募条例》第 35 条第 1 项、《登记备案办法（2023）》第 45 条第 2 款第 1 项）。这意味着，在中国证监会监管体系下，创业投资基金只能投向未上市企业股权。

国家发展改革委层面对创投企业投向也有类似明确规定，即对企业的投资，仅限于未上市企业……其他资金只能存放银行、购买国债或其他固定收益类的证券(《创投管理办法》第 14 条)。

③有关上市公司非公开交易(定增等)的特别说明

从私募股权基金(尤其是创业投资基金)监管的角度来看,需要特别指出的特殊情形是"上市公司的定向增发"(实际也包括大宗交易、协议转让等,下同)。就该特别情形而言,上市公司的股份虽然是"上市"交易的,但是上市公司的定向增发却是非公开募集的。

A. 历史上股权基金和创投基金都可参与定增

被废止的旧规《备案须知(2019)》第 30 条规定:【证券投资范围】,私募证券投资基金的投资范围主要包括股票……第 34 条【股权投资范围】,私募股权投资基金的投资范围主要包括……上市公司非公开发行或交易的股票……另外结合第 11 条【封闭运作】私募股权投资基金(含创业投资基金,下同),一般理解,私募证券基金、私募股权基金(包括创业投资基金)均可以投资于上市公司定向增发。

根据《私募管理办法》第 37 条的规定,中国证监会及派出机构对创业投资基金在投资方向检查等环节,采取区别于其他私募基金的差异化监督管理。而中基协更新的 AMBERS 系统[①]中,在"有关私募投资基金'基金类型'和'产品类型'的说明"[②]中,实质上明确了创业投资基金、私募证券投资基金不能投资上市公司定增,能投资上市公司定增的是私募股权投资基金,见表 2-9。

表 2-9 私募投资基金类型及对应产品类型

基金类型	产品类型
私募证券投资基金	私募证券基金,主要投资于公开交易的股份有限公司股票、债券、期货、期权、基金份额以及中国证监会规定的其他证券及其衍生品种
创业投资基金	创业投资基金,主要向处于创业各阶段的未上市成长性企业进行股权投资的基金(新三板挂牌企业视为未上市企业);(对于市场所称"成长基金",如果不涉及沪深交易所上市公司定向增发股票投资,按照创业投资基金备案;)如果涉及上市公司定向增发,按照私募股权投资基金中的"上市公司定增基金"备案

① 中基协"资产管理业务综合报送平台",下同。

② 中基协:《有关私募投资基金"基金类型"和"产品类型"的说明》,载中基协网 2023 年 12 月 1 日,https://ambers.amac.org.cn/web/app/static/publicTemplate/productInfo.html。

续表

基金类型	产品类型
私募股权投资基金	私募股权基金,指投资包括未上市企业和上市企业非公开发行和交易的普通股(含上市公司定向增发、大宗交易、协议转让等),可转换为普通股的优先股和可转换债等的私募基金

被废止的旧规《基金备案关注要点》第 3 条第 2 款再次明确且重申了,创业投资基金不得直接或间接投资(包括通过投资私募股权基金的方式进行投资等)上市公司股票(所投资企业上市后参股企业所持股份的未转让部分及其配售部分除外),即包括定增等。

B. 当前仅股权基金可以参与定增

私募证券基金的投资范围主要包括股票……私募股权基金的投资范围包括……上市公司向特定对象发行的股票,大宗交易、协议转让等方式交易的上市公司股票……(《登记备案办法(2023)》第 31 条)。而创业投资基金不得直接或者间接投资下列资产:上市公司股票,但所投资公司上市后基金所持股份的未转让及其配售部分除外(《备案指引 2 号》第 13 条第 3 款第 3 项)。

因此,需要特别注意股权投资基金和创业投资基金投资范围的差异性,在股权投资基金募集过程中,要穿透核查是否存在创业投资基金;反之,在创业投资基金进行投资时,需要注意穿透核查资产端是否存在上市公司股票(监管例外自然除外不受影响)等。

需要注意的是,如基金本身拟备案为创业投资基金,则相应的投资方式应予以注意剔除上市公司定增/大宗交易/协议转让等,实务中基协有这样的备案反馈意见:“LPA 中约定基金可以非公开募集方式获得上市公司股权,但根据《私募投资基金监督管理暂行办法》第 34 条规定,‘本办法所称创业投资基金,是指主要投资于未上市创业企业普通股或者依法可转换为普通股的优先股、可转换债券等权益的股权投资基金。’请管理人核实是否涉及相关投资,若是,请去备案股权类,若否,请修改 LPA 中相关约定。修改后的合伙协议应由所有投资者重新签署。”

④有关北京证券交易所股票二级市场增持的特别说明

中国证监会 2023 年 9 月发布《关于高质量建设北京证券交易所的意见》,该意见第 7 条允许除创业投资基金之外的私募股权基金通过二级市场增持其上市前已投资的企业在北京证券交易所(以下简称北交所)发行的股票。

作为对前述意见的呼应,《备案指引 2 号》第 13 条第 2 款第 3 项规定,私募股权基金投资上市公司股票的,应当通过定向增发、大宗交易和协议转让等方式,不得参与公开发行或者公开交易,但……所投资公司在北交所上市后基金增持部分除外。简言之,私募股权基金可以在北交所二级市场购买所投资公司股票。

(三)适用及其他

基于 LP 诉求和 GP 能力之结合,在不同投资行业、不同投资地域、不同企业发展期等维度之间交叉组合出特定的投资范围。

二十五、投资运作方式

(一)指引内容

【投资事项】合伙协议应列明本合伙型基金的……投资运作方式……

(二)内含机理

1."私募股权"的核心含义

私募股权投资基金,该术语中的"私募",一般而言可以有两个面向的解释:(1)资金端系通过私下募集而非公开募集而来;(2)资产端系非上市企业的股权。私募股权投资基金投资运作核心方式,即通过非公开方式募集资金,并主要将资金投向非上市企业,获得非上市企业之股权。

2.基金监管角度的"债"性质投资

"债"性质的投资,如果是经常性的,这构成"贷款",属于持牌金融机构才能从事的业务。[①] 因而,经常性"债"的投资并不属于私募股权基金允许进行的投资。

根据《备案指引 2 号》第 14 条第 1 款的规定,私募股权基金以股权投资为目的,对被投企业进行附转股权的债权投资的,约定的转股条件应当科学、合理、具有可实现性,与被投企业或者其关联方的股权结构、商业模式、经营业绩、上市进

---

① 相关规定如《商业银行法》第 3 条规定:商业银行可以经营下列部分或者全部业务:……(2)发放短期、中期和长期贷款……经营范围由商业银行章程规定,报国务院银行业监督管理机构批准。《贷款通则》第 21 条规定:贷款人必须经中国人民银行批准经营贷款业务,持有中国人民银行颁发的《金融机构法人许可证》或《金融机构营业许可证》,并经工商行政管理部门核准登记。第 61 条规定:各级行政部门和企事业单位、供销合作社等合作经济组织、农村合作基金会和其他基金会,不得经营存贷款等金融业务。企业之间不得违反国家规定办理借贷或者变相借贷融资业务。

度、知识产权和核心人员等相挂钩。前述规定意味着，私募基金可以以可转债的方式进行投资①。

此外，需要特别指出的是，《备案指引 2 号》第 14 条第 1 款规定“除《关于加强私募投资基金监管的若干规定》规定的借款外”，私募基金可以另行从事可转债投资，这意味着最新的监管并不把可转债定位为借款进行监管，不受相应约束②。

（三）适用及其他

1. 投资运作核心方式是“非上市企业”+“股权投资”

（1）纯粹股权投资

获得股权的投资，典型是通过增资和通过受让两种。增资是基金支付增资款，通过认购标的企业新增注册资本/合伙份额的方式获得标的企业（公司）股权/（合伙企业）合伙份额。受让是基金支付转让价款，通过自标的企业原股东/合伙人处购买标的企业存量注册资本/合伙份额的方式获得标的企业（公司）股权/（合伙企业）。

（2）带有股权性质的投资

不过，值得注意的是，带有股权性质的其他类型投资，也可以作为私募股权投资基金的投资运作方式。经与被投资企业签订投资协议，创业投资企业可以以股权和优先股、可转换优先股等准股权方式对未上市企业进行投资（《创投管理办法》第 15 条）。

实务中，较为常见的是可转债投资，该种投资方式下，基金通过对被投资企业进行债权投资，同时约定一定条件达成后，将该笔股权转变为被投资企业的股权。

2. 闲置资金使用

股权投资基金一般规模都比较大，少则几千万元，多的可能有几十亿元甚至上百亿元，而每一期出资都会有较大的资金量，如果该部分资金只是放在银行账

---

① 被废止的旧规有类似精神的规定，根据《备案须知（2019）》第 34 条的规定，可转债属于私募股权投资基金的可投资范围。就可转债投资，根据《基金备案关注要点》第 1 条第 4 款的规定，关注基金合同是否明确约定借款期限、利率、转股条件等内容。如未约定，则备案时应当上传额外说明材料。

② 根据《加强基金监管的规定》第 8 条的规定，以股权投资为目的为被投企业提供 1 年期限以内借款、担保除外可以允许的债性质投资，但借款/担保到期日不得超过基金实缴金额 20%。《基金备案关注要点》第 1 条第 3 款规定，要求基金合同中应当明确约定前述监管规则中就债投资规定的限制条件，而《基金备案关注要点》已经在《备案指引 2 号》发布的同期被废止。

上收存款利息,那资金的使用效率太低,造成浪费,因而对闲置资金做一些增加收益率的安排就显得很有必要。不过,对闲置资金的使用必然有一定风险,因而对其使用要作出一定的限制。

投资过程中的闲置资金只能存放银行或用于购买国债等固定收益类投资产品(《天津管理办法》第 19 条第 1 款、《创投管理办法》第 14 条),这是通常限制较严格的规定。

市面上的变种〔如“法天使”[刘建伟的《私募基金》——《私募基金合伙协议(有限合伙)》]版本〕:合伙企业可将待投资、待分配及费用备付的现金资产以存放银行、购买国债及其他固定收益类产品或及其他符合法律、法规规定的安全方式(现金管理)进行管理。该变种有兜底性的约定,可以让 GP 更灵活地决定限制资金的使用。

二十六、投资限制

(一)指引内容

【投资事项】合伙协议应列明本合伙型基金的……投资限制……

(二)内含机理

根据私募股权基金运作逻辑,GP 应当是“全权”管理投资业务的,但为降低 GP 的道德风险,LPA 中通常会对 GP 的“自由”投资权进行限制。

1. GP/LP 商业关系层面

对 GP 进行投资限制,有着商业上精心的考虑,一方面与基金的管理相关,另一方面与投资类型有关,常见类型限制情况如下:[①]

(1)对 GP 限制:与基金管理有关

①限制对单一企业的投资额

限制单项目投资额度,主要是为了让 GP 不能通过追加大笔投资的方式来挽救业绩不佳的已投项目,因为这样实际上是通过后手投资对在先投资进行“救火”,放大了后手投资的风险。限制类型有两种:一是明确单一企业投资额占基金资本总额的最高比例;二是确定基金若干笔(如两三笔)最大投资总额来加以限制。

---

① 参见李寿双:《中国式私募股权基金募集与设立》,法律出版社 2009 年版,第 168 - 170 页。

换个角度来看,限制单项目投资额,需要达成的目的是让 GP 尽可能(较平均)地分散投资,通过组合分散风险。

②限制债务的用途

为了获得更高的附带收益,GP 倾向于利用财务杠杆获得更多的资金从而进行更多投资,但这会给 LP 带来不必要的风险。在美国法上,限制债务的另一个原因是,如果风投机构从债务融资支持的资产中获得大笔收入,那么 LP 要承担纳税义务。

限制的要点在于,把债务限制在认缴出资或资产的一定百分比以内,而且某些情况下还限制债务的期限,以保证债务均为短期。

③有关筹集时间不同的基金共同投资的问题

不同时期的基金共同投资,可能的道德风险有两类:第一类是第二只基金继续投资到第一只基金投资的困难企业中去,以挽救先前投资;第二类是为了募集第三只基金,用第二只基金的钱投资于第一只基金投资的项目中,虚假抬高估值,制造假业绩。

限制的要点有两点:第一点是第二只基金及以后的合伙协议要求基金顾问/咨询委员会对这类投资进行评审;第二点是规定这类投资需征得大多数或绝大多数 LP 同意。

④有关利润的再投资

利润再投资使得投资人不能及时实现投资,变相加长了投资人投资基金的期限,或换个角度说,变相增加了投资人的认缴出资。

限制做法要点有:第一,利润再投资需征得顾问委员会或者有限合伙人的同意;第二,在一定时间之后或已经投资的资金超过认缴出资的一定比例以后,禁止将利润进行再投资。

(2)对 GP 限制:与投资类型有关

基金对某一类/两类资产的投资不能超过认缴出资或基金价值的一定百分比,例外需征得决策委员会或一定百分比的 LP 同意。

原因在于:①与某类资产的其他投资者相比,GP 所获得的回报可能过高;②GP会选择他们所不熟悉的资产类型进行投资以获取投资经验(比如,在美国的风投历史上,20 世纪 80 年代,许多基金投资于 LBO,但因缺乏经验而损失惨重)。

2. 规范层面

境内有权机构对投资限制作了一定的规定。

(1)一般基金监管

根据《登记备案办法(2023)》第 41 条第 1 款的规定,私募基金不应当从事或变相从事信贷业务①,具体见表 2-10。

表 2-10 私募基金禁止投资范围

禁止范围	说明
从事或者变相从事信贷业务,或者直接投向信贷资产,中国证监会、中基协另有规定的除外	信贷业务
通过委托贷款、信托贷款等方式从事经营性民间借贷活动	借贷活动
私募基金通过设置无条件刚性回购安排变相从事借贷活动,基金收益不与投资标的的经营业绩或者收益挂钩	借贷活动
投向保理资产、融资租赁资产、典当资产等与私募基金相冲突业务的资产、资产收(受)益权,以及投向从事上述业务的公司的股权	冲突业务
投向国家禁止或者限制投资的项目,不符合国家产业政策、环境保护政策、土地管理政策的项目	政策禁止或限制项目
通过投资公司、合伙企业、资产管理产品等方式间接从事或者变相从事《登记备案办法(2023)》第 41 条第 1 款第 1~5 项规定的活动	实质重于形式监管
中国证监会、中基协规定的其他情形	兜底规定

根据《备案指引 2 号》第 13 条第 3 款的规定,创业投资基金不得直接或者间

① 被废止的旧规有类似规定,根据《备案须知(2019)》第 2 条的规定,私募投资基金不应是借(存)贷活动。下列不符合"基金"本质的募集、投资活动不属于私募投资基金备案范围:(1)变相从事金融机构信(存)贷业务的,或直接投向金融机构信贷资产;(2)从事经常性、经营性民间借贷活动,包括但不限于通过委托贷款、信托贷款等方式从事上述活动;(3)私募投资基金通过设置无条件刚性回购安排变相从事借(存)贷活动,基金收益不与投资标的的经营业绩或收益挂钩;(4)投向保理资产、融资租赁资产、典当资产等《私募基金登记备案相关问题解答(七)》所提及的与私募投资基金相冲突业务的资产、股权或其收(受)益权;(5)通过投资合伙企业、公司、资产管理产品(含私募投资基金,下同)等方式间接或变相从事上述活动。

接投资表 2－11 中的资产。①

表 2－11　创业投资基金禁止投资范围

禁止范围	说　　明
不动产(含基础设施)	不动产禁止
首发企业股票、存托凭证	股权投资基金可以,但应当通过战略配售、基石投资(港股等境外市场)等方式,不得参与网下申购和网上申购
上市公司股票(有例外)	就创业投资基金所投资公司上市后基金所持股份的未转让及其配售部分除外
上市公司可转换债券和可交换债券	股权投资基金可以,但应当通过非公开发行或者非公开交易的方式
公开募集基础设施证券投资基金份额	股权投资基金可以,应当通过战略配售、网下认购和非公开交易等方式,不得参与面向公众投资者的发售和竞价交易
资产支持证券	股权投资基金可以,但限于不动产持有型资产支持证券

(2)国家发展改革委对创投企业要求

国家发展改革委特别规定,创业投资企业不得从事担保业务和房地产业务,但是购买自用房地产除外(《创投管理办法》第 13 条)。

(3)外商投资创业投资企业

《外商创投规定》第 32 条规定:创投企业不得从事下列活动:①在国家禁止外商投资的领域投资;②直接或间接投资于上市交易的股票和企业债券,但所投

① 被废止的旧规《基金备案关注要点》第 3 条第 2 款细化了私募基金不得进行投资的领域范围,并对私募股权基金和创业投资基金进行差异化管理:

序号	股权投资基金	创业投资基金
1	金融资产交易中心发行的产品	基础设施、房地产
2	首发企业股票(战略配售和港股基石投资除外)	首发企业股票(没有例外)
3	上市公司股票(向特定对象发行、大宗交易、协议转让、所投资的企业上市后参股企业所持股份的未转让部分及其配售部分除外)	上市公司股票(所投资的企业上市后参股企业所持股份的未转让部分及其配售部分除外)、上市公司可转债、上市公司可交债
4	—	不得直接或间接(包括通过投资股权投资基金的方式进行投资等)投资以上范围

资企业上市后,创投企业所持股份不在此列;③直接或间接投资于非自用不动产;④贷款进行投资;⑤挪用非自有资金进行投资;⑥向他人提供贷款或担保,但创投企业对所投资企业1年以上的企业债券和可以转换为所投资企业股权的债券性质的投资不在此列(本款规定并不涉及所投资企业能否发行该等债券);⑦法律、法规以及创投企业合同禁止从事的其他事项。

(4)政府投资基金特别规定

《政府投资基金管理办法》第12条规定,政府投资基金在运作过程中不得从事以下业务:①从事融资担保以外的担保、抵押、委托贷款等业务;②投资二级市场股票、期货、房地产、证券投资基金、评级AAA以下的企业债、信托产品、非保本型理财产品、保险计划及其他金融衍生品;③向任何第三方提供赞助、捐赠(经批准的公益性捐赠除外);④吸收或变相吸收存款,或向第三方提供贷款和资金拆借;⑤进行承担无限连带责任的对外投资;⑥发行信托或集合理财产品募集资金;⑦其他国家法律法规禁止从事的业务。

(5)单个项目投资额度

在中国证监会监管体系下,未有强制性规范要求限制单个项目投资额度。但监管也注意到了单项目投资额度(过高)高到为基金规模100%(单项目基金)的特别风险,要求私募基金投向单一标的、未进行组合投资的,私募基金管理人应当特别提示风险(《登记备案办法(2023)》第28条第3款)[①]。

另外,国家发展改革委办法规定,创业投资企业对单个企业的投资不得超过创业投资企业总资产的20%(《创投管理办法》第16条)。

而政府出资类基金也有特别的限制规定,政府出资产业投资基金对单个企业的投资额不得超过基金资产总值的20%(《产业投资基金暂行办法》第26条)。

(三)适用及其他

有权机关的投资限制,不管有无写入合伙协议,都应当受限制。其他层面的限制,主要看(核心)LP的诉求。

---

① 被废止的旧规也有类似规定,根据《备案须知(2019)》第16条第1款的规定,鼓励私募投资基金进行组合投资。建议基金合同中明确约定私募投资基金投资于单一资产管理产品或项目所占基金认缴出资总额的比例。私募资产配置基金倒是存在单笔额度的限制性规定,根据《备案须知(2019)》第16条第2款的规定,私募资产配置基金投资于单一资产管理产品或项目的比例不得超过该基金认缴出资总额的20%。

二十七、投资决策程序

(一)指引内容

【投资事项】合伙协议应列明本合伙型基金的……投资决策程序……

(二)内含机理

1. GP投资决策程序的一般表达

投资决策程序可以不重要,如内化到GP自身运营管理中。这种情形下,对GP来说,投资决策流程实际上就是其正常的业务流程,在相应条文中做简要描述即可。

投资决策程序也可以很重要,如外化到基金自身业务流程中,让LP更积极参与到投资决策程序中,这实质上构成了LP对投资程序的监督。

2. LP对投资决策程序的监督

(1)LP对投资决策流程监督的必要性

有限合伙立法一般限制LP参与有限合伙事务,但监督确实是有必要的。核心要点在于:①建立专门或者非专门的顾问委员会或决策委员会:对利益冲突、费用或其他事项有决定权,但是对于日常投资活动没有监督权力,以免干涉经营者专业判断。②LP或其委派的委员组成的委员会其权限应当被明确限制,以免构成实质控制/经营有限合伙企业,从而面临承担无限责任的风险。

(2)LP对投资决策流程监督(控制)之细化

LP可以对投资流程施加直接的影响力,比如首先可以规定投资决策机构及流程,其次LP(或其推选的人员)可以作为投资决策机构的成员之一,再次LP(或其推选的人员)可以要求对投资中该LP特别关心事项具有重大/实质决策权限。最后需要指出的是,LP在投资决策流程中增加其影响力,除了避免GP的机会主义行为外,还能起到使合伙企业运作符合重要LP投资目的的作用,如将合伙企业投资是否符合政府LP引导目的作为决策事项之一。

①对投资流程的控制

GP投资决策程序监督中,流程控制是重要的部分。一个项目如果不经过尽职调查(商业、财务、法律),不经过投资审查而直接进行投资,与经过严格的尽职调查和审慎的投资审查之后进行的投资相比,“踩坑”的概率会大大增加。因此,LP可以在LPA中对必备的投资立项、尽职调查、汇报、审议决策流程进行较为严格和明确的安排。

②对投资决策机构的控制

LP 投资特定私募股权基金,核心的考虑点之一是看中资深的投资团队、专业的投资决策委员,可以通过 LPA 明确所投资项目必须是特定投资团队推动的项目,且应当经过特定的投资决策委员组成的投委会决策通过。

基金的投资决策委员会组成,可以是 GP 委派,也可以是 LP 委派,还可以是根据合伙协议约定的方式指定/委派,根据不同的情况,投委会构成模式可以有多种:[①]第一种模式,GP 单独委派所有投委会成员。这种一般是把投委会作为 GP 自身内设机构,成员根据 GP 自身制度,或者根据 LPA 授权指定。第二种模式,GP 委派 + 外部专家。外部专家可以是专业人士如资深的律师、会计师,可以是投资自行业的专家,如其他大型投资机构的重要合伙人,也可以是行业里的专家,如半导体行业专家。第三种模式,GP + LP 委派。该模式在人民币基金中比较常见。第四种,混合模式,包括上述 3 种成员共同组成投资决策委员会。

投委会成员的名单,一般基金协议中并不会直接列明,原因主要是:[②]第一,更换涉及基金协议的修订,会比较烦琐。第二,通常 GP 本身希望保留一定更换的灵活性。第三,有的基金成立时未最终决定投委会名单,因为经常的情况是最终谁募来钱/谁出较大比例份额,谁委派投委会成员。

投委会成员的更换,不同的来源有不同的情况:[③]第一,GP 委派的如果同时是关键人士,那么其更换同时会触发关键人事事件,如果非关键人士一般 GP 可以自行决定更换。第二,外部专家委员更换一般是 GP 单独决定,但如果基金协议中约定是 LP 和 GP 决定,那么变更时一般也需要 GP 和 LP 根据基金协议约定来决定。第三,LP 委派的,基金协议中一般要明确哪些 LP 或特定比例以上 LP 有权委派多少名委员,则其更换自然相应参照。

---

① 参见汪澍:LPA 审核实务要点系列课程,载京陆私募学堂网 2019 年 9 月 11 日,https://app8ooy7jry7987.h5.xiaoeknow.com/p/course/audio/a_5d7900 33437b9_4DjFOpKD?product_id=p_5d36c2eb4bffd_k1aa8eP4。

② 参见汪澍:LPA 审核实务要点系列课程,载京陆私募学堂网 2019 年 9 月 11 日,https://app8ooy7jry7987.h5.xiaoeknow.com/p/course/audio/a_5d7900 88ebbce_Vr8Dbis9?product_id=p_5d36c2eb4bffd_k1aa8eP4。

③ 参见汪澍:LPA 审核实务要点系列课程,载京陆私募学堂网 2019 年 9 月 11 日,https://app8ooy7jry7987.h5.xiaoeknow.com/p/course/audio/a_5d7900 88ebbce_Vr8Dbis9?product_id=p_5d36c2eb4bffd_k1aa8eP4。

投委会成员的更换,可以基于多种原因:[1]第一,死亡或丧失民事行为能力。第二,主动辞职。第三,消极或拒绝履职(协议中可以明确具体认定标准,如连续多长时间没有履职,或一年中有多少天没有履职)。第四,因故意或重大过失给基金造成损失。第五,违反基金协议,给基金造成损失。第六,被其他委员或 GP/LP 弹劾,经过基金协议规定的程序进行罢免。第七,委派机构存在违约、重大失职等重大恶劣情形,比如 GP 违约导致被除名,LP 违约或存在其他重大恶劣情形的。

特别需要指出的是,LP 委派投委会成员,涉嫌 LP 执行合伙事务,有被认定为承担无限责任的风险,实务中部分政府引导基金和机构投资者会设置“投资决策委员会观察员”这个角色,列席投资决策委员会,发表“软约束”意见。观察员这个角色,一方面满足了 LP 足够的知情权,对 GP 形成软性约束;另一方面避免 LP 过度介入基金管理的嫌疑,规避了可能被认定为承担无限责任的风险。

③对投资决策事项的控制

GP 的决策事项按照投资、投后管理、退出三个重要阶段来看,主要涉及:第一,投资决策,即对项目投资的决策,如投与不投、投哪个项目、用哪(几)只基金、额度怎么分配、估值条款如何等;第二,投后项目重大事项决策,如次轮融资是否参与(优先认购权是否行使)、是否要优先出售(部分)股权(优先出售权/共同出售权行使)、业绩调整执行(是否执行及具体执行方案)、是否(部分)回购等;第三,投资项目退出决策,如是否全部回购、是否全部转让退出、是否同意破产清算等。

④对投资决策规则的控制

最常见的是,“一人一票多数决”——一人一票,简单多数通过。对此常见的变种是,特定人的票数权重有差异,有的人(如主任委员)两票,或其在不能达成多数决时有最终决定权,此外就“多数决”,可以是简单多数(出席人过半),可以是绝对多数(所有人数过半),也可以是 2/3 以上,当然也有安排全票通过的情况。

决策规则可以和决策事项结合作变化。特定事项(如投资额超过 1 个亿)需

---

① 参见汪澍:LPA 审核实务要点系列课程,载京陆私募学堂网 2019 年 9 月 11 日,https://app8ooy7jry7987. h5. xiaoeknow. com/p/course/audio/a_5d7900 88ebbce_Vr8Dbis9? product_id = p_5d36c2eb4bffd_k1aa8eP4。

要全票/特定 LP 委派的投委会委员通过方可执行,特定事项(如投资于特定行业且投资额在 2000 万元以下)特定投委会委员同意即可通过。

⑤对投资决策质量的控制

GP 进行投资决策,其决策质量的一个依归是尽职调查资料的完备性、专业性、准确性,LP 可以通过 LPA 明确进行投资决策、最终投资项目,所依据的是决策资料的完备性,比如必须经过有资质的律所、会所出具的法律和财务尽职调查报告。

(三)适用及其他

可以是一句话,如 GP 对项目投资的立项、投资及退出进行专业决策,这意味着相应的投资决策机构内置于 GP 中。

也可以根据 LP/GP 的诉求,将投资决策机构内置于基金中,并细化不限于下面的内容:投资决策委员会或类似名称的机构的组成、人员选任及更换、召集程序、决策程序及比例、决策事项范围等。

二十八、关联方及投资回避

(一)指引内容

【投资事项】合伙协议应列明本合伙型基金的……关联方认定标准及关联方投资的回避制度……

(二)内含机理

1. 对关联方的关注本质是来源于对关联交易的限制要求

合伙企业的管理人(GP)实质管理运营合伙企业,天然存在这样的道德风险:GP 运用自己的权力,让合伙企业与自己进行交易,或者更为隐蔽些,让合伙企业与自己的“关联方”进行交易,不当侵害合伙企业利益(转移利润或转嫁亏损)。限制关联交易详细机理,详见上篇第二章第二节“十五、执行事务合伙人执行事务的利益冲突及关联交易”部分的相关内容。

2. 关联方认定标准

关联交易应当被严格规制,这涉及对 LP 和合伙企业的保护,也涉及对 GP 的限制,而关联方的界定框定了关联交易的“对手方”范围,因而什么样的主体会被认定为关联方亦即关联方的认定标准,对 GP 和 LP 来说都是重要且需要厘清的事项。

中伦律师事务所律师赵艳春等做了归纳，并列表图示基金关联方，提供了一个比较完整的参考（见图 2－2）。①

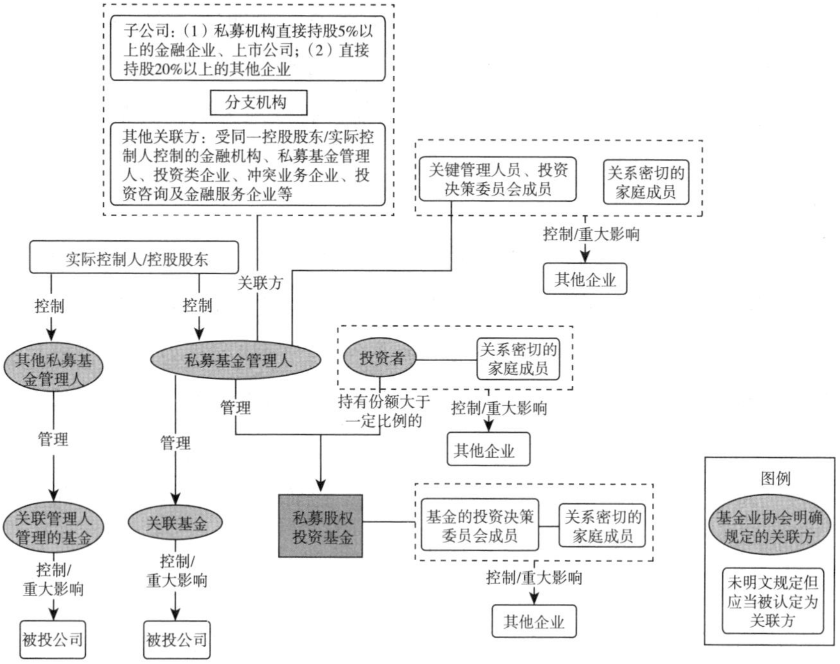

图 2－2　私募股权基金的关联方

（三）适用及其他

核心关注点在于合伙企业（尤其是 GP/管理人）关联方与合伙企业的关联交易界定，以及相应的该部分关联交易的投资回避。

二十九、投资后持续管理

（一）指引内容

【投资事项】合伙协议应列明本合伙型基金……投资后对被投资企业的持续监控、投资风险防范、投资退出、所投资标的担保措施、举债及担保限制等作出约定。

① 参见赵艳春、顾佳静：《私募基金关联交易系列（一）：私募股权投资基金关联方的认定》，载中伦律师事务所网，http://www.zhonglun.com/Content/2020/12－08/1632149258.html。

(二) 内含机理

1. 增资服务

对拟投资企业来说,基金投资并不只带来资金,还能带来资源,如上下游资源对接、管理人才推荐、管理水平提升、基金品牌增信等,持续的投后增值服务必不可少。对于基金来说,持续的投后增值服务,能够有效地为被投资企业赋能,提升企业估值,提高基金回报。

2. 风险控制

除了前述增值服务的部分,投后另一个重要的内容是风险控制。持续的投后管理,能够对企业风险做到较为及时的监控、预警,甚至预测,对投资资金的安全至为重要。另外,从最终退出进程来说,除了企业经营状况良好并在投资后很短时间内上市成功外,投资后企业发展过程中可能通过次轮融资、回购、并购等方式实现增值/(部分)退出,而在这些节点上,如何作一个(明智的)决策,持续的投后管理、投后跟踪所获得的信息都是判断的基础。因而,投后管理是非常重要的环节,是判断一个 GP 好坏的一个重要方面。

(三) 适用及其他

虽然投后管理在股权投资中非常重要[其重要性集中体现在股权投资合同中的知情权、董监事席位、保护性权利("一票否决权")等条款],但仅就合伙协议来说,这个条款是没有太多"法律含量"的条款,因而作一般性的描述即可。

三十、利润分配及亏损分担方式

(一) 指引内容

【投资事项】合伙协议应列明与合伙企业的利润分配及亏损分担方式有关的事项,具体可以包括利润分配原则及顺序、利润分配方式、亏损分担原则及顺序等。

(二) 内含机理

1. 利润分配及亏损分担系法定内容

合伙协议应当载明"利润分配、亏损分担方式"(《合伙企业法》第 18 条第 5 项)。

利润分配系对合伙经营收益(收入减去必要的扣除后的剩余,即利润)在各合伙人中进行分配,具体可以细化为包括分配比例、分配次数、计算分配额的依据等要素。

亏损分担即合伙企业经营发生亏损（收入减去各项费用等后，出现负差额即亏损）时由各合伙人进行分担的具体办法，虽然普通合伙人对企业债务承担无限连带责任，但这种责任承担是对外的，对内来说，合伙人之间具体如何进行分担对各合伙人还是具有重要意义的[①]。具体来说，亏损分担包括分担原则、具体比例、数额等。

针对外商创投企业，创投企业的投资者可以在创业投资合同中依据国际惯例约定内部收益分配机制和奖励机制（《外商创投规定》第 22 条）。

2. 意定优先，次按实缴额，次平均分配、分担

合伙企业的利益分配、亏损分担，按照合伙协议的约定办理；合伙协议未约定或者约定不明确的，由合伙人协商决定；协商不成的，由合伙人按照实缴出资比例分配、分担；无法确定出资比例的，由合伙人平均分配、分担（《合伙企业法》第 33 条第 1 款）。

特别地，合伙人退伙时，仅就该退伙合伙人，类似于合伙企业"清算"，如果发生亏损，则也应当按照前述原则进行亏损分担（《合伙企业法》第 54 条）。

利润分配和亏损分担是合伙人的重要基本权利，理应由合伙协议作出约定。合伙企业法首先尊重合伙人意思自治，允许合伙人按照合伙协议约定进行利润分配和亏损分担。针对现实中，有的合伙协议可能没有明确约定，则允许合伙人协商确定，此即坚持了合伙人合伙协议（合意）优先于法律的原则。

如果合伙协议未约定，合伙人又未能协商确定的，《合伙企业法》确立了一个原则，即按照实缴出资额进行分配、分担，无法确定比例的，按照平均进行分配和分担。

3. 禁止性规定及有限合伙例外

（1）一般（普通）合伙企业禁止性规定：利润不得全部分配给部分合伙人，不得由部分合伙人承担全部亏损

合伙协议不得约定将全部利润分配给部分合伙人或者由部分合伙人承担全部亏损（《合伙企业法》第 33 条第 2 款）。

《合伙企业法》一个重要特征是，所有合伙人共享收益、共担风险。每一个合

---

① 参见李飞主编，全国人民代表大会常务委员会法制工作委员会编：《中华人民共和国合伙企业法释义》，法律出版社 2006 年版，第 28 页。

伙人,无论出资多少,都有权利参与利润分配,也有分担亏损的义务。虽然法律允许合伙人通过合伙协议进行另外约定,但是如果走到极端,部分强势合伙人利用优势地位排除部分合伙人的收益权利或者免除部分合伙人的风险承担,则可能会丧失公平[①]。因而,《合伙企业法》确立了一个基本的边界,即不得约定全部利润分配给部分合伙人或者由部分合伙人承担全部亏损。

(2)有限合伙企业可以另行约定:利润全部分配给部分合伙人

有限合伙企业不得将全部利润分配给部分合伙人;但是,合伙协议另有约定的除外(《合伙企业法》第 69 条)。

有限合伙企业中,有限合伙人只向有限合伙企业出资,不实际参与合伙事务的执行。在有限合伙企业中,特别是在风险投资领域,有限合伙人的回报周期很长,执行合伙事务的执行合伙人一般在一开始就能够获得相当的管理费收入。当有限合伙企业产生利润时,为了平衡有限合伙人的利益,先将利润分配给有限合伙人是通行的操作,法律应当允许该等操作[②]。

需要特别指出的是,有限合伙企业的例外规定仅限于突破"全部利润分配给部分合伙人",但也不能突破"部分合伙人承担全部亏损"。

4. 基金监管角度的"结构化"安排

有限合伙制基金的"结构化"安排,是可能实质上导致"全部利润分配给部分合伙人",甚至"部分合伙人承担全部亏损"之效果的。

针对结构化安排,《备案指引 2 号》第 15 条第 2 款规定,投资《备案指引 2 号》第 13 条第 2 款第 2 项至第 6 项规定资产的分级私募股权基金,应当符合利益共享、风险共担、风险与收益相匹配原则,优先级与劣后级的比例不得超过 1∶1,优先级份额投资者获取收益或者承担亏损的比例不得低于 30%,劣后级份额投资者获取收益或者承担亏损的比例不得高于 70%[③]。

---

① 参见李飞主编,全国人民代表大会常务委员会法制工作委员会编:《中华人民共和国合伙企业法释义》,法律出版社 2006 年版,第 51 页。

② 参见李飞主编,全国人民代表大会常务委员会法制工作委员会编:《中华人民共和国合伙企业法释义》,法律出版社 2006 年版,第 113-114 页。

③ 被废止的旧规有类似规定,针对结构化安排,《基金备案关注要点》第 2 条规定:(1)主要投资上市公司股票(定增、大宗交易、协议转让等)的,优先级/劣后级≤1;(2)明确利益共享、风险共担、风险与收益相匹配原则,即基金净值 > 1,劣后不承担亏损;基金净值 < 1,优先不享受收益;(3)关注极端比例,优先/劣后大于 3/7。因此,从监管的角度来看,基金整体存在盈利时,不应当拟制出"亏损"仅由部分合伙人承担,反过来当基金整体存在亏损时,不应当拟制出"盈利"仅由部分合伙人承担。

前述规定意味着:(1)私募股权基金(含创业投资基金)仍可以采用分级安排;(2)投资于未上市企业股权及可转债以外其他资产的,适用“同亏同盈”原则及杠杆比例限制,但仅投资于未上市企业股权及可转债的(前述《备案指引2号》第13条第2款第1项),不适用“同亏同盈”原则,且分级杠杆比例存在突破的空间。

(三)适用及其他

利润分配变种,参见上篇第二章第二节“十四、执行事务合伙人执行事务的报酬(包括绩效分成)及报酬提取方式”部分内容,本部分项下内容与该部分内容钩稽。

亏损一般是按照认缴出资额比例来进行分担。

三十一、税务承担

(一)指引内容

【税务承担】合伙协议应列明合伙企业的税务承担事项。

(二)内含机理

1. 所得税

《合伙企业法》确立了合伙企业“税收透明体”原则。合伙企业的生产经营所得和其他所得,按照国家有关税收规定,由合伙人分别缴纳所得税(《合伙企业法》第6条)。

“税收透明体”原则避免了对合伙企业和合伙人所得的双重征税,降低了合伙人的纳税成本和企业的缴税风险,这是合伙企业成为目前投资基金的主流形式的重要原因之一。

合伙人缴纳所得税,一是根据现行税收政策,年度终了,无论合伙企业是否向合伙人分配所得,均应按照合伙企业的全部生产经营所得和合伙协议约定的比例分配,没有约定分配比例的,按照合伙人平均数量计算,并缴纳所得税;二是法人合伙人应当就其每一纳税年度的生产经营所得和其他所得按照国家的规定缴纳企业所得税,自然人合伙人久期生产经营所得比照个体工商户的生产、经营所得交纳个人所得税。[1]

---

① 参见李飞主编,全国人民代表大会常务委员会法制工作委员会编:《中华人民共和国合伙企业法释义》,法律出版社2006年版,第10-11页。

2. 其他税收

《合伙企业法》仅就所得税征收进行了规定,但针对合伙企业生产经营过程中应当缴纳的其他税收如营业税、增资税等均应依法缴纳。

(三)适用及其他

无特别变种,一般性约定按照法律法规规定缴纳税收即可。需要特别指出的是,实务中,一是存在不少地方的优惠税收政策,二是各地税务机关对税法理解不一,因而实际操作中,可能会有差异。

三十二、合伙企业费用的核算和支付事项

(一)指引内容

【费用和支出】合伙协议应列明与合伙企业费用的核算和支付有关的事项,具体可以包括合伙企业费用的计提原则、承担费用的范围、计算及支付方式、应由普通合伙人承担的费用等。

(二)内含机理

1. 费用的内涵

费用是指企业在日常活动中发生的、会导致所有者权益减少的、与向所有者分配利润无关的经济利益的总流出。[①]

2. 合伙企业费用和普通合伙人费用应予以分隔

合伙企业费用会直接导致合伙人所有者权益减少,而(又不是向合伙人进行的分配)不会给合伙人带来直接收益。合伙企业费用的界定、计提、支付等,对合伙人来说就是很重要的事项。

(1)合伙企业费用的承担

①合伙企业费用支出系商业上的合理要求

合伙企业系法律上成立登记并运营的实体,其自身的设立、运营、终止、解散、清算等系其生命周期中必然涉及的流程,在此流程中产生的费用,应当由合伙企业来承担,自无疑问。

②列明合伙企业费用核算和支付系对有限合伙人之保护

在有限合伙企业中,有限合伙人出钱,但合伙事务管理由管理人来进行,管理

---

① 《会计基本准则》第33条。

人对合伙企业具有直接管理的权限。费用支出作为扣除项，直接影响着有限合伙人投入资金使用、资金回收速度、最终收益率，因而对其进行必要的管理非常重要。通过有限合伙协议列明企业费用的核算及支出，能够保护有限合伙人的权利，同时对普通合伙人进行必要约束。

（2）普通合伙人费用的承担

就对普通合伙人的约束而言，列明合伙企业费用是一方面，普通合伙人应承担费用的明确是另一个重要的方面。

①普通合伙人应承担的费用与合伙企业无关

虽然普通合伙人管理有限合伙企业，但是普通合伙人与有限合伙企业是两个独立的主体。有限合伙企业自己承担自己的相关费用，普通合伙人也应当承担自己的相关费用，该相关费用与合伙企业无关，不能转嫁给合伙企业承担。

②与合伙企业有关的费用已经被管理费涵盖

仅就普通合伙人管理有限合伙而言，其产生的成本等，道理上来讲应当被有限合伙企业支付给普通合伙人的管理费覆盖。从这个角度上来讲，普通合伙人不应当再将其他的费用转嫁给合伙企业承担。

3. 合伙企业费用的外延

合伙企业费用，通常有以下几类。①

（1）开办费

通俗来讲，为了把基金建立起来所应当支付的必要费用。实务中主要包括：

第一，合伙企业设立相关费用，如工商登记费用、工商代办费用以及相关的差旅费等。

第二，基金募集合规费用，如为设立基金所指出的律师费。需要明确的是，管理人登记等（如涉及）所支出的律师费不能作为合伙企业费用。

第三，专业机构咨询费，如为涉及复杂的产品结构（如涉及 GFLP、税务筹划）而聘请税务、法务、财务等咨询机构应付出的必要费用。

第四，募集费用。募集费用是 GP 在募集基金时，给募集通道、基金销售机构、帮助基金募集的第三方人事支付的费用。实务中，有时候会把募集费用列为

---

① 参见汪澍：《LPA 审核实务要点解读系列（三）——私募基金的合伙费用》，载京陆私募学堂网 2020 年 2 月 21 日，https://app8ooy7jry7987. h5. xiaoeknow. com/v2/course/alive/l_5e4a52df3b9ff_0dHpVDQY？type＝2。

开办费用的一类处理,这是不妥当的,原因是募集费用整体上来说是出于 GP 的利益而非出于基金/基金投资者整体利益而支付的,应当由 GP 去承担。特定情形下,如存量 LP 非常看重新增 LP 的加入,可以特事特办由基金承担募集该特定 LP 而支付的募集费用,这自然也是可以的,但一般而言应当由 GP 自行承担募集费用。

(2)运营中介费用

运营中介费指的是基金在成立之后运营过程中产生的审计、税务、评估、注册、变更、租赁等(中介)费用。一般来说,基金更多的实际上是一个不完全实体的“账户”,相应费用比较少且一般不会产生疑问。实务中,需要注意的是,管理人运营中的相关费用是否不应由基金承担/分担,如管理人自身租赁场地,基金注册在同一地,管理人将全部租赁费用转嫁给基金承担,这是不妥当的。

(3)运营费用

合伙企业相关委员会或类似机构履行职务的费用,包括咨询委员会、投资决策委员会、合伙人会议的费用等。这类费用主要是会议费用,如会议场所的租赁、会议材料的采购、资料文件的打印等费用,需要明确的是差旅费是否包含在会议费用中,这个一般要予以明确。

(4)管理费

在基金支付管理费的情况下,管理费作为合伙企业支付给管理人管理服务的对价(之一),自然要作为合伙企业的费用。

(5)业绩报酬

实务中,有部分基金是将业绩报酬通过费用的方式支付给 GP 的,此时的业绩报酬也会归属到合伙企业费用范畴①。

(6)投资中介费用

投资中介费指的是基金在项目投资过程中,就项目挖掘、项目拜访、投资尽调、投资执行、投资持有、投后管理、投后退出过程中发生的,聘请第三方专业顾

---

① 就合伙企业而言,如果是界定为费用,创投基金按照年度整体核算的方式,因确认了更多的费用,是有税筹优势的。但需要注意的是,就 GP 而言,如果界定为费用则就不构成投资收益,作为 GP 的收入 GP 是要缴纳增值税的。附:《创投个人合伙人所得税通知》第 2 条第 2 款规定:创投企业选择按年度所得整体核算的,其个人合伙人应从创投企业取得的所得,按照“经营所得”项目、5% ~35% 的超额累进税率计算缴纳个人所得税。第 4 条第 1 款规定:创投企业年度所得整体核算,是指将创投企业以每一纳税年度的收入总额减除成本、费用以及损失后,计算应分配给个人合伙人的所得。

问/中介机构进行法务尽调、财务审计、咨询及其他服务而产生的费用。投资中介费用不低,有时候涉及较复杂后期项目投资的,尽调费用上百万也是常见的。

从基金/LP 的角度来看,管理人应尽量使被投资企业或第三方承担/分担投资中介费用[①],实务中形成了一些通行做法:①投资成功的,优先由被投资企业承担。②投资成功的,被投企业未承担,由合伙企业承担。③投资失败的,由 LP 还是 GP 承担存在一定争议。认为由 GP 承担的理由是,GP 眼光/执行力不行,浪费了中介费用而没有成功投资。而认为由 LP 承担的理由是,中介费用毕竟是从合伙企业整体利益出发为了实现合适的投资而支付的。如果认定由 GP 承担,那么可能会反向刺激 GP 不经中介尽调等即投资,容易放大投资风险,而如果认定由 LP 承担可能导致管理人不用心进行费用管控,合理的操作方案可以是由 LP/合伙企业承担,但是设立一定费用预算、信息披露、费用上限等机制,对管理人进行一定约束。

需要特别指出的是,针对前述②、③,在 GP 同时管理多只基金时,应当予以特别注意。在②的情形下,如果多只基金同时投资,则应当约定按照投资金额比例分担中介费用。在③的情形下,如果约定了由基金承担投资不成功的中介费用,则应当明确费用归属的合理性(如因为区域、行业等特定原因,被投资项目只能由特定某只/某几只基金投资,投资不成功的中介费用相应只能由特定某只/某几只基金承担,而且分担的原则应当予以明确,如均分/按照规模划分)。

(7)分手费

分手费一般指框架交易合同达成,双方“牵手”以后,一方因为特定原因不想继续交易,支付给对方一定费用以“分手”而终止交易。在大额的股权投资交易中,分手费可能是一个比较可观的数额,如将分手费列为基金费用,一旦基金因为各种原因发生违约(如人民币基金跨境投资中,ODI 手续不畅),则会给基金造成较大损失。可考虑的调整方案是:①针对早期投资机构,尽量不将分手费列为合伙企业费用,要求 GP 不得在管理中签署带有分手费条款的框架交易合同。②针对中晚期投资机构,可以对分手费的数额进行一个限制,或者约定超过一定数额的需要在签署之前提前告知 LP。

---

① 与下篇第五章第二节“二十四、律师和费用”的内容相钩稽。——笔者注

(8)履行代扣代缴义务费用

合伙企业应国家税务规定或税务等相关部门要求,因其为自然人有限合伙人履行所得税等代扣代缴义务而产生的费用(为免疑义,不包括代扣代缴的税款)。

(9)免责保证义务

特定人士为基金提供服务而招致第三方损害时,基金应当就该等损害对其进行补偿,从而形成了基金的费用。可以一般认可该补偿作为基金费用,但是需要在基金协议中明确该特定人士、事项范围、补偿上限等。

(10)保险支出

为特定人员购买商业保险的费用支出,类似于为公司为董事购买董事责任险[①],基金也可以为咨询委员会委员、投资决策委员会委员购买相应的责任保险,购买费用列为基金合伙企业费用。

(11)银行服务费用

一般涉及托管费、募集监管费、交易手续费等。

(12)政府部门费用

政府部门对合伙企业设立、运营、清算、收益、交易、登记等事项收取的税/费等。

(13)清算费用

合伙企业因清算而产生的清算人报酬、公告费、咨询费、审计评估费、诉讼费等。

(14)争议解决费用

为解决涉及基金的争议而为诉讼、仲裁、谈判、和解、采取其他法律行动或履行法律程序而产生的费用。

(15)其他费用

诸如基金贷款所支付的利息、合伙企业审计、财务报告制作、税务报表报送、向合伙人或政府部门报告的费用和支出,包括制作、印刷和递送成本等。需要指出的是,对 LP 来说,该“兜底条款”应尽量避免,当然从 GP 的角度上来讲,应该争取这样的条款,因为实务中可能会有一些难以预料的确实应当由基金支付的费用,如果不列明托管行放款可能有障碍。

4. 合伙企业费用的分摊

合伙企业费用由合伙企业支付,实质上是按照比例分摊给每个合伙人的。具

① 参见下篇第五章第二节“三十一、董事会事项”项下的相关内容。

体可以选择按照认缴比例分摊,或是按照实缴比例分摊。实务中,一般默认按照认缴比例分摊,这样的话,违约合伙人即便未出资也要承担分摊的合伙企业费用。

合伙企业费用分摊会有一些特殊的情形。①

(1)基金未设立成功的费用分摊

《合伙企业法》未有明确规定,应当在有限合伙协议中予以约定。参考公司法相关规定②,较为妥当的方案可以是:①全体合伙人对未设立费用承担连带责任(LP 可以约定费用上限,以约束 GP 滥用费用行为)。②可以按照出资比例分摊,也可以按照其他比例分摊。③出资比例没有约定的,按照均等份额承担责任。

(2)合伙人入伙、退伙时的费用分摊

合伙人入伙、退伙时,涉及合伙人出资额的调整,因而就涉及对费用分摊的调整。

就入伙而言,除了对新增合伙人做增加出资额的处理外,对之前项目的费用分摊也需要予以处理,可选的妥当方案为:如果新合伙人参与此前项目投资收益的分配,则应当相应分担此前项目产生的费用;反之则无须分担。

就退伙而言,需要在退伙时进行结算,自然需将费用核算清楚进行分摊,在退伙合伙人结算金额中予以体现。

(3)投资单元安排导致费用分摊分隔

投资单元是指不同投资者持有的份额分别投向不同的项目③。因不同投资项目产生的费用自然需要对应到不同的投资者名下,因而费用分摊也不是按照认

---

① 参见汪澍:《LPA 审核实务要点解读系列(三)——私募基金的合伙费用》,载京陆私募学堂网 2020 年 2 月 21 日,https://app8ooy7jry7987. h5. xiaoeknow. com/v2/course/alive/l_5e4a52df3b9ff_0dHpVDQY? type =2。

② 《公司法解释(三)》第 4 条规定:公司因故未成立,债权人请求全体或者部分发起人对设立公司行为所产生的费用和债务承担连带清偿责任的,人民法院应予支持。部分发起人依照前款规定承担责任后,请求其他发起人分担的,人民法院应当判令其他发起人按照约定的责任承担比例分担责任;没有约定责任承担比例的,按照约定的出资比例分担责任;没有约定出资比例的,按照均等份额分担责任。因部分发起人的过错导致公司未成立,其他发起人主张其承担设立行为所产生的费用和债务的,人民法院应当根据过错情况,确定过错一方的责任范围。最新《公司法》第 44 条第 2、3、4 款的规定内涵,与前述公司法解释的规范内涵基本一致。

③ 投资单元下确实存在费用分摊的特殊处理,仅为讨论需要进行罗列。根据《备案指引 2 号》第 10 条第 2 款的规定,私募基金管理人不得在私募股权基金内部设立由不同投资者参与并投向不同资产的投资单元或者基金子份额,但因投资排除等机制导致前述情形的除外。被废止的旧规也有类似规定,《备案须知 2019》第 15 条规定:管理人不得在基金内部设立不同投资者参与并投向不同资产的投资单元/子份额,规避备案义务,不公平对待投资者。实务中,“投资单元”为监管所不允许,请读者知悉。

缴/实缴出资比例来进行的。

5. 合伙企业费用的管控

合伙费用的管控,首先是对 GP 机会主义行为的约束,其次也要给 GP 留有一定自主空间,需要达成一定平衡,常见的几个管控/平衡机制为:①

(1)费用上限管控,按照类型或全部合伙费用设置上限。如设置基金存续期内/年度费用预算,按照固定额度或比例管控,常见费用预算大致在基金规模的1% ~5% 。为了有一定灵活性,也会安排上限调整/费用除外(如诉讼费用等大额意外费用)机制,但应当根据基金合伙协议一般需要合伙人会议通过。

(2)费用披露机制,要求定期披露费用实际使用情况。通过透明化的方法,监督 GP 可能的机会主义行为,同时如果出现不当行为,LP 可以通过披露机制及时发现并行使监督权力。

(3)托管行管控机制,费用支出要通过托管行划款。托管行将对费用支出进行书面审核,相应的费用支付也要符合基金合伙协议的要求,这对费用支付构成一定的监督管控。

(三)适用及其他

1. 合伙企业费用

(1)一般约定

一般采用“列举 + 兜底”的方式。列举的是合伙企业从成立到清算的通常费用,如开办费、管理费、日常中介费、合伙人会议费用、托管费等。兜底一般表述为其他与合伙企业业务和运营有关的费用。

(2)部分细节

可以有差异化处理,如为了控制费用,可以约定开办费(或其他费用)的上限,上限可以是明确上限,也可以是原则性规定合理、适度。如有限合伙人参会费用或设立咨询委员会的相关委员参会费用,是否列入合伙企业费用,都可以进行差异化约定。

2. 普通合伙人应承担的费用

普通合伙人的费用承担,一般处理也是参照合伙企业费用,用“列举 + 兜底”

---

① 参见汪澍:《LPA 审核实务要点解读系列(三)——私募基金的合伙费用》,载京陆私募学堂网 2020 年 2 月 21 日,https://app8ooy7jry7987. h5. xiaoeknow. com/v2/course/alive/l_5e4a52df3b9ff_0dHpVDQY? type =2。

的方式。列举一般是普通合伙人常见的人员费用（工资、奖金等）、办公费用（租金、日常办公经费）、差旅费等，兜底费用为其他普通合伙人日常运营费用。

三十三、记账、会计年度、审计、年度报告、查阅会计账簿等

（一）指引内容

【财务会计制度】合伙协议应对合伙企业的记账、会计年度、审计、年度报告、查阅会计账簿的条件等事项作出约定。

（二）内含机理

1. 财务会计制度系法定要求

合伙企业应当依照法律、行政法规的规定建立企业财务、会计制度（《合伙企业法》第36条）。

从宏观监管的角度来讲，作为市场经济运行主体的企业应当建立财务会计制度，并且会计指标应当口径一致、相互可比，以满足各方了解企业财务状况和经营成果，便于国家及相关部门进行宏观经济调控①。从微观经营的角度来讲，企业应当建立财务会计制度，加强成本核算，增强企业效率。从微观投资的角度来讲，企业建立了合适财务会计制度，也便于投资人了解企业经营状况、管理人的管理绩效，进而监督督促管理人的管理行为。

2. 记账的基本要求

（1）内容要求

各单位必须依法设置会计账簿，并保证其真实、完整。单位负责人对本单位的会计工作和会计资料的真实性、完整性负责（《会计法》第3、4条）。

（2）期限要求

对于企业来说，会计档案保管期限是有法定要求的，如会计凭证、会计账簿保管期限均为30年，年度财务会计报告是永久，其他财务会计报告的是10年，其他类别的会计档案保存期限也有差异化安排（《会计档案管理办法（2015修改）》附表）。

3. 会计年度系法定要求

会计年度自公历1月1日起至12月31日止（《会计法》第11条）。

---

①　参见李飞主编，全国人民代表大会常务委员会法制工作委员会编：《中华人民共和国合伙企业法释义》，法律出版社2006年版，第55页。

4. 审计要求

(1)有限合伙人可以获取审计报告

有限合伙人可以有参与选择承办有限合伙企业审计业务的会计师事务所、获取经审计的有限合伙企业财务会计报告的行为(《合伙企业法》第 68 条第 2 款第 3、4 项)。

(2)非严格“法定”,监管部门(协会)要求

有关法律、行政法规规定,须经注册会计师进行审计的单位……(《会计法》第 31 条)。相关法律法规截至目前,并未强制要求有限合伙企业进行审计。

私募基金管理人应当在每一会计年度结束之日起 6 个月内,报送私募股权基金的相关财务信息以及符合规定的会计师事务所审计的年度财务报告;基金规模超过一定金额、投资者超过一定人数的私募基金等,其年度财务报告应当经中国证监会备案的会计师事务所审计(《登记备案办法(2023)》第 61 条第 1 款第 3 项)。

中基协发布的《私募投资基金信息披露内容与格式指引 2 号——适用于私募股权(含创业)投资基金》(以下简称《信息披露 2 号指引》)中,就私募股权(含创业)投资基金年度报告,要求报送经审计财务报告,并于次年 6 月底前完成。

5. 年度报告

(1)定期报告系法定强制性义务要求

由一个或数个合伙人执行合伙事务的,执行事务合伙人应当定期向其他合伙人报告事务执行情况以及合伙企业的经营和财务状况(《合伙企业法》第 28 条第 1 款)。此作为约束执行事务合伙人的强制性义务,要求执行事务合伙人按照合伙协议约定的期限如实地向不执行合伙事务的合伙人报告企业经营情况,并提交反应企业经营情况的有关文件。

(2)定期报告的时间差异化安排

参照上市公司信息披露要求,年度报告应当在每个会计年度结束之日起 4 个月内,中期报告应当在每个会计年度的上半年结束之日起 2 个月内[《上市公司信息披露管理办法》(2021 年修订)第 13 条]。

如“审计要求”一节所述,根据中基协发布的《信息披露 2 号指引》,私募股权(含创业)投资基金年度报告要求于次年 6 月底前完成。

(3)定期报告内容

可以仅是财务报告,也可以包含基金投资运营情况。详见上篇第二章第二节

“三十四、信息披露的内容、方式、频度等及报送”相应部分的内容。

6. 查阅会计账簿等

(1)查阅会计账簿等财务资料系法定权利

合伙人为了解合伙企业的经营状况和财务状况，有权查阅合伙企业会计账簿等财务资料(《合伙企业法》第 28 条第 2 款)。在要求执行事务合伙人主动报告的基础上，进一步明确强调(其他)合伙人有主动查账的权利。

了解合伙企业的经营状况和财务状况，是不执行事务合伙人监督执行事务合伙人最有效的手段，而了解合伙企业的经营状况除了被动的接收信息报告外，最有效的手段就是主动出击去查账，否则合伙人的监督权就会落空。

(2)查阅权系法定“增强”的权利但有细化空间

额外做个对比，比照公司法中有限责任公司股东的查阅权，合伙企业合伙人的查阅权可以说是个“增强”的权利。

就有限责任公司的查阅权而言，旧《公司法(2018)》规定，股东有权无理由查阅、复制公司章程、股东会会议记录、董事会会议决议、监事会会议决议和财务会计报告(《公司法(2018)》第 33 条第 1 款)。此外，股东可以要求查阅公司会计账簿。股东要求查阅公司会计账簿的，应当向公司提出书面请求，说明目的。公司有合理根据认为股东查阅会计账簿有不正当目的，可能损害公司合法利益的，可以拒绝提供查阅，并应当自股东提出书面请求之日起 15 日内书面答复股东并说明理由(《公司法》第 33 条第 2 款)。注意以下几个核心点：(1)查阅范围仅会计账簿；(2)程序上要提出书面请求说明理由；(3)公司可以拒绝。最新《公司法》在旧《公司法(2018)》的基础上强化了查阅权，首先，无理由查阅、复制的范围增加了“股东名册”(《公司法》第 57 条第 1 款)；其次，有理由查阅范围增加了“会计凭证”(《公司法》第 57 条第 2 款)；再次，明确股东委托会计师事务所、律师事务所等中介机构辅助行使查阅权的权限及对其合法行使查阅权的要求(《公司法》第 57 条第 3、4 款)；最后，新增股东“穿透查阅权”，即对全资子公司相关资料的查阅、复制权(《公司法》第 57 条第 5 款)。

而就合伙企业的查阅权而言，查阅范围并不仅局限于会计账簿、会计凭证，程序上也不要求书面请求说明理由，《合伙企业法》虽然没有规定清楚企业是否可以拒绝，但从一般的法理上来说，如果合伙人恶意查阅，损害合伙企业利益，合伙企业/执行事务合伙人应当有权利拒绝。

(三)适用及其他

1. 记账

会计账簿内容本身、保存期限可能会随着相关法律政策的修改而变化,因而就合伙协议来说,一般仅约定为“根据法律规定,维持并保管会计账簿”即可。

2. 会计年度

(1)一般会计年度

此与《会计法》保持一致即可。

(2)首个会计年度

可以明确约定,自合伙企业成立之日起到当年的 12 月 31 日止。

3. 审计要求

(1)时限

参考上市公司要求,可以是每个会计年度结束之日起 4 个月。比照中基协要求,可以是次年 6 月底之前。

另外,对有限合伙人来说,为了能尽早了解合伙企业过去一年的经营状况,也可以提前要求提供未经审计的财务报表。

(2)中介机构

全体合伙人/合伙协议对中介机构选定的安排包括:①普通合伙人决定聘任、解聘或更换;②普通合伙人决定聘、任、解聘或更换,但须及时通知所有合伙人;③合伙人会议/咨询委员会决定;④其他方式。

4. 定期报告

期限、内容详见上篇第二章第二节“三十四、信息披露的内容、方式、频度等及报送”相应部分的内容。

5. 查阅会计账簿等差异化安排

(1)程序

根据有限合伙人和管理人的具体谈判情况,可以按照《合伙企业法》的规定来列,但是考虑到可能有限合伙人频繁、不当地查阅会计账簿等资料,可能会给管理人、合伙企业带来不必要的麻烦、不利的影响,可以参照《公司法》的规定,在提出程序、说明、时限等方面,作出额外限制安排。

(2)范围

《合伙企业法》虽然没有限定范围,但是有些财务资料可能涉密,合伙协议也可以做例外安排，如兜底约定“由于普通合伙人/有限合伙企业与第三方达成协议的保密限制，或受限于法律行政法规的规定的，可以不提供”。

三十四、信息披露的内容、方式、频度等及报送

（一）指引内容

【信息披露制度】合伙协议应对本合伙型基金信息披露的内容、方式、频度等内容作出约定。

【份额信息备份】订明全体合伙人同意私募基金管理人、份额登记机构或其他份额登记义务人应当按照中基协的规定办理基金份额登记（全体合伙人）数据的备份。

【报送披露信息】订明全体合伙人同意私募基金管理人或其他信息披露义务人应当按照中基协的规定对基金信息披露信息进行备份。

（二）内含机理

1. 信息披露系法定强制要求

由一个或数个合伙人执行合伙事务的，执行事务合伙人应当定期向其他合伙人报告事务执行情况以及合伙企业的经营和财务状况（《合伙企业法》第 28 条第 1 款前段）。实际上，定期报告即是向合伙人进行（定期）信息披露。

信息披露的要求，可以认为是合伙人知情权的一个侧面——“被动知情权”——由执伙/管理人主动披露，合伙人被动获得信息。

2. 信息披露系监管部门（协会）强制要求

中国证监会发布的《私募管理办法》规定，私募基金管理人、私募基金托管人应当按照合同约定，如实向投资者披露基金投资、资产负债、投资收益分配、基金承担的费用和业绩报酬、可能存在的利益冲突情况以及可能影响投资者合法权益的其他重大信息，不得隐瞒或者提供虚假信息（《私募管理办法》第 24 条）。

中国证监会授权中基协另行制定了信息披露规则《私募基金信息披露管理办法》（以下简称《信息披露办法》），明确了信息披露相关细则及报送要求。另外，中基协也要求基金合同应当规定信息披露的内容、方式、频率和投资者查询途径等相关事项（《登记备案办法（2023）》第 29 条第 3 项）。

3. 信息披露的具体要求

根据《信息披露办法》做简要梳理。

(1)信息披露(报送)备份

私募基金管理人应当按照规定通过中基协指定的私募基金信息披露备份平台报送信息(《信息披露办法》第 5 条第 1 款),中基协已经上线了“私募基金信息披露备份系统(pfid)”。

额外说明的一点是,合同指引特别提到了“份额信息”备份,即全体合伙人同意私募基金管理人(或其他义务人)按照中基协的规定办理基金份额登记(全体合伙人)数据的备份。仅就有限合伙制的私募基金来说,份额登记实际归属于有限合伙企业设立登记的市场监督管理部门,而基金份额登记数据的备份在中基协 AMBERS 系统中已经有报送备份,此项应当系强调而不是且实际也没有新开辟一个新的份额登记备份系统。

(2)积极信息:应当披露信息

信息披露义务人应当向投资者披露的信息包括(《信息披露办法》第 9 条):①基金合同;②招募说明书等宣传推介文件;③基金销售协议中的主要权利义务条款(如有);④基金的投资情况;⑤基金的资产负债情况;⑥基金的投资收益分配情况;⑦基金承担的费用和业绩报酬安排;⑧可能存在的利益冲突;⑨涉及私募基金管理业务、基金财产、基金托管业务的重大诉讼、仲裁;⑩中国证监会以及中基协会规定的影响投资者合法权益的其他重大信息。

(3)消极信息:禁止披露信息

信息披露义务人披露基金信息,不得存在以下行为(《信息披露办法》第 11 条):①公开披露或者变相公开披露;②虚假记载、误导性陈述或者重大遗漏;③对投资业绩进行预测;④违规承诺收益或者承担损失;⑤诋毁其他基金管理人、基金托管人或者基金销售机构;⑥登载任何自然人、法人或者其他组织的祝贺性、恭维性或推荐性的文字;⑦采用不具有可比性、公平性、准确性、权威性的数据来源和方法进行业绩比较,任意使用“业绩最佳”“规模最大”等相关措辞;⑧法律、行政法规、中国证监会和中基协会禁止的其他行为。

(4)募集期间信息披露、运作期间信息披露、信息披露事务管理

《信息披露办法》专章对基金募集期间的信息披露(第三章)、运作期间的信息披露(第四章)、信息披露制度建立运作(第五章)作出专门、详细的规定,前述规定的核心主体是基金管理人。

从有限合伙协议的角度来看,信息披露应当主要关心“运作期间的信息披

露”，可以分为定期信息披露和临时信息披露。

就定期信息披露而言，根据《信息披露 2 号指引》的规定，定期信息披露要求见表 2－12。

表 2－12　定期信息披露要求

序号	具体事项	时间	内容
1	半年度报告	当年 9 月底前	同指引列示了信息披露的最低行业标准
2	年度报告	次年 6 月底前	
3	季度报告	不强制（鼓励出一、三季报）	

就临时信息披露而言，根据《信息披露办法》第 18 条的规定，发生影响投资者利益的重大事项，应当及时披露，见表 2－13。

表 2－13　临时信息披露要求

序号	具体事项	说明
1	名称、注册地址、组织形式变更	基金基本面
2	投资范围、策略发生重大变化	
3	管理人或托管人变更	基金管理基本面
4	管理人法定代表人、执行事务合伙人（委派代表）、实际控制人变更	
5	触及基金止损线或预警线	基金收益成本相关
6	管理费和托管费率发生变化	
7	收益分配事项发生变更	
8	基金触发巨额赎回	
9	基金存续期变更或展期	
10	基金清盘或清算	
11	重大关联交易事项	基金投资人利益受损潜在风险事项
12	管理人、实际控制人、高管涉嫌重大违规或正在接受监管部门调查	
13	涉及基金管理业务、基金财产、托管业务的重大诉讼、仲裁	
14	其他影响投资者利益的重大事项	兜底规定

(三)适用及其他

对于有限合伙协议来说,可以就该条做简单“引致”约定,即管理人根据中基协要求进行信息披露,所有合伙人同意管理人就披露信息在中基协指定平台进行备份。

从有限合伙人的角度出发,也可以对管理人信息披露及备份义务作出详细约定,包括内容、方式、频次、时间限制、责任等。

三十五、终止、解散的条件、清算程序

(一)指引内容

【终止、解散与清算】合伙协议应列明合伙企业终止、解散与清算有关的事项,具体可以包括合伙企业终止、解散的条件、清算程序……

(二)内含机理

1. 解散与清算系法定内容

合伙协议应当载明下列事项:合伙企业的解散与清算(《合伙企业法》第18条第9项)。

合伙企业的解散与清算是两个层面的概念,但联系紧密。解散是在合伙企业无法继续存续或没有必要继续经营下去的时候,通过一定的程序解散合伙企业组织。清算是在合伙企业解散(中)后,要清理合伙企业财产,梳理合伙企业债务并偿还,分配剩余财产,使合伙企业归于终止[①]。解散并清算,首先对于合伙人合伙企业来说,可以是出于止损的目的,其次对于合伙企业债务人来说,可以是出于保护债权人的目的,最后对于监管来说,可以是出于清理“有毒”主体,净化市场环境的目的。

2. 法定解散事由

法定的合伙企业解散事由有7项(《合伙企业法》第85条)。其中前3项为任意解散事由,后4项为强制解散事由。具体情况如下:

(1)任意解散事由

①合伙期限届满,合伙人决定不再经营

合伙协议约定了经营期限,且该经营期限已经届满,按照原有达成的合意合

---

① 参见李飞主编,全国人民代表大会常务委员会法制工作委员会编:《中华人民共和国合伙企业法释义》,法律出版社2006年版,第29页。

伙企业应当解散终止,除非合伙人达成新的合意,愿意通过将合伙经营期限予以延期以继续经营。在此种情况下,合伙企业存续的基础已经不复存在,合伙企业应当按照合伙人的意思表示解散[①]。前述是合伙企业法释义的阐释,不过从法律原文表述来看,合伙期限届满并不能当然导致合伙企业解散,还有一个"合伙人决定不再经营"的条件,实务中,如果期限届满时经营不善,合伙人不配合出决议"决定不再经营",合伙企业能不能自动解散是存有疑问的。

②合伙协议约定的解散事由出现

合伙协议是合伙人意思自治的表现,只要不违反法律规定,合伙人有权在合伙协议中约定合伙解散的事由,当解散事由成就,则合伙企业应当解散。

③全体合伙人决定解散

全体合伙人可以基于共同的合意成立合伙企业,自然也能基于共同的合意解散它,此为意思自治的应有之义。

这里特别指出一点,从基金监管的角度来看,存在一种特别的情形,即私募基金管理人的股东、合伙人、实际控制人拟发生变更导致实际控制权发生变更(《登记备案办法(2023)》第49条第2款)如果未能根据基金合同约定对管理人进行除名/更换,那么可以将自动解散设置为解决此问题的最终选项。

(2)强制解散事由

①合伙人已不具备法定人数满30日

合伙企业应当有两个以上合伙人。合伙人为自然人的,应当具有完全民事行为能力(《合伙企业法》第14条第1项)。有限合伙企业由两个以上50个以下合伙人设立,但是,法律另有规定的除外,有限合伙企业至少应当有一个普通合伙人(《合伙企业法》第61条)。

合伙企业有着人合性的根本特征和要求,合伙企业存续期间,因合伙人退伙等原因导致合伙企业人数不再符合上述要求的,有30天的窗口期重新寻找新的合伙人或者变更合伙企业形式,否则合伙企业应当解散。

②合伙协议约定的合伙目的已经实现或者无法实现

合伙企业是合伙人实现某种目的的手段,如果合伙目的已经实现或者确定无

---

① 参见李飞主编,全国人民代表大会常务委员会法制工作委员会编:《中华人民共和国合伙企业法释义》,法律出版社2006年版,第136页。

法实现,则作为手段的合伙企业就没有继续存续的必要。

③依法被吊销营业执照、责令关闭或者被撤销

吊销营业执照、责令关闭或者被撤销,都是合伙企业被有权机关行政进行处罚,其继续经营的权利被剥夺,此后其作为独立民事主体的资格不存在了,应当解散。

④法律、行政法规规定的其他原因

此为兜底的规定,根据社会的发展、情况的变化,其他的法律法规根据需要,可能会增加规定合伙企业解散事由,进而通过该兜底条款引致适用。

3. 清算(程序)系解散的自然顺延

合伙企业解散,最终要达成消灭合伙企业人格的结果,在此过程中,需要通过清算程序,清产核资,偿还债务,分配剩余资产,了结合伙企业的各种法律关系,之后向登记机关申请注销登记,最终使合伙企业资格归于消灭[①]。另外需要说明的是,清算程序虽然作为合同指引的内容之一,但是实际整个清算内容中,清算人及任命、清算人职责、清偿及分配等均体现了清算程序,本部分就不单独对清算程序做额外赘述,具体详见上篇第二章第二节“三十六、清算人及任命条件”及以下内容。

(三)适用及其他

合伙协议可以约定一些特别严重的事项,作为合伙企业解散的事由。如普通合伙人被除名或退伙,没有继任普通合伙人的,此种情形下,合伙企业经营难以为继。再如有限合伙人违约严重(如一定比例的出资迟迟无法实缴),影响合伙企业正常经营等。

三十六、清算人及任命条件

(一)指引内容

【终止、解散与清算】合伙协议应列明合伙企业终止、解散与清算有关的事项,具体可以包括……清算人及任命条件……

(二)内含机理

1. 清算人负责进行清算

合伙企业解散,应当由清算人进行清算(《合伙企业法》第 86 条第 1 款)。清

① 参见李飞主编,全国人民代表大会常务委员会法制工作委员会编:《中华人民共和国合伙企业法释义》,法律出版社 2006 年版,第 137 页。

算人就是在合伙企业进行清算过程中，负责合伙企业清算事务的执行人。

2. 清算人的产生程序

（1）清算人天然可以是全体合伙人

清算人由全体合伙人担任（《合伙企业法》第 86 条第 2 款）。全体合伙人是合伙企业（财产）的最终所有者、债务的最终承担者，允许合伙人对合伙企业财产和债务作最后的安排，符合全体合伙人的利益，同时具有以下优点：①对合伙人来说，每个合伙人都参与能够比较公正、客观、全面，避免个别受损；②对合伙企业来说，每个合伙人都参与能够降低潜在纠纷产生可能，提高清算效率[①]。

（2）合伙人意定清算人

经全体合伙人过半数同意，可以自合伙企业解散事由出现后 15 日内指定一个或者数个合伙人，或者委托第三人担任清算人（《合伙企业法》第 86 条第 2 款）。

合伙企业可能合伙人比较多，也可以通过意定方式确定某个或某几个人为清算人，具体条件必须是：①全体合伙人不担任合伙企业的清算人；②过半数合伙人同意；③合伙企业解散事由出现后 15 日内指定或委托。

前述指定或委托系出于合伙人的合意信任，也符合合伙人整体利益并兼顾了效率（如并未要求全体合伙人同意，且作了 15 日的期限限制）。

（3）法院指定清算人

自合伙企业解散事由出现之日起 15 日内未确定清算人的，合伙人或者其他利害关系人可以申请人民法院指定清算人（《合伙企业法》第 86 条第 3 款）。

在合伙人怠于行使职权（大概率可能使合伙企业陷入僵局）时，法律规定了一条救济途径，就是合伙人或者利害关系人可以申请法院指定，此法院指定的操作，即必须在全体合伙人未作为清算人，且意定清算人未能指定或委托且超过 15 日的情形下，方才可行。

（三）适用及其他

一般而言，基于便利化考虑，有限合伙协议可以直接安排指定管理人为清算人。特定情形下，如强势 LP 自身有诉求的，也可以约定，届时清算情形出现时，

---

① 参见李飞主编，全国人民代表大会常务委员会法制工作委员会编：《中华人民共和国合伙企业法释义》，法律出版社 2006 年版，第 137 页。

特定比例的有限合伙人可以通过另外的程序确定合伙企业的清算人。

三十七、清偿及分配

(一)指引内容

【终止、解散与清算】合伙协议应列明合伙企业终止、解散与清算有关的事项,具体可以包括……清偿及分配。

(二)内含机理

1. 清算人职责:清偿分配及其他

合伙企业的清算,经济上是要公正地分配财产处理债务,法律上是要消灭合伙企业的人格,因而相应的工作是繁重且复杂的①。为了保证合伙企业清算顺利、合规地进行,合伙企业法规定了清算人的 6 项职责(《合伙企业法》第 87 条)。详细情况如下:

(1)清产核资

清理合伙企业财产,分别编制资产负债表和财产清单(《合伙企业法》第 87 条第 1 项)。

清算人梳理盘点企业的资产,编制全面反映企业资产、负债和所有者权益的资产负债表、编制反映企业全部资产的财产清单明细表。对合伙企业的财产、债权、债务进行全面清查,提出作价依据,确定财产清算价值,这是清算人完成其他清算任务的基础。

(2)事务了结

处理与清算有关的合伙企业未了结事务(《合伙企业法》第 87 条第 2 项)。

处理未了结的企业事务,主要是跟合伙企业与第三方签订的尚在履行的合同有关。了结的主要方式是继续履行或终止合同②。终止履行构成违约的,要承担相应的民事责任,通过从合伙企业财产中予以支付相应赔偿等方式进行处理。

(3)清缴税款

清缴所欠税款(《合伙企业法》第 87 条第 3 项)。

---

① 参见李飞主编,全国人民代表大会常务委员会法制工作委员会编:《中华人民共和国合伙企业法释义》,法律出版社 2006 年版,第 138 页。

② 参见李飞主编,全国人民代表大会常务委员会法制工作委员会编:《中华人民共和国合伙企业法释义》,法律出版社 2006 年版,第 139 页。

税款是国家财政的重要来源,依法纳税是每个民事主体的义务。清算人在清算过程中,发现有欠缴的税款的,应当予以清缴,同时在清算过程中产生的税款也应当一并清缴。

(4)清理债权债务

清理债权、债务(《合伙企业法》第87条第4项)。

清理债权主要是清收债权,受领给付,或是进行债权和解、抵消、转让等;清理债务主要是使用合伙企业的财产偿还债务。

(5)处置剩余财产

处理合伙企业清偿债务后的剩余财产(《合伙企业法》第87条第5项)。

比照《企业破产法》规定的清算顺序(《企业破产法》第113条),合伙企业财产的支付应当按照以下顺序来进行:优先清偿破产费用和共益债务→所欠职工的工资和医疗、伤残补助、抚恤费用、基本养老医疗保险费用、法定职工补偿金→其他社会保险费用和税款→普通(破产)债权。前述顺序支付完成后,如有剩余的构成剩余财产。

处置剩余财产有两层含义:一层是将非货币的剩余财产予以变现;另一层是将剩余财产按照合伙协议之约定分配给合伙人。就第二层而言,该分配实际上也构成了合伙企业分配的一种,具体分配方式和流程参见上篇第二章第二节"三十、利润分配及亏损分担方式"部分内容。

(6)代表诉讼仲裁

代表合伙企业参加诉讼或者仲裁活动(《合伙企业法》第87条第6项)。

合伙企业在清算期间,虽然丧失了与清算无关的营业能力,但其就清算范围内起诉或应诉、申请仲裁或参加仲裁的活动,应当允许,且自然应属于清算人的职权范围。

2. 债权申报程序

(1)通知/公告债权人

清算人自被确定之日起10日内将合伙企业解散事项通知债权人,并于60日内在报纸上公告(《合伙企业法》第88条第1款)。

(2)债权人申报

债权人应当自接到通知书之日起30日内,未接到通知书的自公告之日起45日内,向清算人申报债权(《合伙企业法》第88条第1款)。

(3)债权登记

债权人申报债权,应当说明债权的有关事项,并提供证明材料。清算人应当对债权进行登记(《合伙企业法》第88条第2款)。根据《企业破产法》一般原理,未到期的债权应当在申报登记时视为到期。

3. 支付顺序

合伙企业财产在支付清算费用和职工工资、社会保险费用、法定补偿金以及缴纳所欠税款、清偿债务后的剩余财产,依照下列规定进行分配(《合伙企业法》第89条):

合伙企业的利润分配、亏损分担,按照合伙协议的约定办理;合伙协议未约定或者约定不明确的,由合伙人协商决定;协商不成的,由合伙人按照实缴出资比例分配、分担;无法确定出资比例的,由合伙人平均分配、分担(《合伙企业法》第33条第1款)。

前述实际上强调的是,合伙企业的一切债权人都优先于合伙人,只有其他的债权都获得了完全清偿后,合伙人才可以分配合伙企业财产。普通合伙人对合伙企业债务承担无限连带责任(《合伙企业法》第91条),甚至是经过了破产程序之后也不能免责的,合伙企业财产有一定独立性,应当先以其财产偿债。另外,如果允许先分配后偿债,则可能导致合伙人分配之后逃逸,并造成合伙企业债权人追偿债权的难度增加①。因此,先偿债后分配是一个基本原则。

4. 申请注销登记

(1)工商层面的主体注销程序

①编制清算报告,申请注销登记

清算结束,清算人应当编制清算报告,经全体合伙人签名、盖章后,在15日内向企业登记机关报送清算报告,申请办理合伙企业注销登记(《合伙企业法》第90条)。

清算报告是清算人对合伙企业清算事务的总结汇报,清算报告内容一般应当包括清产核资情况、未了结事务处理情况、债权债务清理情况、剩余财产分配情况等。

---

① 参见李飞主编,全国人民代表大会常务委员会法制工作委员会编:《中华人民共和国合伙企业法释义》,法律出版社2006年版,第142页。

在合伙企业清算时，清算报告是否真实、可靠、合规，直接关系到各类法律关系处理是否合法有效，因此法律对清算人的清算报告有两道认可关口：[1]一是全体合伙人签名。全体合伙人或作为清算人或指定清算人，应当监督清算人执行清算行为，并将清算结果归于自身并对清算结果负责。二是企业登记机关认可。合伙企业可能有诸多债权人，过程中还涉及登记机关、税务等机关，法律仅赋予企业登记机关收核清算报告的权利，系兼顾效率和公平考虑。

清算的最终目的是消灭合伙企业法律人格，而合伙企业法律人格的核心表现之一即工商登记，因而，清算完毕后要通过工商变更登记注销合伙企业的登记。

②简易程序办理注销登记

如果合伙企业情况清楚、事项了结，可以适用简易程序进行注销。简易程序的好处在于“简单”，仅需要全体合伙人书面承诺相关事项真实即可适用。合伙企业情况清楚、事项了结的具体要求为：[2]市场主体未发生债权债务或者已将债权债务清偿完结，未发生或者已结清清偿费用、职工工资、社会保险费用、法定补偿金、应缴纳税款（滞纳金、罚款）（《市场主体登记条例》第 33 条第 1 款）。

申请办理简易注销登记程序上还有“快速”的优势：市场主体应当将承诺书及注销登记申请通过国家企业信用信息公示系统公示，公示期 20 日内无异议的，可以于公示期届满之日起 20 日内向登记机关申请注销登记（《市场主体登记条例细则》第 49 条）。

（2）中基协层面的基金注销程序

①向中基协提交清算备案申请

私募基金合同终止的，私募基金管理人应当按照基金合同约定，及时对私募基金进行清算，自私募基金清算完成之日起 10 个工作日内向协会报送清算报告

---

① 参见李飞主编，全国人民代表大会常务委员会法制工作委员会编：《中华人民共和国合伙企业法释义》，法律出版社 2006 年版，第 143 页。

② 需要指出的是，《市场主体登记条例细则》第 48 条规定：有下列情形之一的，市场主体不得申请办理简易注销登记：（1）在经营异常名录或者市场监督管理严重违法失信名单中的；（2）存在股权（财产份额）被冻结、出质或者动产抵押，或者对其他市场主体存在投资的；（3）正在被立案调查或者采取行政强制措施，正在诉讼或者仲裁程序中的；（4）被吊销营业执照、责令关闭、撤销的；（5）受到罚款等行政处罚尚未执行完毕的；（6）不符合《市场主体登记条例》第 33 条规定的其他情形。

等信息。[1] 一定期限内无法完成清算的[2],还应当自清算开始之日起 10 个工作日内向协会报送清算承诺函、清算公告等信息(《登记备案办法(2023)》第 57 条第 1 款)。

如管理人未按规定及时履行私募基金清算义务,协会可以采取书面警示、要求限期改正、公开谴责、暂停办理备案、[3]限制相关业务活动等自律管理或者纪律处分措施;情节严重的,可以撤销私募基金管理人登记(《登记备案办法(2023)》第 68 条第 1 款第 4 项)。

②保存清算材料

私募基金管理人、私募基金托管人及私募基金销售机构应当妥善保存私募基金投资决策、交易和投资者适当性管理等方面的记录及其他相关资料,保存期限自基金清算终止之日起不得少于 10 年(《私募管理办法》第 26 条)。

经营机构应当按照相关规定妥善保存其履行适当性义务的相关信息资料,防止泄露或者被不当利用,接受中国证监会及其派出机构和自律组织的检查。对匹配方案、告知警示资料、录音录像资料、自查报告等的保存期限不得少于 20 年(《投资者适当性办法》第 32 条)。

(三)适用及其他

清算和分配更多的是法定程序,有限合伙协议可简要约定为"除合伙协议另有约定外,根据《合伙企业法》有关清算的规定进行清算和分配"。需要说明的是,前述"另有约定"指的是剩余财产分配顺序等,具体可参见上篇第二章第二节"十四、执行事务合伙人执行事务的报酬(包括绩效分成)及报酬提取方式"相关部分的内容。

三十八、修订事由及程序

(一)指引内容

【合伙协议的修订】合伙协议应列明协议的修订事由及程序。

---

① 被废止的旧规也有类似规定,根据《登记备案办法(2014)》第 23 条的规定,私募基金运行期间,发生以下重大事项的,私募基金管理人应当在 5 个工作日内向基金业协会报告:……(3)基金发生清盘或清算……

② 根据《备案指引 2 号》第 29 条的规定,"一定期限内无法完成清算的"是指私募股权基金开始清算但预计 3 个月内无法完成清算。

③ 被废止的旧规有类似规定,根据《备案须知(2019)》第 28 条第 2 款的规定,管理人在私募投资基金到期日起的 3 个月内仍未通过 AMBERS 系统完成私募投资基金的展期变更或提交清算申请的,在完成变更或提交清算申请之前,中基协将暂停办理该管理人新的私募投资基金备案申请。

(二)内含机理

1. 修改须一致同意但允许意定

(1)一致同意

修改或者补充合伙协议,应当经全体合伙人一致同意(《合伙企业法》第19条第2款)。

合伙协议的订立是全体合伙人合意一致的结果,但执行过程中可能随着特殊情况变化、合伙人本身意愿变化需要做调整。对合伙协议的补充或修改,全体合伙人一致同意是一个应该或当然有效的程序。

(2)允许意定

修改或者补充合伙协议,应当经全体合伙人一致同意,合伙协议另有约定的除外(《合伙企业法》第19条)。

我们应当看到,现实生活中,不是合伙协议的所有修改都是核心、根本的修改,另外合伙企业本身人合性就很强,允许合伙人通过自由意思对合伙协议的修改程序作出其他的约定也是符合合伙人意思自治要求的,因而法律允许合伙协议对修改事项可以作出额外约定,即可以不必经过全体合伙人同意。

2. 表决方式允许意定但可默认半数通过

(1)协议约定表决办法

合伙人对合伙企业有关事项作出决议,按照合伙协议约定的表决办法办理(《合伙企业法》第30条第1款)。

表决问题也体现了合伙人意思自治,法律规定可以合伙人意定。合伙人可以采取人数、出资额,或者两者相结合的表决方式,另外就不同的事项,可以采用不同的表决程序以及通过比例。

(2)默认半数通过

合伙协议未约定或者约定不明确的,实行合伙人一人一票并经全体合伙人过半数通过的表决办法(《合伙企业法》第30条第1款)。

立法者考虑到不是所有的合伙企业都约定了详细的表决机制,因而留有一个默认的机制即"一人一票、过半通过",这个默认机制实际的典型运用场景是普通合伙企业,因为普通合伙企业虽然出资可能不同,但是他们对合伙事务执行都有平等的权利,同时最终对债务承担无限连带责任,因而前述机制是合适的[①]。有限合伙企业直接运用前述机制不是非常合适,但按照法律规定应当也可以比照适用。

(3)不排除法定表决方式

《合伙企业法》对合伙企业的表决办法另有规定的,从其规定(《合伙企业法》第 30 条第 2 款)。在《合伙企业法》中,有些事项是明确约定需要合伙人一致同意的,因而也应当依照法律规定来进行。

(三)适用及其他

强势的 LP 可能会要求任何修改都需要经过一致同意,但此种方式要求比较高。变种的方式是,就 GP 能单独决定事项涉及的修改,可以授权 GP 独立完成。

表决事项类似,可以要求所有合伙人一致同意,也可以设置部分 LP(特别指定的或达到一定比例)同意通过等,另外可以就不同的事项设置不同的表决程序及比例。

三十九、争议的解决方式

(一)指引内容

【争议解决】合伙协议应列明争议的解决方式。

(二)内含机理

1. 争议解决办法系法定内容

合伙协议应当载明下列事项:争议解决办法(《合伙企业法》第 18 条第 8 项)。合伙企业由多个合伙人组成,现实生活中发生争议的情况是在所难免。合伙纠纷一般而言是合同纠纷,合伙人/合伙企业可以选择法院诉讼,也可以选择仲裁裁决。

2. 争议→协商解决→仲裁→诉讼

合伙人履行合伙协议发生争议的,合伙人可以通过协商或者调解解决。不愿通过协商、调解解决或者协商、调解不成的,可以按照合伙协议约定的仲裁条款或者事后达成的书面仲裁协议,向仲裁机构申请仲裁。合伙协议中未订立仲裁条款,事后又

---

① 参见李飞主编,全国人民代表大会常务委员会法制工作委员会编:《中华人民共和国合伙企业法释义》,法律出版社 2006 年版,第 45 页。

没有达成书面仲裁协议的,可以向人民法院起诉(《合伙企业法》第103条第2款)。

前述规定显示,合伙人履行合伙协议发生争议的时候,可以有如下解决争议的途径:

(1)协商/调解解决

协商解决是合伙人在互相理解的基础上,通过协调商量解决争议。调解是在引入第三方调解人居中调停,解决合伙人之间争议。

(2)事先约定/事后达成仲裁

争议各方也可以根据事先约定或事后达成的仲裁协议,向相应的仲裁机构提出仲裁申请。

仲裁协议包括合同中订立的仲裁条款和以其他书面方式在纠纷发生前或者纠纷发生后达成的请求仲裁的协议。仲裁协议应当具有下列内容:①请求仲裁的意思表示;②仲裁事项;③选定的仲裁委员会(《仲裁法》第16条)。

(3)法院起诉

如果没有能够协商解决,也未事先约定或事后达成仲裁协议,则争议各方有当然的权利向法院提起诉讼。

(三)适用及其他

就争议解决的约定,通常倾向于选择仲裁,考虑点在于:仲裁一裁终局,效率更高;仲裁更能采用"商事思维"而非"民事思维",更开放;仲裁的保密性更好。

四十、合伙协议为准、备案版本为准

(一)指引内容

【一致性】合伙协议应明确规定当合伙协议的内容与合伙人之间的其他协议或文件内容相冲突的,以合伙协议为准。若合伙协议有多个版本且内容相冲突的,以在中基协备案的版本为准。

(二)内含机理

1. 以合伙协议为准

所有的其他协议、文件内容与合伙协议相冲突的,以合伙协议为准,这条内容与英美法上的"口头证据规则"是相通的。口头证据规则系英美法上重要的实体法规则之一,其主要含义是:如果合同A是完整的,那么在合同A签订之前当事人之间所有的口头约定、书信、电报甚至合同草稿等书面证据,皆因确定的书面合同的成立而失去其效力,对当事人不具有约束力。[①]

2. 以备案版本为准

多个合伙协议版本,内容冲突的,以中基协备案的版本为准。

(1)备案版本司法上效力优越性尚待观察

按照一般的合同解释规则,后签合同优于先签合同,多主体合同约定优于少主体合同约定。相关的法律法规也并没有要求,备案的版本效力优先,此为协会的要求,该要求在民事审判上体现什么样的法律效果?如果合伙人私下另签订一个版本的合伙协议,内容与备案的内容不一致,私下签署版本是否因抵触备案版本而无效,从无效的一般法律规定看,并未违反法律法规的强制性规定(而仅仅是中基协的自律规范),因而私下签署的版本是不会自动无效的。

(2)不备案之补充协议的效力及类型

①效力

就笔者观察,实践中实际上存在着补充协议/附属协议(Side Letter),就 GP 自身权限范围内可以独立决策的事项,应当可以和特定 LP 签订附属协议作出特别约定,前提是这些事项不会不当影响基金及基金其他 LP 的合法权益。

需要指出的是,附属协议的效力或其适用,会与 LPA 中可能设置的最惠国条款(MFN)相钩稽,从 GP 的角度看,需要处理好二者之间的关系,以免未参与附属协议的 LP 基于 MFN 条款对附属协议提出挑战,可以努力的方向是约定“同等条件下”的最惠国待遇,如针对同等类型、同等出资额、非违约[②]的 LP 才适用 MFN 条款。

②类型[③]

第一,出资。

实缴先后和分期实缴:特殊背景投资人(通常是政府类 LP)要求在其他投资

---

① Mark K. Glasser & Keith A. Rowley, On Parol: The Construction and Interpretation of Written Agreements and the Role of Extrinsic Evidence in Contract Litigation, 49 Baylor L. Rev. 657 (1997). 转引自崔建远:《先签合同与后续合同的关系及其解释》,载《法学研究》2018 年第 4 期。

② 参见何欣:《私募投资基金 LPA 关键条款全解析》(下),载云端·北京基金小镇网 2023 年 5 月 11 日,https://www.beijingfundtown.com/cloud-class/vod/383。

③ 具体类型参照江苏创投协会 2022 年 3 月 28 日组织的在线讲座《如何设立一只人民币基金——私募基金合同条款、架构搭建及产品备案关注要点(主讲人:邹菁)》相关内容整理,就笔者涉猎而言,市面上常见类型基本都涉及了。

人实缴之后，才进行实缴，而且就迟延出资不承担违约责任；有的投资人对出资次数和周期有额外要求，也可能通过补充协议约定增加或减少出资次数。

出资额度比例：部分政府引导基金受限于其管理办法对出资额有特别要求，如不得作为第一大出资人或份额不得超过特定比例，会通过补充协议约定，出现前述情况时要求管理人调整出资额度以满足要求，或要求调减/退回超额出资（钩稽管理费计算基数，需要相应细化约定）。

锁定出资人：部分投资人是采取“搭便车”的跟投模式，其投资信心倚赖于特定投资人，可能会通过补充协议约定锁定该特定投资人，“同进同退”，如发生变动，有权退出。

托管机构：部分政府引导基金基于增强事中的控制力/影响力，可能要求其指定的托管机构托管基金，并使用其指定的托管协议版本（同时细化要求特别的托管条款，如划款指令、托管报告次数及内容等）。

出资违约：强势的 LP 可能会要求 GP 通过补充协议的方式，给予其出资违约责任的豁免/减免（细化约定宽限期、违约金计算比例、方法等）。

第二，费用。

管理费：强势 LP 可能会通过补充协议约定较低的管理费、较短的期限、较少的基数，或通过管理人先收后返[①]的方式实现更低的管理费负担。

合伙费用：合伙费用虽然是基金承担的，但最终是要分摊到所有合伙人身上的；强势的 LP 为了限制管理人对合伙企业资金不够节省的使用情况，可以约定合伙费用上限，如果超过，则可由管理人来承担。

后续募集：后续募集的合伙人可以要求补偿金和管理费的豁免（细化需考虑豁免后，门槛收益起算时间）；后续募集合伙人可以要求已投未退项目后续分配，明确费用分摊方式。

第三，转让。

LP 份额转让：通常约定无条件向投资人关联方转让，第三方转让的 GP 有优先受让权；受让的第三方可参照上后续募集的情况，通过补充协议约定管理费等分摊，以及已投未退项目收益分配方式。

---

① 需要指出的是，部分监管规定对类似返还管理费的方式存在负面评价，如《证券期货经营机构私募资产管理业务管理办法》第 18 条第 10 项规定：证券期货经营机构、托管人、投资顾问及相关从业人员不得有下列行为：（十）直接或者间接向投资者返还管理费。

GP 份额转让:特定 LP 如根据 LPA 没有 GP 转让的一票否决,则可通过补充协议约定 GP 份额转让之限制。

第四,投资。

投资范围与限制:补充协议对返投地域、金额及计算方式进行细化(如项目公司迁址、设立子公司或分支机构、关联方业绩认可等);投资阶段细化(投早投小投科技,什么指标算早、算小、算科技);单一项目投资金额/投资比例的限制等。特别地,针对返投,有的 LP 可能会对返投金额、返投落地的里程碑(如每年需达到的比例,并可能和下一次出资挂钩)予以细化要求。

投资决策:可能有投资预审,如管理人立项前,特定 LP 审核项目是否符合 LP 特定引导要求(如地域、行业、比例等),预审通过才能后续立项推进;可能有投资审查作为投资款支付前置条件,如打款前由特定机构作出符合审查规范之意见,之后才能打款;项目退出预审权,在项目退出前判断项目退出时机、价格、交易对手方等。

联合投资/共同投资:强势 LP 可能会通过补充协议,要求对全部或特定(领域、地域)项目优先/一定比例的(共同)投资权,或直接要求管理人提供多少额度的投资机会。

第五,管理团队。

关键人锁定:补充协议要求关键人作为管理人投资决策机构中的成员,进一步要求其主要精力投入目标基金(如投资期结束前不得再担任其他基金的管理/关键人士),再进一步要求服务期限(投资期内不得变化)。

落地团队:地方化政府引导基金可能会要求管理人在当地落地团队,贴身服务地方经济发展目标。

管理人精力投入:目标基金投资完成前,不得募集新的(同质/类似)基金;要求整体投资任务小于一定比例(当期未投资任务/当期全部应投资任务)。

基金重要变更:投委会成员变更、关键人士变更等,应经特定 LP 的同意。

第六,强制退出。

强制退出:特定强势 LP(尤其是政府引导类基金 LP 基于审计、管理办法等要求),在特定情形下会要求强制退出,且产生的损失通常由管理人承担,这些情形包括基金未按期工商注册或首期出资未到位,未按期开展投资业务,未按照预定开展投资业务,基金管理人实质性变化等。

第七,其他情况。

信息披露及审计评估:特定 LP 有超过一般披露要求的需要,可以特别约定,项目的尽职调查资料,穿透基金到项目的项目资料(包括审计报告等)。

非现金分配:LP 对现金分配无一票否决权,可以要求在补充协议中约定前置同意,同时可约定 GP 促成变现的义务。

咨询委员会:明确 LP 的咨询委员会席位/观察员席位权利,明确咨询委员会/观察员可以享有的合规审查权利。

此外,还有一些常见的补充协议安排:①

GP 单独修改协议、代为签署协议的例外:补充协议可以排除基金合伙协议中约定的惯常由 GP 单独修改、代为签署的安排。

返还分配款项(LP 回拨)的例外:对于 GP 要求 LP 返还已分配款项的条款,LP 可要求对自己不适用,或者增加时间/比例的限制。

(三)适用及其他

无特别变种,基本可以照搬。当然,涉及补充协议的部分,由 GP 和特定 LP 自行去商务沟通拟定。

---

① 参见何欣:《私募投资基金 LPA 关键条款全解析》(下),载云端·北京基金小镇网 2023 年 5 月 11 日,https://www.beijingfundtown.com/cloud-class/vod/383。

第三章　基金合同番外条款

第一节　何为番外条款

上篇私募股权基金合同的出发点是中基协的合同指引，但在实务运作和监管演进中，有部分私募股权基金条款超越了中基协的合同指引。若干条款具有很强的实务及法律意义，有必要进行讨论，从本部分以下内容系对该类特别条款进行讨论，因超越了中基协的合同指引，故冠以“番外”之名。

第二节　具体番外条款

一、维持运作条款

(一)条款来源

维持运作条款并不是指引明列的内容，但基于监管演进要求，应当放入私募基金合同中予以列明。

(二)内含机理

1. 监管对维持运作条款有要求

根据《登记备案办法(2023)》第29条第5项的规定，基金合同应当对下列事项进行约定：私募基金管理人因失联、注销私募基金管理人登记、破产等原因无法履行或者怠于履行管理职责等情况时，私募基金变更管理人、清算等相关决策机制、召集主体、表决方式、表决程序、表决比例等相关事项。[①]

2. 维持运作条款的要点

(1)失能的情形

根据《登记备案办法(2023)》第58条第1款的规定[②],“客观上丧失继续管理私募投资基金能力”可以明确为:①资格不能(丧失管理人资格/管理人登记被注销);②主观不能(管理人失联/管理人主动明示不再履职);③客观不能(管理人撤销、破产等)。

(2)失能后的维持运作处置

根据《登记备案办法(2023)》第58条第1款的规定,管理人失能后,私募基金管理人、私募基金托管人、基金份额持有人大会或者持有一定份额比例以上的投资者,可以按照基金合同约定成立专项机构或者委托会计师事务所、律师事务所等中介服务机构,妥善处置基金财产,保护投资者合法权益。

根据《登记备案办法(2023)》第58条第1款的规定,管理人失能后被确认受托处置的机构行使如下职权:①清理核查私募基金资产情况;②制订、执行清算退出方案;③管理、处置、分配基金财产;④依法履行解散、清算、破产等法定程序;⑤代表私募基金进行纠纷解决;⑥中国证监会、中基协规定或者基金合同约定的其他职权。

(三)适用及其他

失能情形和维持运作处置,可详可简,约定明确,届时能有效保护有限合伙人利益、不陷入僵局即可。

常见的约定如:管理人失能后,相应的基金财产安全保障措施可以约定为冻结账户支付(如有托管可由一定比例有限合伙人发通知,如无托管可由一定比例有限合伙人指定主体接管账户),维持基金运营/清算措施可以约定为一定比例

---

① 被废止的旧规有类似精神的规定,根据《备案须知(2019)》第22条的规定,【维持运作机制】基金合同……应当明确约定,在管理人客观上丧失继续管理私募投资基金的能力时,基金财产安全保障、维持基金运营或清算的应急处置预案和纠纷解决机制。实务中,中基协会就该条款的缺失/不完善进行备案意见反馈,如“根据最新版备案须知,基金合同及风险揭示书应当明确约定,在管理人客观上丧失继续管理私募投资基金的能力时,基金财产安全保障、维持基金运营或清算的应急处置预案和纠纷解决机制。本基金的基金合同中未约定基金维持运作机制,请管理人通过修改基金合同或签署补充协议的方式在合同中约定该事项”。

② 被废止的旧规《备案须知(2019)》第22条也有类似规定。

有限合伙人召集组织召开合伙人会议,进行变更管理人或对基金进行清算。

二、关键人士

(一)条款来源

关键人士条款并不是指引明列的内容,但基于实务需要,一般应当放入私募基金合同中予以列明。

(二)内含机理

关键人士是指投资者希望基金存续期间能够被锁定的、对基金起关键作用的人士,通常是指基金的发起人、普通合伙人或管理人的高级管理人员或核心人士等①。关键人士(条款)应当关注以下几个问题。

1. 关键人士的设置和变更

关键人士应当是对投资者认购基金有实质影响的人士,其将决定基金投资收益(无论其头衔如何),而不仅是管理公司的创始人,但关键人士的设定范围也不宜过宽,发生一般性的关键人士变动,应当允许管理人平稳更换新(同等资历)的关键人士②。

2. 关键人士应当投入相当的时间和精力

原则上,关键人士应当将其实质上的全部工作时间投入基金、在同一类投资策略内的原有和后续基金及其平行投资载体中③。在投资期结束或者基金所有(或达到相当比例如70%④、80%)资金均已被用于投资、支出、承诺出资或为预留投资前,关键人士不得从事其他商业活动/管理另一具有实质性相同投资策略的

---

① 参见何欣:《私募投资基金 LPA 关键条款全解析》(下),载云端·北京基金小镇网 2023 年 5 月 11 日,https://www.beijingfundtown.com/cloud-class/vod/383。

② 《机构有限合伙人协会(ILPA)原则 3.0 版——促进透明、治理以及普通合伙人与有限合伙人的利益一致性》(本中文版由竞天公诚律师事务所王勇律师团队受托 ILPA 翻译),第 19 页。

③ 《机构有限合伙人协会(ILPA)原则 3.0 版——促进透明、治理以及普通合伙人与有限合伙人的利益一致性》(本中文版由竞天公诚律师事务所王勇律师团队受托 ILPA 翻译),第 19 页。

④ 从基金监管的角度来看,70% 投资额是一个合规底线。根据《备案指引 2 号》第 25 条第 2 款的规定,在已设立的私募股权基金尚未完成认缴规模 70% 的投资(含为支付基金税费的合理预留)之前,除经全体投资者一致同意或者经全体投资者认可的决策机制决策通过外,私募基金管理人不得设立与前述基金的投资策略、投资范围、投资阶段、投资地域等均实质相同的新基金。不过前述仅 70% 是刚性的,而"投资策略、投资范围、投资阶段、投资地域等均实质相同"实际上给管理人与投资者之间还是留足了谈判的弹性空间。

基金[1]。实务中，大量存在不能全职的情况，这时一般会约定关键人士为基金提供服务的时间。

3. 关键人士条款的触发、效果和解决

触发事件一般分为客观和主观两类：客观的如一定数量的关键人士离职、死亡、丧失工作能力或出现其他不能为基金工作的事项；主观的如关键人士出现欺诈、严重违反信义义务、不诚信、重大疏忽或过失等。发生关键人士事件，可以约定投资终止（但不影响维持基金基本运营）、选任新的关键人士、一定时间（如 180 日）内无法选任适格关键人士则基金可进入退出期或直接清算基金。

（三）适用及其他

从 LP 的角度来看，应当确认影响其投资决策的关键人士名单，并对其供职时间和精力进行约定，同时约定如果主观/客观不能履行关键人士职责，其救济途径（包括投资中止、退伙、直至最终清算基金等）。

从 GP 的角度来看，关键人士总体上来说是一个约束性质的条款，可以考虑争取不列明具体关键人士名单，仅约定关键人士数量及一般性资格，另外争取替换权利、弹性时间以及尽量降低关键人士触发对 GP 的不利后果。

---

① 实务中，这经常与“后续竞争基金”限制条款相钩稽，从 GP 的角度来看，最好是限制投资阶段、投资行业、投资地域、投资工具等均实质相同的同类型新基金，从 LP 的角度来看，前置的已经被实质投资所占可投资额的比重应当尽可能提高，且仅限定为投资领域实质相似，另从新基金募集阶段开始限制（而非从投资时点）。

下篇　投资合同

第四章　投资合同的特质

第一节　投资合同的特殊权利安排

一、特殊权利安排的必要性

投资合同是一个完整的合同，仔细审视具体合同内容后我们会发现，除了“戴帽”（如合同主体、签约地）、“穿靴”（签署日期）边角条款、投资合同核心要素（融资总额、每股价格、交割日）条款外，投资合同庞大的主体内容实际上是一整套的特殊权利安排。

私募股权投资为什么需要这些特殊权利安排，为什么会有这样的商业诉求？这跟私募股权投资的核心特征密切关联：[①]信息不对称、参股不控股、投资不经营、投后有增值、投资要退出。

具体的内在机理在相关特殊权利论述时会有涉及，此处仅简要展开：私募股权投资机构对于被投项目、企业家而言处于信息不对称的弱势地位，因而需要前期的尽职调查、投后的信息报告；私募股权投资系参股投资，这一特征有两个侧面：一个侧面是参股系股权而非债权投资，关注企业当期的估值和未来资本成长性而对中短期的偿债能力现金流等关注不高，因而重视估值条款轻（无）担保条款；另一个侧面是非控股投资加上投资但不实际参与经营的特征，所以作为小股东容易被大股东机会主义行为伤害，在知情权、表决权上会予以反向加强；投后有增值，尽管作为参股小股东不参与经营，但是通常会通过拥有董事席位参与公司的治理，提供增值服务；投资要退出，私募股权投资不是一种永续投资，而是在特定时间要变现退出的，这跟前端的 LP 的资金退出要求（具体表现为基金的存续

---

① 参见董梁 2018 年 5 月讲座《私募股权和创业投资的历史、现状及理念》的相关内容。

期)密切相关,在投资端则表现为对回购、清算的特别约定要求。

二、中美特殊权利安排的差异

美国和中国就特殊权利的实现路径,因两国的法律及商业环境存在差异而有所不同,具体而言:

美国私募股权投资通过“优先股”实现特殊权利。作为美国私募股权投资投资文本“三驾马车”之一的“SPA”,其完整标题“SERIES A PREFERRED STOCK PURCHASE AGREEMENT”就开宗明义地点出了私募股权投资特殊权利的实现手段——系其标的优先股本身。根据权威定义,优先股(Preferred Stock,也被称作 Preference Shares)指的是给予其持有人分红优先权和清算优先权,但是通常没有表决权的一类股票。① 在实践中,私募股权投资人所投资持有的优先股,通常既拥有包括但不限于分红和清算的优先权,还拥有“保护性权利”(俗称“一票否决权”)的表决权。

国内无法通过优先股实现特殊权利。或许是受“同股同权”这种不知何处而来的口号式观念影响,公司法领域内的“优先股”从概念展开到制度建设都并不丰富,实务中,经常有人以“同股同权”的说法质疑私募股权投资人的特殊权利。“同股同权”的质疑是不太能够站得住脚的,私募股权投资通过大比例溢价入股获得的股权与创始人获得的股权,从风险收益上看不是也不应当是“同股”,此外,从私募股权投资的核心特征出发,其不作“同权”的安排也是符合商业实质和各方诉求的。

一般认为,优先股股东按照约定的票面股息率,优先于普通股股东分配公司利润,相应地,优先股股东的表决权受到限制。② 在我国法语境下,优先股有相应

① preferred stock 释义:“A class of stock giving its holder a preferential claim to dividends and to corporate assets upon liquidation but that usu. carries no voting rights.”,参见 Black’s Law Dictionary (8th ed. 2004),page 4445。

② 参见上海证券交易所:《优先股介绍》,载上海证券交易所网 2023 年 12 月 13 日,http://www.sse.com.cn/assortment/stock/preferreds/。

的立法依据，[1]国内“优先股”具体制度层面有一定建设，[2]此外国内“优先股”层面的实践也是存在的。

实践层面，2014 年 11 月，农业银行发行了境内资本市场首只优先股，但是对相关发行资料梳理之后，可以看到持有该类型优先股的股东，实际上除了固定股息的“优先外”，其他方面均实际是“劣后”，如“赎回”——农行有赎回权，优先股股东无赎回权，“表决权”——受到若干限制。[3] 显而易见：(1)此种内涵下的优先股，是难以承载私募股权投资“特别强化”的优先权的；(2)此种类型的优先股，此前仅存在于二级市场，私募股权投资所投资的一级市场并没有这方面的制度积累[4]和相应实践。实践层面另一个优先股的突破案例是 2020 年 1 月 20 日在科创板上市的优刻得科技股份有限公司，其为第一家有特别表决权设置的 AB 股公司，该公司共同实际控制人持有的 A 类股份每股拥有的表决权数量为其他股东(包括公开发行对象)所持有的 B 类股份每股拥有的表决权的 5 倍。[5] 可见：(1)该类型的特别表决权安排未涉及经济性的分红、清算等权利安排；(2)该类型的特别表决权强化了实际控制人控制权，而非加强小股东表决权以弱化实际控制人控制。综上两个案例，私募股权投资强化的特殊权利安排，在新《公司法》施行前在国内难以通过优先股实现。

---

① 旧《公司法(2018)》第 131 条规定：国务院可以对公司发行本法规定以外的其他种类的股份，另行作出规定。最新《公司法》明确了公司可以按照公司章程的规定发行下列与普通股权利不同的类别股：(一)优先或者劣后分配利润或者剩余财产的股份；(二)每一股的表决权数多于或者少于普通股的股份；(三)转让须经公司同意等转让受限的股份；(四)国务院规定的其他类别股(《公司法》第 144 条第 1 款)。

② 《国务院关于开展优先股试点的指导意见》(国发〔2013〕46 号)、《优先股试点管理办法》《国务院关于推动创新创业高质量发展打造“双创”升级版的意见》(国发〔2018〕32 号)第 26 条规定：……允许科技企业实行“同股不同权”治理结构。最新《公司法》明确了 3 + 1 类“优先股”，即“优先/劣后分配利润/剩余财产、差异化表决权、转让受限” + “国务院规定的其他类别”，详见《公司法》第 144 条第 1 款。

③ 参见上海证券交易所：《农业银行(601288)优先股农行优 1》，载上海证券交易所网 2023 年 12 月 13 日，http://www.sse.com.cn/assortment/stock/preferreds/preferredDetail/index.shtml?stockCode=601288&preferStockCode=360001。

④ 根据《优先股试点管理办法》第 3 条的规定：上市公司可以发行优先股，非上市公众公司可以向特定对象发行优先股。可见只有上市公司及非上市公众公司可以发行优先股，而私募股权投资的一级市场不包含在内(需要特别指出的是，不分新三板公司股东人数超 200 人是非上市公众公司，此类标的公司可以作为私募股权投资的投资标的，但毕竟较少)。

⑤ 《优刻得科技股份有限公司招股说明书(注册稿)》第 1 - 1 - 5 页，载上海证券交易所网，http://static.sse.com.cn/stock/information/c/201912/c67ba4243bf84ed5a424ed47d82a27b3.pdf。

在最新《公司法》施行后,“优先股”(确切地说,是类别股,其内涵实际包括优先股和劣后股)制度在公司法这个基础大法的层面获得了确立,似可以通过优先股安排实现(优先)分红权(《公司法》第 144 条第 1 款第 1 项前段)、优先清算权(《公司法》第 144 条第 1 款第 1 项后段)、保护条款(《公司法》第 144 条第 1 款第 2 项)、转让限制条款(《公司法》第 144 条第 1 款第 3 项)及其他特殊权利(《公司法》第 144 条第 1 款第 4 项)。然而,就笔者的观察而言,笔者认为目前私募股权强化的特殊权利安排也很难在最新《公司法》的框架下以优先股的形式流行开来,原因一是优先股的安排限定为通过章程来进行,对私募股权投资人来说这缺乏必要的灵活性和保密性,原因二是当前私募股权实务中非常重要的赎回权等权利,如果要通过优先股实现,则在最新《公司法》框架下须有赖于国务院的另行规定,私募股权投资实践不可能停下来等着这样的另行规定。因此,笔者认为在未来可以预见的相当长的时间内,私募股权投资领域的特殊权利仍然主要要通过合同法领域内的约定而非公司法领域内的优先股来实现,当然,前述论断只是笔者的一孔之见,未来还有待对实务发展的观察。

第二节　投资合同的结构

一、基础结构中美相同:“Terms Sheet ＋正式投资协议”

投资合同,就其整体文件形式而言,可以非常复杂,详细请参阅 NVCA 官网罗列的示范法律文本[①]及其不时修订,但就其整体内容的结构而言,可以非常简单地概括为“Terms Sheet + 正式投资协议”,这也构成了投资合同的基础结构,中美实践并无本质区别。

(一)“Terms Sheet”是什么

“Terms Sheet”的实质是不具有法律拘束力的核心条款。

一方面,Terms Sheet 囊括了私募股权投资中的核心条款,对投资机构和企业家来说都是利益攸关的条款。另一方面,一级市场“企业”股权标的有非标的特

① NVCA, *Model Legal Documents*, NVCA(Dec. 13,2023), https://nvca.org/model - legal - documents/.

性，股权投资流程冗长、交易安排复杂，Terms Sheet 通常会明确约定“没有法律约束力”，最终有法律约束力的条款/协议将体现在“正式投资协议”之中。就正式的投资协议而言，还需经过商务、财务、法律，甚至是技术尽职调查之后，再经谈判及最终签署后才正式成立生效。

（二）“Terms Sheet”是否可有可无

“Terms Sheet”虽无法律拘束力，但其确定了最终正式投资协议的基本内容。

Terms Sheet 之所以会出现在私募股权投资活动中，核心是为了降低谈判成本，并非可有可无。一般正式的投资协议动辄几十页，上百页的投资协议也并不鲜见，如果从开始就以该冗长的正式投资协议文本进行谈判，则容易使双方精力花费在一些细节上，耗时、耗力而对核心的条款达成并无助益。Terms Sheet 短小精悍，少的只有两页甚至一页纸，列举核心内容。双方对这一两页纸的核心内容达成初步一致，最终正式投资协议也基本上就是对核心条款下一些内容进行细化确认而已，这能大大降低谈判难度促使交易快速推进。

Terms Sheet 虽然没有法律上的拘束力，但其实际上是“无冕之王”。前文提过，其列举了正式投资协议的核心条款，企业家和投资人虽然都知道这些条款没有法律上的拘束力，但在谈判的过程中是以“有拘束力”的心态来进行谈判的，这构成了一个“软约束”，之后若要反悔，则在谈判上将会比较被动。Terms Sheet 在股权投资交易过程中是一个重要的环节，在双方谈定以后，实际上其“法律拘束力”仅待（以正式投资协议的形式）“再行签署”这一个冠冕了。

（三）“Terms Sheet”在国内叫什么？

常见的叫法有“条款清单”“主要投资条款”“投资意向书”“合作意向书”、TS。不过几种叫法，反过来看内涵上有差异。

“Terms Sheet”按照字面可以翻译为“条款列表”，如前文所述是核心条款（terms）列表/清单（sheet）。本土化流行译法主要有“主要投资条款”和“投资意向书”两种。“主要投资条款”概括了境外“Terms Sheet”在“内容”上的实质，即投资中的核心条款。而“投资意向书”则概括了“Terms Sheet”的“法律”上的实质，即作为没有法律拘束力的“意向”。不过多数时候，业内（抛开法律技术细节）将“Terms Sheet”简洁地称为“TS”。

（四）国内的基础文本结构是什么？

“Terms Sheet + 正式投资协议”的文本结构得到了基本遵循。

本土一般投资套路中,在基本商业尽职调查做完以后,投资人会向企业家抛出 TS,也有“稍激进”的投资人会在刚一接触就抛出,其间一边对 TS 进行谈判,一边进行商务/财务/法务/技术/业务等尽职调查,待之后所有尽职调查工作做完以后,再行签署正式投资协议。这一套路基本沿袭了美国的投资套路。

二、本土化尝试差异:“正式投资协议的分化”

(一)美国式投资协议逻辑结构

Terms Sheet + “正式投资协议” = Terms Sheet + “SPA + SHA + M& A”,“SPA + SHA + M& A”构成了私募股权投资的“三大件”,该“三大件”的内容大致见表 4 – 1。

表 4 – 1　美国式投资协议逻辑结构

TS	正式投资协议	主要内容
TS (正式投资协议核心条款)	SPA	股权投资交易前后各方的权利义务
	SHA	股权投资交易后各股东之间权利义务
	M& A	股权投资交易后各股东和公司之间权利义务

(二)中国式投资协议结构

1. 结构之一

结构之一遵循美国式逻辑:Terms Sheet + “正式投资协议” = Terms Sheet + “SPA(增资/转让协议) + SHA(股东间协议) + M& A(章程)”(见表 4 – 2)。

表 4 – 2　中国式投资协议结构一

TS	正式投资协议
TS (正式投资协议核心条款)	增资/转让协议
	股东协议
	章程

该结构直接照搬美国的结构,于国内实践多少有些“水土不服”。国内外差异显而易见:(1)美国对“章程”内容管制较松,国内部分市场监督管理局通常对更改其提供的章程模板比较抵触。投资所需要约定的特殊权利难以严格一一对应植入“SPA(增资/转让协议) + SHA(股东协议) + M& A(章程)”中;(2)美国

的交易文件以 SPA 为核心，SHA 和 M& A 一般均作为 SPA 的附件出现，而国内一般轻股权投资交易前后的安排（此部分侧重核心交易要素如投资金额、标的股权、过渡期安排、先决条件、工商变更等），重交易后的特殊权利安排，严格按照美国的交易文件结构，首先会使整体交易文件显得头重脚轻，其次不便于保密/披露（如果独立开来，则特定场合可以单独披露不带特殊权利的 SPA，而非必须三者均作为协议整体披露）。

2. 结构之二

结构之二本土化一般处理：Terms Sheet + "正式投资协议" = Terms Sheet + "增资/转让协议（SPA）+ 补充协议（或股东协议）"（见表 4 –3）。

表 4 –3　中国式投资协议结构二（续）

TS	正式投资协议
TS （正式投资协议核心条款）	增资/转让协议
	补充协议（或股东协议，内容为 SHA、M& A 中的特殊约定）

该结构扬弃了机械照搬的做法，将 SHA、M& A 的特别条款融在了一起，放到一个文件（补充协议/股东协议）中，大大简化了投资文本。同时，这种安排尽量不过度修改章程（M& A），使市场登记管理机关容易理解和接受章程。不过需要指出的是，这种结构下补充协议/股东协议一般会额外增加一个条款，即章程（M& A）内容与补充协议/股东协议抵触/不一致的以补充协议/股东协议之约定为准。

3. 结构之三

结构之三本土化之三资企业：Terms Sheet + "正式投资协议" = Terms Sheet + "合资合同（SHA + M& A）"（见表 4 –4）。

表 4 –4　中国式投资协议结构三

TS	正式投资协议
TS （正式投资协议核心条款）	合资合同（内容包含 SHA、M&A 中的特殊约定）

该结构产生的原因是根据已失效原规定"三资"企业的合资合同具有效力的

优先性①,而合资合同必须经过商务部门审批方能生效②,所以不得不将所有的特殊权利放入其中,至于商务部门认不认可,则各地实践有所不同,该结构安排系出于“无奈”。需要指出的是,2020 年 1 月 1 日《外商投资法》及相应的实施条例施行后,(旧规定被废止)前述情况即不存在。

---

① 《中外合资企业法条例》第 10 条第 2 款规定:合营企业协议与合营企业合同有抵触时,以合营企业合同为准。

② 《中外合资企业法》第 3 条规定:合营各方签订的合营协议、合同、章程,应报国家对外经济贸易主管部门(以下简称审查批准机关)审查批准。审查批准机关应在 3 个月内决定批准或不批准。合营企业经批准后,向国家工商行政管理主管部门登记,领取营业执照,开始营业。

第五章　示范投资合同

第一节　示范投资合同的意义

NVCA 是代表美国风险投资行业的主要行业协会，它被广泛认为是风险投资行业职位和数据的可靠来源。NVCA 发布了风险投资融资的示范法律文件，这些文件反映了当前的做法和习俗，并被风险投资行业广泛接受，作为交易各方为每笔交易制定法律文件的起点。示范风险投资条款清单（“VC 条款清单”）列出了投资主要方面的基本条款和条件，并在此基础上制定了最终的法律文件①。具体来说，示范投资合同在以下方面促进了风险投资行业生态②：（1）减少交易成本和时间；（2）建立行业规范；（3）避免对风险投资或公司/企业家产生偏见；（4）提出潜在的备选方案，反映各种包括有用的解释性评论的融资条件；（5）预见并消除不可执行或不可行条款的陷阱；（6）提供一整套内部一致的融资文件。

基于以上，对 NVCA 发布的示范投资条款进行分析很有必要的，但还是需要特别指出的是，就投资合同所涉及的具体投资条款内容而言，中美的实践有不少相通的地方，但中国的实践更带有本土化适用的烙印，为达到某些条款相类似的机理功能，需要因应本土的法律、商业环境作出一定的变通。

以下部分拟就 Term Sheet 中细化条款展开讨论，并以 NVCA 2004 年 1 月发布的 Term Sheet 版本为蓝本进行，主要原因有二：（1）美国律师协会（ABA）对该版本作过比较仔细的注评（*ABA Comments to National Venture Capital Association*

---

① See Catherine Pan - Giordano, *NVCA Includes Detailed CFIUS Terms in its Model VC Term Sheet*, dorsey, https://www.dorsey.com/newsresources/publications/articles/2019/04/nvca - includes - detailed - cfius - terms。

② See NVCA, *Model Legal Documents*, NVCA12/13/2023, https://nvca.org/model - legal - documents/.

Term Sheet 2007 年 8 月版[①]),就条款的讨论参考相关注评很有裨益;(2)虽然最新一版本距离该版本已接近 20 年,但对比最新的版本,仅就私募股权投资的商业实质和基础法律环境来说,核心条款作了实质性保留(但确有部分条款有实质性变化,如"CFIUS"条款,具体参见下篇第五章第二节"四十八、CFIUS 事项"部分内容),感兴趣的读者也可以直接参考最新版本[②]。

第二节　具体条款的展开

一、投资条款的分类

即便仅参考"脱水"版投资条款的 Term Sheet,也至少有一两页纸,初看上去条款之间似乎没什么联系,但实际上这些条款按照不同的标准可以做体系化的分类,体系化的分类有助于我们更好地理解条款内涵。

就细化的特别投资条款,可简要作分类如下:

(一)美国法文本下的机械分类

该分类为根据美国私募股权投资文本的朴素分类,标准系条款所涉及的主体不同(见表 5-1)。

表 5-1　投资条款分类(基于美国法文本)

分类	涉及条款	备注
SPA	—	涵盖交易(交割)前后的权利
SHA	优先购买权、共同/优先出售权、随售/拖售权	涉及股东间(投资人与创始股东)的权利约定

① See ABA, *ABA Comments to National Venture Capital Association Term Sheet*, ABA, https://www.americanbar.org/content/dam/aba/administrative/business_law/newsletters/CL930000/full-issue-200708.pdf.

② See NVCA, *Model Legal Documents*, NVCA12/13/2023, https://nvca.org/model-legal-documents/.

续表

分类	涉及条款	备注
M& A	优先分红权、优先清算权、优先认购权、回赎权（注：公司回赎）、反稀释保护、保护性条款、信息权	主要涉及投资人（股东）对公司的权利约定
—	业绩对赌条款等	NVCA 发布的 TS 条款并无该款，但该款在国内实践中被广泛使用；该条款按照具体条款特征来说，可以放入 SHA 中，也可以放入 M&A 中，如果是创始人等承担业绩对赌义务比较合适放入前者中予以约定，如果是公司承担对赌义务则比较合适放入后者中予以约定

（二）基于法律理论的分类

该分类为根据投资人通过投资获得的“股权”在法律上的权利内涵所作的分类，即投资人的股东权利可分为两类：一是参与管理权；二是资产收益权①（见表 5－2）。

表 5－2　投资条款分类（基于法律理论）

分类	涉及条款	备注
收益权条款	优先购买权、共同/优先出售权、随售/拖售权、优先分红权、优先清算权、优先认购权、回赎权、反稀释保护、业绩对赌条款	主要涉及股权的“收益权”
管理权条款	保护性条款、信息权	主要涉及股权的“管理权”

（三）基于投资实践的分类

私募股权投资流程通常简称为“募投管退”，私募股权投资文本主要涉及“投、管、退”，根据该投资流程标准进行的分类见表 5－3。

① 参见王军：《中国公司法》（第 2 版），高等教育出版社 2017 年版，第 310 页。

表 5－3　投资条款分类(基于投资实践)

分类	涉及条款	备注
投资	业绩对赌条款	投资时涉及的条款(就业绩对赌而言与被投企业估值有关)
管理	优先购买权、优先分红权、反稀释保护、保护性条款、信息权	投后管理中会涉及的条款
退出	共同/优先出售权、随售/拖售权、优先清算权、回赎权	退出过程中会涉及的条款

二、标题—投资意向书

(一)示范文本

TERM SHEET FOR SERIES A PREFERRED STOCK FINANCING OF [INSERT COMPANY NAME], INC. [____, 200 ____]
[插入公司名称]公司 A 轮优先股融资之 投资条款清单 200[　　]年[　　]月[　　]日

(二)内含机理

“TERM SHEET”字面直译为“条款表格/清单/明细”,结合下段将要提到的 TERM SHEET 的两大特征“主要投资条款的概括”和“不具有法律拘束力”,TERM SHEET 可以翻译为“主要投资条款”或者“投资意向书”。就“主要投资条款”和“投资意向书”来说,笔者认为后者更符合我国的商业(法律)语言习惯,而且“意向书”同时有不具有法律约束力以及包含主要投资条款的意思。

基于下篇第四章第一节“二、中美特殊权利安排的差异”部分对中国实践下“优先股”的讨论,在中国语境下将“SERIES A PREFERRED STOCK FINANCING”直译为“A 轮优先股融资”并不妥当,可以翻译为“股权融资”“股权投资”。

而标题整体可以翻译为“关于[公司名称]股权融资之意向书”，更简洁的说法可以是“关于[公司名称]之投资意向书”。

三、首段—没有法律拘束力

（一）示范文本

This Term Sheet summarizes the principal terms of the Series A Preferred Stock Financing of [__________], Inc., a [Delaware] corporation (the "Company"). [In consideration of the time and expense devoted and to be devoted by the Investors with respect to this investment, the No Shop/Confidentiality [and Counsel and Expenses] provision(s) of this Term Sheet shall be binding obligations of the Company whether or not the financing is consummated.] No [other] legally binding obligations will be created until definitive agreements are executed and delivered by all parties. This Term Sheet is not a commitment to invest, and is conditioned on the completion of due diligence, legal review and documentation that is satisfactory to the Investors. This Term Sheet shall be governed in all respects by the laws of the [State of Delaware].
本投资条款清单概括了[__________]公司，一家[特拉华州]公司（以下简称公司）A轮优先股融资的主要条款。考虑到投资者就本次投资已经付出或者将要付出的时间和费用，本投资条款清单中的排他期/保密条款[及律师和费用条款]应为对公司具有约束力的义务，无论融资是否完成。在各方签署并交付最终的协议之前，任何[其他]有合法约束力的义务均未被创设。本投资条款清单不是投资承诺，而且以投资者满意的尽职调查、法律意见和文本的完成为条件。本投资条款清单在所有方面均受[特拉华州]法律管辖。

（二）内含机理

“summarizes the principal terms”字面直译为“总结/概括主要/（最）重要的条款”。“No other legally binding obligations will be created...”字面直译为“任何其他有合法约束力的义务均未被创设”。投资意向书首段的前述两个要点，实际上揭示了整个投资意向书的两大核心，即内容的核心——“核心投资条款”，以及效力的核心——“不具有约束力”。

需要特别注意的是，虽然总体上来说条款是不具有约束力的，但是对有约束力的除外条款应特别予以注意，原因是与主要投资条款相关的纠纷在市面上也并非鲜见。

某知名投资机构甲方与某比特币项目创始人赵某就2017年8月双方签署的某投资意向书产生争议，具体情况为赵某认为投资意向书给出的估值过低，某第三方机构乙方计划投资两轮资金估值更高，后该甲方2017年年底发函要求禁止赵某与任何第三方就出售股权进行谈判或签订任何协议,并在未通知赵某的情况下单方面申请了禁令,且同时提交了仲裁申请。2018 年 4 月,法院判决甲方申请禁令属于滥用程序并在同年底作出最终裁决,驳回了甲方关于赵某违反竞争性协议的主张,即赵某与乙方的讨论实际上是为了 B 轮融资。另外,根据 2018 年 5 月赵某向法院提供的一份申请,其要求法庭举行听证会,要求甲方单方面申请禁令对项目造成的损失进行赔偿。[①] 目前暂未查到相关争议的进展,不过前述争议也简要地展示了投资意向书签署不当或履行不当可能会存在的法律风险。

"This Term Sheet shall be governed in all respects by the laws of the [the State of Delaware]"为首段最后一句话,约定的是管辖。参考上段所述争议案例,考虑到投资者和公司/企业家也可能就投资意向书发生争议,管辖就变得比较重要。将管辖置于段首,且没有明确"有法律约束力"是不太合适的,稳妥的做法是将管辖作为主要投资条款之一,并明确对各方有约束力。

四、交易条款

(一)示范文本

Offering Terms
交易条款

(二)内含机理

"Offering"字面直译可以翻译为"要约""报价""发行"。Offering Terms 可以翻译为"(增资/转让)交易条款"。

Offering Terms 部分主要约定了就该次投资的交割日、投资者、投资金额、每股价格、投资(前)估值、股权结构,归纳起来主要是约定了该次投资的核心交易条款。

根据《民法典》第 470 条及第 488 条的规定,对于一个合同或者一项要约,核心的要素基本为:合同标的、数量、质量、价款或者报酬、履行期限、履行地点和方式、违约责任和解决争议方法等。具体到股权投资交易,核心的条款对应为标的股权、股权结构、投资金额、每股价格等。

① 参见 Bob 鲍师傅:《恩怨升级,红杉资本被币安赵长鹏起诉,古典投资碰钉子?》,载 CoinON 网 2019 年 5 月 24 日,https://www.coinonpro.com/news/toutiao/39121.html。

对于一项股权投资交易而言，首要的问题是投资方花多少钱获得多少股权，反过来也即创始股东/公司稀释（出售）多少股权获得多少钱，牵涉公司估值、投资金额、方式（增资/转让），这三个方面是股权投资交易（谈判中）除特殊权利安排外的核心商务交易条款。公司估值（投前估值）、投资金额（融资总额）在原版 Term Sheet 中被明确列示，但投资方式没有列，投资方式没有列示并不意味着不重要，实际上在中国法语境下，尤其是最新《公司法》施行后，投资方式是需要重点考量的问题。

公司设立股东未足额实缴，其他股东在出资不足范围内承担连带责任①。因此，投资方应尽量避免与创始人新设公司/企业，至少要等创始人标的公司设立完成后再行投资；涉及被投企业重组等需要新设实体时，也尽量由创始人先行设立公司/企业，之后投资方再行入股。如不得已与创始人新设公司，则应约定实际承担了出资补足义务的投资方有权向未出资/出资不足的股东追偿，且或同时约定出资不实情况作为回购触发条件之一。

未实缴出资转让，受让人承担出资义务；未实缴出资或出资显著低于所认缴出资的，转让人与受让人在出资不足范围内承担连带责任，但受让人不知且不应当知道的由转让方承担②。因此投资方应当尽量采取增资方式投资标的企业，尽量避免采用受让老股方式；如必须采用受让老股方式，则应特别关注标的股权是否实缴以及是否实缴到位，且应尽量选择标的对应的实缴是货币形式（而非“非货币”）；如不得已采用受让非货币实缴之标的股权的，则可考虑要求标的公司/转让方委托投资方认可的第三方评估机构对非货币出资部分进行评估，存在差额的要求转让方先行以货币方式补足，不存在差额的则也可以用以证明投资方不知道且不应当知道出资不足而免责；交易文件中应由标的公司/创始团队等作出相

① 《公司法》第 50 条规定：有限责任公司设立时，股东未按照公司章程规定实际缴纳出资，或者实际出资的非货币财产的实际价额显著低于所认缴的出资额的，设立时的其他股东与该股东在出资不足的范围内承担连带责任。第 99 条规定：发起人不按照其认购的股份缴纳股款，或者作为出资的非货币财产的实际价额显著低于所认购的股份的，其他发起人与该发起人在出资不足的范围内承担连带责任。

② 《公司法》第 88 条规定：股东转让已认缴出资但未届出资期限的股权的，由受让人承担缴纳该出资的义务；受让人未按期足额缴纳出资的，转让人对受让人未按期缴纳的出资承担补充责任。未按照公司章程规定的出资日期缴纳出资或者作为出资的非货币财产的实际价额显著低于所认缴的出资额的股东转让股权的，转让人与受让人在出资不足的范围内承担连带责任；受让人不知道且不应当知道存在上述情形的，由转让人承担责任。

应陈述与保证,确认标的股权不存在出资瑕疵,并约定如投资方因受让标的股权出资瑕疵承担了相应责任的,有权向转让方/创始团队追偿。

五、交割日

(一)示范文本

Closing Date	As soon as practicable following the Company's acceptance of this Term Sheet and satisfaction of the Conditions to Closing (the "Closing"). [*provide for multiple closings if applicable*]
交割日	[交割日为]公司接受本投资意向书且交割("交割")条件得到满足后(如适用)尽可能快的时间。[如适用,约定多个交割日]。

(二)内含机理

根据权威定义,英美法语境下 Closing 意思为"双方交易的最终达成,此时,交易结束;尤其是在不动产领域,买方和买方之间最终的交易通过交易文件的达成,以及货币和财产的转移来完成"①。

Closing 按照通行的译法为"交割",在国内法中,"交割"概念仅在证券、期货法律领域有涉及②,但这一概念也在股权投资中获得广泛使用。交割在英美法的股权投资协议母版中,是规定交易最终完成的重要节点——先决条件的达成、(付款/股权交付)手续的完成。作为子本的国内版本,直接承继了交割这一概念,实务中大部分的股权投资协议版本中均安排这一概念。在国内股权融资交易中,交割意味着投资款的支付以及/或相应股权的获得(按照目前的法律实践,为完成增资/转让的工商变更手续)。

目前常见的做法,一是将增资/转让工商变更手续的完成或其他条件达成作为交割的(先决)条件之一,在交割(先决)条件完成之后的一定时间内交割——支付增资/转让款,该种做法是将"增资/转让款支付"定义为交割。二是部分交

① Closing 释义:"The final meeting between the parties to a transaction, at which the transaction is consummated; esp., in real estate, the final transaction between the buyer and seller, whereby the conveyancing documents are concluded and the money and property transferred."参见 Black's Law Dictionary (8th ed. 2004), page 769。

② 根据《证券投资基金法》(2015 年修正)第 36 条的规定,基金托管人应及时办理清算、交割事宜,另外,《期货和衍生品法》(2022 年 8 月 1 日起实施)第三章"期货结算与交割"。

易案例中先支付增资/转让款,再进行工商变更,该种做法是将“工商变更完成”定义为交割。无论哪种做法,只要将款项支付和工商变更分别作好定义(甚至不引入交割概念),不产生歧义或混淆,也是无碍于交易进行的。

交割这一概念的重要性在于,其与特定先决条件和日期挂钩,先决条件达成/日期届满,产生交割义务。如果交割定义为相应投资款之支付,则投资方应当履行款项支付义务;如果定义为工商变更,则(增资情况下)公司、(转让情况下)转让方应当履行工商变更登记义务。

就转让情况下的“股权变更”交割需要特别指出的一点是,有限责任公司需要做工商变更,但股份有限公司一般只登记发起人不登记最新的股权结构而无法变更登记,此种情形下的“股权变更”一般约定为更新版股东名册、更新版章程的合规签署/通过及向投资方交付。

六、投资方

(一)示范文本

Investors	Investor No. 1 and its affiliate entities: [__________] shares ([____]%), $[________________] Investor No. 2 and its affiliate entities: [__________] shares ([____]%), $[________________] [as well other investors mutually agreed upon by Investors and the Company]
投资方	投资方 1 及其关联方:[ ]股([ ]%),[ ]美元 投资方 2 及其关联方:[ ]股([ ]%),[ ]美元 [及公司和投资方双方同意的其他投资方]

(二)内含机理

股权投资机构与公司进行投资意向书磋商的时候,具体是用哪一个基金/主体来进行投资是一般来说还是不确定的,因此,与公司签署投资意向书的一般是基金的管理人。

不能确定基金/主体的原因可能有多重,首先可能是管理人旗下有多只基金,有可能某只基金投资,也可能多只基金共同投资;其次即便是一个主体,但有时会有团队跟投、与第三方基于特定目的(如被投项目基于控制股东人数的考虑)设立 SPV 投资等;最后也有的管理人是通过项目制基金来进行投资的,先有项目再进行募集;等等。

不过,对于标的公司来说,如果其对某一基金主体有特别的需要,如针对集成电路行业的企业,获得"国家集成电路产业投资基金"的投资有非常强的"背书"效果,也可以明确要求在投资意向书中明确列明具体投资的基金及额度(甚至直接由该特定基金签署投资意向书)。

就投资标的而言,系公司注册资本,但有限公司和股份公司表述上有差异,前者为"出资额",后者为"股份"。

就投资后的持股比例而言,部分交易中,公司可能会与多家股权投资机构同时"背靠背"进行该轮次股权融资的磋商,此时持股比例不好确定,可以不予约定,但考虑到锁定该轮次投资前公司估值的需要,可以仅约定每一元出资额或每股的单价。

七、融资总额

(一)示范文本

Amount Raised	$ [____________], [including $ [____________] from the conversion of principal [and interest] on bridge notes].[1]
融资总额	[________________]美元,[包括过桥票据的本金[和利息]转换的[ ]美元]。[2]

注:[1] The investment can be structured as a staged pay - in, with subsequent installments to be invested if the Company has met certain milestones. This type of provision is less common than a single, up - front and unconditional investment. Note that it may invite later disputes concerning milestone achievements and may also increase transaction costs. Some issues that arise are: (1) are the milestones objectively verifiable; (2) if the milestones are met, does that require the investment be made or just give the right to the Company to call in the investment; and (3) what if the milestones have been met, but other events adverse to the Company have occurred (material adverse changes). To clarify what happens when milestones are not met the following language may be added: "If, in the sole and absolute judgment of the Investors, the Company has not satisfied a performance milestone by ____________, 20 ____, then the Investors may either (i) waive the failure, in whole or in part, and pay the amount[, or a portion thereof,] set opposite such milestone on Exhibit A[, such payment to be conditioned upon the receipt by the Investors of a written commitment by the Company to use its best efforts to complete the applicable milestone by a specified date and to satisfy such other conditions as the Investors may require,] [(ii) elect not to make such milestone payment but reserve the right to make subsequent milestone payments by ________________, 20 ____, or] (iii) terminate the Commitment without any further obligation or liability on the part of the Investors.]"

[2]投资可以被安排为分阶段进行投入,如果公司达到了某些里程碑,则随后分期进行投资。这种类型的条款比单一的、预先的和无条件的投资更不常见。需要注意的是,它可能会在以后引起有关里程碑是否成就的争议,也可能会增加交易成本。出现的一些问题是:(1)里程碑是否可以客观核实;(2)如果里程碑得到满足,是否需要进行投资或只是给予公司要求投资的权利;(3)如果里程碑得到满足,但发生了对公司不利的其他事件(重大不利变化)。为了澄清里程碑未达到时会发生什么,可以添加以下语言:"根据投资者的单独和完全的判断,如果公司未能在20【 】年【 】月【 】日前达到业绩里程碑,则投资者可(i)豁免全部或部分未达成的里程碑,并支付附件a中与该里程碑相对应的金额[或其一部分][该付款以投资者收到公司尽最大努力在指定日期前完成适用里程碑并满足投资者可能要求的其他条件的书面承诺为前提,][(ii)选择不支付此类里程碑投资,但保留在20【 】年【 】月【 】日进行后续里程碑付款的权利;或(iii)终止投资承诺,且投资方不承担任何进一步的义务或责任。]"

(二)内含机理

单纯的一笔增资不需要特意约定融资总额,但是如果存在多笔增资、增资+转让、增资+可转债等情形,就需要对融资总额作出约定。对投资者来说,一般需要特殊权利/约定覆盖,是整个投资交易方案中所付出的总金额①,而不管是通过什么形式到的公司或创始人手中。尤其是在投资人接老股(尤其是接前轮投资人老股)的情形下,股权转让价款并不直接流入公司作为公司运营资金,而是到创始人或第三方口袋,如果没有约定清楚,这部分资金(和对应的股权)是否享有与增资部分同等的权利,可能会导致争议。

此外,有个常被忽视但不鲜见的情况是,后手投资者接前手投资者股权份额的情形,对后手投资者来说其支付的成本是股权受让价款A,对前手投资者来说其就标的股权支付的成本是其原始投资成本B,通常而言B是要小于A的,在公司估值急速增长的情况下,两者的差距可以非常大。此时,对后手投资者而言,在回购、清算等涉及退出需要计算后手投资者回购价格和优先回购/清算金额时,其融资总额/投资额是B还是A就比较重要,而且认定为哪一个数字(在公司回购、清算等条款适用时)会直接影响到其他投资者及被投资企业创始团队的权益,在相应转让发生时,应当在更新版股东协议/补充协议中予以明确,以免争议。

以上角度是从单个投资人的角度考虑,从多个投资人背靠背的角度考虑,若

① 自然,基于商务谈判的情况,有时低价受让的部分不享有特殊权利,或设定弱于增资部分的权利,如义务主体仅为特定出让方而不包括公司。——笔者注

干情况也有必要约定融资总额,如为了实现被投资企业特定业绩目标,其可能有一个融资额度需要的最低线,单个投资人有动力要求被投企业在该轮次融资金额超过该特定最低线,并将之作为其投资之先决条件之一;对有的投资人来说,其可能不想在当轮次让公司融太多资金以对其持股比例造成过度“稀释”,而要求其被投资企业融资额度设定一个不得超过的上线。

另外,参照原版脚注中所列,涉及里程碑投资的,融资总额(尤其是每一个里程碑融资额度及相应的条件等)也要列明,以免争议。

八、每股价格

(一)示范文本

Price Per Share	$ [______________] per share (based on the capitalization of the Company set forth below) (the “Original Purchase Price”).
每股价格	每股[ ]美元(基于下述公司股本)(“初始购买价”)。

(二)内含机理

1. 每股价格的意义

在多轮融资的案例中,涉及反稀释条款及其调整的时候,每股价格是有意义的。举例说明:

如某项目 X 融资中,每一轮均约定了反稀释条款,A 轮融资 2 元/股,B 轮融资 3 元/股,C 轮融资 4 元/股。如果该项目进行的 D 轮融资中,因项目发展不及预期,初步确定的融资价格是 2.5 元/股,那么对于 A 轮融资来说,2.5 元是高的,不触发反稀释,但是对 B 轮和 C 轮融资来说,2.5 元低于该轮次的价格,则触发反稀释。

当然前述的每股价格(各轮次的“初始购买价格”)应当受后续转增、股份分拆、股份合并等影响,相应作调整。

如果仅涉及一次转让,或是一次增资的情况,每股价格一般是比较清楚的,但如果是同一轮既存在转让又存在增资,且价格不一致的情况下,每股价格会相对复杂一些,但是万变不离其宗,对于投资者而言,其每股价格 = 投资金额(不管是增资或是转让价款)/获得股份数。特别需要指出的是,如果同一投资者存在低价转让 + 高价增资,就其投资成本而言加权平均价格为真实投资成本,但就反稀释调整而言,实际可以让转让价格和增资价格分开适用反稀释条款,也可以用加权平均价格统一适用反稀释,具体应当在正式协议中明确以免疑义。

2. 每股价格的构成

就增资而言,增资的每单位注册资本价格为增资款除以相应获得的新增注册资本后的金额;就转让而言,实际的每单位注册资本价格 = 转让价款/转让标的的注册资本 + 每单位注册资本认缴未实缴金额,因此实际的每单位价格会因为转让标的的实缴情况不同而有所不同。

实务中,标的全部实缴的情况是常见的,其次是全部未实缴,最少见但也时有发生的是部分实缴部分未实缴,在后两种情形下,投资者除了要支付给转让方转让价款外,就标的股权未实缴之部分还应向公司进行实缴。

3. 非整数处理

投资中的融资总额、股数和每股价格可以有如下恒等式:融资总额 = 股数 × 每股价格,变形后可以有:股数 = 融资总额/每股价格,以及每股价格 = 融资总额/股数。

实务中,经常出现的问题是除不尽,即股数或每股价格按照各方商务谈判计算出来的数据不是一个整数(或仅有一位或两位小数的数字),这样就需要做四舍五入的操作,这就导致了投前/投后估值计算出来也通常并非一个整数。为了避免给审计造成困扰,甚至需要重签协议,被四舍五入处理过的的数据末尾应当列明"为免疑义,以元为单位四舍五入后保留两位小数"类似表述。

4. 新三板转让特别处理

股权/创业投资基金投资标的之一为新三板挂牌公司股票,涉及转让交易的,要受限于新三板特别规定,如交易只能以 1000 股倍数进行(有例外)、交易价格也受限于挂牌公司股价(可以有一定幅度变化),①因而起草该类投资文件时,应当注意到交易规则的限制,以免协议无法执行。

---

① 仅为当前情况,新三板规则不时修订,参见当前有效的《股转系统交易规则》第 47、61、63、74、82、83 条等规定。

九、投前估值

（一）示范文本

Pre – Money Valuation	The Original Purchase Price is based upon a fully – diluted pre – money valuation of $[__________] and a fullydiluted post – money valuation of $[____________] (including an employee pool representing [____] % of the fullydiluted post – money capitalization).
交易前估值	初始购买价是基于经完全稀释后的交易前估值[ ]元和经完全稀释后的交易后估值(包括经完全稀释后代表[ ]%交易后股本的员工股权池)。

（二）内含机理

就转让的投资而言,投后的估值 = 投资前的估值;而就增资的投资而言,投资后的估值 = 投资前的估值 + 增资金额。

部分交易中,会在投资的同时或前后,通过增资做一轮股权激励。如果同时或者在投资后进行且一般股权激励的价格会比较低,这时候投资者的权益会被稀释,所以,公司真实的投资(前/后)估值需将增资的股权激励考虑进去。

投前估值一般来说是比较好确定的,因为后续的投资行为(转让/增资)也好,股权激励(一般是增资)也好,都有一个初始的公司估值,即投前估值。不过,就公司的投后估值,根据不同的标准,所获得的投后估值可能是不一样的,举例说明:

某项目 X 有注册资本 1000 元,投资者 Y 对其进行投资,具体方式为首先按照 2 元对应 1 元注册资本的价格受让 100 元注册资本,另外按照 3 元对应 1 元注册资本的价格认购新增注册资本 100 元。就 X 的投后估值来说,可以有两种算法:(1)从公司角度上讲,公司有过一轮转让融资按照 2 元对应 1 元注册资本,那么公司转让融资后的估值为 2000 元,公司最新一次融资动作是按照 3 元对应 1 元注册资本的价格增资,增资融资动作结束后公司的注册资本为 1100 元,那么相应的公司的投后估值应当是 3300 元;(2)从投资者角度上讲,投资者投资了 500 元(转让 200 元、增资 300 元),获得 200 元注册资本,则每 1 元注册资本的价格为 2.5 元,对应公司投后估值应为 2500 元。

十、股权结构

（一）示范文本

Capitalization	The Company's capital structure before and after the Closing is set forthbelow:			
	Pre – Financing		Post – Financing	
Security	# of Shares	%	# of Shares	%
Common – Founders				
Common – Employee Stock Pool Issued Unissued				
[Common – Warrants]				
Series A Preferred				
Total				
股本	在交割前和交割后公司的股权结构如下：			
	融资前		融资后	
股份	#股股份	%	#股股份	%
普通股 – 创始人				
普通股 – 员工股权池 已发行 未发行				
[普通股 – 认股权证]				
A 轮优先股				
总计				

（二）内含机理

大部分交易中，投资前和投资后的股权结构是可以确定的。对此进行约定，是很有必要的，因为这涉及几个重要的问题：(1)创始股东对公司（在投资人投资前）股权结构的真实情况（包括股权结构、是否实缴、有无代持等）的陈述与保证；(2)投资方投资的基础前提（股本情况、股权结构情况、创始股东的持股情况、股权激励的情况）；(3)投资方投资后获得的直接对价（投资方的出资额、投资方的持股比例）。在中国法语境下，股权结构中涉及的实缴出资额、出资方式、出资期限,应当要予以特别注意。

实缴出资额,在最新《公司法》施行后,其重要性得到了提升。简言之,新增股东失权制度①,股东未实缴可能导致其丧失相应未出资股权,进而导致公司股权结构发生变化;如果投资人通过受让相应失权股权的方式投资标的公司,那么投资人有义务就未实缴部分进行实缴,且可能就转让标的出资不实承担责任②;公司设立股东未足额实缴,其他股东在出资不足范围内承担连带责任③,投资人新设方式投资标的企业存在风险而受限;董事会核查出资、催缴出资,负有责任的董事承担赔偿责任④,如果投资人委派董事,相应董事可能就未实缴出资承担赔偿责任……以上这些有关实缴出资的变化,与投资人权益、投资方式、责任息息相关,在实务中出具 TS 时,应当予以足够的重视,相关的方案可以是明确创始团队等最迟实缴期限、针对失权股权的处置方式(注销或投资方优先购买权)、投资方/委派董事责任转嫁等。

出资方式,在最新《公司法》施行后,其重要性也得到了提升。比如,明确新增股权、债权为非货币出资形式⑤,非货币形式出资得到了进一步认可,实务中非

---

① 《公司法》第 52 条规定:股东未按照公司章程规定的出资日期缴纳出资,公司依照前条第一款规定发出书面催缴书催缴出资的,可以载明缴纳出资的宽限期;宽限期自公司发出催缴书之日起,不得少于六十日。宽限期届满,股东仍未履行出资义务的,公司经董事会决议可以向该股东发出失权通知,通知应当以书面形式发出。自通知发出之日起,该股东丧失其未缴纳出资的股权。依照前款规定丧失的股权应当依法转让,或者相应减少注册资本并注销该股权;六个月内未转让或者注销的,由公司其他股东按照其出资比例足额缴纳相应出资。股东对失权有异议的,应当自接到失权通知之日起三十日内,向人民法院提起诉讼。第 107 条规定:本法第四十四条、第四十九条第三款、第五十一条、第五十二条、第五十三条的规定,适用于股份有限公司。

② 《公司法》第 88 条规定:股东转让已认缴出资但未届出资日期的股权的,由受让人承担缴纳该出资的义务;受让人未按期足额缴纳出资的,转让人对受让人未按期缴纳的出资承担补充责任。未按照公司章程规定的出资日期缴纳出资或者作为出资的非货币财产的实际价额显著低于所认缴的出资额的股东转让股权的,转让人与受让人在出资不足的范围内承担连带责任;受让人不知道且不应当知道存在上述情形的,由转让人承担责任。

③ 《公司法》第 50 条规定:有限责任公司设立时,股东未按照公司章程规定实际缴纳出资,或者实际出资的非货币财产的实际价额显著低于所认缴的出资额的,设立时的其他股东与该股东在出资不足的范围内承担连带责任。

④ 《公司法》第 51 条规定:有限责任公司成立后,董事会应当对股东的出资情况进行核查,发现股东未按期足额缴纳公司章程规定的出资的,应当由公司向该股东发出书面催缴书,催缴出资。未及时履行前款规定的义务,给公司造成损失的,负有责任的董事应当承担赔偿责任。

⑤ 《公司法》第 48 条第 1 款规定:股东可以用货币出资,也可以用实物、知识产权、土地使用权、股权、债权等可以用货币估价并可以依法转让的非货币财产作价出资;但是,法律、行政法规规定不得作为出资的财产除外。

货币出资情形有可能增加；如果投资人通过受让方式投资标的公司，那么投资人有可能就转让标的出资不实承担责任[①]，在标的股权存在非货币出资的情况下，投资人投资风险增大；公司设立股东未足额实缴，其他股东在出资不足范围内承担连带责任[②]，如果设立时涉及非货币出资，投资人新设方式投资标的企业风险增大；董事会核查出资、催缴出资，负有责任的董事承担赔偿责任[③]，如果涉及非货币出资，核查和催缴更难履行，则投资人委派董事相应风险也增大了。综上，对涉及非货币的专利、股权、非专利技术等的非货币出资应重点关注，并在后续投资方案设计、TS/投资协议执行过程中予以注意，可以考虑的方案是评估差额货币方式补足、更换非货币出资方式为货币出资、投资方/委派董事责任转嫁等。

出资期限，在最新《公司法》下，有限公司出资期限缩短为成立之日起5年[④]，股份公司发起人应当在公司成立前按照其认购的股份全额缴纳股款[⑤]。根据国务院最新有关注册资本登记管理制度的规定，就存量公司而言，有限公司应当于公司法施行之后3年过渡期内将剩余出资期限调整至5年内，股份公司应当在3年过渡期内，缴足认购股份的股款[⑥]。就新设公司而言，有限责任公司应当按照

---

① 《公司法》第88条规定：股东转让已认缴出资但未届出资日期的股权的，由受让人承担缴纳该出资的义务；受让人未按期足额缴纳出资的，转让人对受让人未按期缴纳的出资承担补充责任。未按照公司章程规定的出资日期缴纳出资或者作为出资的非货币财产的实际价额显著低于所认缴的出资额的股东转让股权的，转让人与受让人在出资不足的范围内承担连带责任；受让人不知道且不应当知道存在上述情形的，由转让人承担责任。

② 《公司法》第50条规定：有限责任公司设立时，股东未按照公司章程规定实际缴纳出资，或者实际出资的非货币财产的实际价额显著低于所认缴的出资额的，设立时的其他股东与该股东在出资不足的范围内承担连带责任。

③ 《公司法》第51条规定：有限责任公司成立后，董事会应当对股东的出资情况进行核查，发现股东未按期足额缴纳公司章程规定的出资的，应当由公司向该股东发出书面催缴书，催缴出资。未及时履行前款规定的义务，给公司造成损失的，负有责任的董事应当承担赔偿责任。

④ 《公司法》第47条规定：有限责任公司的注册资本为在公司登记机关登记的全体股东认缴的出资额。全体股东认缴的出资额由股东按照公司章程的规定自公司成立之日起五年内缴足。法律、行政法规以及国务院决定对有限责任公司注册资本实缴、注册资本最低限额、股东出资期限另有规定的，从其规定。

⑤ 《公司法》第98条第1款规定：发起人应当在公司成立前按照其认购的股份全额缴纳股款。

⑥ 《国务院关于实施〈中华人民共和国公司法〉注册资本登记管理制度的规定（2024年6月7日国务院常务会议审议通过）》第3条规定：依照公司法第二百六十六条规定，设置三年过渡期，自2024年7月1日至2027年6月30日。公司法施行前设立的公司出资期限超过公司法规定期限的，应当在过渡期内进行调整。公司法施行前设立的有限责任公司自2027年7月1日起剩余出资期限不足五年的，无须调整出资期限；剩余出资期限超过五年的，应当在过渡期内将剩余出资期限调整至五年内。调整后股东的出资期限应当记载于公司章程，并依法在国家企业信用信息公示系统上向社会公示。公司法施行前设立的股份有限公司应当在三年过渡期内，缴足认购股份的股款。

公司章程规定自公司成立之日起 5 年内缴足注册资本,股份有限公司应当在设立登记前缴足认购股份股款,同时针对新增注册资本,有限公司 5 年内缴足,股份公司新增注册资本全额缴足股款后,方办理变更登记①。新增出资加速到期制度,不能清偿到期债务,公司/债权人有权要求实缴出资②。以上有关出资期限的变更应当予以注意,实务中应当在出具 TS 过程中提前进行安排,相关的方案可以是要求创始团队等承诺并保证最迟实缴期限(避免与最新规定冲突)、通过(快速③)减资方式解决无力实缴的问题等。

部分交易中,投资前或投资后,或投资前后的股权结构都可能是不确定的。比如,公司选择跟若干投资人"背靠背"谈判、签订协议,融资的额度、最终的总的增资比例是不确定的。再如,在投资前,公司需要(或投资者要求)做出某些重组动作,会影响公司投资前的股本和股比。这些交易中,可以就此作灵活约定,如可只锁定每单位注册资本/每股单价(或价格范围)以及增资数量(或数量范围)。

十一、章程

(一)示范文本

CHARTER[1]
章程[2]

注:[1] The Charter is a public document, filed with the Secretary of State of the state in which the Company is incorporated, that establishes all of the rights, preferences, privileges and restrictions of the Preferred Stock. Note that if the Preferred Stock does not have rights, preferences and privileges materially superior to the Common Stock, then (after Closing) the Company cannot defensibly grant Common Stock options

---

① 《国务院关于实施〈中华人民共和国公司法〉注册资本登记管理制度的规定(2024 年 6 月 7 日国务院常务会议审议通过)》第 2 条第 4 款规定:有限责任公司新增认缴注册资本应当五年内缴足。股份有限公司增加注册资本的,应当在公司股东全额缴足股款后,办理注册资本变更登记。

② 《公司法》第 54 条规定:公司不能清偿到期债务的,公司或者已到期债权的债权人有权要求已认缴出资但未届出资期限的股东提前缴纳出资。

③ 《国务院关于实施〈中华人民共和国公司法〉注册资本登记管理制度的规定(2024 年 6 月 7 日国务院常务会议审议通过)》第 5 条第 1 款规定:公司法施行前设立的公司在过渡期内申请减少注册资本但不减少实缴出资,符合下列条件的,公司可以通过国家企业信用信息公示系统向社会公示二十日。公示期内债权人没有提出异议的,公司凭申请书、承诺书办理注册资本变更登记:(一)不存在未结清债务或者债务明显低于公司已实缴注册资本等情形;(二)全体股东承诺对减资前的公司债务在原有认缴出资额范围内承担连带责任;(三)全体董事承诺不损害公司的债务履行能力和持续经营能力。

priced at a discount to the Preferred Stock.

[2]公司章程是一份公共文件,在公司注册所在州的州务卿处备案,章程确立优先股的所有权利、优先权、特权和限制。需要注意的是,如果优先股没有实质上优于普通股的权利、优先权和特权,则(交割后)公司不能正当地以优先股价格打折的定价授予普通股期权。

(二)内含机理

章程主要就公司与股东之间的特殊安排进行规定。美国《特拉华州公司法》允许作出特别约定,相对宽松。中国实践中,大部分工商登记部门对章程中的特殊安排通常持消极态度,因而大部分的"特殊安排"难以在章程层面进行规定,而是通过股东之间的特殊约定来实现的。

曾经的三资企业是个例外,因为三资企业的相关文件(发起人协议、合资合同、章程等)须经备案后生效,因而投资方等有更大动力去将"特殊安排"放到合资合同/章程去约定,而实践中,针对三资企业工商局容忍度也更高一些。不过,《外商投资法》施行后,按照新法操作的相关外资企业,前述情况应该有所改观,即可以通过股东之间的特殊约定来进行相关的特殊权利义务安排。

十二、分红权

(一)示范文本

Dividends	[Alternative 1: A non-cumulative dividend[1] on the SeriesA Preferred Stock at the rate of [____]% per annum will be payable only when and if declared by the Board and prior to any dividends to any other class.[2]] [Alternative 2: The Series A Preferred Stock will carry an annual [____]% cumulative dividend[3] [compounded annually], payable upon a liquidation or redemption. For any other dividends or distributions declared by the Board, the Series A Preferred Stock will participate with the Common Stock on an as-converted basis.] [Alternative 3: Dividends will be paid on the Series A Preferred Stock on an as-converted basis when, as, and if paid on the Common Stock.][4]
股息	[可选1:只有在董事会宣布并在向任何其他类别派发任何股息之前,才可向A系列优先股支付年息为[__]%的非累积股息[5]。][6] [可选2:A系列优先股将获得每年[__]%[按年计算复利]的累积股息[7],在清算或赎回时支付。对于董事会宣布的任何其他股息或分配,A系列优先股将在视同其转换成普通股的基础上与普通股共同参与分配。] [可选3:当/或者向普通股支付股息时,股息也将向优先股在视同其转换成普通股的基础上进行支付。][8]

注:[1] With a non – cumulative dividend, if the Company' s board of directors fails to declare the dividend during any fiscal year, the right to receive that dividend will be extinguished, but no other class of stock will receive a dividend either. The following fiscal year, the same analysis is done again.

This clause is used when the parties want to give the Series A Preferred Stock a dividend preference, but do not want payment of the dividend to be mandatory. This clause is more favorable to the Company than Alternative 2. The Company does not want to be forced to expend cash on dividends that it would otherwise desire to expend on the Company' s other purposes. Similarly, the Company does not want to be required to pay any stock dividends that will dilute the ownership percentages of the founders. While this clause favors the Company to some degree, it does give the Series A Preferred Stock Investor a limited preference by making sure that if there is money available for dividends, it will be paid first to the Series A Preferred Stock Investors.

[2] A dividend may be participating or non – participating as follows: (a) after preferred preferential dividends, new preferred does not participate in further dividends, (b) after preferred preferential dividends, new preferred alone participates in dividends on the common, (c) after preferred preferential dividends, new preferred and other specified series participate in dividends on the common, (d) after preferred preferential dividends, common gets specified dividends then new preferred alone participates pro rata in additional dividends on common, OR (e) after preferred preferential dividends, common gets specified dividends then new preferred and other series participate pro rata in additional dividends on common.

[3] With a cumulative dividend, the dividend is calculated each year and the right to receive the dividend is carried forward until either it is paid or the right to receive the dividend is terminated in some way. Thus, there is no need for the dividend to be declared by the Board in order for the right to receive the dividend to accrue. However, the dividend will not actually be paid unless an event requiring payment occurs, such as a fixed payment date, a conversion to Common Stock, liquidation or a redemption.

Sometimes, a term sheet provides that the cumulative dividend will begin to accrue at some time in the future rather than at the time of investment. This is most often done in early stage financings. The delay will typically be one to three years in length.

Alternative 2 is the approach most favorable to the Investors, of those approaches presented. Investors expect to earn their preferred dividends based on how long the Investors have dollars invested in the Company. Thus, this approach has some characteristics similar to an interest charge including, usually, some level of compounding.

In some cases, accrued and unpaid dividends are payable upon conversion as well as upon liquidation or redemption. Typically, however, dividends are not paid if the Preferred Stock is converted. The underlying theory is that Investors are required to make a choice of either having the advantages of being a Preferred Stockholder, or being treated as a Common Stockholder through conversion, consistent with the rights of the other Common Stockholders.

The term sheet will often provide for the payment of the cumulative preferred dividends in stock as opposed to cash. If Common Stock is used to pay the cumulative preferred dividend, it would normally be valued at fair market value and some formulation of how to calculate fair market value will need to be addressed. While the use of Common Stock is the most common alternative for stock dividends, depending upon the goals of the parties, sometimes the parties will decide to use Preferred Stock calculated at the issuance price instead. The Investor should consider the tax consequences of structuring the dividend as a stock dividend.

The issue of who is entitled to determine whether the cumulative dividend is paid in cash or with stock is also subject to negotiation. Both Investors and Companies prefer to be able to make that choice. In most cases, the Company would choose to pay the dividend with cash if cash is available because the issuance of Common Stock will dilute the founders' position in the Company. However, if insufficient cash is available, the Company may be forced to pay the dividend with stock. Depending upon the prospects of the Company, the Investors may find the payment of cash most desirable (particularly in the context of a redemption), but in more favorable contexts may want to receive a stock dividend under the belief that this will prove to be more valuable in the long run. This is particularly likely to be the case in the context of a merger.

An Investor's entitlement to receive a cumulative dividend can increase to very substantial levels over time. When later rounds of financing are raised, the rights of earlier Investors to receive cumulative dividends are frequently renegotiated.

[4] Of the approaches presented, this version is the most favorable to the Company. This clause would be used where the Series A Preferred Stock does not get any kind of a preferred dividend. This will allow the founders to be paid a dividend on their Common Stock without first having to meet any prerequisites for the payment of preferred dividends to the Investors. The Investors' only right will be to participate with the holders of the Common Stock on any dividends that are declared.

[5] 在非累积股息的情况下，如果公司董事会未能在任何会计年度宣布股息，则获得该股息的权利将丧失，但其他类别的股票也不会获得股息。在接下来一个会计年度，同样的分析再次上演。

当双方希望给予 A 系列优先股一个股息上的优先权，但不希望股息的支付是强制性的时候，采用本条款。本条款比可选方案 2 对公司更有利。公司不想被迫将现金花费在分红上，而是它会相反地希望将现金用于公司的其他目的。同样，公司也不想被要求支付任何会稀释创始人持股比例的股票股利。虽然这一条款在某种程度上有利于公司，但它确实通过确保如果有可用于分红的资金，将首先支付给 A 系列优先股投资者，给予 A 系列优先股投资者一个有限的优先权。

[6] 股息可按以下方式分为参与式或非参与式：(a) 在优先的优先股息后，新优先股不参与进一步股息分配；(b) 在优先的优先股息后，新优先股单独参与普通股股息分配；(c) 在优先的优先股息后，新优先股和其他特定系列参与普通股股息分配；(d) 在优先的优先股息之后，普通股获得特定股息，然后新优先股单独按比例参与普通股额外股息分配；或 (e) 在优先的优先股息后，普通股获得特定股息，然后新

优先股和其他系列按比例参与普通股额外股息分配。

[7] 在累积股息的情况下,每年计算股息,并且收取股息的权利一致存在,直至股息被支付或收取股息的权利被以某种方式终止。因此,无须董事会宣布股息,便可有权利收取股息。然而,除非发生需要支付的事件,如一个确定的支付日期、转换为普通股、清算或赎回,否则股息不会实际被支付。

有时,条款清单约定,累积股息将在未来某个时间开始计算,而不是在一投资时就开始。在早期融资中,这种情况最为常见。延迟时间一般为一年至三年。

可选方案 2 是这些罗列方案中,最有利于投资者的方案。投资者期望根据投资者资金在公司投资的时间长短,来获得他们的优先股息。因此,这种方案具有一些类似于利息费用的特征,通常也包括某种程度的复利。

在某些案件下,应计和未付股息在转换以及清算或赎回时支付。但是,如果优先股被转换,通常不支付股息。背后的理论是,投资者必须做出选择,要么享有作为优先股股东的好处,要么通过转换被作为普通股股东对待,享有与其他普通股股东一致的权利。

条款清单通常约定以股票而不是现金支付累计优先股股息。如果普通股被用于支付累积优先股股息,它通常将按公允市场价格估值,并且需要约定如何计算公允市场价格的一些公式。虽然普通股的使用是股票股息最常见的选择,但根据各方的目标,有时各方会决定使用按发行价格计算的优先股替代。投资者应考虑将股息确定为股票股息的税务后果。

至于谁有权决定累积股息是以现金支付还是以股票支付的问题,也是有赖于谈判的。投资者和公司都希望能够做出这样的选择。在大多数情况下,如果现金足够,公司会选择用现金支付股息,因为发行普通股会稀释创始人在公司的地位。但是,如果可用现金不足,公司可能被迫以股票支付股息。根据公司的前景,投资者可能会发现现金支付是最理想的(特别是在赎回的情况下),但在更有利的情况下,他们可能希望获得股票股息,因为他们相信从长远来看,这将被证明更有价值。在发生合并的背景下,情况尤其可能如此。

随着时间的推移,投资者获得累积股息的权利可以增加到非常可观的水平。当以后几轮融资进行时,早期投资者获得累积股息的权利经常被重新协商。

[8] 在罗列的方案中,这个版本对公司最有利。本条款适用于 A 系列优先股未获得任何优先股息的情况。这将允许创始人就其持有的普通股获得股息,而无须首先满足向投资者支付优先股息的任何先决条件。投资者的唯一权利是与普通股持有人一起参与分配宣布的任何股息。

(二)内含机理

1. 一般要点

(1)"优先分红权"设置的原因

首先,对投资人来说,优先分红权的设置,提高了公司全体股东(实质上是创始团队股东)获得分红的门槛,这样会削弱原股东/创始团队分红的动力,进而实现将现金留在公司用于后续发展。其次,在实际进行分红的情况下,优先分红权让投资人优先于创始团队股东提前回收投资，对投资人形成较为稳定的收益保障。[①] 最后，对于盈利较好、分红意愿较高的公司来说，优先分红权设置构成了投资人本金/收益（提前）退出的一个安排。

（2）美国法语境下 dividend 的双重含义

就 dividend 的含义而言，在美国法语境下，纯粹意义上的 dividend 与中文含义的“利润”[②]概念内涵基本一致，即公司赚取的按比例分配给股东的收益或利润（earning or profit），无论是以现金还是股权的方式[③]。

但是在某些情形下，dividend 又有“股息”的含义，在该等情形下，股息是持续的、恒定地贯穿于投资期（fixed - return dividend）[④]的，或是作为非正式的形式出现（informal dividend）的，使其具有了利息的某些特征[⑤]。

（3）中国法语境下的 dividend

中国法语境下，一般采用“优先分红权”指代“Dividends”条款，但其实际约定的范围可以像美国法语境下一样，包括优先分取“红利”和获得（带有利息性质的）“股息”。不过就实务而言，约定获得（带有利息性质的）“股息”情形比较少见，可能的原因包括：①容易被认为是“明股实债”，而存在合规风险；②本身股权投资非债权投资，且其获利主要着眼于最终转让（上市减持、第三方受让、并购、回购等）退出，投资人一般不会要求且创业者也不太愿意接受此类型条款。

（4）“优先分红权”中“优先”的含义

需要特别指出的是，投资人的分红优先，首先，可以体现为有和无，即投资人有权获得某个（可以是基于投资成本按照某个年化利率计算的）金额的优先分

---

① 参见李寿双：《中国式私募股权投资——基于中国法的本土化路径》，法律出版社 2008 年版，第 21 页。

② 《公司法》第 210 条第 4 款规定：公司弥补亏损和提取公积金后所余税后利润，有限责任公司按照股东实缴的出资比例分配利润，全体股东约定不按照出资比例分配利润的除外；股份有限公司按照股东所持有的股份比例分配利润，公司章程另有规定的除外。

③ dividend 释义：“A portion of a company's earnings or profits distributed pro rata to its shareholders, usually in the form of cash or additional shares.”参见 Black's Law Dictionary (8th ed. 2004), page 1443。

④ Fixed - return dividend：“A dividend that is constant throughout the investment's life.”参见 Black's Law Dictionary (8th ed. 2004), page 1444。

⑤ Informal dividend：“A payment of salary, rent, interest, or the like to or for a shareholder as a substitute for a dividend. — Also termed disguised dividend.” Black's Law Dictionary (8th ed. 2004), page 1444.

红,而其他投资人/创始团队没有;其次,可以体现为顺序上,优先于创始团队股东或其他劣后类别股份持有者获得。

2. 类型及变种

优先分红权条款可以分为累积/非累积,参与/非参与型。不同类型的优先分红权条款,呈现了不一样的特征。

(1)累积/非累积

对非累积优先分红权来说,当各方想给优先股一个分红优先权,但是又不想让分红变成强制性的,就可以使用该条款,该条款未强制公司每年都要分红或被课以一个分红义务,但该条款类型下,只要有钱可以分红,就会首先被支付给优先股股东。

对累积优先分红权来说,这是对投资者最有利的方式,投资者以将钱投资到公司的时间长短为基础获得收益,这个方式有利息的某些特征,但需要指出的是,累计分红通常只是约定为"应付"的效果,实际支付时点可以延后,比如约定为投资后第 3 年开始支付,再如约定为标的公司发生清算或赎回时(这个时点的支付,可能与赎回/清算进行钩稽,如先期支付的股息可能被要求在赎回/清算价格中予以扣除,或者未支付的优先分红金额构成赎回/清算价款计算公式的一个加项)。

(2)参与/非参与

对非参与型优先分红权来说,其优先获得其对应的分红/股息,之后不与普通股/劣后股份参与分配额外的红利/股息。需要指出的是,非参与型的优先分红权,仅就优先获得股息的特征而言,与我国目前的优先股实践逻辑有相通之处。

对于参与型的优先分红权来说,其优先获得其对应的红利/股息,之后继续与普通股/劣后股份一起参与分配额外的红利/股息,另对参与型的优先分红权来说,可以有更多的变种安排,比如其先获得分配股息,之后普通股获得股息分配,之后优先股和普通股一道获得红利分配。

(三)适用及其他

1. 有限责任公司

从法律规定上看,没有明确的部分股东可以优先获得分配之约定的空间,仅规定股东有权按照实缴出资比例分配利润,但全体股东也可以约定不按照实缴出资比例分配利润[1]。

按照通行的做法，可以通过“约定比例分取”红利来模拟优先分红权。具体而言，可以约定，当拟分配股息不超过投资方之投资额按照[　]%年息计算的金额（“优先分红金额”）时，创始股东分配比例为0，投资人为100%，超过前述金额（“优先分红金额”）的部分，各方按出资比例分配。

需要指出的是，就有限责任公司，《公司法》只规定全体股东约定一致即可，至于形式并不做强制要求（与股份有限公司要求通过章程约定相对），因而可以通过股东协议、投资协议，甚至是章程来进行约定。就实践而言，该种类型的约定如果放在章程中，在备案过程中，不同市场监督管理局接受度是不一样的。

2. 股份有限公司

从实现机制上，股份有限公司可以参照有限责任公司，通过分配比例的设置来模拟优先分红权。但与有限责任公司不同的一点是，《公司法》明确规定，不按照股东持股比例分配的安排必须规定在章程中[2]，如此面临的问题将会是，各地市场监督管理局对此种“非典型”约定的接受程度。

另外，就上市的股份有限公司而言，中国证监会发布的《上市公司章程指引》也允许章程特别规定不按照持股比例分配利润[3]，该规定我们可以从两个角度来看。首先，就拟上市公司而言，按照目前的IPO审核实践，章程能否做此规定存在疑问，一般的要求还是“同股同权”（推行注册制的现在以及未来，AB股制度等深化执行，构成该“原则”的例外）。其次，就已经上市的公司而言，可能在发行优先股的情况下，该种情形是适用的，但如本系列其他文章（参见下篇第五章第二节“二、标题—投资意向书”）中有提到的，该种情形与股权投资领域的优先股/优先权实践大相径庭。

3. 外商投资企业

在《外商投资法》及《外商投资法实施条例》适用之前，就外商投资企业而言，优先分红权（以及本部以下将要讨论的其他特殊权利）的设置是必须受当时的

---

[1] 《公司法》第210条第4款前段规定：公司弥补亏损和提取公积金后所余税后利润，有限责任公司按照股东实缴的出资比例分配利润，全体股东约定不按照出资比例分配利润的除外。

[2] 《公司法》第210条第4款后段规定：股份有限公司按照股东所持有的股份比例分配利润，公司章程另有规定的除外。

[3] 《上市公司章程指引》第153条第4款规定：公司弥补亏损和提取公积金后所余税后利润，按照股东持有的股份比例分配，但本章程规定不按持股比例分配的除外。

“三资企业法”之约束,因而比较复杂,新的《外商投资法》施行适用之后,相关的制度对标公司法,相关的适用对标“国民待遇”,因而仅于此稍带点到,本篇及以下不再展开相关讨论。

4. 国有资产和国有企业

国有企业无论是作为投资人,还是作为被投资主体,尤其是国有独资/国有控股企业,相关的特殊权利/特殊安排必须受到国资相关法规及政策的监管。具体到投资决策、运营管理、退出交易等,都会可能涉及国资的审批、特定交易程序等,相对比较复杂,为讨论方便,本篇及以下暂不对此展开讨论。实务中有不少此类探讨,感兴趣的读者可自行查询了解①。

十三、清算优先权

(一)示范文本

Liquidation Preference[1]	In the event of any liquidation, dissolution or winding up of the Company, the proceeds shall be paid as follows: [*Alternative 1* (*non – participating Preferred Stock*): First pay [one] times the Original Purchase Price [plus accrued dividends] [plus declared and unpaid dividends] on each share of Series A Preferred Stock. The balance of any proceeds shall be distributed to holders of Common Stock.][2] [*Alternative 2* (*full participating Preferred Stock*): First pay [one] times the Original Purchase Price [plus accrued dividends] [plus declared and unpaid dividends] on each share of Series A Preferred Stock. Thereafter, the Series A Preferred Stock participates with the Common Stock on an as – converted basis.][3] [*Alternative 3* (*cap on Preferred Stock participation rights*): First pay [one] times the Original Purchase Price [plus accrued dividends] [plus declared and unpaid dividends] on each share of Series A Preferred Stock. Thereafter, Series A Preferred Stock participates with Common Stock on an as – converted basis until the holders of Series A Preferred Stock receive an aggregate of [2 – 5] times the Original Purchase Price (including the amount paid pursuant to the preceding sentence).][3]

① 如有关国企对赌的讨论,参见唐云尉、孟静霞:《国浩视点丨股权回购视角下国有企业对赌合规性问题研究》,载微信公众号“国浩律师事务所”2023 年 9 月 1 日,https://mp.weixin.qq.com/s/d4KZFwJ7B9VB9cmzrvyYtw。再如有关国有企业/国资有限合伙转让资产程序问题的讨论,参见魏云律师团队:《隆安法言丨国资委最新回复汇总——国有企业转让有限合伙财产份额及国资有限合伙转让资产是否必须进场交易》,载微信公众号“隆安律师事务所”2022 年 8 月 18 日,https://mp.weixin.qq.com/s/B2Q1ixszc1d4CgrvhiEH – w。

续表

	A merger or consolidation (other than (i) one in which stockholders of the Company own a majority by voting power of the outstanding shares of the surviving or acquiring corporation or (ii) any transaction if the primary purpose of the transaction is to obtain financing from new or existing investors) and a sale, lease, transfer or other disposition of all or substantially all of the assets of the Company will be treated as a liquidation event (a "Deemed Liquidation Event"), thereby triggering payment of the liquidation preferences described above [unless the holders of [____]% of the Series A Preferred Stock elect otherwise].[5]
清算优先[6]	如果公司清算、解散或清盘,收益应按以下方式支付: [可选方案1(非参与型优先股):首先,向每股A系列优先股支付原始购买价格[1]倍[加应计股息][加已宣布且未支付股息]的款项。任何收益的余额,应分配给普通股持有人。][7] [可选方案2(完全参与型优先股):首先,向每股A系列优先股支付原始购买价格[1]倍[加应计股息][加已宣布和未支付股息]。其次,A系列优先股在其视同转换的基础上与普通股共同参与分配。][8] [可选方案3(优先股参与权限额):首先,向每股A系列优先股支付原始购买价格[1]倍[加应计股息][加已宣布和未支付股息]。其次,A系列优先股在其视同转换的基础上与普通股共同参与分配,直至A系列优先股持有人收到原始购买价格(包括根据前一句支付的金额)的[2-5]倍的总额。][9] 兼并或合并(除(i)公司股东通过表决权拥有存续公司或收购公司已发行的多数股权,或(ii)任何交易,如果交易的主要目的是从新投资者或现有投资者获得融资以外)和出售、租赁、转让或以其他方式处置本公司的全部或实质上全部资产将被视为清算事件("视为清算事件"),从而触发支付上述清算优先[除非持有A系列优先股[__]%的股东另有选择]。[10]

注:[1] Liquidation preferences are set up to pre-negotiate returns to shareholders in the event of the liquidation or an acquisition of the Company. However, under California law (which may apply to Delaware companies under the Section 2115 long-arm statute) a class vote is typically required in connection with an acquisition event. Where a transaction is of a size that does not provide enough consideration to satisfy preference payments and still provide a return to the common shareholders, the California common shareholder approval statute provides some leverage to common shareholders to obtain at least some return in connection with a transaction. Accordingly, Investors should recognize that the preference payment provisions do not always guarantee a return but may later merely be the basis for a bargaining position among shareholder constituencies. To overcome this issue some Investors insist on shareholder voting agreements or drag-along provisions to ensure that the pre-negotiated returns are honored.

On May 5, 2005, in Vantage Point Venture Partners 1996 v Examen, Inc., the Delaware Supreme Court held that Section 2115 of the California Corporations Code (requiring non – California corporations with contacts in California to adhere to certain California laws governing corporate internal affairs) is unconstitutional; and that the internal affairs of Delaware corporations be adjudicated exclusively in accordance with Delaware law.

[2] Out of the choices listed, this choice is the most favorable to the Company. If the dividend provision provides for a cumulative dividend, the choice "plus accrued dividends" should be selected. If there is not a cumulative dividend, the choice "plus declared and unpaid dividends" should be selected.

Since the Investors will expect some rate of return, if the investment does not carry cumulative dividends one might see a multiplier next to the original purchase price. Otherwise, the Investors could only realize a return through conversion of the Preferred Stock to common equity in a transaction that is generating a return for common shareholders that exceeds the Investors' liquidation preference. A typical multiplier might be two or three times the original purchase price. If the investment carries cumulative dividends and provides for only one times the original purchase price, this is effectively structuring the investment similar to a loan, but without the security that goes with a loan instrument. Most Investors are going to expect to receive more than one times the original purchase price if they do not participate in the balance of the proceeds being distributed in liquidation.

[3] This alternative is usually the most favorable approach for the Investors. See the note under Alternative 1 for an explanation of the choice between "plus accrued dividends" and "plus declared and unpaid dividends."

The concept of participation is the same as that described under the dividends section. If the Series A Preferred Stock has participation rights in liquidation, once the Series A Preferred liquidation preference has been paid, any remaining proceeds will be distributed to both Common and Series A Preferred holders on an as – converted basis. Because this is the most favorable structure for the Investor out of the choices presented, it is less often that a multiplier in excess of one or two times the original purchase price is used. Nonetheless, depending upon the relative bargaining power of the parties, a higher multiplier may occasionally be seen.

[4] See the note under Alternative 1 with respect to the choice of the clause "plus accrued dividends" or "plus declared and unpaid dividends." Using the approach in this alternative, the Investors in the Series A Preferred Stock will participate with the Common up to an agreed upon level of return, and from that point on, any remaining liquidation proceeds will be distributed only to the holders of the Common Stock.

This clause is an intermediate approach that offers something to both the Company and the Investor. The multiplier on the Series A Preferred Stock liquidation preference is still subject to negotiation. The agreed upon liquidation cap for the Series A Preferred Stock will vary from deal to deal. Generally, in order to determine the best choice of multipliers, both with respect to the preferred part of the return and with respect to the cap on the Series A Preferred Stock return, the parties to the transaction will construct a chart outlining the return to the Series A Preferred holders and the Common Stockholders using varying assumptions as to the liquidation proceeds. The chart developed will then be compared against what the parties believe are possible and probable liquidation returns. This information is then used to negotiate the appropriate multipliers.

[5] The purpose of this clause is to force the distribution of assets to the Investors in the event of a merger or similar transaction that will otherwise not result in the liquidation of the Company.

The final clause of this section is intended to provide a vehicle for allowing the holders of the Series A Preferred Stock to elect out of the forced distribution in the context of a merger, and accept instead, the stock of the survivor of the merger. This flexibility can prove to be invaluable, particularly where there may be one or two participants in the Series A Preferred Stock financing who might be less willing to cooperate than the others. In the absence of this provision, unanimous consent of all of the Series A Preferred Stockholders would be required in order to waive the distribution requirement. This provision also allows preferred shareholders to maintain their investment if they prefer not to be cashed out.

In the context of a merger transaction, it is frequently the case that some of the merger consideration is not determined at the time of closing the merger. There may be an earn – out provision or an indemnification arrangement, either one of which could result in different merger consideration than is initially provided at closing. This is a difficult position for the Investor, who is required to make a decision to convert the Series A Preferred Stock into Common Stock effective as of closing the merger and receive consideration as a Common Stockholder, versus retaining the Series A Preferred Stock, and accepting a distribution of the liquidation preference. In order to avoid having to make a decision at the time the merger is closed, some Investors negotiate an additional clause under the liquidation preference heading, reading as follows:

"Notwithstanding the foregoing, for purposes of determining the amount each holder of Series A Preferred Stock is entitled to receive upon a Deemed Liquidation Event, upon closing of a Deemed Liquidation Event, if the Series A Preferred Stock has not been converted into Common Stock, then it will be, upon and after the closing of the Deemed Liquidation Event, treated as either Series A Preferred Stock or as converted into Common Stock so as to result in the largest payment to the holder."

[6] 清算优先设置的目的是在清算或收购公司时，预先商定股东的回报。然而，根据加利福尼亚州法律（根据第 2115 节长臂管辖规定，该法律可能适用于特拉华州的公司），收购事件通常需要集体投票。如果一项交易的规模不能提供足够的对价来满足优先的支付，并且仍然向普通股股东提供一个回报，那么加利福尼亚州普通股股东批准规定为普通股股东提供了一些杠杆，以获得与交易相关的至少一些回报。因此，投资者应认识到，优先支付条款并不总是保证回报，但可能在之后仅仅成为股东群体之间讨价还价的基础。为了克服这一问题，一些投资者坚持股东投票协议或拖售条款，以确保预先商定的回报得到兑现。

2005 年 5 月 5 日，在 Vantage Point Venture Partners 1996 v. Examan, Inc. 案中，特拉华州最高法院裁定《加利福尼亚州公司法》第 2115 节（要求在加利福尼亚有联系的非加利福尼亚州公司遵守加利福尼亚州管制公司内部事务的某些法律)违宪;以及特拉华州公司的内部事务排他性根据特拉华州的法律进行裁决。

[7] 在列举的选择项中,这个选择项对公司最有利。如果股息条款约定的是累积股息,则应选择"加应计股息"。如果不是累积股息,则应选择"加上已宣布和未支付的股息"。

由于投资者会预期一定的回报率,如果投资没有累积股息,人们可能会看到原始购买价格旁边的一个乘数。否则,在一个为普通股股东产生的回报超过投资者清算优先的交易中,投资者只能通过将优先股转换为普通股来实现回报。一个典型的乘数可能是原始购买价格的二倍到三倍。如果投资带有累积股息,且仅约定原始购买价格的一倍,则这实际上是在约定类似于贷款的投资,但是却没有附属于贷款的担保。如果投资者不参与清算中收益余额的分配,大多数投资者会希望获得超过原购买价格一倍以上(的金额)。

[8] 这种方案通常是对投资者最有利的方案。关于选择"加应计股息"和"加已宣布和未支付股息"的解释,参见可选方案 1 项下的说明。

参与的概念与股息部分所述的概念相同。如果 A 系列优先股在清算中具有参与的权利,则一旦支付了 A 系列优先优先股清算优先(金额),任何剩余收益将在优先股视同转换的基础上同时分配给普通股和 A 系列优先股持有人。由于这是在罗列的选择中对投资者最有利的结构安排,因此使用超过原始购买价格一或两倍乘数的情况较少。尽管如此,根据双方的相对议价能力,有时也可能会看到更高的乘数。

[9] 关于"加应计股息"或"加已宣布和未支付的股息"条款的选择,参见可选方案 1 下的注释。使用该可选方案中的方法,A 系列优先股的投资者将与普通股一起参与分配,直至达到商定的回报水平,从那时起,任何剩余的清算收益将只分配给普通股持有人。

这一条款是一种中间方法,为公司和投资者都提供了一些东西。A 系列优先股清算优先的乘数仍有赖于商谈。A 系列优先股的约定清算上限因交易不同而不同。一般来说,为了确定乘数的最佳选择,需同时考虑关于回报的优先部分,以及 A 系列优先股回报的上限,交易各方将使用有关清算的不同假设,构建一个图表展示 A 系列优先股持有人和普通股股东的回报。然后将构建的图表与双方认为(很小)可能和(很大)可能的清算回报进行比较。然后使用此信息以协商谈判适当的乘数。

[10] 本条款的目的是在合并或类似交易中强制向投资者分配资产,否则(前述合并或类似交易)将不会导致公司的清算。

本条的最后一句旨在提供一种机制,允许 A 系列优先股持人在合并的情况下不选择强制分配,而是接受合并后存续公司的股票。这种灵活性可能被证明是无价的,特别是在 A 系列优先股融资中可能有一个或两个参与者比其他参与者更不愿意合作的情况下。如果没有这一条的规定,则需要获得所有 A 系列优先股股东的一致同意才能免除分配要求。这项规定还允许优先股股东在不愿意拿钱走人的情况下维持其投资。

在合并交易的背景下,通常情况下,合并对价中的一部分在合并交割时并没有确定。可能有一个盈利支付条款或一个赔偿安排,其中任何一项可能导致比最初在交割时约定的合并对价不同的合并对价。

对于投资者来说,这是一个困难的处境,他们需要作出一个决定,或者自合并交割之日起将 A 系列优先股转换为普通股,并作为普通股股东接受对价,或者保留 A 系列优先股,并接受清算优先的分配。为了避免在合并交割时作出决定,一些投资者在清算优先权标题下谈判要求一项附加条款,内容如下:

"尽管有上述规定,为确定 A 系列优先股持有人在被视为清算事件发生时有权获得的金额,在被视为清算事件交割时,如果 A 系列优先股尚未转换为普通股,则在被视为清算事件交割之日及之后,其将被视为 A 系列优先股或转换为普通股,以便向其持有人支付最大金额的款项。"

(二)内含机理

1. 一般要点

(1)清算优先权是重要的退出条款之一

这一条款直接钩稽股权投资的"投资要退出"。这一特点展开来说,有以下几个层面的含义:①投资只是行为,最终目的是退出获益。股权投资既不是为了持续持有公司,也不是为了投资并控制/经营公司,更不是为了做慈善,而是为了一定期限将持有的股权退出,以获得收益;②优先清算权,不仅涉及了退出安排,而且退出是要有收益的退出,不是随便退,因而安排有"优先"获得回报以退出的权利。

(2)一般清算

清算(法定清算/破产清算等)通常是企业经营状况比较差的情况下发生的。在清算的时候,设置投资人的清算优先权,有以下几个考虑:①相当于创始股东的投入先承担亏损,反向刺激创始股东创业动力,约束其道德风险。在有清算优先权设置的情形下,清算时,投资人优先获得一个清算分配,创始股东劣后获得清算分配,相当于创始股东投入资金亏损完之后,才能亏损到投资人的投入。这样的机制能促使创始股东全力以赴创业,同时减少其对公司、对投资人的道德风险。②投资人获得一定的回报保障。清算之后,一般公司就不存在了,或者投资人就不再持有公司的股权了,这个时候获得的分配,就是投资人从该笔投资中获得的主要/最后的分配,因而对投资人来说是非常重要的。清算优先权能够保障投资人的回报,当然此种保障是理论上的,事实上可能有些公司已经完全资不抵债了。

(3)视同清算

在公司发生股权并购或者核心资产被收购的情况下,这种情况不会导致公司主体消灭,不涉及剩余财产的分配,不是通常意义的"清算",投资人自然也不能直接适用一般清算情况下的"优先分配"。但是,股权并购或核心资产被收购这种情形非常特殊,有必要让投资者在该种情形下获得“类似”优先清算的权利,而通过“视同清算”引致优先清算的适用。

该种情形的特殊性在于:①就股权并购而言,目标公司实际控制人易主,从“投资就是投人”的角度来看,意味着投资人投资于目标公司的基础条件发生了改变,如果投资人继续留在公司做股东,一方面未来退出可能成为问题,另一方面未来退出收益(本来依赖于原实际控制人)现在依赖于新实际控制人也变得不可预测。此时赋予投资人一个获得优先回报并退出的权利,就变得很有必要;②就资产并购而言,目标公司核心资产被收购,标的公司持续经营/盈利能力赖以支撑的物质条件不复存在,而且通过出售核心资产获得的现金有可能在未来在经营中被亏损掉,因而此时赋予投资人一个获得优先回报并退出的权利,就是必要的。

2. 类型及变种

(1)优先顺序

总的原则是,投资人优先于创始股东获得优先回报。

具体投资人之间可以有差异化安排,如可以“拉平”同等对待,或者可以按照后轮优先于前轮投资人。“拉平”的理由是,虽然投资有先后,但是“清算”后公司(或原投资公司的基础)即不存在,投资人都在这个时点全部退出并收回投资,顺序上应当一视同仁[根据“(2)优先金额”做相应安排,即不同投资人根据不同投资时点有不同的时间成本安排,因而也是妥当的]。后轮优于前轮的理由是,后轮融资标的公司估值更高,后轮投资对前轮投资来说有一个溢价,因而后轮要求优于前轮也可以理解。

(2)优先金额

优先金额一般是按照投资金额的倍数+时间成本。

倍数可以是1,也可以是1.5或2、3,常见的是1倍[且搭配下(3)中参与后续分配],也有1.5倍或2倍的[且搭配下(3)中不参与后续分配,这种情形也即下中(4)的“上限”]。

时间成本从性质上来讲,跟优先分红权(具体参见下篇第五章第二节“十二、分红权”)的累积/非累积是有一定钩稽的。可以是“非累积”的,此种情形下,时间成本是已经宣告但尚未分配的红利/股息,也可以是“累计的”,此种情形下,时间成本是以投资金额为基数按照一定年利率计算的利息/收益。时间成本涉及的利率高低与赎回权(具体参见下篇第五章第二节“二十、赎回权”)利率密切相关,一般保持一致，原因是清算和（全部）赎回之后，投资方将不再持有公司权，而投资方投资目标公司的最终收益一般也将在清算和（全部）赎回之后实现而且不再变化。

（3）是否参与

是否参与意思是在投资方获得上文“（2）优先金额”之后，就剩余部分金额，是否还参与分配。不参与分配，则投资方获得优先金额之后，即不再获得其他分配，即便通过清算还实现了很多的收益。参与分配，则投资方获得优先金额之后，还能对剩余部分进行参与分配，一般是与创始股东按照股权比例进行分配。

（4）“上限”和“下限”

所谓“上限”，即“封顶”，对上文“（2）优先金额”中约定了多倍金额，尤其还约定了上文“（3）是否参与”中的参与型，那么，如果在清算公司时获得收益比较大的情况下，投资方能够获得很高的收益，这样就挤占了创始股东的收益，所以此种情形下，一般会约定投资方通过清算条款获得的金额的上限，即“封顶”。

需要注意的是，“上限”有时候比较低，如仅本金或者参照赎回利率的本息之和，有时候比较高，如投资本金的3倍等。前述差异一方面与创始股东和投资方的谈判地位有关，另一方面也跟“清算”是哪一种有关。就“一般清算”而言，此种情形下通常是公司经营状况不佳，甚至是资不抵债的情形，那么此时约定投资方一个较低的“上限”是比较合适的，如非创始股东恶意导致公司即将“破产，创始股东前期的资本、时间、精力投入也即将归零，此时赋予投资方一个较高的“上限”，可能导致创始股东最后什么都得不到，有失公允。而就“视同清算”而言，此种情形下公司能被第三方股权收购或资产并购，通常意味着公司还是比较有价值的，那么此时约定投资方一个较高的“上限”也是比较合适的，因为公司通过此种“清算”，获得一个较高的总收益，对投资方赋予一个较高的收益也是理所应当。

所谓“下限”，即“保底”。保底分为两种：一种是“有限保底”；另一种是“无限保底”，意思是如果投资方通过清算获得的收益低于其应获得的“优先金额”或其“下限”（有差额），则就有限保底而言，创始股东应将其通过清算获得的金额补偿给投资方以弥补投资方差额，而就无限保底而言，为补足投资方差额，创始股东除了以通过清算公司获得的财产补足外，如果仍然存在差额，还须以其其他财产弥补投资方差额。

实践中，“保底”的争议是比较大的。一种观点认为，“清算”了，创始股东创业失败,将血本无归,尤其是“无限保底”的情况,创始股东还须以自己身家性命为投资方“保底”,实在是有失公平。另一种观点认为,创始股东对企业最终的经营成功负有终极的责任,“保底”反向给创始股东压力,能让创始股东更好地经营企业,而不是用投资方的资金过度冒险而不承担经营责任,此外还能较大程度降低创始股东的道德风险,如为了规避自身(有关公司赎回还是创始股东赎回的讨论,具体参见下篇第五章“二十、赎回权”)赎回责任,恶意掏空公司后清算公司。

另外,“保底”的“下限”是一个较高的“下限”,还是一个较低的“下限”,一方面涉及各方议价能力,另一方面也涉及是哪一种清算而有所区别,内涵机理与本部分第二自然段的论述相通,此不展开。

(5)按比例和按顺序孰高

在并购“视同清算”的情形下,如果优先分配是后端不参与型,那么可能会导致按照清算优先的分配安排获得的金额,要小于投资人按照持股比例对应并购估值获得的金额,这种情形实际上反而不利于投资人权益的保障。针对前述可能出现的不合理情况,可以设置一个孰高条款——投资人以按照清算优先分配金额和按照持股比例获得的金额孰高来参与清算。

(三)适用及其他

就有限公司和股份公司而言,按照出资比例平等分配为《公司法》强制性规定[①],在《公司法》框架下给优先清算留下额外规定空间的是最新《公司法》确立的优先股制度,具体而言,公司可以按照公司章程的规定发行优先(或者劣后)分配剩余财产的股份(《公司法》第 144 条第 1 款第 1 项)。然而,笔者认为此优先股制度还不足以灵活容纳现行私募股权实践中的清算优先权,详见下篇第四章第一节“二、中美特殊权利安排的差异”的部分内容。

《公司法》框架下没有留出清算优先权足够宽广、灵活的制度空间,但是可以通过“股东协议”在《合同法》框架下实现清算优先。根据《公司法》规定的清算程序,约定创始股东就其通过清算获得的金额为限(或者以其全部财产)对投资方优先清算金额承担兜底补差责任。

---

① 《公司法》第 236 条第 2 款规定:公司财产在分别支付清算费用、职工的工资、社会保险费用和法定补偿金,缴纳所欠税款,清偿公司债务后的剩余财产,有限责任公司按照股东的出资比例分配,股份有限公司按照股东持有的股份比例分配。

十四、表决权

（一）示范文本

Voting Rights	The Series A Preferred Stock shall vote together with the Common Stock on an as – converted basis, and not as a separate class, except (i) [so long as at least [insert fixed number, or %, or "any"] shares of the Series A Preferred Stock remain outstanding,] the Series A Preferred Stock as a class shall be entitled to elect [________] [(__)] members of the Board of Directors (the "Series A Directors"), (ii) as provided under "Protective Provisions" below or (iii) as otherwise required by law.[1]
表决权	A 系列优先股应在视同转换的基础上与普通股一起投票，而不是作为单独的类别投票，除非(i)[只要 A 系列优先股的股份至少(插入固定数量，或%或"任何")仍发行在外，]A 系列优先股作为一个类别，有权选举[________][(__)]名董事会成员(简称"A 系列董事")，(ii)根据下文"保护性条款"的规定，或(iii)法律另有要求。[2]

注：[1] For California corporations, companies cannot "opt out" of the statutory requirement of a separate class vote by Common Stockholders to (i) authorize shares of Common Stock or (ii) approve a merger or consolidation. See footnote [now] 7 above. As such, Investors may request language as follows:

"The Company's Certificate of Incorporation will provide that the number of authorized shares of Common Stock may be increased or decreased with the approval of a majority of the Preferred and Common Stock, voting together as a single class, and without a separate class vote by the Common Stock."

[2]对于加州公司，公司不能"剔除"普通股股东作为单独类别投票的法定要求，以(i)授权普通股股份或(ii)批准合并或合并。见上文脚注[现在]7(笔者注：参见下篇第五章第二节"十三、清算优先权"第一条脚注)。因此，投资者可以要求以下表述：

"公司的公司注册证书将规定，经多数优先股和普通股的批准，普通股的授权股份数可以增加或减少，并作为单一类别一起投票，而无须将普通股作为单独类别投票。"

（二）内含机理

1. 一般要点

(1)表决权是股权权利约束核心内容之一

股权所体现的权利，从内容上来讲，是一个"权利约束"，粗略划分可以分为"经济权利"和"管理权利"，而表决权即为"管理权利"的核心体现。持有股权的股东通过股权所对应的表决权，能够决定公司的重大经营事项(股东会决议事项)、管理层的任免(董事的选任和罢免)、其他事项的监督决策。

(2)中美法律语境下的差异

美国法语境下,优先股制度实践内涵丰富,中国法语境下,优先股现实存在但与私募股权投资行业对优先股的要求相去甚远(具体参见下篇第五章第二节“二、标题—投资意向书”部分的论述)。

美国法语境下,优先股天然可以就某些事项拥有类别投票权,而中国法语境下(如下文将要展开分析的),公司是没有类别投票权的概念的(实务中存在的AB股公司是个例外,但一般的设置是投票权重安排不同),类似功能的实现有赖于股东之间的约定。

2. 类型及变种

(1)类别投票

美国法语境下,有普通股和优先股之分,而且优先股还可以根据获得时点/价格不同,定义为A轮优先股、B轮优先股、C轮优先股等。天然地,可以就不同的事项,实行类别投票,即某件事必须通过某类别(或某几类别)优先股全部(或一定比例)同意方可通过。

(2)视同转换

美国法语境下,也可以就某些情形,将优先股视同转换为普通股和原有普通股一起投票。就转换的比例而言,一般是一股优先股视同转换为一股普通股,但是就特定事项,也可以做额外约定(一股优先股视同转换为多股普通股等)。

(三)适用及其他

1. 有限责任公司

就有限公司而言,默认按照出资比例行使表决权,但是《公司法》也允许股东在章程中就表决权作出差异化规定[①]。就变种而言,可以是针对不同事项,表决权权重不同、通过比例不同等,不一而足。

2. 股份有限公司

就股份公司而言,除了类别股外,执行了较为严格的“同股同权”,即一股一票的表决权[②],此为《公司法》框架下的强制性规定。然而,尽管有《公司法》的强

① 《公司法》第65条规定:股东会会议由股东按照出资比例行使表决权;但是,公司章程另有规定的除外。

② 《公司法》第116条第1款前段规定:股东出席股东会会议,所持每一股份有一表决权,类别股股东除外。

制性规定,公司股东之间可以在《合同法》的框架下约定差异化的表决安排,如实务中常见的"一致行动协议"等。

十五、保护条款

(一)示范文本

Protective Provisions	So long as at least [*insert fixed number, or %, or "any"*] shares of Series A Preferred Stock remain outstanding, the Company will not, without the written consent of the holders of at least [__]%[1] of the Series A Preferred Stock, either directly or by amendment, merger[2], consolidation, or otherwise: (i) liquidate, dissolve or wind – up the affairs of the Company [, or effect any Deemed Liquidation Event]; (ii) amend, alter, or repeal any provision of the Certificate of Incorporation [or Bylaws] [in a manner adverse to the holders of SeriesA Preferred Stock];[3] (iii) create or authorize the creation of any new class or series of shares, having rights, preferences or privileges senior to or on parity with the Series A Preferred Stock, or increase the authorized number of shares of Series A Preferred Stock; (iv) purchase or redeem or pay any dividend on any capital stock prior to the Series A Preferred Stock, [other than (a) stock repurchased from former employees or consultants in connection with the cessation of their employment/services, [at the lower of fair market value or cost,] (b) stock repurchased from third parties pursuant to previously disclosed contract rights, or (c) as a result of the Company's exercise of its right of first refusal pursuant to the [First Refusal and Co – Sale Agreement dated ________________, 200 __]][4]; (v) create or authorize the creation of any debt security or enter into new (or extend existing) bank lines of credit [if the Company's aggregate indebtedness would exceed $[____]] [other than equipment leases or bank lines of credit] [other than debt with no equity feature] [unless such debt security has received the prior approval of the Board of Directors, including the approval of at least [__________] Series A Director(s)]; (vi) increase or decrease the size of the Board of Directors; (vii) authorize any action that results in the sale, lease or transfer of material assets of the Company to any person other than a wholly – owned subsidiary of the Company; [(viii) terminate the existing, or appoint a new, chief executive officer], or [(x) change the Company's material accounting practices or auditors].[5]
保护条款	只要至少有[插入固定数量,或%或"任何"]A 系列优先股股份仍发行在外,未经至少[__________]%[6] A 系列优先股持有人的书面同意,公司将不得直接或通过修订以兼并[7]、合并或以其他方式: (i)清算、解散或结束公司事务[或实施任何视为清算事件];(ii)[以不利于优先股系列持有人的方式]修订、更改或废除公司注册证书[或章程细

续表

	则]的任何条款;[8](iii)创建或授权创建拥有优先于或等同于 A 系列优先股的权利、优先权或特权的任何新类别或系列的股份,或增加 A 系列优先股的授权数量;(iv)在 A 系列优先股之前购买或赎回或向任何股本支付任何股息,[除了(a)从与终止雇佣/服务相关的,(以公平市价或成本较低者为准)自前雇员或顾问回购股权,(b)根据先前披露的合同权利,从第三方回购股权,或(c)作为公司根据[200 __年____月____日签订的优先购买和共同出售协议][9]行使优先购买权的结果;(v)创建或授权创建任何债务担保,或订立新的(或延长现有的)银行信贷额度[如果公司的总负债将超过 $[____]][设备租赁或银行信贷额度除外][无股权特征的债务除外][除非该债务担保已获得董事会的事先批准,包括批准至少[____]名 A 系列董事];(vi)增加或减少董事会的规模;(vii)授权任何导致向公司全资子公司以外的任何人出售、租赁或转让公司重大资产的行为;[(viii)终止现有的,或任命新的首席执行官],或[(ix)变更公司的重要会计惯例或审计师]。[10]

注:[1] As with all percentage vote thresholds, consideration will need to be given to whether any single Investor (or affiliated group of Investors) can either control or block the vote. When dealing with multiple classes of Preferred Stock, it is important to understand the composition of the stockholder base to ensure that each series is getting the rights it bargained for. The Company will want the percentage to be high enough so that a significant portion of the Investor base is behind whatever action is being considered and so that an insignificant group (or even merely the aggregation of small, perhaps lost, stockholders who do not respond) cannot block an action desired by most stockholders Especially in subsequent rounds of financing, the determination of whether all series of Preferred Stock vote together as a class or separately as individual series takes on great importance. Note, however, that certain actions affecting the series will remain protected under the applicable state statute (see footnote 8).

[2] In a series of cases, including *Benchmark Capital Partners IV, L. P. v. Vague* (2002) and *Elliot Associates, L. P. v. Avatex Corp.* (1998), the Delaware Chancery Court held that protective provisions in a charter that provide holders of securities with a class vote before actions can be taken which change or adversely affect their rights do not apply (and thus no class vote is required) if such changes or effects result from a merger, unless the charter expressly provides for such.

[3] Note that as a matter of background, Section 242(b)(2) of the Delaware General Corporation Law provides that if any proposed charter amendment would adversely alter the rights, preferences and powers of one series of Preferred Stock, but not similarly adversely alter the rights, preferences and powers of the entire class of all Preferred Stock, then the holders of that series are entitled to a separate series vote on the amendment. This protective provision is broader because it would not require that the Series A Preferred Stock be treated in a manner different from the other series of Preferred Stock.

[4] For California corporations, one cannot reference to a contractual agreement outside the Articles of Incorporation. Regardless of state law requirements, some lawyers prefer not to have a charter document rely, though incorporation by reference, on a non – public document.

[5] The Company may also request that the preferred holders vote together in favor of a merger or sale so long as the preferred holders have received a designated return on their investment [i. e., any merger or sale pursuant to which the preferred holders would receive less than a threshold amount (e. g., 3 times their preference amount) would require consent of the preferred holders]. Occasionally, and depending upon specific circumstances, Investors may request non – standard protective covenants (e. g., no change in the business or entry into a new line of business; no guarantees of any obligation, etc.) These requests are unusual, and if they are acceded to, non – objectively verifiable covenants should be placed in the Investors' Rights Agreement so that disputes can be addressed as breaches of contract actions possibly resolved through arbitration.

[6] 与所有百分比投票门槛一样，需要考虑是否有任何单一投资者（或投资者的关联团体）可以控制或阻止投票。当处理多个优先类别股票时，了解股东基础的组成是重要的，如此以确保每个类别都得到它所预想要的权利。公司希望这个比例足够高，以便任何被考虑的行动背后都有一个显著部分的投资者基础，因此一个微不足道的群体（甚至仅仅是小股东，或者失踪股东，或者不作出回应的股东的聚集）是无法阻止大多数股东所希望的行动的。尤其是在次轮融资中，是否所有系列优先股作为一个类别一起投票，或单独作为一个系列投票，这种安排决定具有非常重要的意义。但是，请注意，特定操作影响的该系列股份将继续受到适用的国家法规的保护（见脚注8）（笔者注：参见下篇第五章第二节“十三、清算优先权”第二条脚注）。

[7] 在一系列案例中，包括 *Benchmark Capital Partners IV, L. P. v. Vague (2002)* 和 *Elliot Associates, L. P. v. Avatex Corp. (1998)*，特拉华州大法官法庭认为，规定在采取改变或对其权利产生不利影响的行动之前，证券持有人有集体投票权的章程中的保护性条款，该条款不适用（因此不需要集体投票），如果这种变化或影响是由合并引起的，除非章程明确作了如此规定。

[8] 作为背景事项提示一下，《特拉华州普通公司法》第242（b）（2）条规定，如果任何拟议的章程修正案会对某一系列优先股的权利、优先权和权力产生不利影响，但不会同样对全部以类别的所有优先股的权利、优先权和权力产生不利影响，那么，该系列的持有人有权就修正案进行单独系列的表决。这项保护性规定的范围更广，因为它不要求A系列优先股被以不同于其他系列优先股的方式对待。

[9] 对于加州公司来说，是不能在公司章程之外引用合同协议的。尽管不考虑州法律的要求，一些律师还是不愿意将章程文件依赖于通过引致条款方式引入的非公开文件。

[10] 公司还可要求优先股持有人共同投票赞成合并或出售，只要优先股持有人已收到其投资的指定回报（根据任何兼并或出售，优先股持有人将收到低于其要求的门槛金额（如其优先股金额的3倍），则才需要优先股持有人的同意）。有时，根据具体情况，投资者可能会要求非标准的保护性承诺（例如，业务无变化或不进入新的业务线；对任何义务无担保等）。这些请求是不寻常的，如果他们同意，不可客观核实的承诺应列入投资者权利协议中，以便争议可以作为违约行为处理，并可能通过仲裁解决。

(二)内含机理

1. 一般要点

(1)反向约束:“一票否决”

股权投资“参股不控股”,对股权投资而言,除非狭义的 PE 投资有可能控股或谋求标的公司的实际控制权外,其他类别的投资均为参股型,持股比例一般不会超过30%,大多数在10%至20%。前述特点意味着,股权投资的投资人一般为公司的小股东,从初始单纯表决权上来讲,对公司事务是没有控制力的,公司的事务控制在对公司拥有控股权的创始股东团队手里。拥有控制权的创始股东团队,可能会利用甚至滥用自己的控制权谋取私利,损害作为小股东的投资人的合法权益。因而,赋予作为小股东的投资人“加强型”表决权,能有效抵消拥有控制权的创始股东团队滥用控制权的道德风险,而这种“加强型”的表决权的一个重要体现就是“一票否决权”。

虽然投资人“加强型”的表决权是必要的,但不意味着投资人控制或意图控制公司的经营。实际上,股权投资“投资不经营”反过来约束着投资人,只是反向行使一定的“否决权”,只是否决某些事项,但是没有权利推动甚至决定某些事项。业内通常会以开车来做比喻,投资人的角色类似于可踩刹车的副驾,掌握着方向盘、能踩油门的,始终应当是企业家/创始团队。

(2)正向促进:增值服务

股权投资“投后有增值”,可以有助于我们从正面理解保护条款。股权投资人投资完成后,虽然不参与经营,但是为了企业能够成长、投资能够增值,会向标的企业导入资源、提升标的企业的管理水平。保护条款,即构成投资人为公司提供管理建议的一个重要手段。

(3)实践情况:适用并不乐观

对于投资机构来说,实践中标的公司和创始团队都会提前和投资方沟通,就公司的重要事项达成一致,投资方很少有实际行使“一票否决”的情况。如果投资方真的行使了“一票否决”,那么此时投资人和创始团队一般已经有比较严重的分歧了。

对标的公司或创始团队来说,投资人的“一票否决”可能会导致麻烦产生,“一票否决”虽然不是积极进攻型的权利,不能保证干成某事,但是能导致干不成某事,尤其是多个(轮)投资人存在多个“一票否决”权利时,就可能导致好多事情决策起来都会受到限制，进而导致什么决策也做不了的僵局。

作为“一票否决权”的“反面案例”，国内原知名的创业企业 ofo 多个主体均有一票否决权，导致一些重大的决策无法及时作出，最终陷入困局[①]。在 ofo 一票否决案例之后，据笔者观察，企业家在碰到这个条款的时候，更难以接受了，对于投资机构而言，这个条款谈判难度增大了。

2. 类型及变种

（1）股东会/董事会层面

股东会是公司的权力机构，职权主要集中在选举更换董事、审议审批董事会制定提交的经营方案等。董事会对股东会负责，职权主要集中在制定提交经营方案、选举更换经理层等。经理层对董事会负责，职权主要集中在执行经营方案、聘请或解聘其权限范围内的经营人员。

对投资人而言，其投资但不参与经营，上述第三个涉及实际执行层面的事务，投资人一般是不参与的（但也有例外，如针对还在“烧钱”的初创型企业，投资人可能会就聘请/解聘一定年薪以上人员的事项要求一票否决权，以此来控制创业公司不当成本支出）。投资人的保护性条款，主要体现在股东会层面或董事会层面。

（2）比例灰度

就股东会层面，可以是需要投资人所持表决权全部通过才能通过，也可以是投资人表决权一定比例通过才能通过。第一个方案对单个投资人来说比较友好，但是如果涉及多个投资人，决策可能比较难作出，此时第二个方案作为一个折中，只需要投资人持股达到部分比例通过即可决策。此外，实务中使用第二个方案的部分案例中，个别强势的投资人也会要求通过比例必须包含其自身的同意，这实质构成了其在投资人中间的一票否决权。

就董事会层面，可以是需要包含投资人董事赞成票在内才可通过，也可以是投资人董事过一定数量赞成即可通过。情形机理与前述股东会表决灰度类似。

（3）事项灰度

最新《公司法》修订了股东会行使职权的事项范围，但保留了章程可以另行

---

① 参见张超：《谁杀死了 ofo？马化腾：一票否决权》，载腾讯科技网，https://tech.qq.com/a/20181220/013057.htm。

规定事项[①],最新《公司法》修订了董事会行使职权的事项范围,但同样保留了章程可以另行规定事项并增加股东会可以授权其他事项[②],因此原则上来说,股东会通过公司章程、董事会通过公司章程/股东会授权可以灵活安排相关决议事项,没有特别的限制。

对投资人保护来说,可以把股东会、董事会决策事项,均列为保护条款的事项范围,但这种操作,一方面会导致公司决策效率变慢,同时也会给投资人投后管理工作带来很多不必要麻烦,因而可以考虑一个事项的灰度,即仅有特别重要的一些事项才纳入保护条款范围。

比如,公司增加或减少注册资本,此直接关系到对投资人持股的稀释;再如,变更经营范围,此直接关系到投资人投资标的公司的业务基本面;又如,合并分立,此直接关系到投资人的退出。最新《公司法》施行后,原则禁止公司为他人取得本公司或其母公司股份提供财务资助(赠与、借款、担保等),例外为 ESOP、为公司利益且经有权程序作出决议,但财务资助累计不得超过已发行股本总额的10%[③]。财务资助直接结果是损害包括投资方在内的现有股东权益,可以考虑列为保护条款适用事项之一。最新《公司法》施行后,股份公司可采授权资本制,章程/股东会授权董事会 3 年内决定发行不超过已发行股份 50% 的股份,但非货币

---

① 《公司法》第 59 条规定:股东会行使下列职权:(一)选举和更换董事、监事,决定有关董事、监事的报酬事项;(二)审议批准董事会的报告;(三)审议批准监事会的报告;(四)审议批准公司的利润分配方案和弥补亏损方案;(五)对公司增加或者减少注册资本作出决议;(六)对发行公司债券作出决议;(七)对公司合并、分立、解散、清算或者变更公司形式作出决议;(八)修改公司章程;(九)公司章程规定的其他职权。股东会可以授权董事会对发行公司债券作出决议。对本条第一款所列事项股东以书面形式一致表示同意的,可以不召开股东会会议,直接作出决定,并由全体股东在决定文件上签名或者盖章。

② 《公司法》第 67 条第 2 款规定:董事会行使下列职权:(一)召集股东会会议,并向股东会报告工作;(二)执行股东会的决议;(三)决定公司的经营计划和投资方案;(四)制订公司的利润分配方案和弥补亏损方案;(五)制订公司增加或者减少注册资本以及发行公司债券的方案;(六)制订公司合并、分立、解散或者变更公司形式的方案;(七)决定公司内部管理机构的设置;(八)决定聘任或者解聘公司经理及其报酬事项,并根据经理的提名决定聘任或者解聘公司副经理、财务负责人及其报酬事项;(九)制定公司的基本管理制度;(十)公司章程规定或者股东会授予的其他职权。

③ 《公司法》第 163 条规定:公司不得为他人取得本公司或者其母公司的股份提供赠与、借款、担保以及其他财务资助,公司实施员工持股计划的除外。为公司利益,经股东会决议,或者董事会按照公司章程或者股东会的授权作出决议,公司可以为他人取得本公司或者其母公司的股份提供财务资助,但财务资助的累计总额不得超过已发行股本总额的百分之十。董事会作出决议应当经全体董事的三分之二以上通过。违反前两款规定,给公司造成损失的,负有责任的董事、监事、高级管理人员应当承担赔偿责任。

出资应经股东会决议①，授权资本制，会影响投资方反稀释权、优先认购权设置，应当要关注授权发行的期限、种类、数量、价格等，同时考虑将其列为一票否决权覆盖范围（董事会/股东会层面）。

当然，前述事项例举是一般性的情况，针对特定项目，应当设立差异化的事项，例如针对医药研发企业，投资人的投资可能是基于看好某些品种，那么对这类品种的处置对投资人来说就有重大影响，因而将此类品种的处置列为保护条款的事项范围，也就是题中之义了。

（三）适用及其他

1. 有限责任公司

就股东会层面而言，可以用"一致通过"约定去覆盖《公司法》强制 2/3 以上通过的事项（修改公司章程、增加或者减少注册资本的决议，以及公司合并、分立、解散或者变更公司形式）以及过半数通过事项②，以此模拟投资人的一票否决权。针对特定事项，实务中，也可以考虑约定不同的通过比例，但是同时附加需要包含投资人持有表决权同意，实现一票否决效果。

就董事会层面而言，《公司法》留有比较开放的制度空间③。具体可以参照上文股东会层面的安排，或者约定某些重要事项由所有董事全体通过，或者约定某些重要事项一定比例的董事通过，但必须包括投资人委派董事明确同意在内。

2. 股份有限公司

就股份公司股东会层面而言，现行《公司法》下股份公司除了类别股外严格

---

① 《公司法》第 152 条规定：公司章程或者股东会可以授权董事会在三年内决定发行不超过已发行股份百分之五十的股份。但以非货币财产作价出资的应当经股东会决议。董事会依照前款规定决定发行股份导致公司注册资本、已发行股份数发生变化的，对公司章程该项记载事项的修改不需再由股东会表决。

② 《公司法》第 66 条规定：股东会的议事方式和表决程序，除本法有规定的外，由公司章程规定。股东会作出决议，应当经代表过半数表决权的股东通过。股东会作出修改公司章程、增加或者减少注册资本的决议，以及公司合并、分立、解散或者变更公司形式的决议，应当经代表三分之二以上表决权的股东通过。

③ 《公司法》第 73 条第 1、2、3 款规定：董事会的议事方式和表决程序，除本法有规定的外，由公司章程规定。董事会会议应当有过半数的董事出席方可举行。董事会作出决议，应当经全体董事的过半数通过。董事会决议的表决，应当一人一票。

的“一股一票”①,没有给保护条款留很大的制度空间,但针对特定事项(修改公司章程、增加或者减少注册资本的决议,以及公司合并、分立、解散或者变更公司形式)2/3 以及一般事项过半数的最低表决门槛,可以考虑将门槛提升至 100%,以此模拟投资人股东会层面一票否决权。

就董事会层面而言,《公司法》同样没有给保护条款留出太大制度空间②。可以参考股东会层面的做法,某些事项要求所有董事通过,以此模拟董事会层面的一票否决权。

3. 额外的尝试

前述是在《公司法》框架下的讨论,在《合同法》框架下,可以做类似安排:在投资人与创始股东的补充协议中约定,如某些事项,创始股东必须与投资人一样投赞成票或反对票。

上述操作提示两点:第一,前述安排为合同项下安排,创始股东违反系产生合同责任,不会产生《公司法》上后果(如决议无效等);第二,前述安排,可能导致创始股东与投资人被认定为一致行动,进而导致投资人承担额外的后果(如上市后的锁定期)。

十六、可选转换

(一)示范文本

Optional Conversion	The Series A Preferred Stock initially converts 1:1 to Common Stock at any time at option of holder, subject to adjustments for stock dividends, splits, combinations and similar events and as described below under “Anti – dilution Provisions.”[1]
可选转换	根据持有人任何时候的选择,A 系列优先股初始按照 1:1 转换为普通股,但须根据股票股利、分割、合并和类似事件以及下文所述“反稀释条款”进行调整。[2]

---

① 《公司法》第 116 条规定:股东出席股东会会议,所持每一股份有一表决权,类别股股东除外。公司持有的本公司股份没有表决权。股东会作出决议,应当经出席会议的股东所持表决权过半数通过。股东会作出修改公司章程、增加或者减少注册资本的决议,以及公司合并、分立、解散或者变更公司形式的决议,应当经出席会议的股东所持表决权的三分之二以上通过。

② 《公司法》第 124 条第 1、2 款规定:董事会会议应当有过半数的董事出席方可举行。董事会作出决议,应当经全体董事的过半数通过。董事会决议的表决,应当一人一票。

注:[1] In contrast to mandatory conversion provisions, optional conversion provisions are virtually never subject to negotiation and are regarded as neither Investor nor Company favorable. Although optional conversion allows the preferred holder to convert its Preferred Stock to Common Stock at any time, the most likely situation in which a holder of Preferred Stock will elect to convert is where the holder determines upon a liquidation event that conversion to Common Stock would result in a higher return to the holder than accepting the liquidation preference and participating amount granted to the holder with respect to the Preferred Stock. Hence, the relationship between the conversion clauses and the Liquidation Preference clause (see above) should be considered.

[2]与强制性转换条款相比,选择性转换条款实际上从未经过协商,且被视为既不对投资者有利也不对公司有利。尽管选择性转换允许优先股持有人在任何时候将其优先股转换为普通股,优先股持有人选择转换的最有可能的情况是,持有人在清算事件中确定转换为普通股将导致持有人获得比接受授予持有人的清算优先和参与金额更高的回报。因此,应考虑转换条款与清算优先权条款(见上文)之间的关系。

(二)内含机理

1. 一般要点

(1)转换的理由

转换的理由在于某些情形下应当转换,而且可以转换。

为了溢价进入的投资人在退出的时候能挑一个最有利于自己的退出方案,应当赋予投资人转换的权利。普通股和优先股都是“股”,相对于普通股来说,优先股带有的优先权利为合同约定或法定的权利,可以约定或依法定转换成不带优先权利的普通股。

(2)转换的比例

一般是按照1:1的比例进行转换,其原理与投资人投资公司时候的估值相关,按照1:1进行转换,才能保证转换前后公司估值不发生变化。

举例来说,如投资人按照2元/股价格认购原股本为90股的公司10股优先股新股,投后估值是200元。如果按照1:2去进行转换,则公司的估值将变为110元[20/(20/110)],但如果按照1:0.5去进行转换,则公司的估值将变为380元[20/(5/95)]。

(3)可作的调整

股份发生分拆、合并、派股的时候,一般是普通股和优先股都发生分拆、合并和派股,而且分拆、合并和派股的比例一般都是一致,因而相应地调整股份数量,保证相对持股比例一致,也是自然之理。

2. 类型及变种

(1)转换的时间/事项

按照对投资人最有利的安排,可以约定投资人任何时候都有权利转换。但是约定公司发生清算或视同清算情形时,投资人有权选择转换,这种做法也很常见,除了上述情形外,投资人没有权利要求转换,不过一般情形下转换对于投资人来说,也没有好处,因为转换成普通股,原来附着在优先股上的权利就不存在了。

(2)转换的比例

按照 1:1 进行转换,一般是在进行清算等分配、退出阶段进行转换时的比例。

需要特别指出的是,特定情形下的转换比例也可以不按照 1:1 进行转换,如涉及特定事项表决权的时候,可以设置不同的转换表决比例。具体可参见下篇第五章第二节“十四、表决权”部分内容。

(三)适用及其他

(1)优先股与特殊约定

如下篇第五章第二节“二、标题—投资意向书”部分所述,美国法体系内是通过“优先股”实现投资方特殊权利,但在国内无法通过“优先股”实现实质等同之权利,国内是通过“特殊约定”实现实质等同之特殊权利。

(2)转换机制实质存在

虽然国内无“优先股”,但是类似转换机制在发生清算的时候,是实际存在的。

一种情况可以具体参照下篇第五章第二节“十三、清算优先权”,在国内法语境下,发生清算的时候,是按照约定的清算优先金额先参与分配的,但如果发现前述分配低于按照持股比例分配获得的部分,则适用持股比例进行分配(“孰高”),这实质上类似于“视同转换”为不带特殊权利的一般股权。

还有一种情况是,在投资方将持有股权转让给第三方时,如果企业方届时处于强势的议价地位,可以争取受让股权的第三方不承继投资方原享有的特殊权利,此时即产生类似于“转换”为不带特殊权利的一般股权的情形。

十七、反稀释条款

(一)示范文本

Anti - dilution Provisions	In the event that the Company issues additional securities at a purchase price less than the current SeriesA Preferred Stock conversion price, such

续表

	conversion price shall be adjusted in accordance with the following formula:[1] [*Alternative 1*: "Typical" broad – based weighted average:[2] $CP_2 = CP_1 * (A+B) / (A+C)$ CP_2 = New Series A Conversion Price CP_1 = Series A Conversion Price in effect immediately prior to new issue A = Number of shares of Common Stock deemed to be outstanding immediately prior to new issue (includes all shares of outstanding common stock, all shares of outstanding preferred stock on an as – converted basis, and all outstanding options on an as – exercised basis; and does not include any convertible securities converting into this round of financing) B = Aggregate consideration received by the Corporation with respect to the new issue divided by CP_1 C = Number of shares of stock issued in the subject transaction] [*Alternative 2*: Full – ratchet – the conversion price will be reduced to the price at which the new shares are issued.][3] [*Alternative 3*: *No price – based anti – dilution protection.*] The following issuances shall not trigger anti – dilution adjustment: (i) securities issuable upon conversion of any of the Series A Preferred Stock, or as a dividend or distribution on the Series A Preferred Stock; (ii) securities issued upon the conversion of any debenture, warrant, option, or other convertible security; outstanding on the Closing; (iii) Common Stock issuable upon a stock split, stock dividend, or any subdivision of shares of Common Stock; (iv) [up to [________________] shares of Common Stock (or options to purchase such shares of Common Stock) issued or issuable to employees or directors of, or consultants to, the Company pursuant to any plan approved by the Company's Board of Directors [including at least [________________] Series A Director(s)[4]]; [(v) shares of Common Stock issued or issuable to banks, equipment lessors pursuant to a debt financing, equipment leasing or real property leasing transaction [approved by the Board of Directors of the Corporation] [including at least [________________] Series A Director(s)]; [(vi) securities issued in transactions of primarily a strategic not a financial nature; (vii) securities issued pursuant to an acquisition of another corporation or other entity by the Company; or (viii) securities that are otherwise excluded by vote or written consent of holders of a [____]%[5] of Series A Preferred Stock.][6]
反稀释条款	如果公司以低于当前A系列优先股转换价格的购买价格发行额外证券,则该转换价格应按照以下公式进行调整:[7] [*备选方案1:"典型"广义加权平均数:*[8] $CP_2 = CP_1 * (A+B) / (A+C)$ CP_2 = 新的A系列转换价格

续表

	CP_1 = 就在新发行前有效的 A 系列转换价格 A = 就在新发行前被视为已发行在外的普通股股数(包括所有已发行在外的普通股股数、在视同转换基础上的所有发行在外的优先股股份和在视同转换基础上的所有已发行在外的期权;不包括任何转换为本轮融资的可转换证券) B = 公司就新发行收到的对价总额除以 CP_1 C = 标的交易中发行的股票数量] [备选方案 2:完全棘轮—转换价格将降低到新股发行价格。][9] [备选方案 3:无基于价格的反稀释保护。]以下发行不应触发反稀释调整: (i) 在转换任何 A 系列优先股或作为 A 系列优先股的股息或分配而发行的证券;(ii)在转换交割时已发行在外的任何债券、认股权证、期权或其他可转换证券时发行的证券;(iii)在股票分割、股票股利或普通股股份的任何拆细时发行的普通股;(iv)[根据[至少包括[__]名 A 系列董事[10]]公司董事会批准的任何计划,向公司员工或董事或顾问发行或可发行的[不超过[__]股]普通股股份(或购买此类普通股股票的期权);[(v)根据[经[包括至少[__]名 A 系列董事]的公司董事会批准]的债务融资、设备租赁或不动产租赁交易,而向银行、设备出租人发行或可发行的普通股股份;][(vi)在主要为战略而非财务性质的交易中发行的证券;(vii)因公司收购另一家公司或其他实体而发行的证券;或(viii)通过[__]%[11] A 系列优先股持有人投票或书面同意排除在外的证券。][12]

注:[1] Anti – dilution protection may be combined with a "pay to play" provision. See below. While anti – dilution provisions generally do not trigger taxable events—Section 305 (b) (4) of the Internal Revenue Code provides that a change in the conversion price made pursuant to a reasonable adjustment formula that has the effect of preventing dilution of the holders of such stock will not be considered a deemed distribution of stock—care should be taken to avoid conversion price adjustments that might trigger a taxable event, such as adjustments to conversion ratio as a consequence of the payments of dividends to another series of Preferred Stock.

[2] The broad – based weighted average formula presented here is the most commonly used formula and is less favorable to Investors because it takes into account unexercised options and outstanding convertible notes and warrants. This means that the effect of the issuance of shares in the "down round" is diluted or spread over a "broader base." There is also a narrow – based formula that includes only Common Stock issuable upon conversion of a particular series of shares of Preferred Stock outstanding, and not any shares issuable upon exercise of outstanding options or warrant. Given the smaller number of shares deemed to be outstanding in the narrow – based formula, a given dilutive issuance will cause a greater adjustment in the conversion price than with the broad – based formula, which obviously is more favorable to existing Investors. There also ex-

ists an even broader based formula as well as other variations of narrow based formulas in which shares reserved in the option pool are included.

[3] The full ratchet provision is quite draconian to the Company's existing holders of Common Stock and is typically objected to strenuously. It provides that upon a dilutive financing the conversion price of the diluted shares will be adjusted downward to the issuance price of the newly issued shares, regardless of how many of the new shares are actually issued. Its effect is to fix the price of the prior round to the price of the lowest priced follow-on, without regard to the relative size of the rounds. Often such a provision will be limited in duration (e.g. applicable to issuance for a period of X months or applicable through the closing of the Company's next financing of a specified size or until certain milestones are reached) after which the anti-dilution protection changes to a weighted average formula or ceases altogether. Thus, the Investors will receive greater protection during the riskier phase of their investment and the existing holders of Common Stock will receive protection from the effects of full ratchet protection after having successfully navigated the riskier phase. From a Company standpoint, if a ratchet anti-dilution provision is included, it is important to pay extra attention to ensure that the exceptions from its application in the Articles/Certificate are broadly crafted so as not to trigger adjustments in stock issuances that are not related to equity financing activities. A Company might consider including the following provisions to reduce the impact of a full ratchet provision: (i) a "pay to play" provision (see below); (ii) a shareholder cap (i.e., any increases in percentage ownership of the Company are capped at a set level); and (iii) a share price floor (i.e., if the price per share in a down round is below a certain set price, the full ratchet protection is suspended and the holders of Preferred Stock are only entitled to weighted average anti-dilution protection). Full-ratchet anti-dilution is more likely to be used when the Company is in a weakened bargaining position, such as a down round when the Company is stressed and financing is hard to obtain.

Other the other hand, ratchet anti-dilution can sometimes be a useful compromise position for a Company to obtain a higher valuation from an Investor than the Investors thinks warranted. In effect, the Investor is willing to give the Company the benefit of the higher price, so long as a subsequent financing does not occur at lower price.

[4] Examiners at the California Secretary of State have taken the position that these types of provisions do not comply with Sections 307(a) and 204(a)(5) of the California Corporations Code. In the view of the Secretary of State, in the circumstances described in this provision, the Board is required to decide whether or not to issue securities that may or may not give rise to anti-dilution adjustments depending on the vote of the Series A representative. This results in the Series A representative having greater authority than the other directors in approving such issuances, which is not permitted under the California Corporations Code.

[5] The percentage in this section usually matches the percentage in the Protective Provisions section.

[6] Less commonly, a Company may be successful in including an exclusion from anti-dilution protec-

tion for shares issued at fair market value or shares issued in excess of a fixed dollar amount. This may be more appropriatewhere the Investors exercise significant control over the Company.

[7] 反稀释保护可与"继续参与"条款相结合。见下文。虽然反稀释条款一般不会引发应税事件——《国内税收法》第 305(b)(4)条规定,根据合理调整公式进行的转换价格变动,其效果是防止此类股票持有人被稀释,则该变动不被认为视同股票分配——但是应该关注,避免可能引发应税事件的转换价格调整,例如向另一系列优先股支付股息而导致的转换率调整。

[8] 这里提出的广义加权平均公式是最常用的公式,且对投资者不利,因为它考虑了未行使的期权和发行在外的可转换票据和认股权证。这意味着,在"下一轮"中发行股票的影响被稀释或分散在"更广泛的基础上"。还有一个基于狭义的公式,其中仅包括在特定系列已发行优先股转换时可发行的普通股,而不包括在行使已发行期权和认股权证时可发行的任何股票。鉴于狭义公式中被视为发行在外的股票数量较少,给定的稀释性发行将导致转换价格比广义公式更大的调整,这显然对现有投资者更有利。此外,还存在一个更广义的公式,同时也存在其他变体的狭义公式,该公式中期权池中的保留股份也被包括在内。

[9] 完全的棘轮条款对公司现有的普通股持有人是相当严厉的,通常会遭到强烈反对。它规定,当发生稀释性融资时,稀释股份的转换价格将向下调整为新发行股份的发行价格,而不管实际发行了多少新股份。其效果是将前一轮的价格固定在价格最低的后轮融资价格上,而不考虑各轮融资的相对规模。通常,此类规定的有效期是有限的(例如,适用于 X 个月期限内的发行,或适用于公司下一笔特定规模融资的交割中或直到某些里程碑被实现),期限届满之后,反稀释保护将更改为加权平均公式或完全停止适用。因此,投资者在其投资的高风险阶段将得到更大的保护,现有的普通股持有人在成功渡过高风险阶段后将获得全棘轮保护的保护。从公司的角度来看,如果包含了一个棘轮反稀释条款,则必须特别注意确保章程/证书中适用的例外情况是经过宽泛地精心起草的,以免引发与股权融资活动无关的股票发行调整。公司可考虑纳入以下条款,以减少全面棘轮条款的影响:(i)"继续参与"条款(见下文);(ii)股东上限(公司股权占比的任何增加均被限定在规定水平线以下);(iii)股价下限(如果下一轮中的每股价格低于某一设定价格,则中止全面棘轮保护,优先股持有人只享有加权平均反稀释保护)。当公司处于弱势谈判地位时,更可能使用完全棘轮反稀释,例如在公司陷入困境、融资难的情况下进行的下一轮融资中。

棘轮反稀释有时可以成为一个有用的折中立场,使公司从投资者那里获得比投资者认为合理的更高的估值。实际上,只要后续不发生在较低价格的融资,投资者愿意给予公司较高价格的利益。

[10] 加州州务卿的审查员采取的立场是这些条款不符合《加利福尼亚州公司法》第 307(a)、204(a)(5)条的规定。在州务卿看来,在这条规定所述的情况下,董事会须根据 A 系列代表的投票决定是否发行可能引起或可能不会引起反稀释调整的证券。这导致 A 系列代表在批准此类发行方面拥有比其他董事更大的权力,这是《加利福尼亚州公司法》所不允许的。

[11] 此部分中的百分比通常与"保护性条款"部分中的百分比相匹配。

[12] 不太常见的情况是,公司可以成功地将以公允市价发行的股票或发行超过固定金额的股票排除在反稀释保护之外。在投资者对公司行使重大控制权的情况下,这可能更为合适。

（二）内含机理

1. 一般要点

反稀释条款的核心点在于对抗次轮低价融资。

投资人投资完成后，其获得公司股权的每单位价格是一定的。如果有次轮融资，次轮融资的投资人获得公司股权的价格低于前轮投资人获得公司股权的价格，那么，对前轮投资人来说这就很不公平，相当于后轮投资人用低价“稀释”了前轮投资人股权的价值。

因而，反稀释条款对前轮投资人的保护来说，就很有必要，反稀释条款赋予前轮投资者控制该等情况的权利或是在该等发生时进行调整的权利。

2. 类型及变种

（1）适用范围

①一般范围

典型的反稀释只是针对公司新增注册资本的情况，因为在新增注册资本的情况下，前轮投资人的持股比例自动被“稀释”变低，这种情况下适用反稀释条款理所当然。

但就融资而言，除了新增注册资本的增资外，投资人还时常通过受让创始团队老股的方式进行投资。虽然投资人投资的资金前者是进入公司，后者是进入创始团队，但仅就投资人的角度而言，其都是花了一定投资成本而获得公司股权。在次轮融资通过低价转让老股或包含低价转让老股时，对前轮投资人的影响其实是一致的，即后轮投资人以比前轮投资人更低的价格获得了公司股权，因而低价转老股的情况同时适用反稀释条款也是没有问题的。

②例外范围

低价融资/转让一般会导致投资人的股权被稀释，但是有若干情况不会给投资人股权造成稀释而且也有合理的原因，可以作为反稀释适用的例外情形。

首先可以是股权激励的例外。股权激励可以用长期权益（而非短期薪酬）的方式，锁定并激励被授予股权的核心团队成员/员工，有利于被投企业做大做强。从激励的强度考虑，一般而言股权激励的价格要低于公允价格（有融资的情况下，融资价格是一个可供参考的公允价格），但投资者和公司创始团队为了将被投企业做大的共同目标，愿意甚至是乐于设定一个股权激励的反稀释例外。不过，毕竟股权激励（尤其是增发的方式）会对投资人股权造成稀释，因此一般会对增发股权激励例外的比例进行一个限制,根据《上市公司股权激励办法》第 14 条第 2 款的规定,上市公司全部在有效期内的股权激励计划所涉及的标的股票总数累计不得超过公司股本总额的 10%①。常见的融资中的股权激励反稀释例外也基本限制在 10% 左右②;通常不会对转让股权激励方式例外的比例进行限制,但会避免一个极端的情况,即避免转让导致公司实际控制权发生变更。

其次可以是创始团队不实质改变持股权益、为税务筹划等合理目的进行的转让/增减资操作。创始团队可能会为了税务筹划等合理目的,对公司的持股架构进行合理调整,这种调整可能通过转让/增减资等方式进行,而且其定价一般为了节税考虑是不公允的,此类调整实质上并未稀释/损害投资人的投资有其合理性,应当作为反稀释例外情形适用。

最后可以是创始团队在不改变实际控制权情形下限制比例的套现。不少创业团队为了让创业公司活下来并发展,通常会领比较低的薪酬而没有其他收入来源,在公司引入融资逐步壮大的过程中,适当转让部分股权改善生活是有其合理性的。可以设定一个创始团队可以不适用反稀释的转让限制比例,这样一方面可以让创始团队留有一定比例套现以改善生活,另一方面也能控制套现的额度,让创始团队不能套现过多且能长期持有较大比例股权,保持其创业激情和动力。

(2)调整标准

①全棘轮条款:不考虑发行量

全棘轮条款的反稀释中,如果后轮融资价格低于前轮融资,则前轮融资的每股价格按照后轮融资的新低价格进行调整。前述调整只考虑后轮融资的每股价

---

① 需要特别指出的是,2023 年上市新规将比例提高到了 20%,《创业板股票上市规则》第 8.4.5 条规定:上市公司可以同时实施多项股权激励计划。上市公司全部在有效期内的股权激励计划所涉及的标的股票总数,累计不得超过公司股本总额的 20%。

② 如果设定了股权激励反稀释例外,且实际全额实施了股权激励,那么实际上意味着投资人投资公司大体上估值比初始投资(未作股权激励时)贵了 10%。需要指出的是,估值贵是贵了,但投资人愿意(与创始团队一起)承担这样的高估值,原因是为了把这样的成本分享给被激励团队/员工,以获得公司更大发展。实务中有个细节处理需要注意,即如果 A 轮融资约定了 10% 股权激励例,但是在 B 轮融资时,该 10% 股权激励尚未操作或者仅操作了部分,在 B 轮融资协议中要如何处理?一种方案是,在 B 轮融资时同时(逻辑上是在 B 轮融资之前)将尚未做完的股权激励池子做完;另一种方案是,将尚未做完的股权激励池计算出对应应当增发的注册资本,将应当对应的注册资本/B 轮增发后的注册资本,计算出一个增发比例约定在 B 轮融资协议中,即 B 轮完成后,团队可以继续增发的比例。两种方案都是可以的,第二种方案涉及 B 轮进来之后的股权激励低价发行,会稀释 B 轮投资人的股权,应予以注意,不过如果提前考虑了对 B 轮投资人的影响而在 B 轮协议中将 B 轮估值进行调整,两种方案可以做到(在股权激励池完全做完后)等效。

格高低,不考虑其发行量的大小,即便次轮融资只是低价发行了1股股份(对前轮投资人持股比例及价值影响极小),前轮投资人也仍然按照该新低价格进行调整。

②半棘轮条款:考虑发行量的加权

广义加权平均公式计算的新低调整价格,做一下变形就比较好理解:

投资人新调整每股价格 = 投资人原投资每股价格 ×(新发行股份前总股本 + 新发行股份总对价/投资人原投资每股价格)/(新发行股份前总股本 + 新发行股份数) =(投资人原投资每股价格 × 新发行股份前总股本 + 投资人原投资每股价格 × 新发行股份总对价/投资人原投资每股价格))/(新发行股份前总股本 + 新发行股份数) = <u>(投资人原投后公司估值 + 新发行股份总对价)/新发行股份后的总股本</u>

变形后(下划线部分)的意思是,在原来投资人投资的基础上(投后估值A),新投资人对公司进行了新的投资(新增资金B),那么公司在新投资人投资后的加权估值应当是A+B,该加权估值再除以新投资人投资后的公司总股本,即为新投资人投资后公司每股的实际价格,对于原投资人来说,要按照这个新低的实际价格进行调整。特别低,原版的计算公式做一下变体,理解起来更方便:

投资人新调整每股价格 =(投资人原投资每股价格 × 新发行股份前总股本 + 新发行股份总对价)/(新发行股份前总股本 + 新发行股份数)

前述调整,不只是考虑到新低价格,而且考虑到发行量的规模,对各方来说都是一个较为妥当的折中调整方案。

需要特别指出的是,实务中会将"低价老股转让"也设定为反稀释条款触发情形之一,这种情形下的反稀释调整如果适用全棘轮的方式是没有问题的,也容易理解,但是如果需要适用半棘轮的考虑加权平均的方式,情况稍有复杂。

就笔者理解,参照增发的加权平均,可以将转让的加权平均新低价格通过以下方式计算得出:[老股转让股数 × 转让新低价格 +(公司股本 - 老股转让股数)× 投资人原投资公司每股价格]/公司股本。逻辑是,低价转让的部分削减了公司整体估值,削减的值是老股转让股数和价差(投资人原投资公司每股价格和转让新低价格差额)的乘积,将这部分削减值扣除后就是公司的新低总估值,再用这个新低总估值去除以公司股本,能算出新低每股单价。

举个例子能看得更清楚:假设新融资前目标公司股本为100股,创始团队90

股(成本为 1 元/股),A 轮投资人 10 股(成本为 2 元/股),后发生老股转让的新融资,创始团队按照 1.5 元/股转让 5 股老股。拟调整的新低价格 =(1.5 元/股 ×5 股 +95 股 ×2 元/股)/100 =1.975 元,所以如果用现金补偿的方式进行反稀释调整的话,那么创始团队给 A 轮投资人的现金补偿金额 =10 股 ×(2 元/股 -1.975 元/股)=0.25 元。

(3)调整义务人

①公司作为调整义务方。

美国法语境下,典型的反稀释调整义务方为公司,一般是通过公司新发行新股给前轮投资人的方式,实现反稀释效果。

②创始股东作为调整义务方。

此种方案,在美国法语境下少见,但在国内常见,而且从操作便利的角度,投资人更偏向于优选创始股东作为调整义务方。

(三)适用及其他

公司作为义务方,通过定向分红方式实现的,参见下篇第五章第二节"十二、分红权"部分分析。公司作为义务方,通过资本公积定向转增方式进行调整的,《公司法》没有明确规定,实践中 IPO 上市已有不少如此操作案例。

创始股东作为义务方进行补偿,为《合同法》一般原理。

中国法语境下,新发行新股是需要投资人相应实缴出资/注册资本的。实践中的变通做法,是约定公司定向向投资方分红或者资本公积定向向投资方进行转增。

创始股东反稀释调整,一般是通过无偿转让其持有的公司股权,或直接使用其自有现金向投资方进行补偿。

就无偿转让股权而言,创始股东可能被税务局"核定"征税。就现金补偿而言,关键的问题在于创始股东的支付能力。

十八、强制转换

(一)示范文本

Mandatory Conversion	Each share of SeriesA Preferred Stock will automatically be converted into Common Stock at the then applicable conversion rate in the event of the closing of a [firm commitment] underwritten public offering with a price of [____][1] times the Original Purchase Price (subject to adjustments for stock dividends, splits, combinations and similar events) and [net/gross][2] proceeds to the Company of not less than \$[________________] (a "QPO"), or (ii) upon the written consent of the holders of [____]%[3] of the Series A Preferred Stock.[4]
强制转换	在[确定承诺]包销的,发行价格为原始购买价格(根据股票股息、股票分拆、股票合并和类似事件进行调整)的[____][5]倍以及公司获得的[净/总额][6]收益不少于\$[____]的公开发行(以下简称"QPO")结束时,每股A系列优先股将自动按照当时适用的转换率转换为普通股,或(ii)经[____]%[7]A系列优先股持有人的书面同意。[8]

注:[1] The multiples used in this provision depend generally on the stage of the Company and investment climate at the time of the offering. A higher multiple (e. g., four or five times the Original Purchase Price) would be more Investor favorable, whereas a lower multiple is a more Company favorable approach.

[2] Using gross proceeds is more Company favorable. An even more Company favorable approach would be to use the following language for the total threshold: "and for a total offering of not less than \$[____], before deduction of underwriters' commissions and expenses." The thresholds for the per share price and the aggregate offering are often negotiated. Investors will request high thresholds in order to gain greater control over the timing and the terms of an IPO whereas the Company will want to keep such thresholds low to preserve more flexibility. Care should be taken to ensure that the thresholds for a new series of Preferred Stock do not differ from the thresholds negotiated for holders of all other series of Preferred Stock so that a single series cannot hold up a public offering.

[3] More Investor – friendly provisions often use a two – thirds threshold, whereas a more Company – friendly provision would use a majority threshold. Also from the Company's perspective, if more than one series of Preferred Stock will be issued, care should be taken to ensure that the holders of Preferred Stock will vote together as a single class upon the issue of automatic conversion. Otherwise, a single series of preferred could block the transaction. On the other hand, holders of a series that has a higher original purchase price may want to have the series vote independently of lower priced series, since their respective returns on invest-

ment will be different.

[4] The per share test ensures that the Investor achieves a significant return on investment before the Company can go public. Also, consider allowing a non – QPO to become a QPO if an adjustment is made to the Conversion Price for the benefit of the Investor, so that the Investor does not have the power to block a public offering.

[5]本条款中使用的倍数通常取决于公司的发展阶段,以及发行时的投资环境。一个较高的倍数(例如,原始购买价格的 4 倍或 5 倍)对投资者更有利,而一个较低的倍数对公司更有利。

[6]使用总收益对公司更有利。一种对公司更有利的方法是使用以下语言表述总门槛:“在扣除承销商佣金和费用之前,不低于 $ [____]的总发行额,”每股价格和总发行额的门槛通常是协商确定的。投资者要求设立高门槛,以便更好地控制 IPO 的时间和条款,而公司则希望保持较低的门槛,以保持更大的灵活性。应注意确保新系列优先股的门槛值与为其他系列优先股持有人商定的门槛值不存在差异,这样以免单一系列优先股阻碍公开发行。

[7]对投资者更友好的条款通常使用 2/3 的门槛,而对公司更友好的条款则使用简单多数的门槛。此外,从公司的角度来看,一方面,如果将发行多个系列的优先股,则应注意确保优先股持有人将在自动转换时作为单一类别共同投票。否则,单一系列的优先股可能会阻止该次交易。另一方面,拥有较高原始购买价格系列的持有人可能希望获得独立于较低价格系列的投票权,因为他们各自相应的投资回报会有所不同。

[8]每股测试确保投资者在公司上市前,获得可观的投资回报。另外,如果为了投资者的利益而对转换价格进行了调整,那么考虑允许非 QPO 成为 QPO,这样投资者就没有权力阻止该次公开发行了。

(二)内含机理

1. 一般要点

(1)IPO 强制转换

美国法语境下,在公司 IPO 时,公司的优先股将被强制转换为普通股。

在 IPO 强制转换的情况下,优先股所带有的优先权利将被去除,优先股变成普通股,投资方在此时的持股权利发生剧烈变化,对投资方来说是一个很大的影响,因而对此种情况下投资方权利的进行一个保护是必要的。保护的手段,是通过的 IPO 进行限定,将之限定为“合格”IPO,即只有 IPO 符合特定的条件投资人的优先股才能被“强制”转换为普通股,“合格 IPO”具体定义/条件见下文。

(2)优先股同意

优先股股东自己同意转换成普通股,这是意思自治的表现,当然也是允许的。

2. 类型及变种

(1)合格的 IPO

美国法语境下,合格 IPO 的定义跟两个指标有关:①每股发行价格;②发行总额。每股发行价格,跟公司届时的市值相关,这直接关系到投资方届时持股对应的市值。发行总额跟届时的公开发行人数(数量)、后续交易活跃度(流动性)直接相关,这直接关系到投资方能否顺利通过二级市场将其持有的公司股权卖出变现。

通常而言,因为投资方没有锁定定期限制,在IPO的同时或很短的时间内,即卖出其所持有的全部或部分公司股权。因此,对每股发行价格和发行总额的限定,从出发点来说是对投资者利益的保护。显而易见的是,发行价格门槛越高、发行总额门槛越高,对投资方就更有利,相应地对公司、创始团队就更不利。发行价格门槛越低、发行总额门槛越低,对投资方更不利,相应地对公司、创始团队更有利。

需要指出的是,在中国法语境下,就投资方在IPO同时卖出老股的操作,2013年年底,中国证监会曾引入过IPO老股转让制度①,发行人首次公开发行新股时,鼓励持股满3年的原有股东将部分老股向投资者转让,但因为“奥赛康事件”(72.99元/股的发行价,67倍的发行市盈率……而老股东直接套现31.83亿元,4倍于公司募集资金的数额又引发圈钱的强烈质疑②,奥赛康IPO随后被叫停),该老股转让制度并未实际施行。

(2)同意的类别及比例门槛

从同意的类别来说,单一类别分别独立同意,则对投资者有利,所有类别统一表决同意,则对公司、创始团队有利。

同意的门槛比例,也很好理解,投资者持股比例一般较低,同意比例高对投资者有利,创始团队持股比例一般较高,比例低对公司、创始团队有利。

(三)适用及其他

参见下篇第五章第二节“二、标题—投资意向书”项下内容,我国法语境下,

---

① 中国证监会《关于进一步推进新股发行体制改革的意见》(中国证监会公告〔2013〕42号)第5条规定:发行人首次公开发行新股时,鼓励持股满3年的原有股东将部分老股向投资者转让,增加新上市公司可流通股票的比例。老股转让后,公司实际控制人不得发生变更。老股转让的具体方案应在公司招股说明书和发行公告中公开披露。发行人应根据募投项目资金需要量合理确定新股发行数量,新股数量不足法定上市条件的,可以通过转让老股增加公开发行股票的数量。新股发行超募的资金,要相应减持老股。

② 付明德:《IPO新政制度陷阱:奥赛康令证监会大为失色》,载新浪财经网,http://finance.sina.com.cn/stock/newstock/xgpl/20140210/140018161635.shtml。

适用于股权投资领域的优先股制度并不丰富,是通过约定特殊权利的方式实现,因而优先股强制转换为普通股的情况并不存在。然而,在中国法语境下,企业 IPO 过程中对特殊权利的终止等安排与强制转换情况是有相通之处的(详细讨论参见下篇第五章第二节“三十六、终止”部分的内容)。

十九、继续参与

(一)示范文本

Pay – to – Play[1]	[Unless the holders of [____]% of the Series A elect otherwise,] on any subsequent [down][2] round all [Major][3] Investors are required to participate to the full extent of their participation rights (as described below under “Investor Rights Agreement – Right to Participate Pro Rata in Future Rounds”), unless the participation requirement is waived for all [Major] Investors by the Board [(including vote of [a majority of] the Series A Director[s][4])][5]. All shares of Series A Preferred Stock[6] of any [Major] Investor failing to do so will automatically [lose anti – dilution rights] [lose right to participate in future rounds] [convert to Common Stock and lose the right to a Board seat if applicable].[7]
继续参与[8]	[除非[____]%的 A 系列持有人另有选择,]在任何后续的[折价][9]轮融资中,所有[主要]投资者都必须以其最大限度的参与权参与(如下文“投资者权利协议—在未来各轮融资中按比例参与的权利”所述),除非董事会[包括 A 系列董事[10][多数]投票]放弃对所有[主要][11]投资者的参与要求[12]。任何未能这样做的[主要]投资者的所有 A 系列优先股股份[13],将自动[丧失反摊薄权][丧失参与未来轮次融资的权利][转换为普通股,并在适用的情况下失去董事会席位的权利]。[14]

注:[1] See the pay – to – play Section of the Model Amended and Restated Certificate of Incorporation for additional comments before negotiating this section of the Term Sheet. Also please note that although this Term Sheet (as do most) includes the pay – to – play provisions under the section entitled “Charter,” some practitioners prefer to effect the pay – to – play consequences through a contractual waiver or arrangement which is included in one of the other financing documents (e. g., Stock Purchase Agreement). Such an arrangement still requires some language in the Charter to make it clear that such a contractual provision is effective (and is effective against future holders of the stock), but that specificity would not likely be addressed in the Term Sheet for a contractual form of pay – to – play provision. The contractual (vs. Charter) approach is important in the event not all holders of the same series will be treated in an identical manner (e. g., strategic corporate Investors) (see footnote 20). For an example of a contractual waiver model of a pay - to - play provision, please *see* Venture Capital & Public Offering Negotiation (3rd ed.), Holloran et al, Aspen Law & Business (pp. 8 - 47 through 8 - 50). See also drafting considerations discussed in footnotes 10 - 14, infra.

There are many points in the Term Sheet where Company counsel can (and in some cases, should) solicit the assistance or counsel of other Investors in the Company before the Term Sheet is signed. The pay - to-play provision is of particular importance to non - lead Investors. Even if the Company itself may be in favor of a pay - to - play provision (e. g., future funding incentive, possible preferred overhang reduction, etc.), if the Company has had prior Investors (i. e., angel rounds, convertible debt rounds, etc.) or if the Company and/or its officers have been the main point of contact with some of the non - lead Investors in the financing under negotiation, Company counsel should make sure to point out to these non - lead Investors the likely consequences of this particular term and allow them the opportunity to have input on either negotiating the pay - to - play out of the Term Sheet or negotiating limitations and exceptions.

Note that the legality of a pay - to - play provision is arguably more certain following the recent Watchmark case in Delaware. Watchmark Corp. v. Argo Global Capital, LLC et al, 2004 Del. Ch. LEXIS 168; app. denied by Watchmark Corp. v. ARGO Global Capital, LLC et al, 2004 Del. LEXIS 175 (Del., Nov. 15, 2004); app. denied by ARGO Global Capital, LLC et al v. Watchmark Corp. et al, 2004 Del. LEXIS 551 (Del., Nov. 23, 2004). This case held that, at least in certain circumstances, a pay - to - play provision will be enforceable. Since pay - to - play provisions are often adopted in connection with a down round financing (including being put in place on the eve of such a financing), similar considerations apply to the adoption of pay - to - play provisions as apply to other terms of such a financing (e. g., whether the Board complied with fiduciary duties owed to its current shareholders in accepting terms which may cause certain shareholders to lose rights as a result of the pay - to - play). This is particularly true where the Company is negotiating with a subset of its current Investors who are providing the new capital, and the pay - to - play affects other Investors who are not in a position to participate or negotiate the terms. Company counsel should advise the Board to specifically consider the pay - to - play provisions when making its decision on whether the terms of the financing are in the best interest of the Company and its stockholders.

In some circumstances, particularly in Series B or later rounds where a subset of prior Investors is leading the new round, the participating Investors expect that the pay - to - play provision being adopted in connection with the financing under negotiation will apply to non - participants in that same financing. In other words, the pay - to - play isn't being adopted merely to provide incentive to participate in financings that may occur at some time in the future, but it is to be applied immediately as a punishment (or, in the eyes of participating Investors, an appropriate incentive to participate and adjustment for not) to those not participating in the current financing. This is sometimes referred to this as an 'eve of financing' pay - to - play, and the Company's board of directors should be particularly mindful of its fiduciary duties (and possible self - interest in the case of certain directors) in such cases.

In some Series B or later rounds, participating Investors want to provide strong incentive for prior Investors to participate in the current round but do not have the voting power that would be necessary to alter the terms of the currently outstanding series of Preferred Stock (i. e. , in order to put an eve – of – financing pay-to – play in place with respect to already outstanding shares). In these cases, Investors will often achieve a similar result to an eve – of – financing pay – to – play by structuring the financing as a "pull – through" financing. In a pull – through financing, those holders of the existing Preferred Stock (let's say there are Series A Preferred Stock outstanding and the Company is negotiating a Series B financing) who elect to participate in the Series B financing are allowed to "pull through" or exchange oconvert shares of their Series A stock for shares of either the new Series B or, more often, shares of a new series of Preferred Stock (i. e. , Series A – 1 or Series B – 1) which is similar to the Series A, but senior in liquidation and convertible at a much better rate. The purchase price of the Series B financing (and the conversion rate of the new Series A – 1) is set in such a manner as to reflect what the new Investors perceive to be a correct valuation of the Company, taking into account any anti – dilution adjustments that the non – participating Series A stockholders will experience upon issuance of the Series B and the new Series A – 1, which may be significant. This usually results in a dramatic change in the number of shares outstanding and can be demoralizing for management, unless the financing is accompanied by a new set of option grants based on the new fully – diluted capitalization. The new option grants would not remedy the situation of those Common Stockholders who are not current employees, so the potentially drastic dilution such non – employee Common Stockholders will face should be considered by the board of directors when considering whether to accept the terms of such a financing.

[2] Note that the rationale for having a pay – to – play is stronger in "down rounds" (or "Dilutive Issuances" in more common Charter parlance), reasoning that those who aren't willing to back the Company when its outlook becomes bleaker should not get the benefit of any price protection adjustments arising in the down round financing, and should lose at least some privileges thereafter. However, many larger Investors may require that a pay – to – play provision apply in any future financings, including up rounds. This seems to rely less on policy and more on self – interest of the larger Investors to ensure that their syndicates contain only sufficiently capitalized members committed to providing the funding required to achieve a successful exit.

[3] For the pay – to – play to apply to only Major Investors, pay – to – play provisions need to be contractual outside of the Certificate of Incorporation; within the Certificate of Incorporation, all shareholders holding the same class of shares need to be treated in the same manner. Having the pay – to – play apply only to "Major" Investors (or any subset of Investors for that matter) is relatively uncommon at this time. However, when negotiating the term sheet, Company counsel should take into account whether there are existing groups of Investors who will have Preferred Stock (i. e. , if this is a Series B round, or if earlier Investors with convertible notes will convert into Series A as part of the financing under negotiation) who will object to

pay – to – play provisions. There may be good policy reasons for giving an "out" of the pay – to – play provisions to angel groups and certain early stage Investors who fill a crucial funding gap in seeding start – up companies (e. g. , these types of Investors have fulfilled their ' mission ' in providing the early stage capital, and they often don't have the capital or the contractual ability to invest in increasingly large future rounds). This being said, larger venture funds are often unwilling to allow for any such exceptions. Additional exceptions commonly discussed include exceptions for corporate venture funds (i. e. , Intel Capital) or an institution that is receiving or purchasing Preferred Stock as part of a spin – out of the Company's core technology.

[4] Company counsel (in its role as advisor to the Board) should keep in mind the conflict of interest this particular provision may cause in the common situation where the Series A Directors are designated/elected by the largest Series A Stockholders which will also be the Investors who are most likely to participate in a future financing (and thus avoid the negative consequences of the pay – to – play provision). Including the requirement that the Series A Directors consent to waiving the pay – to – play may mean, in effect, that the pay – to – play provision may never be waived, since these designated Series A Directors may feel the need to abstain from any such vote, consent or waiver on such a topic, potentially leaving the Company unable to meet this requirement.

[5] Company counsel or the non – lead Investors may consider negotiating some additional exceptions or limitations to the pay – to – play provisions. There are many types of exceptions and limitations that may be negotiated, including:

· A provision that after any Series A Stockholder (together with its affiliates) has invested a certain amount in future financings, the pay – to – play provision will no longer apply to such Series A stockholder (and its affiliates). This could be expressed as a certain dollar amount, but may make more sense expressed as a multiple of the original Series A investment made by such Investor (i. e. , after any Investor and its affiliates have made additional investments of 1x, 1.5x, 2x, etc. times their original Series A investments, then the pay – to – play no longer applies).

· A provision that there may be only one dilutive financing triggering the pay – to – play financing in any twelve – month period.

· A provision that if a dilutive financing is in excess of a certain amount (i. e. , $10,000,000), then each [Major] Investor is only required to invest its Pro Rata portion of such threshold amount in order to avoid being punished by the pay – to – play provisions.

· Carve – outs for angel Investors, angel funds, seed stage Investors, institutions or corporate Investors.

· Provisions that the pay – to – play only applies to certain series of Preferred Stock.

In negotiating carve – outs, as with all portions of the pay – to – play, keep in mind the general rule that each share of stock of the same series must have the same rights, preferences and privileges as other shares of the same series – so that the more specific a carve – out becomes, the more thought needs to go into how to appropriately draft such carve – outs. Disparate treatment among holders of the same series should be address through contractual provisions outside the Charter. See discussion in footnote 18, supra.

[6] Alternatively, this provision could apply on a proportionate basis (e. g. , if Investor plays for 1/2 of pro rata share, receives 1/2 of anti – dilution adjustment). Note that the pay – to – play provision upheld in Watchmark provided for such proportionate application.

[7] If the punishment for failure to participate is losing some but not all rights of the Preferred Stock (e. g. , anything other than a forced conversion to common), the Charter will need to have so – called "blank check preferred" provisions at least to the extent necessary to enable the Board to issue a "shadow" class of preferred with diminished rights in the event an Investor fails to participate. Note that as a drafting matter it is much easier to simply have (some or all of) the preferred convert to common.

The so – called "strongman pay – to – play" (in which the consequences are having all Preferred Stock converted to Common Stock) provides much stronger incentive to the Investors to participate in subsequent rounds, and also has the added benefit (from certain perspectives) of reducing the Company's "preference overhang" which has the side effect of benefiting management and other holders of Common Stock or options.

[8] 在协商主要投资条款的这一部分之前,请参阅经修订和重述的公司注册证书范本的"继续参与"部分以获得额外评论。此外,请注意,虽然主要投资条款(大多数情况下)在"章程"一节下包含了"继续参与"条款,但一些从业者更喜欢通过包含在其他融资文件(例如,股票购买协议)中的合同弃权或安排来实现继续参与的后果。这种安排仍然需要章程中的某些语言来明确规定,这种合同条款是有效的(并且对未来的股票持有人有效),但这种特殊性不太可能在主要投资条款中作为合同形式的"继续参与"条款得到解决。如果不是同一系列的所有持有人受到相同的待遇(例如,公司战略投资者),则合同(相对于章程)方法是重要的(见脚注 20,笔者注:参见下篇第五章第二节"十七、反稀释条款"第 2 条脚注)。有关继续参与的合同豁免模式的示例,请参见《风险投资与公开发行谈判》(第 3 版),霍洛兰等人,阿斯彭法律与商业(第 8 – 47 页至第 8 – 50 页)。另见脚注 10 – 14 下面讨论的起草注意事项(笔者注:对应参见下篇第五章第二节"十三、清算优先权"第 9、10 条脚注,"十四、表决权"第 2 条脚注,"十五、保护条款"第 6、7 条脚注;但按照相应脚注,内容不契合,可能是表述有误)。

在条款清单中有许多地方,公司法律顾问可以(在某些情况下,应该)在条款清单签署之前征求公司其他投资者的协助或咨询。继续参与条款对非领投的投资者尤为重要。即使公司本身可能赞成继续参与条款(例如,未来的融资激励、可能的优先负担减少等),如果公司有先前的投资者(天使轮、可转换债券轮等),或者如果在谈判中的融资中,公司或其高管已经成为一些非领投投资者的主要联系点,公司法律顾问应确保向这些非领投投资者指出该特定条款可能产生的后果,并允许他们有机会参与协商将继续参与条款剔除条款清单以外,或协商(继续参与条款的)限制和例外情况。

请注意,在最近特拉华州的 Watchmark 案件之后,继续参与条款的合法性可以说更加确定。Watchmark Corp. 诉 Argo Global Capital, LLC 等人, 2004 Del. Ch. LEXIS 168; App. 被 Watchmark Corp. 诉 ARGO Global Capital, LLC 等人驳回, 2004 Del. LEXIS 175 (Del., Nov. 15, 2004); App. 被 ARGO Global Capital, LLC 等人诉 Watchmark Corp. 等人驳回, 2004 Del. LEXIS 551 (Del., Nov. 23, 2004)。该案判决,至少在某些情况下,继续参与条款是可以强制执行的。因为继续参与条款的采用通常与下一轮(低价)融资(包括在此类融资前夕实施)相关,对采用继续参与条款类似的考虑同样适用于这样融资的其他条款(例如,在接受了可能导致某些股东因继续参与条款而丧失权利的条款时,董事会是否履行了对其现有股东的信义义务)。尤其是当公司正在与提供新资本的现有投资者中的一部分进行谈判时,这一点尤为明显,而"继续参与"会影响到其他无法参与或协商条款的投资者。公司法律顾问应建议董事会,在决定融资条款是否符合公司及其股东的最大利益时,特别考虑"继续参与"条款。

在某些情况下,特别是在 B 轮或后续轮次中,如果一部分先前的投资者正在主导新一轮融资,参与的投资者希望,与谈判中融资有关的继续参与条款将适用于同一融资的非参与者。换言之,采取"继续参与"并不仅仅是为了鼓励参与未来某个时候可能发生的融资活动,而是要立即对那些不参与当前融资的人实施惩罚(或者,在参与投资者看来,是一种适当的参与激励和不参与的调整)。这有时被称为"融资前夜"的继续参与,在这种情况下,公司董事们应特别注意其信义义务[以及某些情况下特定董事可能的自我利益(冲突)]。

在某些 B 轮或后轮次中,参与投资者希望为先前的投资者提供强有力的激励,使其参与本轮融资,但不具备足以改变当前已发行优先股系列条款所需的投票权(为了就已经发行在外的股份,设置融资前的继续参与条款)。在这些情况下,投资者通常会通过将融资结构构建为"拉通"融资,从而获得类似于融资前夜继续参与条款的结果。在拉通式融资中,那些选择参与 B 轮融资的现有优先股持有人(比如,有发行在外的 A 系列优先股,而公司正在进行 B 轮融资谈判),可以将其 A 系列优先股的股份"拉通"或交换或转换为新的 B 系列,或者更常见的是,新系列优先股(A－1 系列或 B－1 系列)的股份,该新系列优先股与 A 系列相似,但在清算上更优先,且可以在一个更高的转换率上进行转换。B 系列融资的购买价格(以及新的 A－1 系列的转换率)的设定方式应能反映出新投资者对公司的正确估值,考虑到非参与的 A 系列股东在 B 系列以及新的 A－1 系列发行时将适用的任何反稀释调整,这可能很重要。这通常会导致发行在外股份数量的巨大变化,并可能会挫伤管理层的士气,除非融资伴随一套新的基于完全摊薄股本的新期权授予。新的期权授予并不能弥补那些非现任员工的普通股股东的状况,因此,董事会在考虑是否接受此类融资条款时,应考虑此类非员工普通股股东将面临的潜在严重稀释。

[9] 请注意,在"折价轮次融资"(或更常见的章程术语为"稀释发行")中设置继续参与条款的理由更强,原因是当公司前景变得黯淡时,那些不愿意支持公司的人,不应该从下一轮融资中产生的任何价格保护调整中获益,或者在之后至少应当失去一些特权。然而,很多较大的投资者可能会要求在未来的*任何*融资中,包括溢价轮次融资,都应适用继续参与条款。这似乎不太依赖政策,而更多地依赖于较大投资者的自身利益,以确保其财团联合体只包含资本充足的,承诺提供成功退出所需资金的成员。

[10] 公司法律顾问(以董事会顾问的身份)应记住,在以下通常情形中,即 A 系列董事是由最大的 A 系列股东委派/选举产生的,而该最大的 A 系列股东也将是最有可能参与未来融资(因此避免继续付

费条款的负面后果)的投资者,该特定条款可能会导致利益冲突。包含 A 系列董事同意放弃继续参与的要求,实际上可能意味着,继续参与条款可能永远不会被放弃,因为这些被委派的 A 系列董事可能觉得有必要对此类主题的投票、同意或弃权投弃权票,可能导致公司无法满足这一要求。

[11] 对于只适用于主要投资者的继续参与条款,继续参与条款需要是公司注册证书以外的契约性的;在公司注册证书内,持有同一类别股份的所有股东需要被以同样的方式对待。在这个时候,只对"主要"投资者(或同样的任何一部分投资者)适用继续参与条款是相对罕见的。然而,在谈判条款清单时,公司法律顾问应考虑是否有持有优先股(如果这是一轮 B 轮融资,或者,作为谈判中融资的一部分,如果持有可转换债券的早期投资者将转换为 A 系列)的,将会反对继续参与条款的现有投资者群体。为天使投资者类别和某些早期投资者提供继续参与条款"(不适用的)出口"可能有很好的政策理由,(因为)他们填补了初创公司种子轮的关键资金缺口[例如,这类投资者已经完成了提供早期资本的"使命",而且他们通常没有在越来越大的未来轮次融资中进行投资的资金或(签署)合同的能力]。但是,规模较大的风险投资基金通常不愿意考虑任何此类例外情况。通常讨论的其他例外情况包括公司风险投资基金(如英特尔投资)或作为公司核心技术分拆的一部分接收或购买优先股的机构。

[12] 公司法律顾问或非主要投资者可能会考虑协商谈判一些额外对继续参与条款的例外或限制。有许多类型的例外和限制可以协商谈判,包括:

· 这样一个条款:在任何 A 系列股东(及其关联方)已在未来融资中投入一定金额后,继续参与条款将不再适用于该 A 系列股东(及其关联方)。这可以被表述为一定金额的美元,但可以更合理地表述为该投资者初始 A 系列投资金额的一个倍数(在任何投资者及其关联方进行了其初始 A 系列投资额 1 倍、1.5 倍、2 倍等的额外投资后,即不再适用继续参与条款)。

· 这样一个条款:在任何 12 个月期间,只可能有一次触发继续参与的稀释性融资。

· 这样一个条款:如果稀释性融资超过一定数额(10,000,000 美元),则每个[主要]投资者只需按比例投资该阈值金额的部分,以避免受到继续参与条款的惩罚。

· 对天使投资者、天使基金、种子期投资者、机构投资者或企业投资者例外。

· 这样一个条款:继续参与只适用于特定系列优先股。

在进行例外谈判时,如同继续参与的所有部分一样,请记住一个一般规则,即同一系列的每一股股票都必须与同一系列的其他股票享有相同的权利、优先权和特权,以至于一种例外情形越具体,我们需要越多地思考如何恰当地起草这样的例外情形。同一系列持有人之间完全不同的待遇应通过章程以外的合同条款加以解决。见上文脚注 18 的讨论(笔者注:对应参见下篇第五章第二节"十六、可选转换"第 2 条脚注;但按照相应脚注,内容不契合,可能是表述有误)。

[13] 或者,该规定可按比例适用(例如,如果投资者按比例购买 1/2 的股份,收到 1/2 的反稀释调整)。请注意,Watchmark 案中支持了继续参与条款的这种按比例适用。

[14] 如果未能参与的惩罚是丧失优先股的部分权利但不是全部权利(例如,强制转换为普通股以外的任何其他权利),章程需要有所谓的"空白支票优先"条款,至少在必要的程度上,使董事会能够在一个投资者未能参与的情况下发行具有权利弱化的"影子"类别的优先股。请注意,作为一个起草事项,

简单地将(部分或全部)优先股转换为普通股要容易得多。所谓“强人继续参与”(其结果是将所有优先股转换为普通股)为投资者提供了更强的参与后续投资的激励,此外,还有一个额外的好处(从某些角度来看),即减少公司的“优先权负担”,而“优先权负担”减少的附带作用是使管理层和其他普通股或期权持有人受益。

(二)内含机理

1. 一般要点

(1)对投资者的反要求

在私募股权投资中,投资者持有的是拥有优先权利/特权/利益的优先股,通常的融资协议基本上都是对投资者权利、创始团队义务的表述。然而,也存在一些对投资者的反向要求,继续参与条款就是这一类型条款。

继续参与条款,要求原有投资者在次轮融资中参与追加投资,否则会有一定后果(如丧失一定的优先权)。一方面,这可以看成是对不参与后轮融资的投资者的惩罚,或者对继续参与后轮融资的投资者的激励;另一方面,也通过这种方式,反过来减轻了公司/创始团队不必要的负担。

就前述第二方面而言,可以展开讨论一下,从极端的角度假设,某一初始投资人投了比较小的钱,但拥有较强的优先权(如董事席位、一票否决权),公司后续发生了多轮融资,最后初始投资人的占比到很小的额度(如千分之一),如果继续让其保持董事席位,可能会造成对公司不相称的负担(如一票否决权的管理负担)。而“继续参与”条款有可能使没有继续追加意愿/能力的投资者被迫放弃相关的优先权利(包括一票否决权等)。

(2)行为规范(合同)与组织规范(章程)

继续参与条款可以通过作为公司组织规范的章程来进行规定,也可以通过作为行为规范的合同在相应主体之间进行约定。

就美国法语境下的章程规定而言,设置/改变继续参与条款,首要涉及董事会,其次涉及股东会。在董事会层面,相应董事(尤其是大投资者委派的董事)信义义务的切实履行、不存在利益冲突的要求(如是否符合公司及其股东的最大利益的标准测试),会直接影响到设置/变更继续参与条款的有效性和可执行性。在股东会层面,涉及继续参与条款的设置或变更时,作为股东的投资者的投票权是否被妥当行使也需要考察。此外,有必要指出的是,以美国特拉华州为代表的公司法,要求就章程而言,同一类别的股票要被同样对待,这意味着,通过董事会、股东会对同一类别的股票做不同的“继续参与”要求,会受到很高的有效性、可执行性标准的司法测试。

2. 类型及变种

(1)触发的融资背景

在发生折价融资的情况下,适用继续参与条款的理由是比较强的。发生折价融资,一般来说是公司前景黯淡,或者发生阶段性的困难,此时需要融资来支持渡过难关。继续参与条款作为对选择继续支持公司发展的老投资人的激励,以及对选择不支持公司发展的老投资人的惩罚,其设置是比较合适的。

不过,有的案例中会要求所有次轮融资中都设置并适用继续参与条款。就非折价融资而言,其设置对于大多投资者来说,是有较强的理由的。其理由在于,只有有钱玩家,才能够在次轮融资中,不断追加投资,以确保标的项目有足够的持续的外部资金支持,最终能够支撑并实现投资者的退出。

(2)继续参与之激励或未能继续参与之惩罚

作为未能继续参与之惩罚的类型,主要有三类:①丧失反稀释权,即如果不选择继续参与,则相应的投资者要受(折价融资)稀释(摊薄);②丧失参与未来轮次融资的权利,即一般意义上的优先认购权丧失;③转换为普通股并失去董事会席位的权利,这种惩罚即把所有优先股附带的优先权利都去除,且使相应的投资者丧失董事会席位,是最严重的一种惩罚。

相应地,对于继续参与的投资者而言,首先能够保证其原有的优先权利;其次,因未能继续参与的投资者优先权的丧失,其优先权利会得到强化(比如,有一部分投资者因未能继续参与丧失了优先清算权,则在清算的时候,选择继续参与的投资者即有可能享有更多的优先清算金额,此为第三方优先权丧失导致的权利溢出效果)。

(3)效果适用范围限制/例外

继续参与条款适用范围的限制或例外的情形,通常有以下几种:

第一,达到投入金额门槛,则不再适用。约定某一投资者(或其关联方)累计投入一定金额,比如一定金额的美元,或者初始投资金额的多少倍,之后继续参与条款对该投资者(或其关联方)不再适用。此限制能够保证投资者持续投入一定的金额,以保障公司运营的资金需要,同时不给相应投资者就单一项目造成过重的资金投入负担。

第二，期限次数限制。例如一定期限（12个月或24个月）内，只能有一次稀释性融资能触发继续参与条款。这一限制针对的是短时间内频繁的折价融资，这一限制避免对投资者造成过度的继续参与负担。

第三，按比例认购稀释融资金额，则排除适用。此种例外下的稀释融资金额可以设置一定门槛，如一千万美元。

第四，早期投资者和战略投资者例外。就早期投资者而言，其一，其支持了标的公司早期成长，已经完成了相应的历史使命；其二，早期投资者一般基金盘子都比较小，后续融资要求其持续大额追加投入也不现实。就战略投资者而言，其不仅从资金方面支持公司，或者其支持公司最重要的方面其实并不是资金，因而不必硬性要求对其适用继续参与条款。

第五，只适用于特定系列优先股。

第六，比例适用。例如，投资者按比例认购新融资的一半，则适用一半的反稀释调整。

（三）适用及其他

如下篇第五章第二节“二、标题—投资意向书”所述，国内通过合同约定实现投资者的特殊权利。

就笔者的涉猎范围而言，典型的继续参与条款，在国内未见使用案例。可以类比的条款是这样一个常见条款：5%或特定以上股比持有者的投资者才能保留董事席位，否则丧失。

前述条款有三点需要予以注意：第一，相应的优先约定通常是通过“合同”来实现的，这意味着除非委派董事投资者同意，否则很难通过股东会、董事会来变更相应投资者委派董事的权利或其他权利；第二，一定持股比例的门槛，意味着除非投资者初始投资占比很高，否则投资者需要在后轮融资中相应追加投入，以保证持股比例门槛，这与继续参与条款的初衷是相通的；第三，激励/惩罚措施为有/无董事席位，此未涉及投资者的其他通过合同方式约定的优先权利，可以说适用的范围还是有一定限度的。

二十、赎回权

(一)示范文本

Redemption Rights[1]	The Series A Preferred Stock shall be redeemable from funds legally available for distribution at the option of holders of at least [____]% of the Series A Preferred Stock commencing any time after the fifth anniversary of the Closing at a price equal to the Original Purchase Price [plus all accrued but unpaid dividends]. Redemption shall occur in three equal annual portions. Upon a redemption request from the holders of the required percentage of the Series A Preferred Stock, all Series A Preferred shares shall be redeemed [(except for any Series A holders who affirmatively opt – out)].[2]
赎回权[3]	在交割 5 周年后的任何时候开始,经至少[____]% 的 A 系列优先股股东选择,A 系列优先股应当可以被以合法可供分配的资金赎回,赎回价格等于初始购买价格[加上所有应计但未付的股息]。赎回应按照每年等额分三次进行。一旦 A 系列优先股所需比例持有人提出赎回请求,所有 A 系列优先股均应赎回[(除非任何 A 系列持有人确定选择不参与(赎回))]。[4]

注:[1] Redemption rights allow Investors to force the Company to redeem their shares at cost plus a small guaranteed rate of return (e. g. , dividends). In practice, redemption rights are not often exercised; however, they do provide a form of exit and some possible leverage over the Company. While it is possible that the right to receive dividends on redemption could give rise to a Code Section 305 "deemed dividend" problem, many tax practitioners take the view that if the liquidation preference provisions in the Charter are drafted to provide that, on conversion, the holder receives the greater of its liquidation preference or its as – converted amount (as provided in the NVCA model Certificate of Incorporation), then there is no Section 305 issue.

[2] Due to statutory restrictions, it is unlikely that the Company will be legally permitted to redeem in the very circumstances where Investors most want it (the so – called "sideways situation"), Investors will sometimes request that certain penalty provisions take effect where redemption has been requested but the Company's available cash flow does not permit such redemption — e. g. , the redemption amount shall be paid in the form of a one – year note to each unredeemed holder of Series A Preferred, and the holders of a majority of the Series A Preferred shall be entitled to elect a majority of the Company's Board of Directors until such amounts are paid in full.

[3] 赎回权允许投资者强制公司以成本加上一个小的保证回报率(如股息)赎回其股份。在实践中,赎回权并不经常被行使;但是,它们确实提供了一种退出形式,和对公司的一些可能的杠杆作用。虽

然在赎回时收取股息的权利可能会引起法典第305节“视为股息”的问题,但许多税务从业者认为,如果章程中的清算优先条款规定了,在转换时,持有人收到清算优先或其转换后的金额(如NVCA公司注册证书范本中规定的)中较高者,则不存在第305节的问题。

[4] 由于法律限制,公司不太可能在投资者最希望赎回的情况下(所谓的“不死不活情况”)去赎回,在已要求赎回但公司可用现金流不允许此类赎回的情况下,投资者有时会要求某些惩罚条款产生效力——例如,赎回金额应以一年期票据的形式支付给每一位未被赎回的A系列优先股持有人,且持有大多数A系列优先股的持有人有权选举公司董事会的多数成员,直至该等金额全部付清。

(二)内含机理

1. 一般要点

(1)退出的方式之一

赎回(又称为“回购”,宽泛意义上同义通用,下同)权体现了“投资要退出”。

作为股权投资载体的基金,其资金来源于管理人的投资人(一般以有限合伙企业的有限合伙人出现,俗称LP)。对于LP来说,其资金投入到基金中,是为了未来一定期限内实现资金回流并获取收益,此为LP的退出要求。就LP的退出要求而言,从收益的角度来看,涉及门槛收益和超额收益[参见上篇第二章第二节“十四、执行事务合伙人执行事务的报酬(包括绩效分成)及报酬提取方式”、“三十、利润分配及亏损分担方式”],从期限的角度来看,涉及基金的存续期。

LP的退出要求决定了私募股权基金天然有退出的要求,基金投资到标的企业之后,经过一定的时间,是要把获得的股权变现退出的,即“投资要退出”。通常退出方式包括IPO、并购、转让给第三方、回购(公司回购/原股东回购/实际控制人回购),从合同约定退出的角度来看,IPO、并购和转让给第三方都会存在一定的不确定性,很难通过约定实现,而可以作为合同事项明确予以约定的只有“回购”,实践中,回购也成为国内比较普遍的(合同约定的)退出方式。

(2)中美之间的差异

①美国法语境下的“回购”

美国法的讨论语境:①一般限缩到特拉华州和加利福尼亚州,原因在于一方面特拉华州是美国上市公司的主要注册地,而且实践中《特拉华州公司法》也是

---

① 参见刘燕:《对赌协议与公司法资本管制:美国实践及其启示》,载《环球法律评论》2016年第3期。

商业友好型导向的,私募股权投资示范文本即以注册在特拉华州的公司作为样本,而另一方面,美国私募股权投资大本营在加利福尼亚州的硅谷,因此许多的私募股权合同还要兼顾《加利福尼亚州公司法》。

公司回购涉及出现特定情形时,公司向股东支付一定资金,这落入了《公司法》,特别是资本维持原则管制的范围。

20 世纪 80 年代后,美国《修订示范商业公司法》抛弃了以法定资本(股本或声明资本)来约束分配行为,而是改为清偿能力限制,要求公司对股东进行的任何分配行为均不得导致公司丧失清偿能力。这一改革路径也被大多数州的公司法采纳。

在一些传统的商业州中,特拉华州、纽约州仍然保留着传统的法定资本制约束,适用"声明资本/溢余"标准(分配只能从溢余中支付,不得损及法定资本);而加利福尼亚州则独辟蹊径,综合法定资本、财务比率、清偿能力三方面的要求,对公司分配行为施加了比改革前更为严格的管制。

依美国学者的解释,投资合同中之所以出现"合法可用之资金"(funds legally available)要求,是因为在 19 世纪至 20 世纪中期的司法实践中,优先股的股息以及赎回支付都受制于法定资本规则和欺诈性转移规则。前者防止公司财产降低到资不抵债的程度或者减少了法定资本额;后者防止公司出现持续经营危机,如果公司留下的资产太少以至于无法持续经营或者偿付到期债务,就不能进行分配或赎回。有些案件甚至走得更远,禁止对优先股的支付存在任何"可能"削弱、危及或者伤害债权人的利益之情形。优先股股东负担举证责任,他们必须证明要求公司支付优先股股息或回赎本金不会导致上述结果。由于这种历史背景,通常优先股合同或章程中对于股息或回赎的支付都附加了一项限制,即"合法可用之资金"。

2010 年 11 月,特拉华州法院就 SV Investment Partners, LLC v. Thought Works, Inc. 案作出判决。这是美国投资合同的赎回权条款首次遭遇司法检验,也是美国法院自 20 世纪 40 年代后再次审视法定资本制与优先股之间的关系。针对优先股赎回权的法定限制,特拉华州法院明确"合法可用之资金"不仅指向制定法下的法定资本或溢余限制,而且包括其他制定法以及判例法的清偿能力限制。

如何确定公司所拥有的"合法可用之资金"的范围与金额,法官分三个步骤来处理这一问题：第一，分析起点是资产的真实经济价值，而非会计报表数据。第二，评估资产真实经济价值的合理方法应着眼于当前清偿能力，而非未来业绩。第三，公司自身对“合法可用之资金”的裁量受商业判断原则的保护（只要董事会在决策时，不存在行为不端、恶意或欺诈，则无可指摘）。

②中国法语境下的“回购”

中国法语境下，争议很大的是私募股权投资者与公司对赌的问题。

在2012年甘肃世恒有色资源再利用有限公司等与苏州工业园区海富投资有限公司增资纠纷再审案（以下简称“甘肃世恒案”）中，最高人民法院将公司法律制度中强调不得滥用股东有限责任和公司独立地位损害债权人利益的价值贯穿于合同法律制度之中，认定与目标公司对赌无效。

在2019年江苏华工创业投资有限公司与扬州锻压机床股份有限公司、潘云虎等请求公司收购股份纠纷再审案（以下简称“华工案”）中，司法实践改弦更张，从债权人和股东双重身份出发，结合公司资本维持原则和清偿能力之组织法标准肯认与目标公司对赌的效力，并从关注“对赌协议”的法律效力转向合同的可履行性。

《九民纪要》基本延续了“华工案”的裁判思路：投资方与目标公司订立的“对赌协议”在不存在法定无效事由的情况下，目标公司仅以存在股权回购或者金钱补偿约定为由，主张“对赌协议”无效的，人民法院不予支持，但投资方主张实际履行的，人民法院应当审查是否符合《公司法》关于“股东不得抽逃出资”及股份回购的强制性规定，判决是否支持其诉讼请求。更具体而言，投资方请求目标公司回购股权的，人民法院应当依据《公司法（2018）》第35条（即新《公司法》为第53条第1款）关于“股东不得抽逃出资”或者第142条（即新《公司法》为第162条）关于股份回购的强制性规定进行审查。经审查，目标公司未完成减资程序的，人民法院应当驳回其诉讼请求。

③中美的对比

就投资人与创始股东/实际控制人约定回购而言，此基本为合同法层面的问题，有效性中美应当没有认知差异。不过在美国私募股权投资实践中，要求创始股东/实际控制人回购的案例笔者并未涉猎，且公司回购的案例也并非普遍情况，根据 NVCA 和 aumni 联合发布的 *Enhanced Model Term Sheet v* 2.0[①],尤其最近时期,公司回购的使用频率基本在 10% 以内,且超过 10% 的 D+轮融资案例中使用频率也仅仅超过 10% 一点达到 12.6%(见图 5-1)。

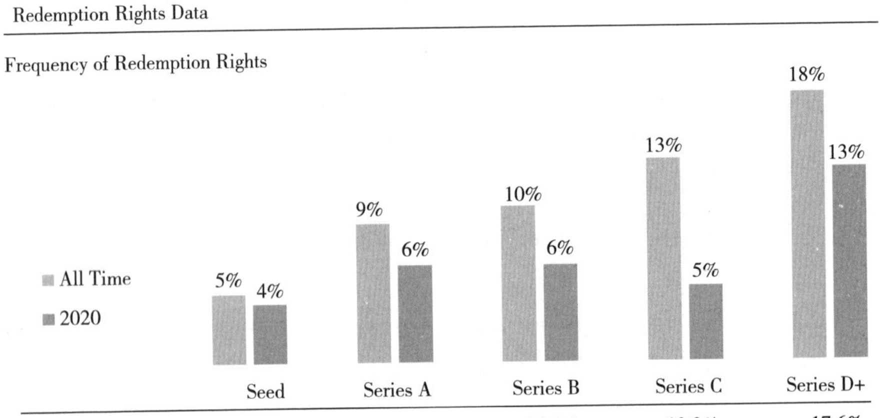

	Seed	Series A	Series B	Series C	Series D+
All Time	4.5%	9.2%	10.2%	13.2%	17.6%
2020	4.1%	6.4%	6.3%	4.9%	12.6%
▲	-9.9%	-30.3%	-38.9%	-62.8%	-28.2%

图 5-1　公司回购权数据——公司回购权频率

而与之对应的是,在中国的私募股权投资实践中,要求创始股东/实际控制人回购是通常的操作,这一方面可能是因为早期司法实践对公司回购的否定性评价影响,另一方面可能也显示出了私募股权投资基金对国内商业、信用环境的信心不足,通过给创始股东/实际控制人增加一个较强的回购义务,以对冲风险,促成交易。

而就投资人与公司约定的回购而言,除了合同层面的问题,还涉及公司法层面的问题,因而处理上都没有当然认可。不过,中美还是存在一定差异,就美国而言,其首要考虑的是资本维持和清偿能力两个标准,据此判定是否可以实际执行公司回购(而跳过了或者说默认了公司回购的效力),而就中国而言,早期的司法实践僵化使用资本维持原则和公司债权人保护原则,直接判定公司回购约定无效,而近期的司法实践转向显示,资本维持原则和债权人保护原则灵活做了“两

① 根据该清单介绍,增强型模型条款清单 v 2.0 包括 13 个额外的交易条款见解以及更新的数据,将 2020 年与所有时间数据(不包括 2020 年)进行比较。Aumni 的平台分析了来自 40,000 多名投资者的超过 10 万笔风险交易的已执行法律协议,这些投资者代表着超过 1 万亿美元的管理资产。

阶运用”，第一阶并不直接否定相关约定的效力，第二阶重点考察实际履行的问题（在实际履行中，是否直接挂钩“减资”程序，学者对《九民纪要》的思路有所批评，未来司法实践能否对此进行拓展，有所作为，还有待观察，此处不展开讨论）。

2.类型及变种

（1）回购义务主体

回购义务主体可以是标的公司，可以是创始股东/实际控制人，也可以是创始股东/实际控制人指定的第三方。

公司回购受《合同法》和《公司法》的规范，效力层面不存在争议，但实际执行时，考虑到资本维持原则和公司债权人保护，程序、可用资金等方面，会受到比较大的约束。除标的公司作为义务主体外，其他主体回购通常只受制于《合同法》，一般效力性和实际执行性方面是不会受到挑战的。

（2）触发条件

常见的触发条件有以下几种。

①特定时间未能完成合格 IPO

如投资完成后满 5 年，未能实现合格 IPO，则触发回购。

前述 IPO 的期限要求，首先跟标的公司发展阶段、资本运作时间表有关，其次跟私募股权基金的存续期有关。就标的公司的发展阶段、资本运作时间表而言，早期的公司 IPO 不确定性高，时间表会更长一些，中后期、成熟期的公司 IPO 确定性比较高，时间表就可以设置的短一些。就股权投资基金的存续期而言，与股权投资资金来源属性有关，股权投资的资金是通过募集来的，但是这个钱不是无限期的，也有回收的期限（具体参见上篇第二章第二节“六、合伙期限”部分的相关内容）。例如假设某募集的股权投资基金期限是 7 年（投资期 4 年 + 管理及退出期 3 年），该基金在募集成立的第一年投资的标的公司，则最长退出时间约定应该在投资后的第 6 年，而且考虑到退出时间安排，可能还要缩短持有时间。

②标的公司状况恶化

比如标的公司经营状况发生严重恶化（常见的指标有净利润、亏损等①），再

---

①　在上市审核制时代，有一种常见的与财务指标相关的回购触发条件，如设定期限内净利润下降一定百分比（如 30%），这种触发条件的内在逻辑是，审核制下一般会要求上市企业报告期内利润呈现连年上升的一个趋势，如果设定期限利润下滑，那么上市无望，这种情形下触发回购，使投资方有权利执行回购。

如标的公司核心人员离职,又如标的公司出现影响正常经营的行政处罚/刑事立案侦查等,这些恶化情形的出现,极有可能会导致投资人投资亏损,在情形更恶化之前,赋予投资人要求回购的权利,能够让投资人有机会提前止损。

③发生特定事件

投资人在对公司投资前的尽调中,可能会发现一些需要解决的影响投资决策的事项,如关联方处理、特定资质许可的获得等,这些事项一般会在投资协议中作为承诺保证事项要求标的公司/创始股东/实际控制人一定时间内完成,否则会影响投资方投资。前述特定事项一旦发生,意味着支撑投资决策的重要因素没有达成或某些层面体现了创始团队诚信问题,此时赋予投资方一个回购的权利,也能够让投资方有机会提前退出公司。

④其他投资人回购

在部分存在多轮次融资案例中,投资人和公司及创始团队可能签有多份投融资协议,而其中关于回购的处罚条件可能有不同的安排/表述,从便利协议签署及保护投资人的角度,可以将"其他投资人回购"设置为联动触发回购的条件。不过需要指出的是,这种安排自然不利于回购义务主体,因为容易触发"连锁反应",极端情况下导致所有投资人全部触发并全部要求回购。

需要特别指出的是,"其他投资人回购"可能的表述/节点存在多个,如触发了回购、提出要求回购、签订了回购协议、支付了部分回购款、就回购进行内部决策(如股东会决议同意转让/相关方放弃优先购买权)、就回购进行了股权(转让/减资)的工商变更。从对投资人有利的角度来看,前述节点孰早触发己方回购权利是有利的,但从回购义务主体有利的角度,自然是孰晚触发回购对其有利,笔者认为可选择的中间妥当方案是,触发并提出要求执行回购或实际执行回购(以签订回购协议、支付部分或全部回购款、就回购进行内部决策、就回购进行工商变更)孰早触发。

(3)回购价格

回购价格通常有以下几种(或"孰高"确定)。

①最常见的是投资本金加按照一定利率计算的收益之和

此种方式,优点在于确定性比较高,对投资方和标的公司/创始股东/实际控制人来说,对双方签约和未来履约都形成了确定的预期,利于达成签约和顺利履约。实务中6%至15%都是比较常见的,单利和复利都有。而究竟确定多少的利率,具体当然是有赖于投资方和标的公司的商务谈判,与双方的议价能力有关。利率的确定,从机理层面来讲,一方面受限于标的公司其他融资方式的融资成本,常见的如银行贷款,名义的银行贷款可能比较低,但是考虑到融资费用、抵押担保等要求,实际的债务融资成本是较高的;另一方面受限于基金对LP的门槛收益约定,市面上常见的6% ~8%,即只有在门槛收益以上的部分,GP才有可能获得超额收益,因而反过来会对回购利率有一定的要求。

就利率计算回购价格方式,实务中还会出现"扣除项",扣除项可能是历史上投资方就所持股权所获的的"现金分红""现金补偿""其他现金收益"的一项或几项加和。扣与不扣均有其理由,就不扣而言,现金分红和补偿等就是投资方持股期间就股权应得的收益,与退出无直接关系不应当扣除,就扣除而言,回购保障的是投资方最终退出公司所获得的收益,这个收益应当统合计算,持股期间获得的收益也应当列入投资方最终退出收益构成。实务中,扣与不扣、扣多扣少有赖于标的公司/创始人和投资方的议价能力确定。

此外,计算回购价格时,涉及计息的起止点。实务中常见的表述为"投资时到回购时""投资时"一般不会产生歧义,但从严谨角度上看还是建议明确为"投资款项支付之日""回购时"则会产生歧义,早的可以是回购实际触发的时点,迟的可以是投资方收到全部回购价款之日,还可以是投资方发出回购通知之日、回购协议签订之日等,所以协议中应当要约定明确以免歧义。在可转债投资中,计息起始点需要特别注意,有的可转债约定转股时直接转股,未来如果回购,则计息其实时点不是股权变更时点,而是之前的可转债支付时点;有的可转债为了避免债转股评估,约定转股时先过桥资金返还债部分,再由投资方支付增资款项,如果约定返还债部分时支付相应债部分利息,则股权回购时起息点应当是支付增资款之日,如果约定返还债部分时不支付利息,则股权回购起息点应当是可转债款项支付之日。

②按照对应的净资产

按照投资方持有股权比例对应的净资产确认,从持股比例的角度来看,有一定的合理性。但考虑到投资方一般是大比例溢价增资到标的公司,如果被投公司是轻资产公司且为"烧钱模式"时,这种赎回价格的确定方式对投资方来说是比较不利的,因为投资时,投资方按持股比例计算的净资产会远远小于投资方投资成本,且在未来会持续不断缩水。这种回购价格确认方式,在针对重资产的标的进行投资时,一般而言对投资方是有利的。从股权投资的定价和退出逻辑上来讲,投资时对标的公司的定价一般不考虑公司净资产(或将其作为一个很小的影响因素),而着眼于未来公司成长性以及在资本市场的估值溢价,所以并不少见的情况是,股权投资时对部分行业重资产公司的估值是有可能与公司净资产持平甚至略低于净资产的,加上这类公司一般不是"烧钱模式"比较稳,因此未来即便成长不快也不会很快缩水。

③ 按照投资完成后,股东权益增加额对应的部分

这种方式,针对净利润(及现金流)很好的公司来说,对投资方来说是有利的。

④ 按照股权的公允价值

"公允价值"似乎是比较"公允"的定价方式,但对投资方和标的公司的预期性都是比较差的,且这种方式的另一个问题是,"公允价值"计价是比较困难的。

(4)回购标的

回购标的一般而言是没有什么疑义的,但是在发生同比转增股本/缩股、同一投资方多轮次跟投、持股期间有业绩对赌补偿、持股期间有部分退出情形时,可能会存有疑问。以下逐一说明。

①发生同比转增股本/缩股

发生同比转增股本/缩股,投资方投资金额、持股比例没变,变化的是持有注册资本的具体数额。这种情形一般不会有什么疑义,除非回购表述为"创始人/公司回购投资方持有的[ ]元注册资本",这样的表述应补加上"受限于公司同比转增股本、缩股等"以免歧义。

②同一投资方多轮跟投

同一投资方多轮次跟投,各轮次之间权利安排可能有所不同,比如回购权利的有无、回购触发时间的早晚。这种情形下,每一轮次投资协议/综合大投资协议中,应当列明各轮次投资回购权利有无、触发条件多寡。

③持股期间有业绩对赌补偿

持股期间有业绩对赌补偿的,如果发生现金补偿,那么持股对应的投资本金缩减,如果发生股权补偿,那么同样投资本金对应的持股比例/出资额增加。

现金补偿的核心含义是,实际控制人应返还投资方原投资本金和实际估值下应支付的投资本金的差额及其期间利息(详见下篇第六章第二节"一、业绩对赌"

部分内容)。如果发生了现金补偿,那么发生股权赎回时投资方投资的本金应当减去投资本金差额(需特别注意的是仅投资本金差额,而不涉及利息部分)。实务中,有的股权投资协议会将业绩补偿金额作为整体回购价格(投资本金还是定义为初始投资本金,不因发生现金补偿而变化)的一个扣除项,从商务上看,前述处理没什么问题。不过,从逻辑上讲,回购义务人多承担了回购金额,多承担的部分是投资本金差额自现金补偿之日至回购之日按照回购利率计算的利息,原因是投资本金差额实际上在现金补偿之日已经返还给投资方了,后续不应当在计算利息并由回购义务人承担。

试举一假设案例,N 年 1 月 1 日,某投资方对标的公司增资投资 1000 万元,投后持股 10%,约定 N +2 年 12 月 31 日 IPO 不成功则有权要求创始人回购,回购利率为年 8%,同时约定了 N +1 年要达成净利润 2000 万元,如果未达成的,要按照比例调整估值,由创始人进行现金补偿。N +1 年 12 月 31 日公司实际实现 N +1 年净利润 1600 万元。N +2 年 12 月 31 日,公完成 IPO。

就现金补偿而言,N +1 年结束时,创始人应当向投资方进行现金补偿 200 万元 +16 万元(16 万元即 200 万元对应的 N +1 年当年回购利率计算的利息,计算过程略,详见下篇第六章第二节"一、业绩对赌"部分内容)。

就回购而言,回购价款应当 =(1000 -200)×(1 +8% ×2) =928 万元。但如果按照实务中常见的将现金补偿作为扣除项的话,那么回购价款 =1000 ×(1 +8% ×2) -216 =944 万元。944 万元和 928 万元的差额 16 万元,实际上是 200 万元已经退回的本金在 N +2 年按照 8% 利率计算的金额。

这里需要特别补充的一点是,实务中存在现金补偿公式不带有利率的,这种情况又会导致回购计算时的复杂性——这种情况下,符合逻辑的回购金额计算方案是通过现金补偿调减后的投资本金对应计算自初始投资时点到回购时点的利息,额外还应当加上现金补偿本金自初始投资时点到现金补偿时点的利息。

股权补偿公式的核心含义是,实际控制人应补足实际估值下投资方投资本金对应的持股比例和投资方目前的持股比例之间的差额部分(详见下篇第六章第二节"一、业绩对赌"部分内容)。发生股权补偿时可能引起的迷雾不像现金补偿时那么多,一般都能够理解,投资本金还是初始的投资本金,但回购的标的除了初始获得的股权外还应当涵盖通过股权补偿获得的股权,在回购公式明确列明回购的股权比例/注册资本金/出资额时,应当增加"为免疑义,如发生股权补偿,则回购股权应当涵盖补偿股权”。

④持股期间有部分退出

投资人有可能采取“边打边退”的策略,在持股期间通过转让等方式退出部分,当这种情况产生,在触发回购并实际执行回购时,出现的一个问题是,其间退出部分应当怎么扣除?

常见的有两种扣除方式:一是将退出部分股权对应的投资本金进行冲抵,回购时仅以剩余股权对应的初始投资本金做基数计算;二是用全部初始投资本金做基数计算,然后扣除持股期间部分退出所获的金额。

从投资本金所对应的时间成本的角度来看,第一种扣除方式是比较符合逻辑的,已经退出的部分相应的创始人回购的义务应当予以废除,剩下持有的部分继续课以回购义务,回购触发则所回购的部分是剩余的部分;第二种扣除方式是已经退出的部分持续进行“计息”,回购义务人多承担了期间退出部分本金的后段利息成本(从期间退出时点至回购时点)。

不过,需要特别指出的是,虽然上述方式中第一种符合资金成本逻辑,但是如果期间退出金额足够大,有可能出现期间退出的金额实际超过了全部投资本金的回购价格,这种情况下最终还要创始人就剩下的股权(对应投资本金)承担回购义务,对创始人反而不利。对创始人来说,可以争取的“补丁”方案是,原则上按照第一种扣除方式,但如果退出金额超过了全部回购价格,则豁免剩余股权的回购义务。

(5)回购义务人身故

对于实际控制人/创始股东是自然人,且作为回购义务人的交易中,有一种情况少见但并不罕见,即实际控制人去世,这种情形下回购的权利义务关系如何,是一个值得探讨的问题。

首先,作为回购义务人的实际控制人去世,会导致投资方丧失回购主张的主体,因而设计投资方案时,应当尽可能多增加一些主体,如实际控制人控制/持股的主体、有回购能力的第三方及其持股主体。

其次,应当设计实际控制人去世能够导致回购,直接约定去世作为回购触发条件比较刺眼,不利于商务合作的达成,可以变通约定为“实际控制人发生变更”/“实际控制人主管/客观无法履行职务超过[　]月”。

最后,考虑到投资合同有可能被认定为具有“人生性”而非单纯“财产性”,在实际控制人去世后相关义务有可能自动终止，可以考虑在投资协议中增加表述“继承人以继承财产为限对被继承人债务承担责任”。

（三）适用及其他

创始股东/实际控制人回购，基于《合同法》意思自治的原则，效力及执行应无疑问。

公司回购，即便在早期司法实践不支持的时候，也有变通做法，即约定标的公司为股东回购义务承担担保责任。此种做法经受住了司法实践的考验，2018 年 9 月，最高人民法院就强静延与曹务波、山东瀚霖生物技术有限公司股权转让纠纷案作出判决，其中最高人民法院肯定了目标公司可以在经公司内部决策程序的情况下对股东对赌回购义务提供担保的效力，该判决的作出主要基于两点理由：第一，目标公司提供担保已经经过了充分、完整的内部程序，目标公司的股东对于交易背景和条款均系知悉；第二，目标公司实际上在一系列的投资交易中获得了发展所需的资金，目标公司和目标公司的全体股东均从中获益。需要特别指出的是，最新《公司法》原则禁止公司为他人取得本公司或其母公司股份提供财务资助（赠与、借款、担保等）[①]。标的公司为股东回购义务承担担保责任，有可能落入该新规定的禁止范围，在新《公司法》施行后，相关司法裁判是否会根据此新规“转向”有待观察（此外，该规定“股份”的表述应当适用于股份有限公司，该规定是否在有限责任公司参照适用也有待明确）。

公司回购有效性在“华工案”后被认可，并在《九民纪要》中被确认，其效力问题应当没有大的疑问。难点在于，目前的通说认为，涉及公司回购即需要公司回购股份并减资，而减资的程序烦琐，除了内部的决策程序外，还需要外部的通知公告程序，后续还需要对公司编制资产负债表和财产清单，除了前述烦琐的程序外，通过一般性减资获得的金额实际上是不确定的，如果约定了一定年利率本息进行回购，公司回购就显示出了弊端。需要特别指出的是，最新《公司法》施行后，明确允许定向减资，即减资原则按照持股比例进行，但有限公司全体股东约定或股

---

① 《公司法》第 163 条第 1 款规定：公司不得为他人取得本公司或者其母公司的股份提供赠与、借款、担保以及其他财务资助，公司实施员工持股计划的除外。

份公司章程规定可例外[①]。因此,就公司回购的“定向减资”而言,有限责任公司需要全体股东一致同意且明确约定,股份有限公司需要在章程中约定。

针对前述难点,需要注意的是:(1)公司回购需要原股东同意并通过决议,可以在投资时即让所有股东签署相关文件,并明确约定相关股东应当促使公司减资回购的完成;(2)原股东/实际控制人对“回购的结果”兜底承担连带责任,即无论如何,投资方获得的回购金额不低于约定的回购金额;(3)在只有公司回购的情形中,还可以约定替代回购,即无论如何,投资方未能通过公司减资实现回购,则可要求原股东/实际控制人回购。

需要特别指出的是,在公司回购的情况下,投资人很难控制/影响公司回购的规范性,特别像“通知已知债权人”这样的义务,而根据司法实践的情况,[②]如果投资人不能证明其在公司减资过程中对怠于通知的行为无过错,公司减资后不能偿付减资前的债务时,投资人应当就该债务对债权人承担补充赔偿责任。鉴于前述情况,投资人应当在公司回购条款及相应文本中约定,原股东/实际控制人对减资的规范性也承担兜底责任,并转嫁相应的补充赔偿责任(如有)。

以上是从约定(无论是章程还是合同)层面考察公司回购,新《公司法》施行后,赋予了中小股东一项法定回购权,即公司的控股股东滥用股东权利,严重损害公司或者其他股东利益的,其他股东有权请求公司按照合理的价格收购其股权[③]。在股权投资领域,投资方一般是非控股股东的小股东,可以根据此法定回购权要求公司回购以退出,值得注意的是,该条的适用有赖于证明控股股东滥用股东权利严重损害公司或其他股东利益,另“合理价格”可能与一般的本金加计年利息的约定回购价格存在差异。

---

① 《公司法》第 224 条第 3 款规定:公司减少注册资本,应当按照股东出资或者持有股份的比例相应减少出资额或者股份,法律另有规定、有限责任公司全体股东另有约定或者股份有限公司章程另有规定的除外。

② 参见江苏省高级人民法院民事审判第二庭:《公司减资未通知债权人,减资股东也未实际取回出资,谁来对债权人承担责任?》,载微信公众号“江苏高院”2022 年 5 月 12 日,https://mp. weixin. qq. com/s/sinQcz_REG1huUjcbkSTow。

③ 《公司法》第 89 条第 3 款规定:公司的控股股东滥用股东权利,严重损害公司或者其他股东利益的,其他股东有权请求公司按照合理的价格收购其股权。

二十一、股份购买协议

(一)示范文本

STOCK PURCHASE AGREEMENT
股份购买协议

(二)内含机理

在美国私募股权投资实践中,标的公司增发新股和创始股东转让老股,都使用"股份购买协议"("STOCK PURCHASE AGREEMENT")作为基础交易文件。就标的公司增发新股而言,投资方将投资金额支付给公司,向标的公司"购买"新增发的股份;就创始股东转让老股而言,投资方将投资金额支付给创始股东,向创始股东"购买"公司发行给创始股东而由创始股东已经持有的股份。

在中国的实践语境下,标的公司增发股份/股权,一般使用《增资协议》,签约方可以是投资方和公司(这种尤其是新三板公司/上市公司的定向增发比较典型),也可以在投资方和公司的基础上增加实际控制人、创始股东部分或全部。就前者的方案来讲,增资首要是投资方与公司之间的一个交易,即投资方投资,公司新增注册资本给投资方。就后者的方案来讲,除了公司新增注册资本的义务以外,投资方成功向公司增资,还有赖于原股东放弃(有限公司法定或约定,股份公司约定的)优先购买权,原股东尤其是创始股东推动增资的工商变更,可以让相关方成为协议一方承担相应义务。

而创始股东转让老股,一般使用《转让协议》,签约方可以是创始股东和投资方,也可以是在前述基础上增加公司、原股东全部或一部分。两个方案的安排逻辑,与上述增资的两个方案安排逻辑类似,在此不赘述。

二十二、陈述与保证

(一)示范文本

Representations and Warranties	Standard representations and warranties by the Company. [1]
陈述与保证	(标的)公司的标准陈述和保证。[2]

注:[1] Note that while it may not be uncommon in East Coast deals to require the Founders to personally represent and warrant (at least as to certain key matters, and usually only in the Series A round), such

Founders representations are almost never seen in West Coast deals.

[2] 请注意,虽然在东海岸的交易中,要求创始人亲自代表和担保(至少在某些关键事项上,而且通常只在首轮融资中)并不少见,但在西海岸的交易中几乎从未见过这样的创始人陈述。

(二)内含机理

1. 一般要点

(1)对投资方:对冲"信息不对称"

陈述与保证的安排,体现了股权投资"信息不对称"的特点。

创始股东和公司对公司的实际情况,有着天然的信息优势,不管投资人通过何种方式、使用多长时间进行(尽职)调查,信息优势始终还是掌握在创始股东和公司手里。投资人可以使用"陈述与保证",让创始股东/公司对与公司相关的部分事项/状态作出陈述与保证,一定程度上对冲信息不对称的弱势地位。

(2)对创始股东:促成交易

从创始股东的角度来说,一定程度上,提供多少资料、信息给投资方,也不能让投资方跟创始股东一样了解标的公司的价值及风险。公司/创始股东就公司的经营情况、法律状况等作出通常的陈述与保证,一定程度上显示了创始股东对公司的信心,能够更好地促使投资方和创始股东就公司融资达成交易。

2. 类型及变种

(1)通行的陈述与保证

通行的陈述与保证,实际上并不局限于标的公司或创始股东,实际上也及于参与融资交易的投资方。该类通行的陈述与保证一般只是有关主体和行为的陈述与保证,即就主体而言,民事行为能力的自然人或合法成立的法人/非法人主体,就行为而言,有完全的行为能力/获得了合法的授权从事相应融资交易。

(2)陈述与保证的重点1:公司

陈述与保证的重点是公司的陈述与保证,简要罗列 NVCA 在其官网发布的风险投资行业"示范法律文本"*NVCA - Model - Document - Stock - Purchase - Agreement*项下公司的陈述与保证见表5-4。

表 5-4　公司的陈述与保证

序号	事项	序号	事项
1	组织，良好存续状态，公司权力和资格	17	纳税申报和付款
2	股权结构	18	保险
3	子公司	19	员工协议
4	授权	20	许可证
5	股份有效发行	21	公司文件
6	政府同意和备案	22	[83(b)选举]
7	诉讼	23	[不动产控股公司]
8	知识产权	24	环境与安全法律
9	遵守其他文书	25	[合格的小型企业股票]
10	协议；行动	26	披露
11	特定交易	27	[小型企业]
12	登记权和表决权	28	[反海外腐败法]
13	财产	29	[数据隐私]
14	财务报表	30	[出口管制洛杉矶]
15	变化	31	[临床前开发和临床试验]
16	员工事项	32	[FDA 法规]

公司陈述和保证的基本目的是创造一个可以确保有关公司的组织、财务状况、业务被完全披露给投资人的机制。在这部分公司及创始股东陈述保证的基础上，通常的融资交易中，公司的律师会起草一份披露函，将陈述保证的例外予以披露。一方面，是将公司基本状况（如截至特定时点的财务状况）或不好的状况（如诉讼等）详细披露给投资方，作为投资决策的基础；另一方面，对公司来说是一种保护，即公司已经对不利情况进行了披露，投资方以此作了投资决策，后续则不能再根据披露的不利情况主张损失等。

（3）陈述与保证的重点 2：创始股东

创始股东也会被要求作出陈述与保证，通常容易见到的情况是有关竞业限制及知识产权问题的情形。

如创始股东是从知名企业离职的高管/核心技术人员，创业设立了标的公司，从事竞争性业务,则在对标的公司投资时,创始股东是否违反与其老东家的竞业限制、损害老东家知识产权等合法权益的问题就需要被关注,让创始人就这些情况作出陈述与保证就比较重要。还有如创始人是从高校科研院所离职的人员,创业设立了标的公司,从事业务同样涉及在老东家的研究领域,则在对标的公司投资时,创始股东是否损害老东家知产,是否存在职务发明的问题,也需要通过创始股东的陈述保证来予以约定。

(4)陈述与保证的次重点:投资方

投资方特别的陈述保证不多见,但实践中随着融资的普及、企业家融资教育水平的提高,逐步也有部分融资案例中对投资方提出了特别的陈述保证事项要求。

投资方特别陈述保证的核心点在于确认投资方在特定法域、特定场合(如IPO、新三板挂牌)的合格投资者身份。

(三)适用及其他

1. 公司和创始股东

公司和创始股东的一般陈述保证事项,基本可以参照美国的文本做汉化。

公司和创始股东的特别陈述保证事项,在实务中有特别的意义,这部分事项钩稽投资方在投资之前的尽职调查中发现的与投资相关的特别重要事项(参见下篇第五章第二节“二十、赎回权”中回购触发条件部分内容),投资方要求创始股东和公司就这些事项的有无(如保证没有除披露外的负债、保证经营重要资质合法有效存续)、达成(保证一定期限内实现资质续期、保证一定期限内完成关联方整合)进行陈述与保证。

公司和创始股东的陈述与保证一个重要的面向是,如果其违反了这些陈述与保证后果是什么,实务中一般有两种后果:一种是约定承担一般性违约责任(可操作性强的会加上违约金,因为大部分陈述保证的违反不能直接导致公司/投资方容易计量的损失);另一种是直接触发投资者回购的权利。触发投资者回购权利的违约责任看上去比较重,但是从陈述保证事项对投资的重要性、对公司/创始人信心的重要性角度看,也还是“责罚”相当的,实务中有的公司/创始人方律师也会争取到对公司/创始人相对温和的中间方案,即仅就特别的陈述保证事项触发回购,一般的陈述保证事项触发一般违约责任。

就陈述与保证可能导致的后果而言,还有一点值得注意,就是在文本结构中,相关的约定是放在“增资/转让”协议中,还是放在“补充协议”中。从一般陈述保证的内容来看，部分内容涉及投资前后公司/创始股东对公司经营状况、财务状况的保证，放入“增资/转让”协议中较符合逻辑，而从一般陈述保证尤其是特别陈述保证可能导致的回购触发来看，宜将内容放到“补充协议”中。实务中可以考虑的方案有两个：一个方案是一般陈述保证事项还是放在“增资/转让”协议中并约定一般违约条款，但“补充协议”特别约定“增资/转让”中的陈述保证事项违反作为回购触发条件，适用“补充协议”特别约定的违约后果——回购条款；另一个方案是简化“增资/转让”协议内容，而将一般陈述保证事项及特别陈述保证事项全部纳入“补充协议”中，违反则触发“补充协议”回购条款，这种方案需要注意的一点是“一般陈述保证事项及特别陈述保证事项”的时间点需要特别处理，即通常“一般陈述保证事项”时间点为该轮次投资时点，“特别陈述保证事项”则根据事项属性安排为该轮次投资时点、未来特定投资时点以及整个投资期间。

2. 投资者

投资者的陈述和保证事项，目前实践中，除了一般的主体合法存续、行为获得授权等陈述和保证事项，一般会关注代持、“三类股东”、结构化等可能给标的公司合格 IPO 造成影响的情况。

典型如投资方就“三类股东”事项作出特别陈述保证，投资方应确认其穿透后不存在“三类股东”，或不存在给公司合格 IPO 造成实质性影响的“三类股东”①，如存在类似情形，在特定期限内如果不能整改以消除实质性影响的，承担相应责任（一般违约责任，或在有的案例中创始股东可以按照约定价格反向回购或要求转让创始股东指定的第三方）。

二十三、交割条件

（一）示范文本

Conditions to Closing	Standard conditions to Closing, which shall include, among other things, satisfactory completion of financial and legal due diligence, qualification of the shares under applicable Blue Sky laws, the filing of a Certificate of Incorporation establishing the rights and preferences of the Series A Preferred, and an opinion of counsel to the Company.

① 有关“三类股东”在 IPO 中的股东适格性问题，感兴趣的读者可以参见戴鑫泽：《企业 IPO 中的“三类股东”——从私法和监管角度谈“三类股东”之适格性》，载《证券法苑》2018 年第 1 期。

续表

交割条件	标准的交割条件,除其他事项外,应包括完成满意的财务和法律尽职调查,根据适用的蓝天法股份适格,确定A系列优先股的权利和优先权公司注册证书的提交,以及公司法律顾问的意见。

(二)内含机理

1. 一般要点

(1)"交割"为核心义务

"交割"(其含义的详细讨论参见下篇第五章第二节"五、交割日"部分内容)为投资方和公司(/创始股东)在"增资/转让"协议中的核心义务,对投资方而言,为支付投资款,对公司(/创始股东)而言,为向投资方增发(/转让)股份并进行相应的变更(股东名册变更/股票交付,以及工商变更登记等)。

(2)"条件"为前置条件/触发条件

交割的条件,意味着,从前置的角度来看,要"交割",则必须要以达成前置条件为前提;从触发的角度来看,一旦前置条件达成,则有义务履行"交割"义务。

从前置的角度来看,一方要对方履行"交割"义务,则己方的前置条件要尽快达成;从触发的角度来看,对方一旦达成了触发条件,则己方有义务尽快完成"交割"。

2. 类型及变种

(1)投资方与公司方

对于投资方的交割条件而言,包含公司在交割前必须满足(或必须被放弃)的条件,以触发投资者支付投资款购买股份的义务。

对于公司的交割条件而言,包含投资者必须满足的条件,以触发公司/创始股东出售股份的义务。

(2)一次与多次交割

一般的融资交易中,可能就安排一次交割,但也有的融资交易中,会安排多次交割(如分期支付投资款,并可能相应安排分期工商变更)。多次交割的情况下,一般应当就每次交割设置不同的交割条件。

(三)适用及其他

就投资方来说,"交割条件"是"打款条件",通常而言,包括:(1)截至打款日,公司/创始股东的陈述保证均有效且相关情况未发生重大不利变化;(2)公司出具相应的股东会决议;(3)相关股东放弃相应的优先权利[实务中一般不用股东单独出,而将相应内容放入(2)中];(4)付款通知书(实务中也可以不用该条件,而将收款账户信息直接约定在"增资/转让"协议中)。

就公司而言,"交割条件"是"变更"(如果是增资,则是工商变更,如果是转让,就有限公司而言,是工商变更,对股份公司而言,是股东名册的变更)条件,通常而言,可以是投资方打款。有的强势的投资方,可能会要求融资协议签署完毕之后,公司即作相应的变更,之后投资方支付相应投资款,这在实践中也不少见。中间方案也是有的,即要求融资协议签署完毕、工商变更材料签署齐备(至少将相关资料提交工商),投资方支付相应投资款。这里需要特别指出的是,在最新《公司法》施行后,股东名册重要性提升。股东名册有法定记载事项,记载于股东名册的股东,可以依股东名册主张行使股东权利①;股权转让的,受让人自记载于股东名册时起,可以向公司主张股东权利②。因此,无论投资方是以何种方式投资标的公司,股东名册对投资方股东资格确认、股东权利行使均具有重要作用,投资合同自然可另行约定,但如无约定则默认以股东名册为准。实务中,出具 TS 或后续正式投资文件时,应当将股东名册的交付作为必要交割文件之一,且对股东名册的法定登记内容作出要求,同时可以约定迟延交割股东名册的违约责任(如投资方有权解除投资协议、公司/创始人预期违约金等)。

二十四、律师和费用

(一)示范文本

Counsel and Expenses	[Company] counsel to draft financing documents. Contingent upon closing the financing, the Company shall pay the investors' legal expenses up to a limit of $ [____] with respect to the transaction, [payable at Closing], which amount will be reviewed and, if appropriate, increased upon commencement of the negotiation of the definitive transaction documents. Company Counsel:[______________________________ ______________________________ ______________________________]

① 《公司法》第 56 条规定:有限责任公司应当置备股东名册,记载下列事项:(一)股东的姓名或者名称及住所;(二)股东认缴和实缴的出资额、出资方式和出资日期;(三)出资证明书编号;(四)取得和丧失股东资格的日期。记载于股东名册的股东,可以依股东名册主张行使股东权利。

② 《公司法》第 86 条第 2 款规定:股权转让的,受让人自记载于股东名册时起可以向公司主张行使股东权利。

续表

	Investor Counsel:[______________ ______________ ______________]
律师和费用	[公司]法律顾问起草融资文件。在完成融资的情况下,公司应向投资者[在交割时]支付与交易相关最高限额为[ ]美元的法律费用,该金额将在最终交易文件的谈判开始时进行审查,并在适当的情况下增加。 公司法律顾问:[______________ ______________ ______________] 投资方法律顾问:[______________ ______________ ______________]

(二)内含机理

1. 一般要点

(1)信息不对称决定交易费用

股权投资的"信息不对称",因为信息不对称,投资方一般要对标的公司进行尽职调查,包括业务尽职调查、财务尽职调查、法律尽职调查,这三类尽职调查都会涉及第三方费用,尤其是后两类由会计师事务所、律师事务所来完成,需要支付相应的中介费用。

除了交易前置/前期的尽职调查,股权投资交易文件的谈判和签署,虽然有标准化的一面,但每个交易都会有差异化的安排,需要律师介入,也会产生相应的律师费用。

(2)交易费用的属性

股权投资中的中介交易费用,从投资方的角度来说,可以是为了基金投资项目,而支付的相关中介费用,这个点钩稽基金合伙协议中有关基金费用的约定(详细内容参见上篇第二章第二节"三十二、合伙企业费用的核算和支付事项"部分内容);从公司的角度来说,也可以是公司为了引进融资,为了符合投资方披露/协议要求,而支付的相关中介费用。

2. 类型及变种

(1)费用种类

费用种类常见的是律师法律尽调费用、会计师财务尽调费用,部分涉及国资的项目可能会要求审计、评估、招拍挂,则有审计费、评估费、招拍挂中介费用。

(2)费用分担[①]

强势的投资方会要求(一般是融资成功后)标的企业承担相应的融资中介费用,反过来,强势的企业会要求投资方自行承担相应的融资中介费用。折中的做法也很常见,即公司融资成功的情况下,投资方和标的企业各承担一半的中介费。

在有多个投资方的情况下,一般领投方进行完整的财务、法务尽调,支付相应的财务法务尽调的中介费用,跟投方直接使用领投方的尽调报告(有个细节问题是,受限于保密协议约定的保密义务,领投方将尽调报告提供给跟投方之前,应当事先获得公司同意),与领投方一起分担一定费用。

(3)费用上限

在标的企业承担费用的约定中,为了避免投资机构费用"霸凌"标的企业,一般标的企业会要求约定一个承担费用的上限。

(三)适用及其他

费用安排上,以下几种在实践中都是可以见到的:融资成功后标的企业和公司各承担一半费用,不成功则投资方承担;融资成功后企业承担全部费用,不成功则投资方和公司各承担一半费用;无论融资成功与否,均由投资方承担全部中介费用。

二十五、投资方权利协议

(一)示范文本

INVESTOR RIGHTS AGREEMENT
投资方权利协议

(二)内含机理

美国法语境下,投资方权利协议可以涵盖许多不同的主题。最常见的是信息权、注册权、合同性质的"优先认购权"(在公司随后进行的股权融资中购买股权的权利)、创始团队不竞争和不劝诱、保密和开发协议、员工股票期权等以及公司的各种交割后承诺。

在国内的实践中,可以通过补充协议,或通过股东协议,涵盖约定该协议项下特殊约定事项。需要指出的是,如下篇第五章第二节"二、标题—投资意向书"部

---

① 费用分担与上篇第二章第二节"三十二、合伙企业费用的核算和支付事项"部分合伙企业费用的外延部分内容钩稽。——笔者注

分所述,美国法语境下主要通过“优先股”实现特殊权利,而国内只能通过合同约定这种“曲线救国”的方式实现同等优先权利。基于前述原因,国内的补充协议/股东协议约定的范围,要远大于典型美国融资协议中投资方权利协议涵盖的内容。在中国法语境下,只要是不便于工商披露、不便于章程约定的事项,基本都可以通过补充协议/股东协议来进行约定。

二十六、注册权

(一)示范文本

Registration Rights	—
Registrable Securities	All shares of Common Stock issuable upon conversion of the Series A Preferred [and any other Common Stock held by the Investors] [and Common Stock held by Founders] will be deemed "Registrable Securities."[1]
Demand Registration	Upon earliest of (i) [4 – 6] years after the Closing; or (ii) [six] months following an initial public offering ("IPO"), persons holding [____]%[2] of the Registrable Securities may request [one][two] (consummated) registrations by the Company of their shares. The aggregate offering price for such registration may not be less than $[5 – 10] million. A registration will count for this purpose only if (i) all Registrable Securities requested to be registered are registered and (ii) it is closed, or withdrawn at the request of the Investors (other than as a result of a material adverse change to the Company).
Registration on Form S – 3	The holders of [10 – 30]% of the Registrable Securities will have the right to require the Company to register on Form S – 3, if available for use by the Company, Registrable Securities for an aggregate offering price of at least $[1 – 5] million. There will be no limit on the aggregate number of such Form S – 3 registrations, provided that there are no more than [1] per year.
Piggyback Registration	The holders of Registrable Securities will be entitled to "piggyback" registration rights on all registration statements of the Company, subject to the right, however, of the Company and its underwriters to reduce the number of shares proposed to be registered to a minimum of [30]% on a pro rata basis and to complete reduction on an IPO at the underwriter's discretion. In all events, the shares to be registered by holders of Registrable Securities will be reduced only after all other stockholders' shares are reduced.

续表

Expenses	The registration expenses (exclusive of stock transfer taxes, underwriting discounts and commissions will be borne by the Company. The Company will also pay the reasonable fees and expenses [not to exceed $____,] of one special counsel to represent all the participating stockholders.[3]
Lock – up	Investors shall agree in connection with the IPO, if requested by the managing underwriter, not to sell or transfer any shares of Common Stock of the Company [(excluding shares acquired in or following the IPO)] for a period of up to 180 days (plus up to an additional 18 days to the extent necessary to comply with applicable regulatory requirements) following the IPO (provided all directors and officers of the Company and [1 – 5]% stockholders agree to the same lock – up). Such lock – up agreement shall provide that any discretionary waiver or termination of the restrictions of such agreements by the Company or representatives of the underwriters shall apply to [Major] Investors, pro rata, based on the number of shares held. A "Major Investor" means any Investor who purchases at least $[____] of Series A Preferred.[4]
Termination	Earlier of [3 – 5] years after IPO, upon a Deemed Liquidation Event, or when all shares of an Investor are eligible to be sold without restriction under Rule 144(k) within any 90 – day period.[5] [Except for pari passu registration rights granted in connection with debt financing], no future registration rights may be granted without consent of the holders of a [majority] of the Registrable Securities unless subordinate to the Investor's rights.[6]
注册权 可注册证券	A 系列优先股转换后可发行的所有普通股[以及投资者持有的任何其他普通股][以及创始人持有的普通股]将被视为"可注册证券"[7]
要求注册	以下(i)交割后[4 – 6]年;或(ii)首次公开发行("IPO")后的[6]个月孰早发生时,持有[____]%[8]可注册证券的人士可要求公司对其股份进行[一次][两次](已完成)注册。该等注册的总发行价不得低于[500 – 1000]万美元。仅当(i)所有要求注册的可注册证券均已注册,以及(ii)应投资者要求停止或撤回(公司发生重大不利变化情况导致的除外),注册才算有效。

续表

在 S－3 表上注册	可注册证券的[10－30]%的持有人有权要求公司在 S－3 表格(如果可供公司使用)中进行注册,可注册证券总发行价格至少为[100－500]万美元。只要每年不超过[1],则该等 S－3表格注册的总数将不受限。
附带注册	可注册证券的持有人在公司的所有注册表上将有“附带”注册权,但前述受限于下述公司及承销商的权利,即公司及其承销商有权按比例将拟注册的股份数量减至最少[30]%,并由承销商在其自由裁量权下在 IPO 时完成减量。在任何情况下,只有在所有其他股东的股份减少后,可注册证券持有人注册的股份才会被减少。
费用	注册费用(不包括股票转让税、承销折扣和佣金)将由公司承担。公司还将支付代表所有参与股东的一名特别顾问[,不超过美元____,]的合理费用和开支。[9]
锁定	如果主承销商要求,投资者应就首次公开发行一致同意,在首次公开发行后 180 天(加上为遵守适用监管要求所需的额外最多 18 天)内,不得出售或转让公司的任何普通股股份[(不包括首次公开发行时或之后获得的股份)],(前提是公司的所有董事和高级管理人员以及[1－5]%的股东同意同样的锁定)。此类锁定协议应规定,公司或承销商代表对此类协议限制的任何酌情放弃或终止应根据所持股份的数量按比例适用于[主要]投资者。“主要投资者”是指购买至少[____]美元的 A 系列优先股的任何投资者。[10]
终止	在首次公开发行后的[3－5]年的较早时间内,一旦发生视为清算事件,或一个投资者的所有股份在任何 90 天期限内有资格不受规则 144(k)的限制出售。[11] [除与债务融资相关的同等注册权外],未经[多数]可注册证券持有人的同意,不得授予未来的注册权,除非从属于投资者的权利。[12]

注:[1] Note that Founders/management sometimes also seek registration rights.

[2] The Company will want the percentage to be high enough so that a significant portion of the Investor base is behind the demand (e. g. , to cause the Company to effect a registered offering, particularly an IPO). Companies will typically resist allowing a single minority Investor to cause a registration. Experienced Investors will want to ensure that less experienced Investors do not have the right to cause a demand registration. In some cases, different series of Preferred Stock may request the right for that series to initiate a certain number of demand registrations. Companies will typically resist this due to the cost and diversion of management re-

sources when multiple constituencies have this right.

[3] Registration of the sale of shares of a Company is an expensive undertaking — and the most expensive registration of all is a Company's initial public offering. Generally, registration expenses include SEC filing fees, attorney's fees, accounting fees, printing expenses, and the travel costs of a "road show." Initial public offering expenses can easily end up in seven figures.

It is customary for the Company to provide a certain number of demand registrations at its expense (as provided above). When the Company and the Investors cannot agree on the number of such registrations, one compromise is to allow the Investors to have a certain number of additional registrations at the Investors' expense. However, if this compromise is adopted, the Investors should insist that certain costs not be borne by them. The Investors should not have to pay (i) the costs of the Company's normal audit or (ii) any soft costs of Company personnel time. Moreover, if other selling stockholders are included in the registration statement, they should pay their pro rata share of the expenses. See J. Freund, Anatomy of a Merger, (1975), 351.

[4] During the offering and aftermarket periods, the underwriters do not want other stockholders to sell shares in competition with the underwriters, both because more available shares will sop up demand for the registrant's shares and because the increased supply will depress the aftermarket price of the shares. Accordingly, the underwriters will require other holders of shares, whose shares are not included in the public offering but who may be able to sell pursuant to SEC Rule 144, to agree not to sell during the offering period and an appropriate aftermarket period. A 180 – day period for an IPO is customary.

Shareholders are generally reluctant to agree to do this because it eliminates their liquidity during the lock-up period; this reluctance is tempered, however, by their desire for a successful initial public offering with aftermarket prices exceeding the public offering price.

This provision commits the Investors to agree to the underwriters' demands only if other stockholders do so as well. The underwriters generally want shares owned by officers, directors and "large" stockholders to be subject to the lock – up arrangements, but are not concerned if small amounts of shares are free to sell. However, the definition of a "large" stockholding is subject to some negotiation. The underwriters do not want sales of shares in the open market after the deal over which they have no control to affect the market price of the stock in (or "overhang") the market. Venture Investors may simply not want anyone else to be able to sell if they cannot.

[5] Given the expense and general hassle of the securities registration process, the Company wants the commitment to engage in the process to lapse as soon as possible, while the Investors want the maximum liquidity period possible. The principle of this provision is that no stockholder is entitled to require the Company to register the sale of shares if the registration is unnecessary since the stockholder can just as easily sell under Rule 144(k) (and for a lower commission).

[6] Since the size of a public offering is determined by market conditions, it is possible that selling shareholders may seek to sell more shares than the offering can accommodate. In this case, the underwriters will "cut back" the shares to be sold by the selling stockholders. See "Piggyback Registration" previously discussed. The problem for the Investors is simply that the more shares eligible to be registered, the greater the cutback would be. To solve this problem, the Investors do not want the eligibility pool to be increased without their consent.

[7] 请注意,创始人/管理层有时候也会寻求注册权。

[8] 公司将会希望这个比例足够高,以使该要求(例如,促使公司进行注册发行,特别是首次公开发行)背后有相当一部分投资者基础。公司通常会拒绝允许一个少数股东要求一个注册。有经验的投资者会希望确保经验不足的投资者没有权利要求注册。在某些情况下,不同系列的优先股可能要求该系列优先股发起一定数量的要求注册。当多个选区拥有这一权利时,由于成本和管理资源的分散,公司通常会抵制这种做法。

[9] 公司股份出售的注册是一项昂贵的工作,而最昂贵的注册是公司的首次公开发行。一般来说,注册费用包括美国证券交易委员会的备案费、律师费、会计费、印刷费和"路演"的差旅费。首次公开募股的费用很容易达到 7 位数。

公司通常承担一定数量要求注册的费用(如上所述)。当公司和投资者无法就此类注册的数量达成一致意见时,一种折中办法是允许投资者有权进行一定数量的额外注册,费用由投资者承担。然而,如果这一折中方案被采纳,投资者应坚持某些成本不由他们承担。投资者不应支付(i)公司正常审计的费用,或(ii)公司人员时间的任何软成本。此外,如果其他出售股东包括在注册声明中,他们应按比例支付相应费用。参见 J. Freund,《合并的剖析》(1975),351。

[10] 在发行和二级市场期间,承销商不希望其他股东出售与承销商竞争的股票,一是因为更多的可用股票将吸干对注册人股票的需求;二是因为增加的供应将压低股票在二级市场的价格。因此,承销商将要求,其股票不包括在公开发行中但可以根据 SEC 规则 144 出售的其他股票持有人,同意在发行期间和适当的二级市场期间不出售其股票。对 IPO 来说,一个 180 天的期限是惯常的。

股东们通常不愿意同意这样做,因为这会消除他们在锁定期内的流动性;然而,由于他们希望完成一个二级价格超过公开发行价格的成功首次公开发行,这种不情愿得到了缓和。

这项规定要求投资者只有在其他股东同意的情况下才同意承销商的要求。承销商通常希望高管、董事和"大"股东持有的股票服从锁定安排,但不关心少量股票是否可以自由出售。然而,"大"持股的定义有待谈判。承销商不希望在交易结束后在公开市场上出售他们对股票的市场(或"积压"市场)价格没有控制力的股票。如果他们不能(出售)的话,风险投资者可能根本就不希望其他人能够出售。

[11] 考虑到证券注册流程的费用和通行的繁杂,公司希望参与该流程的承诺尽快失效,而投资者则希望尽可能延长流动性期限。这项规定的原则是,任何股东都无权要求公司注册出售股份,如果注册是没有必要的话,因为股东可以按照规则第 144(k)条的规定轻松出售股份(且佣金较低)。

[12] 由于公开发行的规模是由市场状况决定的,因此,出售股东可能会寻求出售超过发行量的股

份。在这种情况下，承销商将“削减”售股股东将要出售的股份。参见前面讨论的“附带注册”。投资者面临的问题很简单，符合注册条件的股票越多，削减幅度就越大。为了解决这个问题，投资者不希望在未经他们同意的情况下增加适格池。

（二）内含机理

1. 一般要点

（1）要求注册的权利

美国 IPO 发行体制为注册制，只要提交注册，符合信息披露等条件，即可上市交易。对投资人来说，赋予一个要求提交注册的权利就比较重要，即投资人在公司情况、市场合适的时候，可以要求提交注册获得流动性。

在我国股票发行体制改为注册制（以科创板开板为标志性开端）之前，施行的是核准制，企业要上市不仅是提交申请、符合信息披露等条件即可，而是要符合以净利润为核心指标的一套体系的要求，且要经过中国证监会的审核。这意味着，在我国原有的股票发行体系下，要求企业提交上市申请，除了督促企业推进上市进程外，是没有太多意义的，要求企业什么时候完成 IPO 才是有实质性意义的。

（2）市值要求

在美国的注册之下，因为发行是“市场化发行”，即定价都是市场化定价，投资者为了保证其退出收益，对发行的市值要有一定门槛要求。如果没有门槛要求，则可能会出现“流血 IPO”，即公司上市后的市值低于投资者投资公司的估值（有时候虽然不低，但是算上投资者的投资的时间成本后，也是“流血”的）。

（3）发行费用

公司上市，所有股东都应该能获得流动性，相应的费用由公司承担（由所有股东按照持股比例承担）也是一般做法。

（4）锁定期

锁定期，首先是有适用法规规定的锁定期，从法规的角度来看，锁定期是为了防止实际控制人、高管等控制公司/控制公司信息的人员在上市后快速抛售股票，损害中小投资人利益；其次，还有约定的/自愿承诺的锁定期，这属于法规规定适用的锁定期之外的承诺锁定，核心还是为了提振市场信心、稳定股价。

2. 类型及变种

（1）要求注册的类别及持股门槛

要求注册的权利可以赋予一个类别的投资人，也可以赋予多个类别的投资人,同时还可以就要求注册的持股比例设定一定门槛。

(2)市值要求的差异化安排

上市的市值要求,一方面跟投资方投资时的公司估值有关,另一方面跟投资方持有公司股权期间有关(自投资时点至抛售完毕为止)。

上市的市值,可以是一个特定的金额,也可以设定为投资者投资估值按照一定年化增长率计算的数额。

(三)适用及其他

1. 要求注册的权利

在 IPO 审核制下,一般会要求一定时间内公司完成合格 IPO,这个才有实质性意义,部分融资交易中,也会要求公司一定时间内提交 IPO 申请,但 IPO 是否成功取决于中国证监会的审核,因而只有督促企业上市的过程意义。在现行的 IPO 注册制(科创板和创业板注册制)下,IPO 提交申请,其意义已与美国实践下的意义趋同。

2. 市值要求

就国内而言,在原先的审核制下,发行价格非市场化,且监管部门“有意控制”发行节奏及价格,因而基本不会出现“流血”发行,对市值的要求即无必要。

在注册制改革之下,发行节奏和价格市场化,“破发”已经出现并成为一个常态。据 IPO 日报不完全统计,2022 年全年,A 股共有 428 只新股上市(按照上市日期口径计),上市首日破发的公司有 143 家,以此统计,首日破发率为33.4%。而 2021 年时,上市首日破发的公司仅 22 家,破发率仅有 4%[①]。

实务中,市值(对赌)案例也并不罕见,但市值(对赌)条款受到了监管和司法有效性的挑战。

(1)监管挑战

①IPO 中的市值(对赌)条款

根据《发行类 4 号指引》第 4－3 条“对赌协议”,投资机构在投资发行人时约定对赌协议等类似安排的,保荐机构及发行人律师、申报会计师应当重点就以下事项核查并发表明确核查意见:……三是对赌协议是否与市值挂钩……不符合相

① 吴鸣洲:《全面注册制下 IPO 新生态:33.4%! 首日破发率激增,打新热消退!》,载网易网 2023 年 4 月 17 日,https://www.163.com/dy/article/I2HQHJH10530MI2R.html。

关要求的对赌协议原则上应在申报前清理。这意味着，从监管的角度上看，与协议挂钩的对赌条款在上市之前都是要被清理的①。

实务中，交易所对未披露并清理类似协议的上市公司实控人作出了“通报批评”的纪律处分，将纪律处分通报中国证监会，并计入诚信档案②。

虽然监管机构对此类条款持负面态度，且在相关案例中作出自律处分，但毕竟相关的“处罚”层级、力度是不够的，还不能触及相关条款的效力层面，有关效力层面讨论参见下述“司法有效性挑战”部分内容。

②定增中的市值(对赌)条款

定增中的市值(对赌)条款虽然并非典型的上市前的安排，但都涉及上市公司并与上市公司的市值挂钩，从监管和司法评价的角度来看，有一定等效/相通性，因此在此一并予以讨论。

根据《证券发行与承销管理办法(2023)》第27条柱书及第5项的规定，发行人和承销商及相关人员不得有下列行为：直接或通过其利益相关方向参与认购的投资者提供财务资助或者补偿。另外，根据《证券发行与承销管理办法(2023)》第38条的规定，上市公司向特定对象发行证券的，上市公司及其控股股东、实际控制人、主要股东不得向发行对象做出保底保收益或者变相保底保收益承诺，也不得直接或者通过利益相关方向发行对象提供财务资助或者其他补偿③。

根据《证券发行注册办法》第66条的规定，向特定对象发行证券，上市公司及其控股股东、实际控制人、主要股东不得向发行对象做出保底保收益或者变相保底保收益承诺，也不得直接或者通过利益相关方向发行对象提供财务资助或者

---

① 已被废止的旧规《审核问答(二)》也有类似规定：根据《审核问答(二)》第10问答，PE、VC等机构在投资时约定估值调整机制(一般称为对赌协议)情形的，原则上要求发行人在申报前清理对赌协议，但同时满足以下要求的对赌协议可以不清理……三是对赌协议不与市值挂钩……

② 上海证券交易所：《关于对江苏××生物科技股份有限公司实际控制人房××、梁××予以通报批评的决定》(〔2021〕145号)，载上海证券交易所网2021年11月8日，http://listing.sse.com.cn/credibility/disposition/c/5633543.pdf。

③ 前述规定与已被废止的部分旧规，规定精神是一致的，根据已被废止的《证券发行与承销办法(2018)》第17条的规定，发行人和承销商及相关人员……不得直接或通过其利益相关方向参与认购的投资者提供财务资助或者补偿。另外，已被废止的证监会《再融资业务解答(一)》问题10中明确，“关于非公开发行股票的董事会决议确定认购对象的，发行人应当披露……是否存在发行人及其控股股东或实际控制人直接或通过其利益相关方向认购对象提供财务资助、补偿、承诺收益或其他协议安排的情形”，“以竞价方式确定认购对象的，发行人应当在发行情况报告书中披露是否存在发行人及其控股股东或实际控制人直接或通过其利益相关方向认购对象提供财务资助、补偿、承诺收益或其他协议安排的情形”。

其他补偿。①

根据前述规定,定增中的市值(对赌)条款,涉嫌上市公司及其控股股东、实际控制人、主要股东向发行对象做出保底保收益或变相保底保收益承诺,并涉嫌直接或通过利益相关方向发行对象提供财务资助或者补偿,因此该类条款也是受监管负面评价的。但因为前述规定不属于法律、法规,对其的违反不能直接"推导"出条款无效,法律法规层面的新变化是,最新《公司法》原则禁止公司为他人取得本公司或其母公司股份提供财务资助(赠与、借款、担保等),例外为 ESOP、为公司利益且经有权程序作出决议,但财务资助累计不得超过已发行股本总额的 10%②。但需要指出的是,虽然在公司法层面对此类条款给出了负面评价,但负面评价的法效果是否导致相关条款无效,还有赖于司法部门后续审判实践的确认。

(2)司法有效性挑战

①定增保底条款有效向无效转向

就定增保底条款而言,(2017)最高人民法院民终 492 号明朝勇、贵阳市工业投资(集团)有限公司证券交易合同纠纷二审民事判决书确认了其有效性。

前述判决的主要理由为:第一,非公开发行程序合法。非公开发行经主管部门(判例中为上市公司主管部门的贵阳市人民政府国有资产监督管理委员会,贵阳市人民政府国有资产监督管理委员会核准同意"上市公司采取承诺保底收益的方式进行本次非公开定向发行股票")和中国证监会核准。第二,保底安排为内部约定非公开劝诱。保底安排为内部约定,并非针对不特定多数人所做,不属于公开劝诱。第三,保底安排为意思自治范畴。保底承诺主体为上市公司股东,该约定本质上系上市公司股东与投资者之间对投资风险及投资收益的判断与分配,属于当事人意思自治范畴。第四,保底安排不违反法律法规强制性规定。保

---

① 已被废止的旧规,规定精神一致,根据中国证监会《非公开发行股票细则(2020)》增加一条作为第 29 条:"上市公司及其控股股东、实际控制人、主要股东不得向发行对象作出保底保收益或变相保底保收益承诺,且不得直接或通过利益相关方向发行对象提供财务资助或者补偿。"

② 《公司法》第 163 条规定:公司不得为他人取得本公司或者其母公司的股份提供赠与、借款、担保以及其他财务资助,公司实施员工持股计划的除外。为公司利益,经股东会决议,或者董事会按照公司章程或者股东会的授权作出决议,公司可以为他人取得本公司或者其母公司的股份提供财务资助,但财务资助的累计总额不得超过已发行股本总额的百分之十。董事会作出决议应当经全体董事的三分之二以上通过。违反前两款规定,给公司造成损失的,负有责任的董事、监事、高级管理人员应当承担赔偿责任。

底安排并不损害上市公司及其债权人利益，没有明显增加证券市场风险、破坏证券市场稳定性，不违反法律行政法规的强制性规范。《证券发行与承销办法（2018年）》系中国证监会部门规章，非法律行政法规；且该办法目的在于规范证券发行与承销，保护投资者合法权益。上市公司股东保底安排系为其自身利益和目标公司经营发展考虑吸引其他投资者参与公司经营的激励措施，不损害投资者合法权益。不存在操作股票市场等其他损害投资者权益的违法、违规行为。

然而，根据最高人民法院2022年6月23日《为新三板、北交所提供保障的意见》第9条的规定，对于投资方利用优势地位订立的“定增保底”性质条款，因其赋予了投资方优越于其他同种类股东的保证收益特殊权利，变相推高了中小企业融资成本，违反了《证券法》公平原则和相关监管规定，人民法院应依法认定该条款无效。

②市值挂钩回购条款无效

最新的司法判决案例“硕世生物”案，实质上确认了IPO股权投资私设对赌协议，约定“上市后回售条款”，与二级市场股价挂钩，在企业上市后，该对赌条款无效。①

【案情简介】

2016年12月，房××、梁××与南京高科新浚成长一期股权投资合伙企业（有限合伙）（以下简称高科新浚）、南京高科新创投资有限公司（以下简称高科新创）签订协议约定，高科新浚、高科新创认购绍兴闰康生物医药股权投资合伙企业（有限合伙）（以下简称绍兴闰康）新增出资1亿元，而绍兴闰康是作为江苏硕世的股东之一，对江苏硕世进行股权投资。此后，各方签订《修订合伙人协议》，其中第4.2条上市后回售权约定：在江苏硕世完成合格首次公开发行之日起6个月届满之日，投资方有权要求任一回售义务人（房某某、梁某某或绍兴闰康）按照规定的价格购买其全部或部分合伙份额对应的收益权；上市后回售价款以按发出回售通知之日前30个交易日江苏硕世股份在二级市场收盘价算术平均值作为计算依据。

2019年12月，江苏硕世在上海证券交易所科创板上市。根据《问答二》第10

---

① 最高人民法院：《2022年全国法院十大商事案件》，载中国法院网，https://www.chinacourt.org/article/detail/2023/01/id/7109141.shtml。

条的规定,前述第4.2条约定属于发行人在申报科创板股票发行上市前应予以清理的对赌协议。但江苏硕世在申报发行过程中,未按监管要求对回购条款予以披露和清理。2020年7月13日,高科新浚、高科新创向房××、梁××、绍兴闰康发出《回售通知书》,要求绍兴闰康履行上市后回购义务。当日,江苏硕世盘中的股票交易价格达到历史最高价476.76元。此前30个交易日,江苏硕世的股票价格涨幅达155%。次日起江苏硕世股价一直处于跌势,直至2020年9月11日交易收盘价为183.80元。因房××、梁××、绍兴闰康未于高科新浚发出回售通知后3个月内支付相应回购价款。高科新浚遂提起本案诉讼:(1)判令房××、梁××、绍兴闰康共同向高科新浚支付合伙份额的回售价款为499,023,228.60元;(2)判令房××、梁××、绍兴闰康共同向高科新浚赔偿因逾期支付回售价款导致的利息损失;(3)判令绍兴闰康协助高科新浚办理绍兴闰康所持江苏硕世204.0995万股股份的质押登记手续,在前述股份质押登记手续办结后或逾期未在法院判决限定期限内办理股份质押手续的,高科新浚可通过协议折价或以拍卖、变卖后的价款在房××、梁××、绍兴闰康应向高科新浚支付的回售价款及利息损失范围内享有优先受偿权。

【法院裁判】

上海市第二中级人民法院一审认为,案涉上市后回售权的约定违反金融监管秩序,判决驳回高科新浚、高科新创全部诉讼请求。高科新浚、高科新创上诉至上海市高级人民法院。二审法院认为,案涉《修订合伙人协议》系绍兴闰康的合伙人之间签订,但房某某、梁某某系江苏硕世的实际控制人,高科新浚、高科新创借合伙形式,实质上与上市公司股东、实际控制人签订了直接与二级市场短期内股票交易市值挂钩的回购条款,不仅变相架空了禁售期的限制规定,更是对二级市场投资人的不公平对待,有操纵股票价格的风险,扰乱证券市场秩序,属于《民法典》第153条违反公序良俗之情形,应认定无效,故驳回上诉,维持原判。

(3)有关市值要求的总结

从监管的角度来看,不管是一级市场投资中约定的市值(对赌)条款,还是一级半市场定增中约定的市值(对赌)条款,都是受到负面评价的。

而从司法实践的角度来看,虽然2017年最高人民法院在相关案例中确认定增保底条款有效,但是在近期的司法裁判中,对与市值相关的对赌条款有偏负面的评价趋势,是应当要注意到的。

总体来说，实务中设置类似条款要注意有效性风险，并关注可能违反操作股价等可能招致的除有效性评价以外的行政处罚等风险。

3. 发行费用

一般还是由公司来承担发行费用。

4. 锁定期

国内法规对实际控制人、5%以上大股东、董监高等有详细的锁定要求，同时窗口指导/券商等有时也会为稳定股价考虑要求额外的自愿锁定承诺。

二十七、管理和信息权

（一）示范文本

Management and Information Rights	[A Management Rights letter from the Company, in a form reasonably acceptable to the Investors, will be delivered prior to Closing to each Investor that requests one.][1] Any Major Investor [(who is not a competitor)] will be granted access to Company facilities and personnel during normal business hours and with reasonable advance notification. The Company will deliver to such Major Investor (i) annual, quarterly, [and monthly] financial statements; (ii) thirty days prior to the end of each fiscal year, a comprehensive operating budget forecasting the Company's revenues, expenses, and cash position on a month - to-month basis for the upcoming fiscal year; and (iii) promptly following the end of each quarter an up - to - date capitalization table [certified by the CFO.][2]
管理和信息权	[公司以投资者可合理接受的形式出具的管理权利书，将在交割前交付给提出要求的每一位投资者。][3] 任何[（非竞争对手的）]主要投资者将获准，在提前合理通知的前提下且在正常营业时间，进入公司场所和接触公司人员。本公司将向主要投资者提交（i）年度、季度、[和月度]财务报表；（ii）在每个会计年度结束前30日，逐月预测公司下一财年的收入、费用和现金状况的详尽运营预算；（iii）在每季度末及时提供一份最新的[由首席财务官认证的]股本结构表。[4]

注：[1] See commentary in introduction to NVCA model Managements Rights Letter, explaining purpose of such letter.

[2] It should come as no surprise that venture Investors want the information and access necessary to monitor their investment. Conversely, the Company wants to spend as much time as possible running the business and as little as possible fielding Investor inquiries. Consequently, if the Investors have board representation, the Company

may ask that the information and access provided to the designated director(s) should constitute delivery to the Investor. A compromise in this situation is to provide information to non – director Investors upon request.

[3]参见 NVCA 示范管理权利书介绍部分的注释,解释了该信函的目的。[笔者注,根据介绍,大概的意思是,如果基金的 LP 中有雇员退休保障法计划(“ERISA Plan”),则基金需要受 1974 年《雇员退休保障法》(“ERISA”)的规制,基金为了豁免适用前述规制,一种方法是让基金成为适格的“风险投资运营公司”(*VCOC*),而为了达成适格的“风险投资运营公司”,则应当保证基金 50% 以上的资产被投资于”“风险资本投资”(*venture capital investments*),而风险资本投资又被定义为需要基金获得组合公司特定管理权利。]

[4] 不足为奇的是,风险投资者希望获得监控其投资所需必要的的信息和访问权。相反,该公司希望花尽可能多的时间经营业务,而花尽可能少的时间处理投资者咨询。因此,如果投资者有董事会代表,公司可要求向指定董事提供的信息和访问权应构成对投资者的提供。在这种情况下,一种折中办法是根据非董事投资者的要求向其提供信息。

(二)内含机理

1. 一般要点

(1)信息不对称等的自然要求

管理和信息权体现股权投资的信息不对称、投资不经营、投后有增值等特点。

具体而言,因为有信息不对称加上投资者不具体参与经营,则对公司的具体情况是不能当然了解的、对公司未来的发展也不会当然知道,因而需要赋予投资者一定的参与管理的权利和信息权(“知情权”),如此投资者才可以据此一定程度对冲信息不对称和投资不经营的风险。另外,投资者投资后会对标的公司做一些增值服务,增值服务的前提是,投资者对公司的经营状况有一定的了解,这样才能够有针对性地为标的公司提供增值服务,如对接客户资源、提供融资渠道等。

(2)有限度的管理和信息权利

除了控股型并购的股权投资,参股不控股的投资者不可能完全参与,也不会花过多精力介入公司日常经营,因而在一般情况下,投资者的管理权和信息权利从主观和客观上来说,都是一种“有限度的”管理和信息权利。从公司的角度来说,作为小股东的投资人是财务投资人,过度关心企业的经营状况,可能过度干预甚至影响企业的正常经营,因而也只能给投资者提供一个有限度的管理和信息权利。

(3)基金的投资者信披要求

对于基金来说,要求管理和信息权,还有一个潜在的理由,即基金从一般商业管理和监管要求上,需要定期对基金的投资者进行信息披露,而信息披露的信息一个主要内容，是基金组合的情况，这些信息主要还是要依赖基金组合公司进行提供。

2. 类型及变种

(1) 董事和非董事投资者

本部分的权利与保护性条款有一定的钩稽（参见下篇第五章第二节“十五、保护条款”），保护性条款的行使，即对某些事项行使“一票否决权”，行使的前提是知晓相应的事项。而保护性条款可以在股东会层面设置，也可以在董事会层面设置，相应地，管理权和信息权也可以对应设置在股东会层面和董事会层面。

作为有委派董事权利的投资者，其一方面能够在股东会层面获得相应的信息，另一方面在董事会层面能够获得公司更进一步的经营等方面的信息。作为没有委派董事权利的投资者，其只能在股东会层面获得企业的经营信息，因而，相比较而言信息是有劣势的。

而无论是委派董事投资者，还是非委派董事投资者，都可以通过“合同”层面的约定，强化管理和信息权利，如要求（委派/作为董事会观察员）列席董事会、要求与董事一样获得董事会议案等会议资料。这里需要特别指出的是，考虑到新《公司法》相当加强了董事的履职要求，加重了履职（赔偿）责任，也可以考虑不提名/委派董事而改为委派董事会观察员，投资合同中应当则一般要明确除了表决权外，董事会观察员应当与董事享有同等的知情权（获得议案、会议资料的权利）、参会权（列席会议）、建议权（发表建议）等。

(2) 信息权范围

对投资基金而言，可以说管理和信息权的下限，应当是监管层面要求的基金投资人的信息披露要求，上限可以上到无限高。但实际是不可能无限高的，因为还受到公司、创始股东诉求的限制。如前所述公司和创始股东从意愿上来讲，可能能少披露就少披露，这样花费很少的时间精力；另外，从影响上来说，如果赋予投资者过度的管理和信息权，可能影响公司正常经营；最后但并非最不重要的是，如果基金投资的其他组合公司或基金的投资人及其控制的主体与标的公司存在同业竞争，那么对基金相应限缩信息权范围是有一定合理性的，实务中，部分标的公司代表律师，会在股权融资合同中对此作出明确限制。

（三）适用及其他

1. 有限责任公司

就有限公司而言，法定查询和复制的范围是“公司章程、股东名册股东会会议记录、董事会会议决议、监事会会议决议和财务会计报告”,而有权查询(无权复制)的是“会计账簿、会计凭证”,且查询会计账簿、会计凭证需要一定程序①。

这相对于实践中,投资者更强的信息权要求来说,是不够的。通行的做法是,约定更详细的查询范围,让公司有一个合同上的义务、让创始股东有一个合同上的促使义务,以保证投资方信息权实现。信息权的范围可以通过投资合同约定作极大的扩展,首先就信息获取客体范围,突破全资子公司范畴,可以要求延伸至控股公司或参股公司,甚至延伸穿透至(一般是合并报表范围内的)孙公司;其次,就信息获取方式而言,突破会计账簿及会计凭证查阅方式,约定可以复制;最后,就信息获取直接客体,突破公司法所列客体,可以约定涵盖诸如银行流水、业务合同等相关资料。另外有一种不多的约定(但也不少见),即约定了公司经营出现困境、异常的情况下,投资方有权派驻审计。

2. 股份有限公司

跟有限公司相比较,股份公司对股东信息权的限制是要更多的,股东仅有权查阅、复制公司章程、股东名册、股东会会议记录、董事会会议决议、监事会会议决议、财务会计报告,而会计账簿、会计凭证的查阅除了适用有限公司的相关规定外,还规定门槛有持股比例要求②。但从实践操作来看,也可以比照有限公司的做法,通过合同层面约定信息权。需要指出的是,此类合同权利与《公司法》规定相悖,是否有效力上的疑问,此类争议笔者尚未预见到,有待观察。

---

① 《公司法》第 57 条规定:股东有权查阅、复制公司章程、股东名册、股东会会议记录、董事会会议决议、监事会会议决议和财务会计报告。股东可以要求查阅公司会计账簿、会计凭证。股东要求查阅公司会计账簿、会计凭证的,应当向公司提出书面请求,说明目的。公司有合理根据认为股东查阅会计账簿、会计凭证有不正当目的,可能损害公司合法利益的,可以拒绝提供查阅,并应当自股东提出书面请求之日起十五日内书面答复股东并说明理由。公司拒绝提供查阅的,股东可以向人民法院提起诉讼。股东查阅前款规定的材料,可以委托会计师事务所、律师事务所等中介机构进行。股东及其委托的会计师事务所、律师事务所等中介机构查阅、复制有关材料,应当遵守有关保护国家秘密、商业秘密、个人隐私、个人信息等法律、行政法规的规定。股东要求查阅、复制公司全资子公司相关材料的,适用前四款的规定。

② 《公司法》第 110 条规定:股东有权查阅、复制公司章程、股东名册、股东会会议记录、董事会会议决议、监事会会议决议、财务会计报告,对公司的经营提出建议或者质询。连续一百八十日以上单独或者合计持有公司百分之三以上股份的股东要求查阅公司的会计账簿、会计凭证的,适用本法第五十七条第二款、第三款、第四款的规定。公司章程对持股比例有较低规定的,从其规定。股东要求查阅、复制公司全资子公司相关材料的,适用前两款的规定。上市公司股东查阅、复制相关材料的,应当遵守《中华人民共和国证券法》等法律、行政法规的规定。

二十八、按比例认购次轮融资的权利

(一)示范文本

Right to Participate Pro Rata in Future Rounds	Each [Major] Investor shall have the right to purchase its Pro Rata Share (as defined below) of all subsequent issuances of equity securities of the Company (excluding those issuances listed at the end of the "Anti – dilution Provisions" section of this Term Sheet and issuances in connection with acquisitions by the Company). "**Pro Rata Share**" means, with respect to any [Major] Investor, the percentage determined by dividing the number of shares of capital stock held by such [Major] Investor by [the total shares of all class outstanding assuming conversion of all outstanding Preferred Stock into Common Stock and the exercise of all options outstanding under the Company's stock plans and outstanding warrants] [the total number of shares of capital stock held by all (Major Investors)][1]. In addition, should any [Major] Investor choose not to purchase its full pro rata share, the remaining [Major] Investors shall have the right to purchase the remaining pro rata shares.
按比例认购次轮融资的权利	各[主要]投资者应有权按比例(定义见下文)购买本公司所有后续发行的权益性证券(不包括投资意向书"反稀释条款"一节末尾所列的发行以及与本公司收购有关的发行)的比例股份。"按比例股份"就任何[主要]投资者而言,是指由该[主要]投资者持有的股本股数除以[假设将所有已发行优先股转换为普通股,并执行公司股票计划和已发行认股权证项下所有流通在外的期权的所有类别流通在外的股份总数][所有(主要投资者)[2]持有的股本总股数。此外,如果任何[主要]投资者选择不按比例购买其全部股份,其余[主要]投资者应有权按比例购买剩余的股份。

注:[1] Investors sometimes limit the denominator in the Pro Rata Share calculation to increase the percentage of subsequent financings they are entitled to purchase.

[2] 投资者有时会在按比例计算股票时限制分母,以提高他们有权购买的后续融资的百分比。

(二)内含机理

1. 一般要点

(1)优先认购的理由

投资方有优先认购权,首要体现出了"反稀释"的特征,即投资方可以通过优先认购权保持自己在次轮融资后持股比例不变;其次,在公司后续发展向好的时候,该权利使投资方获得一个增加投资以谋取在未来获得更大收益的机会;最后,该权利还使投资方能够一定程度排除投资者不欢迎的外部投资者的进入。

(2)优先认购的例外

优先认购权一般会设置例外,如涉及员工股权激励以及公司合格 IPO 时候的发行,这一般不适用于投资方优先认购权。

就员工股权激励来说,投资方一般乐于标的公司做员工股权激励,因为这有利于绑定团队,有利于公司长远成长,不过通常为了防止员工股权激励过度稀释投资方股权,也会对员工股权激励的规模作出限制(详细讨论参见下篇第五章第二节“十七、反稀释条款”部分内容)。

2. 类型及变种

(1)优先程度

优先认购权,对投资者来说最优的是投资者优先于其他所有股东认购(一般按照后投资人优先于前投资人),次优是优先于其他股东(创始股东)认购公司新增注册资本(一般而言投资人之间按比例),最后的是所有股东按照持股比例认购。

(2)认购范围

从权益的种类来看,可以是优先股,可以是普通股,也可以是期权;从例外的范围,如前所述,投资方认可的股权激励等可以作为例外。

(三)适用及其他

1. 有限责任公司

有限责任公司股东是当然有按比例的优先认购权,不按照比例差异化约定可以通过合同约定实现,也可以直接写入公司章程①。

2. 股份有限公司

根据《公司法》的规定,股份有限公司股东默认是没有优先认购概念的,相应的差可以通过章程或股东会决议来实现,②另外,通过股东协议/补充协议进行合同约定,应当也是可以的。跟章程规定和股东会决议相比,在合同约定的情形下,不会产生公司法(组织法)层面的效力,但是会产生合同法层面的效力。

需要指出的是,实践中,新三板挂牌公司在做定增的时候,一般会让在册股东

---

① 《公司法》第 227 条第 1 款规定:有限责任公司增加注册资本时,股东在同等条件下有权优先按照实缴的出资比例认缴出资。但是,全体股东约定不按照出资比例优先认缴出资的除外。

② 《公司法》第 227 条第 2 款规定:股份有限公司为增加注册资本发行新股时,股东不享有优先认购权,公司章程另有规定或者股东会决议决定股东享有优先认购权的除外。

安排行使优先认购。

二十九、不竞争和不劝诱协议

（一）示范文本

Non – Competition and Non – Solicitation Agreements[1]	Each Founder and key employee will enter into a [one] year [non – competition] and non – solicitation agreement in a form reasonably acceptable to the Investors.
不竞争和不劝诱协议[2]	每位创始人和关键员工将以投资者合理可接受的形式签订[1]年[不竞争]和不劝诱协议。

注：[1] Note that non – compete restrictions (other than in connection with the sale of a business) are prohibited in California, and may not be enforceable in other jurisdictions, as well. In addition, some Investors do not require such agreements for fear that employees will request additional consideration in exchange for signing a Non – Compete/Non – Solicit (and indeed the agreement may arguably be invalid absent such additional consideration—although having an employee sign a non – compete contemporaneous with hiring constitutes adequate consideration). Others take the view that it should be up to the Board on a case – by-case basis to determine whether any particular key employee is required to sign such an agreement. Non – competes typically have a one – year duration, although state law may permit up to two years. Many states have a reasonableness requirement, which may have been interpreted under case law to allow as much as up to two or three years, depending on the industry. Courts will look at how quickly the competitively sensitive information goes stale in that industry, as well as how broad the non – compete's application is geographically and by industry. If the Founder is in a strong bargaining position and in an industry in which information goes stale quickly, the Founder may feel that the non – compete term should be as little as six months.

[2] 请注意，不竞争限制（与企业出售有关的除外）在加利福尼亚州是禁止的，在其他司法管辖区也可能无法强制执行。此外，一些投资者不需要此类协议，因为担心员工会要求额外的对价，以换取签署不竞争/不劝诱协议（事实上，如果没有这种额外的对价，该协议可能会被争议无效——尽管让员工在招聘的同时签署不竞争协议就构成了充分对价）。其他人则认为，应由董事会逐案决定是否需要任何特定的关键雇员签署此类协议。不竞争通常有一年的期限，尽管州法律可能允许长达 2 年。许多州都有合理性的要求，根据判例法，这一要求可能被解释为最多允许 2 年或 3 年，具体视行业而定。法院将审查竞争敏感信息在该行业中过时的速度有多快，以及不竞争的适用范围在地理和行业上有多广泛。如果创始人处于有利的议价地位，而且在一个信息迅速过时的行业，创始人可能会觉得不竞争期限应该只有 6 个月。

（二）内含机理

1. 一般要点

（1）正向:投资特点要求

股权投资的参股不控股和投资不经营决定了股权投资领域一句非常知名的话“投资就是投人”,这里的人,一个是指企业家,另一个是指核心团队。投资后创始股东和核心团队持续服务于公司,在投资方持有公司股权期间不离职,离职后一定期限内也不从事与公司业务有竞争关系的业务,对投资方投资目的的实现就非常重要,因而一般投资人会要求锁定创始股东和核心团队。

（2）反向:劳工的保护

从被增加竞业限制的创始股东和核心员工的角度而言,对其过度的限制也会触及劳动法方面的规制。基于对劳动者的保护,一方面,不可能对创始股东和核心员工施加过长的竞业限制期;另一方面,对施加竞业限制的人员,应当支付一定的竞业限制补偿金,以作为对其限制竞业的补偿。

2. 类型及变种

（1）在职与离职

在职的竞业限制,实际上隐含在劳动合同（劳动者义务）、《公司法》（董事高管的忠实义务）等规定中,可以通过劳动合同进行约定。离职的竞业限制,则需要特别的（离职）协议予以约束。

对投资者而言,在职期间的竞业限制当然重要,但需要特别予以约束的是离职后的竞业限制,离职后的竞业限制能够使标的公司在一定时间内避免了解公司、了解业务的竞争对手出现,而且竞业期限通常会使过了一定时间的创业竞品失去竞争力,这在快速变化、快速迭代的行业中尤其明显。

（2）离职竞业限制的种类

一种是直接施加限制,即离职后几年内,不得从事跟标的公司相竞争的业务、也不劝诱标的公司人员离职等,否则支付赔偿金;另一种是允许（或者不允许但如果出现了）离职再创业,则投资方有权无偿或法律规定最低价格按照在原标的公司的持股比例持有新创业公司股权（有关此种情况的讨论,参见下篇第六章第二节“三、再创业条款”部分内容）。

（三）适用及其他

投资方可以要求创始股东和核心员工与公司签订相关竞业限制协议,核心要点在于不能超过 2 年[①]，且竞业限制补偿金为离职前 12 个月平均工资的 30% 和最低工资标准孰高[②]。

三十、保密和开发协议

(一)示范文本

Non – Disclosure and Developments Agreement	Each current and former Founder, employee and consultant with access to Company confidential information/trade secrets will enter into a non – disclosure and proprietary rights assignment agreement in a form reasonably acceptable to the Investors.
保密和开发协议	每位能够获得公司机密信息/商业机密的现任和离职创始人、员工和顾问，将签署一份以投资者合理可接受形式的保密和专有权转让协议。

(二)内含机理

1. 技术对投资人的重要性

私募股权投资中，对“硬科技”的投资比重越来越高，也越来越受到重视。公司的所有技术、专利合法归属公司，公司员工创造的所有无形资产合法归属公司，对投资人来说很重要。

2. 员工创造的知产并不当然归属公司

在美国法语境下，从事开发受版权保护的产品或技术的公司（大多数软件公司就是这种情况），可以依赖美国《版权法》规定的雇佣作品原则，该原则自动赋予雇主对以下作品（如软件、手册和文档）的版权：由员工在其工作范围内编写或

---

① 《劳动合同法》第 23 条第 2 款规定：对负有保密义务的劳动者，用人单位可以在劳动合同或者保密协议中与劳动者约定竞业限制条款，并约定在解除或者终止劳动合同后，在竞业限制期限内按月给予劳动者经济补偿。劳动者违反竞业限制约定的，应当按照约定向用人单位支付违约金。第 24 条规定：竞业限制的人员限于用人单位的高级管理人员、高级技术人员和其他负有保密义务的人员。竞业限制的范围、地域、期限由用人单位与劳动者约定，竞业限制的约定不得违反法律、法规的规定。在解除或者终止劳动合同后，前款规定的人员到与本单位生产或者经营同类产品、从事同类业务的有竞争关系的其他用人单位，或者自己开业生产或者经营同类产品、从事同类业务的竞业限制期限，不得超过两年。

② 《最高人民法院关于审理劳动争议案件适用法律问题的解释（一）》第 36 条规定：当事人在劳动合同或者保密协议中约定了竞业限制，但未约定解除或者终止劳动合同后给予劳动者经济补偿，劳动者履行了竞业限制义务，要求用人单位按照劳动者在劳动合同解除或者终止前 12 个月平均工资的 30% 按月支付经济补偿的，人民法院应予支持。前款规定的月平均工资的 30% 低于劳动合同履行地最低工资标准的，按照劳动合同履行地最低工资标准支付。

准备的。但是,在其他知识产权的情况下,尤其是在专利的情况下,雇佣原则的工作并不适用,所有权也不会自动归属雇主。[①]

因而,在美国法语境下,会要求雇员签署类似协议,约定雇员为雇主创造的一切都归雇主所有,并且如果雇主需要雇员做任何事情或签署任何文件以确认雇主对所有知识产权的权利,雇员在类似协议中同意这样做。

在中国法语境下,也有类似于美国《版权法》的规定,版权默认归属作者,特殊情况下归属雇主,员工并非所有创造均自动归属公司[②]。

在中国和美国法语境下,宽泛意义上的知识产权归属,都不自动归属雇主,因而中国法语境下也有签署类似"开发协议"的需要。

3. 保密属于法定义务但可意定明确

就在职人员而言,员工在劳动法[③]层面,董事、监事、高管在公司法[④]层面,就离职人员而言,在反不正当竞争法(商业秘密保护)[⑤]层面,对公司商业秘密等信息,相关人员均负有法定的保密义务,不过,这不排除投资人要求公司与相关人员签订详细的保密协议,以明确细化保密义务范围、保密期限、方式等。

---

① Victoria Lee and Mark Lehberg:*Employee Proprietary Information and Inventions Assignment Agreements*:*What They Do*,*And What Could Happen Without Them*,载 dlapiperaccelerate,https://www.dlapiperaccelerate.com/knowledge/2017/employee - proprietary - information - and - inventions - assignment - agreements.html。

② 《著作权法》第 18 条规定:自然人为完成法人或者非法人组织工作任务所创作的作品是职务作品,除本条第 2 款的规定以外,著作权由作者享有,但法人或者非法人组织有权在其业务范围内优先使用。作品完成两年内,未经单位同意,作者不得许可第三人以与单位使用的相同方式使用该作品。有下列情形之一的职务作品,作者享有署名权,著作权的其他权利由法人或者非法人组织享有,法人或者非法人组织可以给予作者奖励:(1)主要是利用法人或者非法人组织的物质技术条件创作,并由法人或者非法人组织承担责任的工程设计图、产品设计图、地图、示意图、计算机软件等职务作品;(2)报社、期刊社、通讯社、广播电台、电视台的工作人员创作的职务作品;(3)法律、行政法规规定或者合同约定著作权由法人或者非法人组织享有的职务作品。

③ 《劳动合同法》第 23 条第 1 款规定:用人单位与劳动者可以在劳动合同中约定保守用人单位的商业秘密和与知识产权相关的保密事项。

④ 《公司法》第 148 条第 1 款第 7 项规定:董事、高级管理人员不得有下列行为:(7)擅自披露公司秘密。

⑤ 《反不正当竞争法》第 9 条规定:经营者不得实施下列侵犯商业秘密的行为……

三十一、董事会事项

（一）示范文本

Board Matters[1]	[The Board of Directors shall meet at least(monthly)(quarterly),unless otherwise agreed by a vote of the majority of Directors.] The Company, to the extent allowed under its [charter], [certificate of incorporation], [by – laws], [other insurance contracts] and [general contracts] will bind D& O insurance with a carrier and in an amount satisfactory to the Board of Directors; provided, however, that if such D& O insurance is not available to the Company or such D& O insurance would be unreasonably expensive for the Company in relation to the benefits to the Company, then the Company shall not be required to obtain and maintain such insurance. In the event the Company merges with another entity and is not the surviving corporation, or transfers all of its assets, proper provisions shall be made so that successors of the Company assume Company's obligations with respect to indemnification of Directors.
董事会事项[2]	[董事会应至少(每月)(每季度)召开一次会议,除非多数董事表决另行同意。] 公司在其[章程]、[公司注册证书]、[章程细则]、[其他保险合同]和[一般合同]允许的范围内,将以董事会满意的保险金额与保险承包人签订具有约束力的董事和高级管理人员责任保险;但是,如果公司无法获得该等董事和高级管理人员责任保险,或该等董事和高级管理人员责任保险对于公司利益而言不合理的昂贵,则公司无须获得和维持该等保险。如果本公司与另一实体合并且不是存续公司,或转让其全部资产,则应制定适当规定,以使本公司的继承方承担本公司对董事赔偿责任的义务。

注:[1] Investors sometimes require that Board approval of certain corporate actions must include one or more of the Investor directors. If Investor directors control the board following Series A financing, these covenants would be superfluous, though that does not seem to cause them not to be requested. In addition, Investor director veto rights can set a precedent for future rounds, which can result in cumbersome board votes that require specific approval of several Investor directors. In practice, Investor directors should bear in mind that they owe a fiduciary duty to the corporation and all stockholders in voting as a director regarding these matters. Special Investor director voting rights should not be used to push an Investor's agenda to the detriment of the other stockholders.

See a sample provision:

"Matters Requiring Investor Director Approval: [So long as(__)% of the originally issued Series A

Preferred remains outstanding,] the Company will not, without Board approval, which approval must include the affirmative vote of [____] of the Series A Director(s): (i) make any loan or advance to, or own any stock or other securities of, any subsidiary or other corporation, partnership, or other entity unless it is wholly owned by the Company; (ii) make any loan or advance to any person, including, any employee or director, except advances and similar expenditures in the ordinary course of business or under the terms of a employee stock or option plan approved by the Board of Directors; (iii) guarantee, any indebtedness except for trade accounts of the Company or any subsidiary arising in the ordinary course of business; (iv) make any investment other than investments in prime commercial paper, money market funds, certificates of deposit in any United States bank having a net worth in excess of $100,000,000 or obligations issued or guaranteed by the United States of America, in each case having a maturity not in excess of [two years]; (v) incur any aggregate indebtedness in excess of $[____] that is not already included in a Board – approved budget, other than trade credit incurred in the ordinary course of business; (vi) enter into or be a party to any transaction with any director, officer or employee of the Company or any "associate" (as defined in Rule 12b – 2 promulgated under the Exchange Act) of any such person [except transactions resulting in payments to or by the Company in an amount less than $[60,000] per year], [or transactions made in the ordinary course of business and pursuant to reasonable requirements of the Company's business and upon fair and reasonable terms that are approved by a majority of the Board of Directors]; (vii) hire, fire, or change the compensation of the executive officers, including approving any option plans; (viii) change the principal business of the Company, enter new lines of business, or exit the current line of business; or (ix) sell, transfer, license, pledge or encumber technology or intellectual property, other than licenses granted in the ordinary course of business."

[2] 投资者有时要求董事会批准某些公司行为必须包括一名或多名投资者董事。如果投资者董事在 A 轮融资后控制了董事会,这些保证将是多余的,尽管这似乎不会导致保证不被要求。此外,投资者董事否决权可能会为未来轮次融资开创先例,这可能导致董事会投票烦琐,即需要几名特定投资者董事的批准。在实践中,投资者董事应牢记,在作为董事就这些事项投票时,他们对公司和所有股东负有受信义务。投资者董事特别表决权不应被用来推动损害其他股东的利益的投资者的议程。

参见示例条款:

"需要投资方董事批准的事项:[只要原始发行的 A 系列优先股的(__)% 仍发行在外,]未经董事会批准[该等批准必须包括 A 系列(__)名董事的投赞成票],公司将不会:(i)向以下公司提供任何贷款或预付款,或持有以下公司任何股票或其他证券:任何子公司或其他公司、合伙企业或其他实体,除非其为本公司全资所有;(ii)向包括任何雇员或董事的任何人提供任何贷款或预付款,但正常业务过程中或根据董事会批准的员工股票或期权计划条款的预付款和类似支出除外;(iii)对任何债务进行担保,除非公司或任何子公司在正常业务过程中产生的债务;(iv)进行任何投资,但不包括投资于主要商业票据、货币市场基金、美国银行的存款单(净值超过 100,000,000 美元)或由美利坚合众国发行或担保的债务,在每种情况下,到期日不超过[2 年];(v)产生任何累计超过 $[__]美元的不在董事会通过的预算内的债务,但在正常业务过程中产生的贸易信贷除外;(vi)与公司的任何董事、高管或雇员,或任何该等人士的任何“关联方”(定义见《证券交易法》第12b－2条)达成交易或成为交易一方,[除非每年向本公司支付或由本公司支付的金额低于[60,000]美元的交易],[或在正常业务过程中,根据公司业务的合理要求,按照董事会多数成员批准的以公平合理条款进行的交易];(vii)雇用、解雇或变更高级管理人员的薪酬,包括批准任何期权计划;(viii)改变公司的主营业务、进入新的业务线或退出现有业务线;或(ix)出售、转让、许可、质押或抵押技术或知识产权,但在正常业务过程中授予的许可除外。”

(二)内含机理

1. 一般要点

(1)投资者行使权利和增值服务

投资者如果委派了董事,那么董事会的正常召开,投资者董事正常参与和投票,是投资者行使权利和提供增值服务的重要手段。

就行使权利而言,获得董事会议案、参与董事会议程,能够对公司经营状况有一定了解,是行使投资方其他权利的重要前提。就增值服务而言,参与董事会并对议案进行讨论投票,是投资方给公司提供增值服务的重要途径。

(2)董事会层面的“保护条款”

董事会层面的“保护条款”,参见下篇第五章第二节“十五、保护条款”部分内容。

(3)董事责任保险

董事责任保险作为职业责任保险项下的子险种之一,与董监高的履职行为及由此引发的职业风险相关联。在域外较为成熟的资本市场中,董事及高级职员责任保险(Directors and Officers Liability Insurance,“董事责任保险”)被视作一项行之有效的董事保护机制,董事责任保险是保护机构及其领导者的重要工具。

2. 类型及变种

无特别类型及变种。

(三)适用及其他

国内法上,董事等也有可能在执行职务过程中,给公司造成损失而应当承担赔偿责任[①]。新《公司法》施行后,董事(对公司)承担责任的细化情形有所增加,强化了关于董事履职以及相关赔偿责任的规定,简单来说包括但不限于:“影子

① 《公司法》第188条规定:董事、监事、高级管理人员执行职务违反法律、行政法规或者公司章程的规定,给公司造成损失的,应当承担赔偿责任。

董事”违反勤勉忠实义务,董事与指示其的控股股东、实控人承担连带赔偿责任[①];董事会核查出资、催缴出资,负有责任的董事承担赔偿责任[②];抽逃出资股东返还,负有责任的董、监、高与股东承担连带责任[③];违规减资负有责任的董、监、高承担赔偿责任[④];违规分红,股东返还,负有责任的董、监、高承担赔偿责任[⑤];清算责任,董事为清算义务人,给公司或债权人造成损失的,承担赔偿责任[⑥];新增董事对第三人责任[⑦]。因此,如果投资方委派/提名了董事,则应当通过投资合同作“免责”安排,具体的方式可以是在投资合同中约定,首先,除非投资方提名/委派董事自身故意或重大过失,则就投资方提名/委派董事在作为公司董事履职过程中可能给公司造成的损失,公司应且实际控制人应促成公司免除投资方提名/委派董事的相应责任;其次,对于投资方委派董事因履职行为而遭受或可能遭受的任何第三方索赔、责任或开支,公司应且实际控制人应促成公司在法律允许的最大限度内向该董事予以赔偿、补偿以使其免受任何损害和损失;最后,公司应选择符合投资人要求的保险公司,在投资方提名/委派董事当选为公司董事之日起【 】日内,为投资人提名/委派董事投保投资方认可的董事责任保险,该保险应覆盖投资人提名/委派董事在履行公司董事职务过程中因疏忽、过失、失职等行为可能导致的对公司、对第三方的赔偿责任。

---

① 《公司法》第 192 条规定:公司的控股股东、实际控制人指示董事、高级管理人员从事损害公司或者股东利益的行为的,与该董事、高级管理人员承担连带责任。

② 《公司法》第 51 条规定:有限责任公司成立后,董事会应当对股东的出资情况进行核查,发现股东未按期足额缴纳公司章程规定的出资的,应当由公司向该股东发出书面催缴书,催缴出资。未及时履行前款规定的义务,给公司造成损失的,负有责任的董事应当承担赔偿责任。

③ 《公司法》第 53 条规定:公司成立后,股东不得抽逃出资。违反前款规定的,股东应当返还抽逃的出资;给公司造成损失的,负有责任的董事、监事、高级管理人员应当与该股东承担连带赔偿责任。第 107 条规定:本法……第五十三条的规定,适用于股份有限公司。

④ 《公司法》第 226 条规定:违反本法规定减少注册资本的,股东应当退还其收到的资金,减免股东出资的应当恢复原状;给公司造成损失的,股东及负有责任的董事、监事、高级管理人员应当承担赔偿责任。

⑤ 《公司法》第 211 条规定:公司违反本法规定向股东分配利润的,股东应当将违反规定分配的利润退还公司;给公司造成损失的,股东及负有责任的董事、监事、高级管理人员应当承担赔偿责任。

⑥ 《公司法》第 232 条规定:公司因本法第二百二十九条第一款第一项、第二项、第四项、第五项规定而解散的,应当清算。董事为公司清算义务人,应当在解散事由出现之日起十五日内组成清算组进行清算。清算组由董事组成,但是公司章程另有规定或者股东会决议另选他人的除外。清算义务人未及时履行清算义务,给公司或者债权人造成损失的,应当承担赔偿责任。

⑦ 《公司法》第 191 条规定:董事、高级管理人员执行职务,给他人造成损害的,公司应当承担赔偿责任;董事、高级管理人员存在故意或者重大过失的,也应当承担赔偿责任。

需要特别说明的是，董事责任保险虽有其必要，但相较之下，董事责任保险对于中国公司而言仍是一个较为陌生的概念。最新《公司法》方才新增董事责任保险制度，明确公司可以在董事任职期间为董事因执行公司职务承担的赔偿责任投保责任保险[①]。在一级市场，董事责任保险，就笔者的涉猎而言并未见到类似案例，最新《公司法》施行后，这一状况有望改变。就上市公司而言，部分规定[②]涵盖了信息披露不全、信息披露不实的情形，强化了负有信息披露义务的上市公司及其董监高的民事赔偿责任，相应地，少量的董事责任保险不时见诸上市公司公告[③]。

三十二、员工股票期权

（一）示范文本

Employee Stock Options	Unless otherwise approved by the Board [or a committee established by the Board], [which approval must include the affirmative vote of(____) of the Series A Director(s),] all employee options to vest as follows: [25% after one year, with remaining vesting monthly over next 36 months]. [Immediately prior to the SeriesA Preferred Stock investment, (____) shares will be added to the option pool creating an unallocated option pool of (________) shares.]

---

① 《公司法》第 193 条规定：公司可以在董事任职期间为董事因执行公司职务承担的赔偿责任投保责任保险。公司为董事投保责任保险或者续保后，董事会应当向股东会报告责任保险的投保金额、承保范围及保险费率等内容。

② 主要的如《证券法》第 85 条规定：信息披露义务人未按照规定披露信息，或者公告的证券发行文件、定期报告、临时报告及其他信息披露资料存在虚假记载、误导性陈述或者重大遗漏，致使投资者在证券交易中遭受损失的，信息披露义务人应当承担赔偿责任；发行人的控股股东、实际控制人、董事、监事、高级管理人员和其他直接责任人员以及保荐人、承销的证券公司及其直接责任人员，应当与发行人承担连带赔偿责任，但是能够证明自己没有过错的除外。

③ 参见中航重机（600765）：《中航重机股份有限公司关于购买董监高责任险的公告》，载上海证券交易所网，http://static. sse. com. cn/disclosure/listedinfo/announcement/c/new/2023 - 03 - 15/600765_20230315_G8RP. pdf。参见科陆电子（002121）：《深圳市科陆电子科技股份有限公司关于购买董监高责任险的公告》，载巨潮资讯网，https://static. cninfo. com. cn/finalpage/2023 - 03 - 16/1216128343. PDF。

续表

员工股票期权	除非董事会[或董事会设立的委员会]另有批准,[该批准必须包括(____)名 A 系列董事的赞成票],所有员工期权按照以下进行授予:[一年后的 25%,剩余的在接下来 36 个月按月授予]。 [在进行 A 系列优先股投资之前,(____)股股票将被添加到期权池中,形成一个未分配的(____)股期权池。]

(二)内含机理

1. 一般要点

(1)"金手铐"

作为对员工服务于公司的对价,根据时间和工具按照 4 个象限进行划分情况见表 5 - 5。[①]

表 5 - 5　员工服务于公司的对价

工具＼时间	当期	远期
股权类	实际股权	期权
	限制性股权	
现金类	奖励基金(年度)	分红权和增值权
		增值权

股票期权属于远期股权类,股权意味着员工可以享受部分公司资本增值收益,远期意味着员工需要服务一段时间才能获得股权(或者获得一定量股权的资格权)。实务中典型的股权激励就是股票(股权)期权。

股权激励的意图很明显,通过一定比例的股权,将关键员工利益和公司长期增值利益进行绑定,通过股权期权这一个"金手铐",绑定公司关键员工长期持续为公司服务。投资者一般乐于出让部分利益,推动公司建立股权激励计划,以实现公司长期成长,推动公司实现更大利益。

(2)股权激励的简单要点

分期授予:非一次性,让关键员工能够在相当长的一段时间内服务于公司。

退出机制:如果关键员工中途离职了,那么授予的股份原价(或另外支付一

① 内容参考王茜 2020 年 12 月《股权激励之术及案例分享》讲座部分内容。

定利率利息)收回。

2.类型及变种

(1)来源:(创始)股东/公司

股权激励的来源,可以是创始股东(当然,也可以是包括投资人在内的所有股东),也可以是公司。如果是存量股东,股权激励的方式将会是转让;如果是公司,股权激励的方式将会是公司直接增发股权。

(2)时间点:投资前/投资后

就增发方式的员工股票期权而言,在投资前比在投资后进行对投资方来说更有利,因为一般而言员工股权激励的价格都是比较低的,如果在投资后进行,那么会稀释投资者股权。

如果是转让方式的股票期权(且如果仅仅是创始股东转让股权来进行股权激励),那么投资前和投资后进行股票期权的设定和授予,对投资者来说都是没有影响的。

(三)适用及其他

1.有限责任公司

有限责任公司通过创始股东转让方式来进行股权激励,没有操作上的障碍,章程可以进行差异化约定①。

2.股份有限公司

与有限责任公司一样,股份公司通过转让方式来进行股权激励,没有特别限制,公司章程也可以进行差异化约定②。而股份公司从《公司法》规定上来说,多了通过回购公司股份来进行股权激励的方式③,2018年新修的《公司法》,对通过回购股份(“库藏股”)进行股权激励即有了更大的操作空间,最新《公司法》实质

---

① 《公司法》第84条第3款规定:公司章程对股权转让另有规定的,从其规定。

② 《公司法》第157条规定:股份有限公司的股东持有的股份可以向其他股东转让,也可以向股东以外的人转让;公司章程对股份转让有限制的,其转让按照公司章程的规定进行。

③ 《公司法》第162条部分规定:公司不得收购本公司股份。但是,有下列情形之一的除外:……(三)将股份用于员工持股计划或者股权激励……公司因前款第三项……规定的情形收购本公司股份的,可以按照公司章程或者股东会的授权,经三分之二以上董事出席的董事会会议决议。……属于第三项、第五项、第六项情形的,公司合计持有的本公司股份数不得超过本公司已发行股份总数的百分之十,并应当在三年内转让或者注销。上市公司收购本公司股份的,应当依照《中华人民共和国证券法》的规定履行信息披露义务。上市公司因本条第一款第三项……规定的情形收购本公司股份的,应当通过公开的集中交易方式进行。

上沿用了相应规定,比例从原来的 5% 增加到 10% ,时间从 1 年增加到 3 年。

三十三、关键人员保险

(一)示范文本

Key Person Insurance	Company to acquire life insurance on Founders [name each Founder] in an amount satisfactory to the Board. Proceeds payable to the Company.
关键人员保险	公司为创始人[每位创始人的姓名]购买人寿保险,保险金额令董事会满意,保险收益应支付给公司。

(二)内含机理

1. 一般要点

关键人员保险延续了投资就是投资人的理念。

关键人士,尤其是创始人,对私募股权投资射程内企业的经营而言,有着举足轻重的地位,创始股东如果重疾或者身故,一般而言,企业经营就会陷入困境甚至绝境。关键人士保险,保费由公司出,保险金额支付给公司,可以对创始股东或关键人士的重疾或身故风险,进行一定对冲。

2. 类型及变种

无特别变种。

(三)适用及其他

可行性上,境内也可以要求公司为创始股东或关键人士购买人寿保险,受益人为公司,这是没有障碍的;尤其是在创始股东或关键人士年龄比较大/身体不太好的情况下,是很有必要的。不过需要指出的是,这一类安排按照社会通常观念可能比较敏感,实务中笔者涉猎范围未见类似安排。

三十四、IPO 定向股票

(一)示范文本

IPO Directed Shares[1]	To the extent permitted by applicable law and SEC policy, upon an IPO consummated one year after Closing, Company to use commercially reasonable efforts to cause underwriters to designate (1 – 5)% of the offering as directed shares, 50% of which shall be allocated by Major Investors.

续表

IPO 定向股票[2]	在适用法律和美国证券交易委员会政策允许的范围内，当 IPO 在交割一年后完成时，公司应尽商业上合理的努力，促使承销商将发行的(1－5)% 指定为定向股票，其中 50% 应分配给主要投资者。

注：[1] SEC Staff examiners have taken position that, if contractual right to friends and family shares was granted less than 12 months prior to filing of registration statement, this will be considered an "offer" made prematurely before filing of IPO prospectus. So, Investors need to agree to drop shares from offering if that would hold up the IPO. While some documents provide for alternative parallel private placement where the IPO does occur within 12 months, such a parallel private placement could raise integration issues and negatively affect the IPO. Hence, such an alternative is not provided for here.

[2] 美国证券交易委员会的审查人员认为，如果在提交注册申请书之前不到 12 个月就授予了朋友和家人股票的合同权利，那么这将被视为在提交 IPO 招股说明书之前过早提出的"要约"。因此，如果这会阻碍 IPO，投资者需要同意放弃发行股票。虽然一些文件规定了在 12 个月内进行 IPO 的替代性平行私募融资，但这种平行私募可能会引发整合问题，并对 IPO 产生负面影响。因此，此处不提供这种替代方案。

(二) 内含机理

1. 一般要点

"主承销商通常同意管理定向股票计划，作为对发行人的服务。承销商通常会保留高达 5% 的发行股份，并允许发行人指定多达 500 人或更多人有机会购买股票。该计划对发行人来说是一个宝贵的工具，他们利用该计划让董事、高管、员工、供应商和其他商业伙伴参与公开募股过程，希望他们通过股份分享发行人未来的成功。"①

由此可见，IPO 定向股票指的是公司在上市前，将以部分股票的认购权以 IPO 价格指定给公司员工及合作方等，在美国法语境下，这种定向股票计划多用作员工福利、商业伙伴激励的一种形式。

2. 类型及变种

无。

---

① FindLaw Attorney Writers, *Securities Registration: The SEC Cracks Down on Directed Share Programs*, FindLaw, https://corporate.findlaw.com/law－library/securities－registration－the－sec－cracks－down－on－directed－share.html.

(三)适用及其他

国内没有类似的“IPO 定向股票”制度,有点类似的操作是“突击入股”,其在 IPO 之前较短时间内(如一年内/半年内)发生,但与“IPO 定向股票”不同之处在于,其定价大多时候低于 IPO 发行价。

在中国法语境下的“突击入股”,从监管的角度上来讲,主要关注利益输送。按照早先的审核制度和实践,一、二级市场有较大的价差,突击入股有利可图,因而容易滋生利益输送。监管层面,通过加强核查入股原因、定价合理性,以及强化锁定期等方式,加强对突击入股可能存在的利益输送进行限制。

三十五、合格小企业股票

(一)示范文本

QSB Stock	Company shall use commercially reasonable efforts to cause its capital stock to constitute Qualified Small Business Stock unless the Board determines that such qualification is inconsistent with the best interests of the Company.
合格小企业股票	公司应尽商业上合理的努力,使其股本构成合格的小企业股票,除非董事会确定该资格不符合公司的最大利益。

(二)内含机理

1. 一般要点

合格小企业股票的认定要求,主要是从投资者税收层面考虑的。根据美国《国内税收法》第 1202 条的规定,纳税人(公司除外)确认持有或出售超过 5 年的“合格小型企业股票”的出售或交换收益,可以从总收入中扣除此类收益的 50%①。

2. 类型及变种

无。

(三)适用及其他

有关税收优惠的规定,中国法语境下也有类似如《创投和天使税收政策》等

① See YOKUM, *What is Qualified Small Business Stock?*, Startupcompanylawyer, http://www.startupcompanylawyer.com/2008/02/25/what-is-qualified-small-business-stock/.

规定,非本主题核心相关,不作展开。从理论上说,中国境内的股权投资实践,也可以要求标的公司符合特定条件,以满足投资人税收最优的诉求,如特定期限研发费用占比等。不过就笔者观察,实践中未见此类约定。

三十六、终止

(一)示范文本

Termination	All rights under the Investor Rights Agreement, other than registration rights, shall terminate upon the earlier of an IPO or a Deemed Liquidation Event.
终止	除注册权外,投资者权利协议项下的所有权利应在首次公开发行或视为清算事件发生时终止。

(二)内含机理

1. 一般要点

(1)IPO 的要求终止特殊权利

除了比较特殊的特别表决权("AB 股")制度外,一般 IPO 之后,从保护中小公众投资者角度上说,"同股同权"应当是基本要求。

①一般特殊权利终止规定

企业作为发行人申请 IPO 时,投资机构一般都会被要求终止股东特殊权利,主要是股东特殊权利可能不符合股份有限公司(尤其是)上市公司"同股同权"[①]的基本原则要求,并且可能会对公司股权结构的清晰稳定、实控人的控制权等产生不利影响[②]。

②估值调整机制(业绩对赌)终止规定

根据《发行类4号指引》第4-3条"对赌协议",投资机构在投资发行人时约定对赌协议等类似安排的,保荐机构及发行人律师、申报会计师应当重点就以下事项核查并发表明确核查意见:一是发行人是否为对赌协议当事人;二是对赌协议是否存在可能导致公司控制权变化的约定;三是对赌协议是否与市值挂钩;

---

① 《公司法》第143条第1款规定:股份的发行,实行公平、公正的原则,同种类的每一股份应当具有同等权利。

② 《首发注册办法》第12条第2项第2段规定:发行人的股份权属清晰,不存在导致控制权可能变更的重大权属纠纷,首次公开发行股票并在主板上市的,最近3年实际控制人没有发生变更;首次公开发行股票并在科创板、创业板上市的,最近两年实际控制人没有发生变更。

四是对赌协议是否存在严重影响发行人持续经营能力或者其他严重影响投资者权益的情形。存在上述情形的，保荐机构、发行人律师、申报会计师应当审慎论证是否符合股权清晰稳定、会计处理规范等方面的要求，不符合相关要求的对赌协议原则上应在申报前清理[①]。

③IPO 监管实务情况

实务统计的案例中，有 6 家 A 股 IPO 发行人仍成功保留了股东之间的对赌条款，例如，在伟测科技案例中：申报基准日前签订协议，公司作为义务人的回购义务、赔偿责任、连带责任保证条款终止执行，且自始无效，对各方均不具有法律约束力。控股股东及实际控制人等的股权回购义务未终止。虽然比例不高，但仍足以证明监管机构并未对对赌条款完全禁止[②]。

④合格 IPO 定义具有重要性

鉴于 IPO 时特殊权利会被终止，这对投资方的影响是根本性的，因而“合格 IPO”的定义就变得非常重要：

【市值要求】

早前的合格 IPO 定义，基本上也就定义为“在证券交易所上市”，最多增加“投资方认可的”作为限制条件。该定义并无美国法语境下的发行价格和市值的门槛，原因无他，在原来审核制下，国内一、二级市场有比较大的的价差。标的公司 IPO 上市是第一优选的退出渠道，投资方基本上都能通过公司 IPO 获得不错的投资回报，约定发行价格和市值门槛没有必要。

在科创板开板，创业板推行注册制之后，中国的 IPO 发行体制很快趋同于美国法语境下的注册制。在当前的发行实践中，不少项目已经出现了“倒挂”，未来此种情况应当会越来越普遍，因而中国实践中的“合格 IPO”定义，未来可以预见

① 被废止的旧规，规定精神类似，已被废止的《审核问答(二)》问题 10 提出：“部分投资机构在投资时约定有估值调整机制(对赌协议)，发行人及中介机构应当如何把握？”其解答为：“PE、VC 等机构在投资时约定估值调整机制(一般称为对赌协议)情形的，原则上要求发行人在申报前清理对赌协议，但同时满足以下要求的对赌协议可以不清理：一是发行人不作为对赌协议当事人；二是对赌协议不存在可能导致公司控制权变化的约定；三是对赌协议不与市值挂钩；四是对赌协议不存在严重影响发行人持续经营能力或者其他严重影响投资者权益的情形。保荐人及发行人律师应当就对赌协议是否符合上述要求发表专项核查意见。发行人应当在招股说明书中披露对赌协议的具体内容，对发行人可能存在的影响等，并进行风险提示。”

② 参见方达律师事务所资本市场组：《A 股 IPO 中股东特殊权利条款清理问题分析》，载微信公众号“方达律师事务所”2023 年 7 月 10 日，https://mp.weixin.qq.com/s/FB4wPjmC4nkUbiuJwIpxqg。

应该会与美国法语境下趋同，即可能会在IPO的基础上，增加市值的要求。

在这里需要特别指出的是，市值对赌条款可能会越来越常见，但是其有效性是受到司法的挑战的，有关讨论详见下篇第五章第二节“二十六、注册权”部分有关市值对赌条款司法有效性挑战的讨论。

【“新三板”】

在新三板(NEEQ)开板后，市面上的合格IPO定义有了变化，因为新三板类似于一个“证券交易所”，但是没有真正证券交易所的流动性，因而合格IPO定义基本会增加“新三板除外”的表述。

(2)视为清算即投资方实现了投资目的

清算或视同清算情形发生时，投资方投资“变现”，应当来说实现了投资的目的(当然，实际操作中，也可能不挣钱甚至是亏钱，但至少投资的股权“变现了”)，因而此时要求投资者特殊权利终止，也是合理的。

2.类型及变种

(1)终止范围

通常“特殊”的权利全部终止，但实务中，也有投资人会要求“董事、监事席位”予以保留。

(2)终止时点

一般而言，肯定是需要公司IPO或视为清算事件成功完成了，才能终止。

第一，一般特殊权利终止时点与恢复时点。

一是终止时点。

实践中，发行人A股IPO通常会按照图5-2的时间顺序推进。①

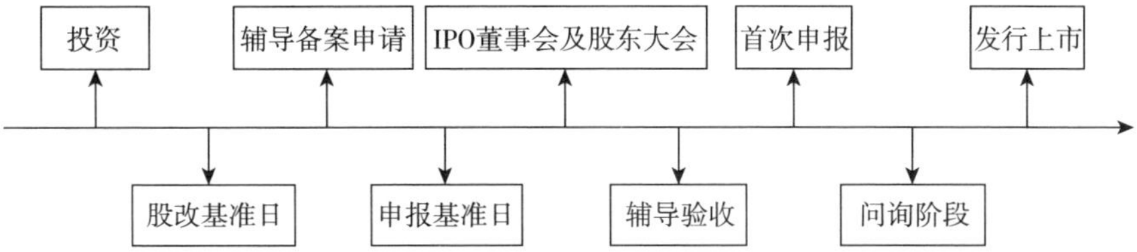

图5-2　一般IPO过程

① 参见海问律师事务所：《海问·观察｜投后管理实务之A股IPO投资人特殊权利终止与恢复》，载微信公众号“海问律师事务所”2021年12月2日，https://mp.weixin.qq.com/s/b9JqeIB2oeavgIGB-LjZpg。

实务中,通常会约定特殊权利在上述某个时点一次性被全部终止(较为常见的是在首次申报时终止)。

二是恢复时点。

恢复时点一般定位 IPO 失败,需要注意的是,从涵盖情况全面性角度考虑,不止要包含被否决、暂缓,还应该包括主动撤回 IPO 申请、发行未成功的情况等,具体可以详细罗列情形如下:[①]其一,自发行人改制为股份公司之日起一定时间内(如 12 个月)或者自公司向证监局提交辅导验收申请之日起一定时间内(如 3 个月)未通过证监局辅导验收,或证监局作出不予辅导验收的决定,或发行人主动撤回辅导验收申请;其二,发行人在通过证监局辅导验收之日起一定期限内(如 6 个月或 12 个月)未取得有关证券监管部门对发行人上市申请的受理函;其三,有关证券监管部门作出不予受理、不予同意公司的上市申请、否决其上市申请或其他终止审核的决定;其四,发行人的上市申请因任何原因被撤回、退回或撤销;其五,发行人的上市保荐人撤回对发行人的上市保荐;其六,经发行人的上市保荐人及发行人董事会根据其他客观条件合理认定发行人上市申请将无法获得通过;其七,出现因涉嫌违法违规被行政机关调查、司法机关侦查而被审核机关终止/中止上市申请审查且行政机关、司法机关的调查、侦查结果对发行人上市申请构成实质障碍的;其八,发行人未在向有关证券监管部门正式递交上市申请之日起一定期限内(如 18 个月)通过该证券监管部门的审核;其九,发行人在收到有关证券监管部门准予公司发行上市的决定之日起一定期限内(如 12 个月)未完成上市。

这里需要特别指出的一点是,带有恢复情况的"终止"条款,实际上应当是"中止",只不过实务中给予 IPO 监管要求一般协议列明的是"终止"。

第二,涉及发行人支付现金补偿的特殊权利。

根据《监管指引会计 1 号》第 1 - 1 条特殊股权投资的确认与分类的规定:对于附回售条款的股权投资,投资方除拥有与普通股股东一致的投票权及分红权等权利之外,还拥有一项回售权,例如投资方与被投资方约定,若被投资方未能满足特定目标,投资方有权要求按投资成本加年化 10% 收益(假设代表被投资方在市场

---

① 参见海问律师事务所:《海问 · 观察 | 投后管理实务之 A 股 IPO 投资人特殊权利终止与恢复》,载微信公众号"海问律师事务所"2021 年 12 月 2 日,https://mp. weixin. qq. com/s/b9JqeIB2o eavgIGB - LjZpg。

上的借款利率水平）的对价将该股权回售给被投资方。该回售条款导致被投资方存在无法避免向投资方交付现金的合同义务……从被投资方角度来看，由于被投资方存在无法避免的向投资方交付现金的合同义务，应分类为金融负债进行会计处理。

基于上述会计处理对发行人财务报表的影响，实务中，发行人及其 IPO 中介机构（主要是审计机构）可能会要求投资人享有的回购权、反稀释权等特殊权利中涉及由发行人承担支付义务的条款于股改基准日或者申报基准日前彻底终止（如益方生物案中反稀释权、回购权项下涉及公司的义务及优先清算权于股改基准日终止；亚虹医药案中回购权、反稀释权、优先清算权、拖售权项下涉及公司或其子公司为责任主体的约定于股改基准日终止；迪哲医药案中回购权、反稀释权、优先清算权、共同出售权和拖售权等所有特殊权利于申报基准日终止）①。

（三）适用及其他

就 IPO 而言，我国的审核机构一般都要求终止/废除“对赌”协议，以科创板为例：

根据《发行类 4 号指引》第 4－3 条“对赌协议”，投资机构在投资发行人时约定对赌协议等类似安排的，保荐机构及发行人律师、申报会计师应当重点就以下事项核查并发表明确核查意见：一是发行人是否为对赌协议当事人；二是对赌协议是否存在可能导致公司控制权变化的约定；三是对赌协议是否与市值挂钩；四是对赌协议是否存在严重影响发行人持续经营能力或者其他严重影响投资者权益的情形。存在上述情形的，保荐机构、发行人律师、申报会计师应当审慎论证是否符合股权清晰稳定、会计处理规范等方面的要求，不符合相关要求的对赌协议原则上应在申报前清理②。

---

① 参见海问律师事务所：《海问 · 观察｜投后管理实务之 A 股 IPO 投资人特殊权利终止与恢复》，载微信公众号“海问律师事务所”2021 年 12 月 2 日，https://mp.weixin.qq.com/s/b9JqeIB2o eav-gIGB－LjZpg。

② 被废止的旧规，规定精神类似。已被废止的《审核问答（二）》问题 10 提出：“部分投资机构在投资时约定有估值调整机制（对赌协议），发行人及中介机构应当如何把握？”其解答为：“PE、VC 等机构在投资时约定估值调整机制（一般称为对赌协议）情形的，原则上要求发行人在申报前清理对赌协议，但同时满足以下要求的对赌协议可以不清理：一是发行人不作为对赌协议当事人；二是对赌协议不存在可能导致公司控制权变化的约定；三是对赌协议不与市值挂钩；四是对赌协议不存在严重影响发行人持续经营能力或者其他严重影响投资者权益的情形。保荐人及发行人律师应当就对赌协议是否符合上述要求发表专项核查意见。发行人应当在招股说明书中披露对赌协议的具体内容，对发行人可能存在的影响等，并进行风险提示。”

就时间点而言。从投资方的利益角度来看,IPO完成之后权利终止安排是最佳的,但是考虑到IPO审核实践,一般都会要求提前。有的是要求在申报材料被受理之日终止,有的是要求标的公司提交IPO辅导备案时终止,有的是要求在之前提前另行签订协议终止,对投资方来说,一般可以接受的是申报材料被受理之日终止。对于公司来说,针对公司的对赌协议的解除/终止的时间点最好是放在财务报告出具日之前,否则,根据中国证监会2023年2月发布的《发行类4号指引》"第4-3条对赌协议"的规定,公司需补充提供协议签订后最新一期经审计的财务报告。

就能否恢复而言。以往IPO审核实践都是需要完全终止的,即便IPO不成功也不能恢复。不过时有特例,2020年5月14日,四会富仕电子科技股份有限公司首次公开发行并在创业板上市获中国证监会审核通过,四会富仕电子科技股份有限公司是真正意义上带着对赌协议过会的首例[①]。

三十七、优先购买权/共同出售协议和表决权协议

(一)示范文本

RIGHT OF FIRST REFUSAL/CO-SALE AGREEMENT AND VOTING AGREEMENT
优先购买权/共同出售协议和表决权协议

(二)内含机理

广义上来说,优先购买权/共同出售权和表决权协议都可以涵盖在"投资方权利协议"中。国内的实践中,可以通过补充协议,或通过股东协议(作为一个约定特殊权利的"大协议")涵盖约定前述内容。

当然,特别情形下,也可以将相应的内容独立成一个或多个协议。这些特别情形可能包括:(1)特定投资人对某些特殊权利有详细要求,独立成一个协议。如表决权协议,就某些战略投资者来说,需要对标的公司经营事项作相对事无巨细的约定,有独立成一个表决/经营权协议的需要;(2)涉及多个同轮投资人且标的公司比较强势的情况下,就某些权利可能只约定由某个或某几个投资人行使,则可能就特定权利与特定投资人单独签订协议;(3)涉及多个同轮投资人且诉求

---

① 参见莫言惜:《IPO实务丨从四会富仕IPO的顺利过会看对赌协议的监管风向》,载微信公众号"证法笔记"2020年8月18日,https://mp.weixin.qq.com/s/gfVlmwr-pzskYaciC4ePww。

不一,各投资人之间就协议短时间内很难达成一致,有时也会由创始团队(或公司)分别与各个投资人就特定事项(权利)签订协议。

三十八、优先购买权和共同出售权

(一)示范文本

Right of first Refusal/ Right of Co – Sale (Take-me-Along)	Company first[1] and Investors second [(to the extent assigned by the Board of Directors,)] will have a right of first refusal with respect to shares of capital stock of the Company proposed to be transferred by Founders [and employees holding greater than (1)% of Company Common Stock (assuming conversion of Preferred Stock)],[2] [with a right of oversubscription for Investors of shares unsubscribed by the other Investors].[3] Before any such person may sell Common Stock, he will give the Investors an opportunity to participate in such sale on a basis proportionate to the amount of securities held by the seller and those held by the participating Investors.[4] These rights of first refusal and co – sale shall be subject to certain standard exceptions.[5]
优先购买权/共同出售权(带我一起走)	对创始人[和持有公司普通股(1)%以上的员工(假设优先股转换)]拟转让其持有的公司股权,公司第一顺位[6]和投资者第二顺位[(在董事会指定的范围内,)]将有优先购买权,[7][且投资者有权超额认购其他投资者未认购的股份]。[8]在任何该等人士出售普通股之前,该等人士将给予投资者一个参与该等出售的机会,该等出售机会按照卖方与参与出售的投资者持有证券的相对比例行使。[9]这些优先购买权和共同出售权应受到某些标准例外情况的限制。[10]

注:[1]Investors may take the position that they should be granted the primary right of first refusal with respect to transfers by the Founders based on the arguments that (a) a redemption of Founder stock by the Company may constitute a preferred distribution that would deplete the Company of cash that ought to be reinvested into operations or otherwise used to pay accumulated dividends on the Series A Preferred Stock, and (b) the Investors want the first opportunity to increase their percentage ownership, rather than having a Company redemption increase all shareholders' percentage ownership pro rata. Note the interplay between this provision and the Investors' protective provision with respect to Company purchases or redemptions of stock. Investors may be less concerned with the Company being granted the primary right of first refusal if such protective provision does not contain an exception for the Company's exercise of such right.

[2] In larger financings involving multiple Investors with one or more lead Investors or significant partic-

ipation from strategic Investors, the lead Investors or strategic Investors may seek rights of first refusal and co-sale from other Investors participating in the financing. Among other reasons, lead Investors may wish to have some control over changes in the composition of the Investor group, and strategic Investors will view it as a mechanism to prevent other, competing strategic participants from becoming affiliated with the Company. When confronted with such a request, the Company should consider how such provisions will affect its ability to fill out the round, and the added complexity that will result.

[3] The Founders may insist on language making clear that the right of first refusal only applies to the extent that the Company and the Investors collectively will purchase all (rather than any portion) of the shares sought to be transferred by the Founder. The ability of the Company and the Investors to purchase less than all of the shares sought to be transferred may have a significant chilling effect on a Founder's ability to sell the balance of the shares at a favorable price.

[4] The exercise of a right of co – sale raises certain issues regarding the terms on which Investors may participate in the sale by the Founder or other stockholder, some of which the Company, Founders and Investors may wish to negotiate at the term sheet stage. See footnote under the drag along provision for further discussion on this point.

[5] Certain exceptions are typically negotiated, e. g. , estate planning, de minimis transfers, any sale to the public pursuant to an effective registration statement or any bona fide gift to a charitable organization. The Company or Founders may wish to include these exceptions in the term sheet rather than defer negotiation to the definitive documents.

[6] 投资者可能会采取这样的立场,即投资者应当被赋予对创始股东转让股权的最高优先购买权,该立场基于以下论点,即(a)公司赎回创始人股票可能构成优先分配,从而耗尽公司本应被用于再投资于经营,或被用于支付 A 系列优先股累计股息的现金,以及(b)投资者希望有最优先机会增加其持股比例,而不是通过公司赎回以按比例增加所有股东的持股比例。注意这项规定与投资者保护性条款(涉及公司购买或赎回股票事项)之间的相互作用。如果该等保护性条款不包含公司行使优先购买权的例外情况,投资者可能不太关心公司被授予优先购买权。

[7] 在涉及多个投资者且有一个或多个领投投资者或有战略投资者重大参与的大型融资中,领投投资者或战略投资者可能向参与融资的其他投资者寻求优先购买权和共同出售权。除其他原因外,主要投资者可能希望对投资者群体组成的变化拥有一定的控制权,战略投资者将其视为防止其他竞争性战略参与者加入公司的机制。当遇到这样的请求时,公司应该考虑这些条款将如何影响其完成该轮次的能力,以及由此产生的额外复杂性。

[8] 创始人可能会坚持明确表述,优先购买权仅适用于本公司和投资者集体购买创始人拟转让的全部(而非任何部分)股份的情况。公司和投资者购买少于所有拟转让股份的权利可能会对创始人以优惠价格出售剩余股份的权利产生重大的寒蝉效应。

[9] 共同出售权的行使引起了一些关于投资者可以参与创始人或其他股东出售的条款的问题,就

其中一些条款，公司、创始人和投资者可能希望在条款清单阶段进行谈判。关于这一点的进一步讨论，见拖售条款下的脚注。

[10] 某些例外情况通常经过协商，例如，遗产规划、最低限度的转让、根据有效注册声明向公众出售或向慈善组织提供任何善意赠与。公司或创始人可能希望将这些例外情况纳入条款清单，而不是推迟到最终文件的谈判。

（二）内含机理之转让限制

1. 广义的转让限制

在讨论投资人的优先购买权和共同出售权之前，其实有一个前置的可以进行约定的权利——投资方对创始股东转让股权的限制，即未经投资方书面同意，创始股东不得转让其直接或间接持有的公司股权。

从宽泛意义上看转让限制，非经同意不得转让、优先购买权和共同出售权实际上都可以归入投资人对创始股东的转让限制，即前述三种安排，都对创始股东转让股权设置了一定的前置条件，或造成了一定的“障碍”，客观上均构成对创始股东“自由”转让股权的限制。

2. 内含机理

转让限制的首要考虑是防止创始股东“套现”，创始股东（不受限制/过度的）套现，会降低创始股东在公司的持股比例，影响对创始股东的“股权绑定”，同时，在公司价值获得较大提升之前（尤其是在投资方投资利益得到较大提升并最终可以兑现之前），创始股东过早获得大量现金可能会导致其丧失创业激情，最终不利于投资方利益的实现。

需要指出的是，如果有第一层的转让限制，那么仅从控制创始股东套现的角度看，投资人可能对第二层和第三层的转让限制就没有那么大的要求。因为限制了第一层的转让，第二层和第三层都没有机会发生，同时投资人可以就特定转让情形用第一层的限制为杠杆，与创始股东谈判第二层和第三层的权利。

实务中，转让限制可能会安排一定例外，如通过转让一定比例股权的股权激励，创始团队不实质改变持股权益、为税务筹划等合理目的进行的转让操作，或是在不改变实际控制权情形下限制比例的套现，这类情形有其例外安排的妥当理由，具体详见下篇第五章第二节“十七、反稀释条款”部分的相关内容。

需要特别指出的是，从投资人的角度看，仅仅作第一层限制，能实现的效果仅仅是对投资者进行“消极”保护，而第二层和第三层限制，能让投资者主动出击，强化自己的权益,因而第二层和第三层限制,对投资者来说也是有特殊意义的,详细展开见下文讨论。

(三)内含机理之优先购买权

1. 一般要点

(1)正向:投资人增持的机会

投资人优先购买权的设置,首要是为了在创始股东转让股权的情况下,有第一顺位的增持的权利。在公司估值不断提升,未来前景看好的情况下,前述增持的权利对投资人来说尤为重要,而且具体的条文可以明确为投资者或其关联方甚至其指定的第三方,以增加投资机会分配的灵活性。

(2)反向:排斥不欢迎第三方

优先购买权设置的一个反向作用是,投资者可以利用该权利排斥其不欢迎的第三方潜在进入者。如果有投资者不欢迎的竞争者拟通过受让创始股东股权进入公司,投资方就可以通过行使优先购买权,以阻却不受欢迎的竞争者成为公司股东。

2. 类型及变种

(1)优先的程度

优先购买的"优先"可以有不同的程度,对投资人来说,最优到次优的安排可以是:优先于所有其他方(包括创始股东、原股东、其他投资方)→优先于原股东和创始股东(与其他投资方同比例)→按照相对持股比例优先购买拟出售股权。

(2)可以有的例外

通常的优先购买例外,可以是创始股东本身持股架构的合理重整(如不涉及套现的税务筹划)、创始股东一定比例的转让(满足创始股东一定合理套现需要)、因股权激励而发生的转让等。

(四)优先购买权适用及其他

1. 有限责任公司

有限责任公司可以通过章程,完全安排投资人的优先购买权[①]。

2. 股份有限公司

就股份有限公司股东股权转让设置优先购买权,最新《公司法》留出了足够

---

① 《公司法》第 84 条第 3 款规定:公司章程对股权转让另有规定的,从其规定。

的制度空间[①],即可以通过章程来设置投资人的优先购买权。有待实务观察的是,如果投资人和创始股东通过合同合同形式约定股份转让的优先购买权,此种约定是否当然无效。

最新《公司法》新增股东失权制度[②]。针对失权的股权,实际上发生了类似于“转让”的效果,对此,可以考虑作如下安排:因催缴出资而失权的股权,投资方享有优先购买权,若投资人不行使优先购买权,公司应当相应减少注册资本并注销该失权股权。一定期限(如6个月)内该失权股权未完成转让或者注销的,由除投资人以外的公司其他股东自行受让该等失权股权并履行相应的实缴出资义务,投资人不承接该失权股权、不履行对应实缴出资责任。投资人及投资人委派董事,就其他股东未足额实缴而产生的任何责任(包括但不限于被强制承担部分实缴出资义务、对第三方进行赔偿、行政罚款责任等)应当免于承担任何责任。若投资人/其委派董事实际承担了相应责任/损失,则公司、实际控制人应共同且连带地补偿、赔偿投资人及其委派董事。

(五)内含机理之共同出售权

1. 一般要点

(1)正向:投资人退出机会

在创始股东有退出安排的时候,如果投资方认为价格合适,赋予投资方一个共同出售的权利,使投资方能够获得一个全部/部分退出的权利。

(2)反向:限制创始人“先跑”

共同出售权的潜在作用在于,投资方共同出售能够“挤压”创始股东转让的额度/比例,甚至一定程度能够让创始股东放弃转让,结果就是,能够避免创始股东“先跑路”。

---

① 《公司法》第157条规定:股份有限公司的股东持有的股份可以向其他股东转让,也可以向股东以外的人转让;公司章程对股份转让有限制的,其转让按照公司章程的规定进行。

② 《公司法》第52条规定:股东未按照公司章程规定的出资日期缴纳出资,公司依照前条第一款规定发出书面催缴书催缴出资的,可以载明缴纳出资的宽限期;宽限期自公司发出催缴书之日起,不得少于六十日。宽限期届满,股东仍未履行出资义务的,公司经董事会决议可以向该股东发出失权通知,通知应当以书面形式发出。自通知发出之日起,该股东丧失其未缴纳出资的股权。依照前款规定丧失的股权应当依法转让,或者相应减少注册资本并注销该股权;六个月内未转让或者注销的,由公司其他股东按照其出资比例足额缴纳相应出资。股东对失权有异议的,应当自接到失权通知之日起三十日内,向人民法院提起诉讼。第107条规定:本法第四十四条、第四十九条第三款、第五十一条、第五十二条、第五十三条的规定,适用于股份有限公司。

2. 类型及变种

(1)优先的程度

按对投资人最有利到次有利的安排,可以是优先于所有股东(包括创始股东和其他投资人)出售→优先于创始股东(与其他投资人按持股比例)出售→与所有股东(包括所有投资人和创始股东)按照持股比例共同出售。

(2)可以有的例外

共同出售权可以有例外,例外的情形与上文“优先购买权”的例外情形类似,可以同比参照。

(六)共同出售权适用及其他

1. 有限责任公司

有限责任公司可以通过章程,完全安排投资人的共同出售权①。

2. 股份有限公司

就股份有限公司股东股权转让设置共同出售权,最新《公司法》留出了足够制度空间②,即可以通过章程来设置投资人的共同出售权。有待实务观察的是,如果投资人和创始股东通过合同合同形式约定股份转让的共同出售权,此种约定是否当然无效。

三十九、董事会/表决协议

(一)示范文本

Board of Directors/Voting Agreement[1]	Immediately after the Closing, the Board will consist of [________] members. The holders of Series A Preferred Stock will have the right to designate [____] director(s) with [______] having the right to designate [____] director(s)[2], who initially will be [____________]. The holders of the Common Stock will be entitled to designate [______] director(s), one of whom will be the Chief Executive Officer of the Company, and who initially will be [__________________]. The Series A Preferred Stock and

① 《公司法》第 84 条第 3 款规定:公司章程对股权转让另有规定的,从其规定。

② 《公司法》第 157 条规定:股份有限公司的股东持有的股份可以向其他股东转让,也可以向股东以外的人转让;公司章程对股份转让有限制的,其转让按照公司章程的规定进行。

续表

	Common Stock, voting as one class, will be entitled to designate [________] director(s) who are not employed by the Company and who are mutually acceptable [to the Founders and Investors][to the other directors].[3] The directors shall be entitled to reimbursement of reasonable costs of attendance at meetings of the Board.[4]
董事会/表决协议[5]	交割一结束，董事会将立即由[____]名成员组成。A系列优先股持有人将有权指定[____]名董事，而[____]有权指定[____]名董事[6]，最初名单为[____]。 普通股持有人将有权指定[____]名董事，其中一名董事将会是本公司的首席执行官，且最初为[____]。A系列优先股和普通股作为一个类别进行表决，将有权指定[____]名未受雇于本公司且[创始人和投资者][其他董事]共同接受的董事。[7] 董事有权报销出席董事会会议的合理费用。[8]

注：[1] Investor counsel sometimes will seek to have the Investors' Board of Director rights imbedded in the Company's charter with the view that such approach creates a right that the Investors may exercise without cooperation from any other stockholder and which may be more enforceable in the event of a dispute. The Company often will object to this on the basis that it creates undue complexity and can result in significant complications and formality with respect to the management of such rights.

[2] The mechanics for determining how the directors to be designated by the holders of the Series A Preferred Stock vary depending upon the composition of the Investor group. Lead Investors often will require that they have the right to choose at least one of such directors. Alternatively, where the Investor group is evenly balanced, such directors may be chosen by a majority of the holders of Series A Preferred Stock. Similar issues may arise with respect to the designation of the Common Stock directors. Investors who are unable to control the designation of the preferred directors may negotiate for the right to appoint an observer to attend meetings of the Board of Directors. Additionally, the Company may seek to limit the number of preferred directors by instead offering the Investors the right to designate one or more observers. Accordingly, this provision may be drafted in a number of different ways to reflect the various mechanics and rights.

[3] The Company, Founders and Investors sometimes may require more stringent independence requirements for such directors in addition to being non-employees. For example, in instances in which the balance of Investor and Founder representation on the Board of Directors is heavily negotiated, the parties may be able to reach a compromise by agreeing on a certain number of additional directors who satisfy more stringent independence requirements.

[4] The Company may wish to negotiate for certain limitations to the obligation to reimburse directors

forcost s of attendance at meetings, including clarifying that only travel related expenses will be reimbursed and that such reimbursement must be in accordance with the Company' s travel policies applicable to executive officers. While such an approach may be reasonable, the dynamics of the negotiations and relationship between the Company and the Investor group may be such that the Company does not want to raise this issue at the term sheet stage. Some Investors may resist for purely administrative reasons or on the basis of not wanting to be second – guessed on such matters.

[5] 投资者法律顾问有时会要求将投资者董事会的权利嵌入公司章程中,认为这种方法创造了一种投资者可以在没有其他股东合作的情况下行使的权利,并且在发生争议时可能更具可执行性。公司通常会反对这种做法,因为这会造成不必要的复杂性,并可能导致此类权利管理方面的严重复杂和形式化。

[6]决定 A 系列优先股持有人如何指定董事的机制,因投资者群体的组成而有所不同。领投投资者通常会要求他们有权选择至少一位这样的董事。或者,如果投资者群体均衡,则此类董事可由 A 系列优先股的大多数持有人选择。普通股董事的任命也可能出现类似的问题。无法控制优先股董事指定的投资者,可以协商指定观察员出席董事会会议的权利。此外,本公司可通过向投资者提供指定一名或多名观察员的权利来限制优先股董事的人数。因此,这个条款可以以多种不同的方式起草,以反映各种机制和权利。

[7] 对这些额外的未受雇于公司的董事,公司、创始人和投资者有时可能会需要更加严格的独立性要求。例如,在投资者和创始人在董事会的代表权平衡问题上进行了大量谈判的情况下,双方可能会通过商定一定数量的满足更严格独立性要求的额外董事而达成妥协。

[8] 公司可能希望就报销董事出席会议费用义务的某些限制进行协商,包括澄清仅报销与差旅有关的费用,并且此类报销必须符合适用于高管的公司差旅政策。虽然这种方法可能是合理的,但公司与投资集团之间的谈判和关系的动态情况可能使公司不想在条款清单阶段提出这一问题。一些投资者可能纯粹出于行政原因或基于不想在此类问题上被人猜测而抵制。

(二)内含机理

1. 一般要点

董事席位是投资方有限参与的重要途径。

董事席位涉及股权投资信息不对称、参股不控股、投资不经营、投后有增值等特点。因为信息不对称、参股不控股、投资不经营,因而对公司了解有限、影响很小,董事席位的设置,可以一定程度对冲前述不利因素。此外,董事席位的存在,使投资人能够有效了解公司重大经营事项、参与讨论、一定程度参与决策,也是投资方投资公司后的重要增值服务手段之一。

2. 类型及变种

(1)投资方董事席位

投资方要求董事席位是自然的,但如果存在多轮次投资、每轮次投资有多个不同投资方，每个投资方都有委派董事席位的权利，那么董事会就会很庞大，因而，有时候也会对董事席位进行限制。

通常的限制方法有：一定比例以上的投资人才有委派董事的权利，某个轮次的投资人有共同委派一个席位董事的权利。

(2)创始团队董事席位

对创始团队来说，一般的要求是创始团队能够控制董事会席位的多数。

(3)公司董事席位数

一般常见的是奇数，因为这较少出现僵局。不过相关法律法规并未强制规定董事会席位不能为偶数，实务中，有不少上市公司董事为偶数，只要章程规定了出现“平局”该如何处理，比如将相应事项提交下一次董事会审议/提交股东会审议，安排偶数董事也并无不可①。

(三)适用及其他

在中国法语境下，有限责任公司和股份有限公司的董事均只能通过选举来产生②，不能直接委派、指定、任命。投资方董事席位的实现，可以通过合同约定让创始股东在投资后保证投资方提名的董事当选。最新《公司法》新增股东会对董事的无因解除权及董事的损害赔偿请求权③。这意味着，尽管被“无因解任”的董事可以要求公司予以赔偿，但理论上来说，任何董事（包括投资方提名/委派董事）都有可能被股东会“无因解任”。实务中，可以考虑通过合同约定，投资方就其委派董事的解任事项，在股东会层面拥有一票否决权，或者同时约定非经投资方事先书面同意，实控人不得（通过股东会）解任投资方提名/委派董事，如有违反则触发回购等。

就董事会的席位数量而言，《公司法》仅规定了下限，并没有强制规定是否要

---

① 参见金祥慧：《当董事会席位数为偶数……》，载微信公众号“信披一点通”2017 年 2 月 27 日，https://mp.weixin.qq.com/s/8XXw-nnVDzg4yqgiARmImg。

② 《公司法》第 59 条第 1 款第 1 项规定：股东会行使下列职权：(一)选举和更换董事、监事。

③ 《公司法》第 71 条规定：股东会可以决议解任董事，决议作出之日解任生效。无正当理由，在任期届满前解任董事的，该董事可以要求公司予以赔偿。

奇数①,中国上市公司中,也有不少偶数董事的案例,参照而言,设置偶数董事席位数也是可以的。

四十、拖售

(一)示范文本

Drag Along	Holders of Preferred Stock and the Founders [and all current and future holders of greater than [1] % of Common Stock (assuming conversion of Preferred Stock and whether then held or subject to the exercise of options)] shall be required to enter into an agreement with the Investors that provides that such stockholders will vote their shares[1] in favor of a Deemed Liquidation Event or transaction in which 50% or more of the voting power of the Company is transferred [for a price that is greater that [2] times the aggregate liquidation preference of the Preferred Stock provided that the purchase price is paid in accordance with the terms of the liquidation preference set forth herein], approved by [the Board of Directors] [and the holders of a [majority] [super majority] of the outstanding shares of Preferred Stock, on an as – converted basis]. [2]
拖售	优先股持有人和创始股东[以及持有超过[1]%普通股的所有当前和未来持有人(假设优先股转换,且无论当时持有,还是受制于行使期权)]应与投资者签订协议,约定这些股东将投票[3]同意一个视为清算事件或一项公司50%或以上的投票权被[以高于优先股清算优先总额[2]倍的价格,且购买价格按照本协议规定的清算优先权条款进行支付的]转让的交易,前述交易经[董事会]和[多数][绝大多数]发行在外优先股股份的持有人(在视同转换的基础上)批准]。[4]

注:[1] In addition to requiring stockholders to vote their shares in favor of a transaction, Investors may want to require that the drag – along agreement require stockholders to sell their shares in a similar transaction if it is structured as a stock sale rather than a merger or asset sale. Regardless of whether or not such a requirement is included and what the structure of a drag – along transaction is, the mechanics of a drag – along raise

① 《公司法》第 68 条第 1 款前段规定:有限责任公司董事会成员为三人以上……。第 75 条前段规定:规模较小或者股东人数较少的有限责任公司,可以不设董事会,设一名董事,行使本法规定的董事会的职权。第 120 条第 2 款部分规定:本法……第六十八条第一款……的规定,适用于股份有限公司。第 128 条前段规定:规模较小或者股东人数较少的股份有限公司,可以不设董事会,设一名董事,行使本法规定的董事会的职权。

issues regarding the non – economic terms on which stockholders may be dragged along. For example, stockholders who are being dragged – along understandably may not be willing to execute the operative transaction agreement to make representations and warranties (whether personal or with respect to the Company), be obligated to any extent with respect to indemnification in favor of the buyer or make post – closing covenants such as covenants not to compete. However, the buyers often will insist on at least some of the stockholders being parties to such provisions, and the drag – along right may have little value absent the Investors' ability to require stockholders to do more than just vote in favor of the proposed transaction. Common compromises included in term sheets are that only Founders will be required to execute the transaction documents, limitations the representatives and warranties required to be made by Founders or that no stockholder will be required to agree to any potential indemnification liability in excess of a percentage of their proceeds from the transaction. There are no easy answers to these issues, but the parties should be cognizant of them and may want to confront them at a basic level in the term sheet.

[2] Additional or alternative conditions to the Investors' exercise of the drag – along right may be negotiated, including the requirement of a fairness opinion from an independent investment bank, approval by independent directors or Founder directors, consideration being limited to cash or marketable securities and numerous others.

[3] 除了要求股东投票赞成一项交易外，投资者可能还想要求，如果拖售协议被安排为股票出售而不是合并或资产出售，则拖售协议要求股东在类似交易中出售其股份。不管是否包括这一要求，以及拖售交易的结构如何，拖售机制都会引起股东可能被拖售的非经济条款的问题。例如，可以理解被拖售的股东可能不愿意签署有效的交易协议来作出陈述和保证（无论是个人的还是与公司有关的），在任何程度上有义务以买方为受益人进行赔偿，或作出交割后保证，如竞业禁止保证。然而，买方通常会坚持至少有一部分股东成为此类条款的当事方，如果投资者没有能力要求股东做更多的事情而不仅仅是投票赞成拟议的交易，那么拖售权可能没有什么价值。条款清单中包含的常见妥协方案是，只有创始人才被要求签订交易文件，限制要求创始人作出的陈述和保证，或股东不需要同意任何超过其交易收益百分比的潜在赔偿责任。这些问题没有简单的答案，但各方应认识到这些问题，并可能希望在条款清单的基本层面上面对这些问题。

[4] 投资者行使拖售权的额外或替代条件是可以协商的，包括要求独立投资银行出具公平意见，独立董事或创始人董事的批准，对价仅限于现金或有价证券和其他许多条件。

（二）内含机理

1. 一般要点

（1）投资人重要退出渠道

拖售条款意味着，如果一项出售的受让方有更多股权的诉求，投资者可以强制要求创始股东转让其持有的公司全部/部分股权，这样拓宽了投资方退出渠道。

(2)控股权溢价

投资者往往是小股东,如果投资者只卖掉自家的股权,接盘方就还是只能做小股东,对于一些投资人尤其是战略投资人而言,控股权对于其更有吸引力,而且还存在“控股权溢价”,赋予投资方拖售权,能够使投资方通过拖售的方式享受到拖售权溢价,实现更大的收益。

(3)创始团队的重大权利让渡

创始团队一般拥有公司的控制权,而在拖售条款适用的时候,创始团队将“被迫”丧失控制权,因而对创始团队而言,该条款需要被细细检视,至少,需要在列出足够多的限制条件之后才能接受。

2. 类型及变种

(1)拖售辐射范围

从拖售权主体来说,每个投资人都被赋予拖售权,是比较少见的。常见的是持股比例较大的投资人拥有拖售权,或者按照类型(如某轮次多数表决权,或者所有投资人多数)被赋予拖售权。

从拖售权对象来说,通常仅仅是创始团队成为拖售对象,少量案例里面,也能见到(小)投资人成为拖售对象。

(2)拖售前置条件

常见的拖售前置条件:一是拖售估值,即公司控股权价格高到一定程度以上,才能够拖售,否则可能会有贱卖公司的道德风险;二是公司陷入困境,投资人无法退出,如发生创始人回购不能,甚至公司接近破产时。

(三)适用及其他

1. 有限责任公司

有限责任公司可以通过章程,完全安排投资人的拖售权①。

2. 股份有限公司

就股份有限公司股东股权转让设置拖售权,《公司法》留出了制度空间②,即可以通过章程来设置投资人的拖售权。有待实务观察的是,如果投资人和创始股东通过合同合同形式约定股份转让的拖售权,此种约定是否当然无效。

① 《公司法》第 84 条第 3 款规定:公司章程对股权转让另有规定的,从其规定。

② 《公司法》第 157 条规定:股份有限公司的股东持有的股份可以向其他股东转让,也可以向股东以外的人转让;公司章程对股份转让有限制的,其转让按照公司章程的规定进行。

四十一、公司对投资者出售的优先购买权

(一)示范文本

Company Right of First Refusal on Investor Sales	The Company shall have a right of first refusal to acquire all securities proposed to be transferred or sold by an Investor, subject to customary exclusions. [1]
公司对投资者的优先购买权	公司有权优先购买投资者拟转让或出售的所有证券,但应受制于惯常的例外。[2]

注:[1] While the Company may seek such right as a means to control the composition of its stockholders and avoid having undesired partners forced upon it, Investors often will strongly object to this provision as an undue restriction and potential delay on their ability to obtain liquidity at a favorable price. To the extent that the Investors agree to such a provision, customary exclusions will include transfers to limited partners and affiliates, transfers of less than a certain percentage of each Investor's initial holdings, and transfers to other Investors. Investors agreeing to such provisions often will insist that the right be a right of first offer rather than a right of first refusal. Finally, Investors should give consideration to events that ought to trigger the termination of such rights, including, among others, the passage of a certain amount of time.

[2] 虽然公司可能会寻求这种权利作为控制股东组成的一种手段,并避免不受欢迎的合伙人强加加入,但投资者通常会强烈反对这一规定,认为这是对他们以有利价格变现的不适当限制和潜在延迟。在投资者同意此类规定的情况下,惯常的例外将包括转让给有限合伙人和关联公司、转让低于每个投资者初始持股的一定比例,以及转让给其他投资者。同意这些条款的投资者通常会坚持,优先购买权是优先(获得报价)购买权,而不是(同等条件)优先购买权。最后,投资者应考虑到触发此类权利终止的事件,其中包括一定时间的推移。

(二)内含机理

1. 一般要点

(1)公司/创始股东的诉求

投资人转让其持有的公司股权时,公司/创始股东可以创设一定限制(或优先购买权),公司/创始股东的前述做法的诉求可以是为了:①影响/控制公司的股东组成,避免不欢迎的第三方(如公司的竞争对手及其关联方)成为公司股东;②给创始股东增加一个增持的机会。

(2)对投资人变现的不利影响

无论如何,公司优先购买权的限制始终是给投资人变现其持有的公司股权增

加了限制,必然影响了投资人变现的可能性、价格、便利性,原因在于潜在的接盘方了解到此类优先购买权之后,可能就会基于前期谈判成本、交易费用等考虑而放弃交易。

基于上述原因,给公司对投资人出售的优先购买权增加一定限制就成为可以/应当考虑的点,相关的限制/例外能够一定程度对冲公司优先购买权对投资方的过度影响。

2. 类型及变种

(1)公司/创始股东优先购买权种类

优先购买权可以是优先(获得报价)购买权("right of first offer"),也可以是(同等条件)优先购买权("right of first refusal")。

前者指的是如果投资方想出售其持有的公司股权,那么投资方在向除公司/创始股东之外的第三方推介之前,必须先问公司/创始股东的意向(先给公司/创始股东一个 offer,包括价格/条款),如果公司/创始股东拒绝,投资方才能向第三方以给公司/创始股东的相同的条款进行推介。

后者指的是如果投资方想出售其持有的公司股权,那么投资方可以先去找除公司/创始股东之外的第三方买家,在取得第三方报价及条件之后,必须再问公司/创始股东的意向。如果公司/创始股东拒绝收购,那么投资方可以把股权卖给第三方,也就是说,公司/创始股东有权以同等或更优的条件收购投资方的股权。

相较而言,优先(获得报价)购买权更有利于作为卖方的投资方,(同等条件)优先购买权更有利于作为买方的创始股东/公司。对于创始股东/公司而言,(同等条件)优先购买权可以允许其一直坐等投资方和潜在购买的第三方谈判价格等条件,最后再决定是否同等条件下优先购买,而如前所述,第三方可能会忙了一圈之后交易被撬走,这也最终会反应到价格上。而对于投资方而言,优先(获得报价)购买权能够让其有机会首先向创始股东/公司提出一个自己满意的价格条件,创始股东/公司可以选择接受或拒绝,而这并不会影响投资方(继续向第三方报同样价格或更有价格的)权利。

(2)对公司优先购买权的限制类型

通常的限制类型,可以是:①转让给投资方自己的关联方;②转让一定比例以内的股权不受限制;③转让给其他投资者。另外,还可以给公司行使优先购买权设置一定的期限,逾期失效。

(三)适用及其他

1. 有限责任公司

有限责任公司可以通过章程,完全安排创始股东对投资人的的优先购买权[①]。

而就公司对投资人的优先购买权(公司回购),参见下篇第五章第二节“二十、赎回权”部分的相关内容。

2. 股份有限公司

就股份有限公司中创始股东对投资人股权转让设置优先购买权[②],《公司法》留出了制度空间,即可以通过章程来设置创始股东对投资人的优先购买权。有待实务观察的是,如果投资人和创始股东通过合同合同形式约定投资人股份转让的拖售权,此种约定是否当然无效。

而就公司对投资人的优先购买权(公司回购),参见下篇第五章第二节“二十、赎回权”部分的相关内容。

四十二、终止

(一)示范文本

Termination	All rights under the Right of First Refusal/Co – Sale and Voting Agreements shall terminate upon (a) an IPO, (b) a Deemed Liquidation Event, or (c) at such time as no Series A Preferred Stock remains outstanding.
终止	优先购买权/共同出售权和投票权协议等项下的所有权利应在(a)首次公开发行,(b)视为清算事件,或(c)在没有任何 A 系列优先股发行在外的情形下终止。

(二)内含机理

1. 一般要点

参见下篇第五章第二节“三十六、终止”部分的内容。

需要指出的是,此处的终止触发情形多列了一项,即“没有任何 A 系列优先

① 《公司法》第 84 条第 3 款规定:公司章程对股权转让另有规定的,从其规定。

② 《公司法》第 157 条规定:股份有限公司的股东持有的股份可以向其他股东转让,也可以向股东以外的人转让;公司章程对股份转让有限制的,其转让按照公司章程的规定进行。

股发行在外”。笔者推测,原因可能是,就“投资方权利协议”项下的权利来说,即便优先股不存在了(尤其是被转换成了普通股的情况下),原持有优先股的投资人仍有保留特定权利的需要,如管理和信息权、对公司/创始股东的某些要求(不竞争、股票期权、员工保险等),这些权利对投资人最终实现投资目的也很重要,不应轻易终止;而就“优先购买权/共同出售协议和表决权协议等”项下的权利来说,这些权利带有“优先”属性(特定情形下,优先属性很强,如拖售),在投资人原持有优先股转换成为普通股(甚至全部转让退出)的情况下,终止这些有较强优先属性的权利,也可以理解。

2. 类型及变种

参见下篇第五章第二节“三十六、终止”部分的内容。

(三)适用及其他

参见下篇第五章第二节“三十六、终止”部分的内容。

四十三、其他事项

(一)示范文本

OTHER MATTERS[1]
其他事项[2]

注:[1] A variety of other matters may be covered in this section of the termsheet, such as the use, or prohibition on use, of press releases and other public communications regarding the transaction, such as use of logos on the Company's and/or Investors' websites.

[2] 条款清单的本部分可以覆盖各种其他事项,例如使用或禁止使用与交易有关的新闻发布和其他公共通告,再如在公司或投资者网站上使用徽标。

(二)内含机理

“其他事项”就是“兜底”的约定,可以约定条款清单主体内容以外,但与投资相关的额外事项。

这些事项可以是:保密事项,让交易双方对拟议交易事项承担保密义务,让交易双方放心向对方披露与交易相关的信息,促进交易达成;排他约定,主要是针对拟融资企业和企业家的排他性,即一定期限内不与第三方就同一或类似股权融资交易进行商谈等;期限,给双方一个达成交易的紧迫性要求,即如果到期未能达成交易,则主要投资条款即失效;现有投资人股东优先劣后,即一般要求后轮优先于前轮,或至少不劣于前轮。

四十四、创始人股票

(一)示范文本

Founders' Stock	All Founders to own stock outright subject to Company right to buyback at cost. Buyback right for [____]% for first [12 months] after Closing; thereafter, right lapses in equal [monthly] increments over following [____] months.
创始人股票	所有创始人直接拥有股票,但公司有权按成本回购。在交割后的前[12 个月]内,回购权适用[____]%;此后,该权利在随后的[____]个月内以[每月]相等的增加量失效。

(二)内含机理

1. 一般要点

(1)创始人的"金手铐"

通常,在投资人投资到公司的时候,创始人已经持有了一定数量的普通股股票,而且通常是全部或至少控股的情况。为了将创始人跟公司持续长久绑定,避免创始人在投资人成功退出前离职,会通过约定"(如创始人离职等)取消创始人在先授予的股票"。这种机制的另一个考虑是为了避免有的创始人离职了依然保持比较高的股权而坐享其成(当然,也会影响在职的创始人的创业积极性)。

通常的取消方式是,如果创始人离职,则对于"未成熟"的股权,应当以很低的价格(如成本价,甚至无偿)转让给公司的其他股东(创始股东,或包括投资人在内的其他股东),或者由公司以很低的价格回购。

(2)创始股东"授予"与员工"授予"

创始股东的股权"授予",针对的是创始股东已经持有的股权,实务中也会用"成熟"来表述,所谓创始人股权分期成熟兑现——创始人一开始无法获得全部股权的"全部权利",需要分期来成熟以兑现"全部权利"(不成熟的部分,对应的是残缺的权利,这个"残缺"的效果是相应股权可以被"低价"回购/转让给指定第三方的)。

一般而言,员工的"授予"会有所不同(详见下篇第五章第二节"三十二、员工股票期权”部分的内容),员工的期权计划通常是员工尚未持有任何股权,通过分期(“期权”)来一步一步兑现以获得实股(当然,针对离职的员工,已经授予的部分也会设立一定机制收回,这与创始人离职的处理机制有相通之处)。

2. 类型及变种

(1)授予的节奏

授权时间表有助于创始人忠诚度的提升,并使其在一定时间内“绑定”在公司,以实现与公司利益长时间保持一致。

从具体的授予节奏上来说,可以约定一定时间平均节奏成熟,如 48 个月每个月成熟 1/48,当然也可以约定“子弹式归属”,即在某一特定的时间完全成熟授予给特定创始人全部特定股权。

(2)授予的条件及价格

授予的条件通常是按照一定时间届满,也有设定特定里程碑事件的。

授予的价格,如前所述,相应的股权实际上已经在创始人名下,创始人一般已经就相应股权支付了对价,因而不需要再行要求价格。

(3)取消授予的条件及价格

取消授予的条件和授予的条件相对,一般是没有满足特定时间的在职要求,或者没有完成特定的里程碑目标。

取消授予的价格,从惩罚创始人离职(或反向激励创始人在职)的角度上来讲,取消授予的价格应当约定的比市场价格低方才有效,通常会有 5 种不同的方式:①零价格/法律允许的最低价格退出;②按照成本价原价退出;③按照成本价加上一定利息,可以是银行同期存款贷款利息,或者 10% 等更高年利率的利息;④可以是参照公司净资产对应的价格;⑤可以是按照公司最新一轮估值打一定折扣的价格。特别说明的是,上述价格可以复数使用,然后按照孰高或孰低确认价格。

(三)适用及其他

1. 有限责任公司

有限责任公司可以通过章程,完全安排创始股东股权“成熟”及离职转让等机制[1]。

就公司对创始人的股权的购买安排(公司回购),参见下篇第五章第二节

---

① 《公司法》第 84 条第 3 款规定:公司章程对股权转让另有规定的,从其规定。

“二十、赎回权”部分的相关内容。

2. 股份有限公司

就股份有限公司中原股东（或投资人）对创始人离职的股份购买权利，《公司法》留出了制度空间①，即可以通过章程来作此设置。有待实务观察的是，如果原股东（或投资人）和创始人通过合同合同形式来作此约定，此种约定是否当然无效。

就公司对创始人的股权的购买安排（公司回购），参见下篇第五章第二节“二十、赎回权”部分的相关内容。

四十五、现有优先股

（一）示范文本

Existing Preferred Stock[1]	The terms set forth below for the Series [__] Stock are subject to a review of the rights, preferences and restrictions for the existing Preferred Stock. Any changes necessary to conform the existing Preferred Stock to this term sheet will be made at the Closing.
现有优先股[2]	下文所述的[__]系列股票的条款受限于对现有优先股的权利、优先权和限制条件的审查。使现有优先股符合本条款清单的任何必要变更将在交割时进行。

注：[1] Necessary only if this is a later round of financing and not the initial Series A round.

[2] 只有在这是一轮次轮融资而不是首轮 A 轮融资时才有必要。

（二）内含机理

Term Sheet 的主要内容，天然首先是规范投资人和公司及创始股东之间的关系。

然而，当一家标的公司，发生不止一次融资的情况，各轮次投资人之间的关系也很重要，需要予以规范。通常来说，可以简要分类为：涉及退出的优先劣后、涉及增减持的优先劣后、涉及管理权的优先劣后。

就涉及退出的优先劣后而言，如发生回购、清算等时，如果相应的回购及清算金额能够充分满足各轮次投资人的诉求，那自然皆大欢喜，但是如果不满足，就应当约定一个优先劣后次序。一般的安排是后轮次的优先于前轮次的，理由是后轮

---

① 《公司法》第 157 条规定：股份有限公司的股东持有的股份可以向其他股东转让，也可以向股东以外的人转让；公司章程对股份转让有限制的，其转让按照公司章程的规定进行。

的溢价高,另外不常见的安排可以是各轮次按照优先金额的相对比例进行分配,理由是回购尤其是清算后,公司将不复存在,投资人就一笔头获得投资的退出收益,按照相应的成本(考虑投资本金和时间成本)退出也是合适的。

就涉及增减持的优先劣后而言,一般约定是投资人按照持股比例优先于创始股东进行增持和减持。

就涉及管理的优先劣后而言,一般来说,大比例投资人有权委派董事,小比例投资人委派董事会观察员,或者委派监事,相应地,当投资人的股权比例稀释到一定程度以下时,可以设定董事、观察员席位的丧失。不过需要指出的是,实务中,有特别身份的投资者人,其董事、监事席位可能与持股比例脱离,即便其持股比例很低仍然强制要求董事/监事席位,如重要的战略/产业投资者基于其对公司的战略/产业重要性要求,再如国资背景的投资者基于其资金属性要求。

四十六、排他/保密

(一)示范文本

No Shop/Confidentiality	The Company agrees to work in good faith expeditiously towards a closing. The Company and the Founders agree that they will not, for a period of [2 – 4] weeks from the date these terms are accepted, take any action to solicit, initiate, encourage or assist the submission of any proposal, negotiation or offer from any person or entity other than the Investors relating to the sale or issuance, of any of the capital stock of the Company [or the acquisition, sale, lease, license or other disposition of the Company or any material part of the stock or assets of the Company] and shall notify the Investors promptly of any inquiries by any third parties in regards to the foregoing. [In the event that the Company breaches this no – shop obligation and, prior to (____________), closes any of the above – referenced transactions [without providing the Investors the opportunity to invest on the same terms as the other parties to such transaction], then the Company shall pay to the Investors $ [____________] upon the closing of any such transaction as liquidated damages.][1] The Company will not disclose the terms of this Term Sheet to any person other than officers, members of the Board of Directors and the Company's accountants and attorneys and other potential Investors acceptable to [____________], as lead Investor, without the written consent of the Investors.]

续表

排他/保密	公司同意本着诚实信用原则迅速推进交易交割。公司和创始人同意，自本条款被接受之日起［2－4］周内，他们不会采取任何行动，招揽、发起、鼓励或协助除投资方外的任何个人或实体提交与出售或发行任何公司股本［或收购、出售、租赁、许可或以其他方式处置本公司或本公司股票或资产的任何重要部分］有关的任何建议、谈判或要约，并应立即将任何第三方就上述事项提出的任何查询通知投资者。［如果本公司违反此排他义务，并且在［＿＿＿＿＿＿］之前结束任何上述交易［并不向投资者提供按照与该交易其他方相同的条款进行投资的机会］，那么，公司应在任何此类交易结束时向投资者支付［＿＿＿＿＿＿］美元作为违约赔偿金。］[2]未经投资者书面同意，公司不会将本条款清单的条款披露给管理人员、董事会成员、本公司会计师、律师和其他潜在投资者可被［＿＿＿＿＿＿］接受为领投投资者以外的任何人。

注：［1］It is unusual to provide for such "break－up" fees in connection with a venture capital financing, but might be something to consider where there is a substantial possibility the Company may be sold prior to consummation of the financing (e. g., a later stage deal), or if the Company is being solicited by multiple prospective investors and the lead Investor does not trust the Company not to shop its deal.

［2］规定与风险投资融资相关的"分手"费用是不寻常的，但可能需要在以下情形予以考虑，如在融资完成之前公司可能被出售（如一个晚后期交易），或者如果该公司正受到多个潜在投资者的邀约，而主要投资者不相信该公司不会推进其交易。

（二）内含机理

对于投资方而言，要求一个排他期（附加保密要求），一方面能够排除潜在的竞争者，能够避免被迫提高价格的情况；另一方面排他期能够避免交易被第三方"截胡"。一般融资交易的前期，投资方都会投入很多尽调时间精力，以及不菲的尽调费用，如果被第三方"截胡"，那么前期投入就白白浪费了。

对于标的公司而言，同意排他性条款，也是给投资方一个姿态，即其是真诚地希望和投资方完成交易。

针对排他期，需要特别关注以下几点：

1. 排他期的期限。排他期毕竟让标的公司排斥了其他潜在的投资者，对标的公司来说影响比较大，如果设定了一个很长的排他期，最后有排他权利的投资者放弃投资，对标的公司来说可能就错过了融资窗口期，因而排他期限对标的公司来说不宜过长，一般3～6个月是比较常见的。

2. 排他的范围。排他的范围也值得细细检讨,有就红杉和币安之间的排他性争议案的评论指出,红杉没有把独家谈判权的范围约定好。约定只对 A 轮融资有独家,那么 IDG 进来谈就很好谈,IDG 把谈的投资改成 B 轮就绕过了约定,除非明确写明"6 个月内就投资币安独家谈判",IDG 就不能和币安再谈一个所谓的"B 轮融资协议条款书"了。①

3. 赔偿的约定。一般不会过度纠结赔偿数额,但如红杉和币安之间的纷争案件,现实中就排他性出现争议,也不是不可能,因而如果约定了赔偿数额,那么还是要对具体的赔偿数额给予充分的关心。

四十七、到期及其他

(一)示范文本

Expiration	This Term Sheet expires on [______________ _____, 200_] if not accepted by the Company by that date.
EXECUTED THIS [__] DAY OF [______________], 200[__].	
[SIGNATURE BLOCKS][1]	
到期	如果公司在该日期之前未接受本条款清单,本条款清单将于[200__年____月____日]到期。
签署日期:200[__]年[__]月[__]日。	
[签署栏][2]	

注:[1] To avoid confusion and potential arguments that a contract exists prior to satisfaction of conditions of the investment being satisfied it is generally recommended that a term sheet not be signed. Where parties believe that there is a psychological benefit to have the term sheet be signed, or where the parties agree to limited binding provisions, the document is signed. In such a situation it is important to ensure that the non-binding language in the introductory paragraph to the term sheet be included in the document, preferably at the outset or immediately preceding the signature blocks.

[2] 为了避免混淆和潜在的争论,即一项合同在满足投资条件之前就存在,一般建议不要签署条款清单。如果双方认为签署条款清单有心理上的好处,或者双方同意有限的约束性条款,则签署该文件。在这种情况下,必须确保条款清单导言段落中的非约束性语言包含在文件中,最好是在签署栏的开头或前面。

---

① 参见 Uncle 莱斯利:《红杉中国:你都投比特币了,为啥不能写个好点的投资文件呢?》,载知乎网 2018 年 4 月 28 日,https://zhuanlan.zhihu.com/p/36223323。

（二）内含机理

条款清单一般是由投资方单独提供给公司的，可以设定一个期限，如果公司在一定期限内未接受，则条款清单到期终止。

条款清单作为“合同”的一种，设置了签署栏以供相应主体签署属于应有之意。需要特别指出的是，尽管一般的条款清单首段均表述为“除××条款外，其他的均不具有拘束力”（详见下篇第五章第二节“三、首段—没有法律拘束力”部分的讨论），然而，一旦签署，首先相应的除外条款即具有拘束力；其次，如果条款清单起草不当，相应的“不具法律拘束力”的表述不在其中，那么相应条款清单实际上即具有一定法律拘束力。

另外，除外条款按照模板来说，仅包括“排他期/保密条款及律师和费用条款”，就笔者的观察而言，管辖、赔偿条款也应当被包括在内，从可能发生争议的角度而言，前述4项约定都是比较重要的。

四十八、CFIUS 事项

（一）示范文本

Offering Terms	
交易条款	
Conditions to Closing	Standard conditions to Closing, including, among other things, satisfactory completion of financial and legal due diligence, qualification of the shares under applicable Blue Sky laws, the filing of a Certificate of Incorporation establishing the rights and preferences of the Series A Preferred, [obtaining CFIUS clearance and/or a statement from CFIUS that no further review is necessary,] [and an opinion of counsel to the Company].
交割条件	交割的标准条件，除其他事项外，包括完成满意的财务和法律尽职调查、根据适用的蓝天法律股份适格、确定A系列优先股的权利和优先权的公司注册证书的提交，（获得美国外国投资委员会的批准和/或美国外国投资委员会无须进一步审查的声明，）（以及公司的律师意见）。
STOCK PURCHASE AGREEMENT	
股份购买协议	

续表

Representations and Warranties	Standard representations and warranties by the Company customary for its size and industry. [Representations and warranties regarding CFIUS.
陈述和保证	公司根据其规模和所在行业的标准陈述和保证。(关于外国投资委员会的陈述和保证。)
Regulatory Covenants (CFIUS)	*To the extent a CFIUS filing is or may be required*: Investors and the Company shall use reasonable best efforts to submit the proposed transaction to the Committee on Foreign Investment in the United States (CFIUS) and obtain CFIUS clearance or a statement from CFIUS that no further review is necessary with respect to the parties' [notice/declaration].
监管保证(CFIUS)	在需要或可能需要 CFIUS 备案的情况下:投资者和公司应尽合理的最大努力将拟议交易提交给美国外国投资委员会(CFIUS),并获得 CFIUS 的批准或 CFIUS 无须对双方的(通知/声明)进行进一步审查的声明。
Limitations on Pre – CFIUS – Approval Exercise of Rights:	Notwithstanding anything to the contrary contained in the Transaction Agreements, Investors and the Company agree that as of and following the initial Closing and until the CFIUS clearance is received, Investors shall not obtain (i) "control" [as defined in Section 721 of the Defense Production Act, as amended, including all implementing regulations thereof (the "DPA")] of the Company, including the power to determine, direct or decide any important matters for the Company; (ii) access to any material nonpublic technical information (as defined in the DPA) in the possession of the Company; (iii) membership or observer rights on the Board of Directors of the Company or the right to nominate an individual to a position on the Board of Directors of the Company; or (iv) any involvement (other than through voting of shares) in substantive decision – making of the Company regarding (x) the use, development, acquisition, or release of any of the Company's "critical technologies" (as defined in the DPA), (y) the use, development, acquisition, safekeeping, or release of "sensitive personal data" (as defined in the DPA) of U. S. citizens maintained or collected by the Company, or (z) the management, operation, manufacture, or supply of "covered investment critical infrastructure" (as defined in the DPA). To the extent that any term in the Transaction Agreements would grant any of these rights, (i) – (iv) to Investors, that term shall have no effect until such time as the CFIUS clearance is received.

续表

CFIUS 批准前行使权利的限制	虽然交易协议中有任何相反规定，但投资者和公司同意，自首次交割之日起，在收到 CFIUS 的批准之前，投资者不得获得(i)公司“控制权”(定义见经修订的《国防生产法》第 721 节，包括其所有实施条例(“DPA”))，包括为确定、指导或决定公司任何重要事项的权力；(ii)获取公司拥有的任何重大非公开技术信息(定义见 DPA)；(iii)公司董事会成员席位或观察员权利，或提名个人担任公司董事会职务的权利；或(iv)任何参与(通过股份表决除外)公司以下事项有关的实质性决策：(x)使用、开发、收购或发布公司任何“关键技术”(定义见 DPA)，(y)使用、开发、获取、保管或发布由本公司维护或收集的美国公民的“敏感个人数据”(定义见 DPA)，或(z)管理、运营、制造或供应“涵盖投资关键基础设施”(定义见 DPA)。如果交易协议中的任何条款将授予投资者上述(i) –(iv)任何权利，则该条款在收到 CFIUS 批准之前不生效。
Springing CFIUS Covenant	[In the event that CFIUS requests or requires a filing/in the event of [ ]], Investors and the Company shall use reasonable best efforts to submit the proposed transaction to the Committee on Foreign Investment in the United States (“CFIUS”) and obtain CFIUS clearance or a statement from CFIUS that no further review is necessary with respect to the parties’ [notice/declaration]. Notwithstanding the previous sentence, Investors shall have no obligation to take or accept any action, condition, or restriction as a condition of CFIUS clearance that would have a material adverse impact on the Company or the Investors’ right to exercise control over the Company.
附条件 CFIUS 保证	[如果 CFIUS 请求或要求备案/如果(　)]，投资者和本公司应尽合理的最大努力向美国外国投资委员会(CFIUS)提交拟议交易，并获得 CFIUS 批准或 CFIUS 无须对双方的[通知/声明]进行进一步审查的声明。尽管有上述规定，投资者没有义务采取或接受任何行动、条件或限制，作为 CFIUS 批准的条件，如这些行动、条件或限制将对公司或投资者对公司行使控制权产生重大不利影响。
Limitations on Information Rights	Notwithstanding anything to the contrary contained in the Stock Purchase Agreement, the Charter, the Investors’ Rights Agreement, the Right of First Refusal And Co – Sale Agreement, and the Voting Agreement (all of the agreements above together being the “Transaction Agreements”), Investors and the Company agree that as of and following [Closing/the initial Closing], Investors shall not obtain access to any material nonpublic technical information [as defined in Section 721 of the Defense Production Act, as amended, including all implementing regulations thereof (the “DPA”)]in the possession of the Company.

续表

对信息权的限制	尽管《股票购买协议》、《章程》、《投资者权利协议》、《优先购买权和共同出售权协议》和《投票协议》(上述所有协议统称为“交易协议”)中有任何相反规定,投资者和本公司同意,自(交割/首次交割)之日起,投资者不得获取本公司拥有的任何重大非公开技术信息[定义见《国防生产法》第 721 节及其修订版,包括其所有实施条例(“DPA”)。

(二)内含机理

下篇内容,系根据 NVCA 2004 年 1 月发布的 Term Sheet 版本为蓝本进行,未根据最新的版本论述,详见下篇第五章第一节部分内容。

NVCA 于 2020 年 8 月发布最新一版 Term Sheet①,与 2004 年 1 月发布的版本相比,核心条款上是没有实质性变化的,但笔者注意到,新版本也确实根据美国(尤其是监管方面的)法律最新发展,做了一些修订。

其中核心的点是,增加了“美国外国投资委员会(以下简称 CFIUS)事项”。

就 CFIUS 事项相关情况,德汇律师事务所律师《NVCA Includes Detailed CFIUS Terms in its Model VC Term Sheet(NVCA 在其示范风险投资条款清单中包含了详细的 CFIUS 条款)》②一文有详细的评论,要点如下:

1. NVCA 为什么在示范风险投资条款清单中包含 CFIUS 相关条款

美国《外国投资风险审查现代化法案》(以下简称 FIRRMA)已于 2018 年 8 月通过。FIRRMA 对 1950 年美国《国防生产法》第 721 条进行了重大修订,授权美国总统调查、暂停或禁止导致外国人士控制美国企业的任何交易,如果总统确定此类交易可能损害美国国家安全,并且没有其他适当的手段来应对已确定的威胁。自 1988 年以来,1950 年美国《国防生产法》第 721 条对 CFIUS 的工作进行管辖。FIRRMA 实施后的重大变化包括扩大了 CFIUS 的管辖和范围,引入了新的“申报”程序,延长了 CFIUS 审查程序的期限。有关 CFIUS 改革和 FIRRMA 的更多信息,请参见 2018 年 10 月 23 日发布的《CFIUS 宣布试点计划:与某些交易相

① See NVCA, *Model Legal Documents*, NVCA December 13, 2023, https://nvca.org/model-legal-documents/.

② See Catherine Pan-Giordano et al., *NVCA Includes Detailed CFIUS Terms in its Model VC Term Sheet*, dorsey, https://www.dorsey.com/newsresources/publications/articles/2019/04/nvca-includes-detailed-cfius-terms.

关的强制性申报程序》[①]。针对 FIRRMA 的新立法，NVCA 更新了其示范风险投资条款清单，其中包括关于 CFIUS 审查的若干规定。

2. NVCA 的风险投资条款清单中有哪些与 CIFUS 相关的新条款

（1）陈述与保证。建议考虑有关 CFIUS 审查的陈述和保证，以解决 FIRRMA 第 721 条和相关法规项下的问题。例如，一方面，投资者可能会要求目标公司说明其不使用"关键技术"，也不在美国经济的特定部门或在美国开展任何业务或活动。另一方面，目标公司可能会要求投资者就其国籍及其与任何外国政府的关系作出陈述。

（2）监管保证。如果根据具体交易的事实，CFIUS 提交申请是必要的或可取的，则可以包括以下保证，即投资者和目标公司应尽合理的最大努力向 CFIUS 提交拟议交易，并获得 CFIUS 的批准。此外，双方还可以选择谈判一份基本声明，阐明投资者接受 CFIUS 规定条件的义务范围。例如，投资者可能希望规定其没有义务采取或接受任何行动、条件或限制作为 CFIUS 批准的条件，如果这些行动、条件或限制将对目标公司或投资者对目标公司行使控制权产生重大不利影响。

（3）交割条件。如果投资者对投资事实进行了审查，并认为 CFIUS 备案是必要或可取的，则可能希望将 CFIUS 的批准作为交易交割的条件。请注意，如果需要强制申报，则必须在预期交易完成日期前至少 45 日提交强制申报，但在交割前获得 CFIUS 的批准并非法律要求。然而，提交一份 CFIUS 文件，然后结束审查过程，会给投资者带来监管风险，如果投资时间允许，最好能避免这些风险。

（4）对 CFIUS 批准前行使权利的限制。如果交易在收到 CFIUS 批准之前部分交割，各方可以考虑包括一项对可能为 CFIUS 管辖权的产生提供条件的投资者权利的限制性规定，直到获得 CFIUS 许可为止。例如，投资者可能被限制获得对目标公司的控制权、获取某些重大非公开技术信息、董事会成员席位或观察员权利或提名董事会成员的权利，或参与目标公司的实质性决策。

（5）附条件 CFIUS 保证。如果投资者认为 CFIUS 可能会在未来要求对交易进行备案，或者在未来发生某些事件时（例如，另一投资者的退出导致某些投资

---

① See Nelson Dong et al. , *CFIUS Announces Pilot Program: Mandatory Declaration Filings in Connection with Certain Transactions*, dorsey, https://www. dorsey. com/newsresources/publications/client – alerts/2018/10/cfius – announces – pilot – program.

者获得对董事会成员选择的控制权)可能需要 CFIUS 备案,它可能想考虑包括一个附条件的 CFIUS 保证,以使在未来事件中,投资者和目标公司应该合理地努力将拟议的交易提交给 CFIUS 并获得 CFIUS 许可。一项附条件 CFIUS 保证,为各方在 CFIUS 备案时有序推进提供了确定性。

3. 中国投资者有什么收获

将 CFIUS 相关条款纳入示范风险投资条款清单,表明美国风险投资行业的一种现行做法——CFIUS 问题应在风险投资中被考虑进去。鉴于中国可能是 CFIUS 审查特别关注的国家之一,对于中国投资者打算在美国进行的任何风险投资,投资者应考虑 CFIUS 问题并尽早寻求法律咨询。

虽然大多数 CFIUS 申请是自愿的,但对于 FIRRMA 要求的某些强制性备案,即使交易已经交割结束,CFIUS 仍无限期保留要求提交和审查交易的管辖权。一些投资者可能会有这样的印象:CFIUS 将注意力集中在大交易上。最近,焦点已经扩大,迫使小型公司撤资似乎是 CFIUS 的新趋势。2019 年 4 月 4 日,据报道一家病人社交网络初创企业 PatientsLikeMe,在美国政府下令其多数所有者中国投资者 iCarbonX 撤资后,该公司被迫寻找买家。据媒体报道,iCarbonX 对 PatientsLikeMe 的投资在交割前未提交给 CFIUS 获得许可,因为 2017 年交易时,CFIUS 未对此类规模的交易或健康行业显示任何兴趣。此外,几周前①,据报道,因担心中国会利用美国官员性取向或约会习惯信息勒索或影响他们,中国游戏公司北京昆仑科技有限公司面临 CFIUS 放弃对同性恋约会应用程序 Grindr 控制权的压力。鉴于 CFIUS 似乎更加系统地看待交易并扩大了其关注领域的新趋势,中国投资者可能应采取更保守的方法来决定是否提交自愿的 CFIUS 备案,以避免未来资产剥离的风险。

(三)适用及其他

在国内实践中,与 CFIUS 类似的镜像“审查”是“外资禁入/限制”。根据国家发展改革委和商务部《负面清单(2021 年版)》的决定,部分领域是禁止外商投资的,如“人体干细胞、基因诊断与治疗技术开发和应用”,部分领域是可以合资,如“医疗机构”,而部分领域虽然可以合资但必须由中方控股,如“基础电信业务”,这些被采取特别管理措施的领域,投资者就不能为外资或其持股比例受到

① 根据文意,应为 2018 年 10 月前后。——笔者注

限制。实务中，前述“外资”敏感行业中的企业在融资时，会对投资人进行尽调，以了解穿透是否含外资，且通常会在投资文件中明确要求投资者作出承诺，保证其没有外资成份，如果违反一般会约定触发实控人的反向回购权，当然，该回购权中对价格的设置对投资人来说是有一定惩罚性的，如“原价”回购。

需要进一步说明的是，从审查的面向来看，与“出资审查”类似的、比较常见的领域是涉及文化、金融等领域与行政审批、资质条件、国家安全等相关的审查措施，这些领域项目融资时，根据其资质等要求，可能也会对投资方作出类似对应要求。

第六章　投资合同番外条款

第一节　何为番外条款

下篇投资合同的出发点是美国的蓝本,落脚点是我国的商业法律实践。在我国商业法律实践中,有部分私募股权投资条款超越了美国的蓝本,构成了具有中国特色的条款。若干条款具有很强的实务及法律意义,有必要进行讨论,从本部分以下内容系对该类若干特别条款进行讨论,因超越了美国的蓝本,故冠以"番外"之名。

第二节　具体番外条款

一、业绩对赌

(一)典型文本

实际控制人承诺公司 Y1 年度净利润不低于 X1 万元,Y2 年度净利润不低于 X2 万元,Y3 年度净利润不低于 X3 万元。若未完成则投资方有权要求实际控制人作出如下补偿:

1. 现金补偿:补偿金额 =(1 - 实际完成净利润/承诺净利润)× 投资额 × [1 +(年利率)% × 投资资金使用天数/365];

2. 股权补偿:应补偿的股权比例 =(承诺净利润/实际完成净利润 - 1)× 投资方持股比例。

（二）内含机理

1. 一般要点

（1）中美差异

就国内的私募股权投资行业来说，“业绩对赌”条款是一个绕不过去的条款，“摩根斯坦利投资蒙牛乳业”这一案例使私募股权投资行业和“业绩对赌条款”成为大众媒体的热词，①言私募股权投资必称“对赌”条款②/“业绩对赌”条款。

“业绩对赌条款”实际上是“基于业绩的估值调整条款”（Valuation Adjustment Based on Performance），即该条款本质上是一个“估值调整条款”（Valuation Adjustment Clause/Mechanism，通常简称为“VAM”），调整的方式是基于业绩（Adjustment Based on Performance）。

无论是下篇内容所根据的 NVCA 2004 年 1 月发布的 Term Sheet 版本，还是 2020 年 8 月发布的最新一版 Term Sheet③，均未提到“业绩对赌”条款，也无类似机制但名为其他的条款。

笔者通过查询发现，对业绩对赌讨论的最多的英文文献，其作者基本为中国人，讨论的语境也基本是基于中国私募股权投资实践及法律实践，仅有极个别的域外学者略微论及④。

中国境内私募股权投资行业被广泛应用的业绩对赌条款，在美国私募股权投资领域，并非典型的存在。此中原因，未见权威的解释，或许是中美之间创业项目和投资基金之间的生态不同导致的⑤，在此需特别说明的是，以下番外条款，其在国内实践中产生的原因，大体上应当与业绩对赌条款产生的原因类似，就以下单个番外条款，不再详述。

（2）作为促成交易的估值调整机制

多数股权投资交易中，投资方和作为交易对手方的创始团队、公司是可以比

---

① 当时的讨论很多，参见黄昕：《揭开蒙牛资本之谜　所谓对赌协议不过是期权安排》，载新浪财经网，https://finance. sina. com. cn/stock/hkstockresearch/20050510/20541575904. shtml。

② 需要指出的是，“对赌条款”有狭义和广义之分，狭义上仅指估值对赌、业绩对赌条款，广义上来说涵盖了投资方与创始团队/公司签订的带有触发条件的特别条款，包括业绩对赌、回购、清算等。

③ See NVCA, *Model Legal Documents*, NVCA（Dec. 13, 2023）, https://nvca. org/model - legal - documents/.

④ 如 Darek Klonowski, *The Venture Capital Investment Process* 156, 157（1st ed. 2010）。

⑤ 感兴趣的读者，可以详细参考以下探讨文章：张巍：《Earnout：你离对赌有多远？》，载张巍（清澄君）：《资本的规则》，中国法制出版社 2017 年版。

较容易就公司的估值达成一致的。但部分的交易中,双方的分歧可能会比较大,业绩对赌条款就被设计出来“搁置”当前的估值争议,而通过未来的业绩调整机制弥合这种分歧。业绩调整机制同时还作为对创始团队的一个激励机制,如果业绩达成,创始团队获得高估值,投资方投资的企业做成了实打实的业绩,各方皆大欢喜;当然,业绩如果没有达标,对于投资方和创始团队来说,就会造成“双输”的结果。

该条款一般会约定一个经营目标,通常是净利润、营收规模等,并将相应经营目标和标的公司估值进行挂钩。如果未来经营成果达成或高于经营目标,则投资方让渡(通常是无偿)部分价值(现金、股权)给创始团队或标的公司,如果未来经营成果低于经营目标,则反过来创始团队或标的公司让渡(通常是无偿)部分价值(现金、股权)给投资方。

(3)补偿公式的核心含义

①现金补偿公式

现金补偿公式的核心含义是,实际控制人应返还投资方原投资本金和实际估值下应支付的投资本金的差额及其期间利息。

现金补偿公式(除去利息计算的)前段,可以做如下变种:补偿投资本金 =(1 - 实际完成净利润/承诺净利润) × 投资额 = [1 -(实际完成净利润 × 市盈率估值法系数)/(承诺净利润 × 市盈率估值法系数)] × 投资额 =(1 - 实际的估值/承诺的估值) × 投资额 = 投资额 - 实际的估值 × 投资方持股比例 = 投资额 - 投资方实际估值下应支付的投资本金。

补偿投资本金加上现金补偿公式(利息计算的)后段,即补偿的总额,含义是应补偿的投资本金 + 期间利息。

②股权补偿公式

股权补偿公式的核心含义是,实际控制人应补足实际估值下投资方投资本金对应的持股比例和投资方目前的持股比例之间的差额部分。

股权补偿公式可以做如下变种:应补偿的股权差额 =(承诺净利润/实际完成净利润 - 1) × 投资方持股比例 = [(承诺净利润 × 市盈率估值法系数)/(实际完成净利润 × 市盈率估值法系数) - 1] × 投资方持股比例 =(承诺估值/实际估值 - 1) × 投资方持股比例 = 承诺估值 × 投资方持股比例/实际估值 - 投资方持股比例 = 投资金额/实际估值 - 投资方持股比例 = 实际估值下投资方投资本金对

应的持股比例－投资方目前实际的持股比例。

③反向补偿

实务中，投资方和创始团队可能约定了“双向补偿”，如果没有达成目标，创始团队/公司给投资方补偿，如果超过目标，投资方给创始团队/公司补偿，即存在投资方的“反向补偿”。反向补偿约定存在时，可以套用前述相应公式，不过会计算出负数来（补偿方向是反向的），机理是类似的，因此，此处不展开讨论。此处需特别指出的是，从文本严谨的角度来说，如果没有实质性约定投资方反向补偿，协议最好增加“如计算结果为负数，投资方无须反向补偿”之表述，以免疑义。

2. 类型及变种

（1）对赌补偿义务方

对赌义务方可以是原股东/控股股东/实际控制人，也可以是公司。

2012 年最高人民法院“甘肃世恒案”①开了先河，针对业绩对赌条款，前期司法实践现状几乎与该案保持一致，将“公司”排除在补偿义务范围之外，基本的理由是“损害公司债权人（第三人）的利益”。

在 2019 年江苏省高级人民法院“华工案”②中，司法裁判改弦更张，从债权人和股东双重身份出发，结合公司资本维持原则和清偿能力之组织法标准肯认与目标公司对赌的效力，且关注点从“对赌协议”的法律效力转向合同的可履行性。

《九民纪要》基本延续了“华工案”的裁判思路：投资方与目标公司订立的“对赌协议”在不存在法定无效事由的情况下，目标公司仅以存在股权回购或者金钱补偿约定为由，主张“对赌协议”无效的，人民法院不予支持，但投资方主张实际履行的，人民法院应当审查是否符合《公司法》关于“股东不得抽逃出资”及股份回购的强制性规定，判决是否支持其诉讼请求。更具体而言，投资方请求目标公司承担金钱补偿义务的，人民法院应当依据《公司法》第 35 条（备注：系《公司法（2018）》第 35 条，最新《公司法》为第 53 条第 1 款）关于“股东不得抽逃出资”和第 166 条（备注：系《公司法（2018）》第 166 条，最新《公司法》为第 210 条）关于利润分配的强制性规定进行审查。经审查，目标公司没有利润或者虽有利润但不足

① 参见最高人民法院民事判决书，（2012）民提字第 11 号。

② 参见江苏省高级人民法院民事判决书，（2019）苏民再 62 号。

以补偿投资方的,人民法院应当驳回或者部分支持其诉讼请求。今后目标公司有利润时,投资方还可以依据该事实另行提起诉讼。

基于以上分析,就约定效力而言,对赌义务方可以是原股东/控股股东/实际控制人,也可以是公司。需要关注的差异点在于,如果公司作为对赌义务方,则还需注意实际履行的可能,公司履行对赌义务受到公司资本维持等规则的限制。

《九民纪要》明确了可以通过利润分配的方式实现公司对投资方的金钱补偿义务,这一金钱补偿实际上是通过公司定向分配利润来实现的,最新《公司法》规定有限公司按照实缴出资分配利润,股东约定可例外,股份公司持股比例分配利润,章程规定可例外①,这与原规定实质内容一致②。值得注意的是,最新《公司法》规定违规分配利润,股东返还,股东及负有责任的董、监、高承担赔偿责任③,这意味着如果公司违规定向分配利润给投资方股东,投资方股东不但有返还义务,可能还会与(其提名/委派的)董事/监事承担赔偿责任。

(2)对赌指标

①对赌指标的设置

对赌指标一般为净利润(或营业收入),但特殊情况可以用用户数、活跃量、新开门店、管线里程碑等作为对赌指标。

净利润是公司经营活动的最终成果指标,同时也与IPO要求紧密相关,直接关系到企业未来成长性(估值)问题,作为对赌指标是非常自然的事情。然而,有的领域如文化、互联网、生物医药,虽然行业内的企业很有价值,但是在很长一段时间内是不盈利甚至是亏损的(如携程、京东等,境外上市时均未实现盈利)。对赌指标只能以其他与这类型企业估值密切相关的指标,如就互联网企业而言使用用户数、活跃量等来定,其他一些企业如连锁类企业可以用开店量作为指标,药品

---

① 《公司法》第210条第4款规定:公司弥补亏损和提取公积金后所余税后利润,有限责任公司按照股东实缴的出资比例分配利润,全体股东约定不按照出资比例分配利润的除外;股份有限公司按照股东所持有的股份比例分配利润,公司章程另有规定的除外。

② 《公司法(2018)》第34条规定:股东按照实缴的出资比例分取红利;公司新增资本时,股东有权优先按照实缴的出资比例认缴出资。但是,全体股东约定不按照出资比例分取红利或者不按照出资比例优先认缴出资的除外。第166条第4款规定:公司弥补亏损和提取公积金后所余税后利润,有限责任公司依照本法第三十四条的规定分配;股份有限公司按照股东持有的股份比例分配,但股份有限公司章程规定不按持股比例分配的除外。

③ 《公司法》第211条规定:公司违反本法规定向股东分配利润的,股东应当将违反规定分配的利润退还公司;给公司造成损失的,股东及负有责任的董事、监事、高级管理人员应当承担赔偿责任。

研发企业可以用获得批件数量、特定管线里程碑作为指标，需关键资质的企业可以将获得关键资质作为指标，等等。

②对赌指标的组合

对赌指标可以进行组合。如净利润和开店量组合，可以是与关系触发对赌。再如，净利润的组合，可以是单年对赌，也可以是按年累计对赌，也可以是所有年度合计对赌。

③对赌指标的调整

在有多年对赌安排的协议中，一个常被忽视的点是，如果第一年实际发生了补偿，相应后续年度的业绩目标是否同样做调整。

例如，某企业估值1亿元，约定了3年净利润目标分别是2000万元、4000万元、6000万元，第一年实现了1000万元，估值调整为5000万元，此时后面两年的业绩目标是否同样调整为2000万元、3000万元？这是可以考虑调整的，因为在估值1个亿的时候，作为估值基础的第一年净利润是2000万元，后续的增长率是在此基础上定的，如果发生了估值调整，调整为5000万元，意味着估值基础的第一年利润变成了1000万元，如果还是按照原有的4000万元、6000万元，利率增长的斜率就拉高了，对企业和创始团队来说就有些不公平。

（3）对赌期限

对赌时限一般建议经过两个及以上会计年度。

企业经营的短期目标，经常可以通过"合理"（会计等）操控实现，因此对赌时限如果约定的过短，不利于企业经营目标的实质性达成。此外，短期目标加上企业家的实现冲动，可能会诱发企业家短视行为甚至产生道德风险。

对赌安排一个较长时限，可以使企业的经营成果更加稳定可靠，而且能给企业家可能的不当操纵造成障碍，在一定程度上规避企业的道德风险。

（4）达成率折扣

企业家可能会要求实现对赌目标时，投资人对对赌目标给予一定的减让，即对对赌指标进行打折（如达成95折就不实际执行对赌），折扣的大小根据对赌指标设定宽严有不同，具体受限于商务谈判中双方的地位、企业的特质、行业的属性等。

（5）补偿方式

补偿的方式可以有多种：单一股权补偿、单一现金补偿、股权＋现金混合补偿。

作为投资方,一般要保留选择股权补偿/现金补偿的权利,根据企业发展情况,或是判断企业处于下行趋势,而通过现金补偿获得一部分“退出”/降低投资风险,或是判断企业处于上行趋势,而通过股权补偿扩大持股比例以获得未来更大收益。

(6)两年以上的补偿计算

简言之,Y1 年如果做了现金补偿或股权补偿,则 Y2 年补偿计算公式的基础投资金额,要减去 Y1 年已经补偿的部分,即投资金额/投资股权需要进行重置,再下一年以此类推。推导过程如下。

①现金补偿

现金补偿公式:应补偿金额 =(1 - 实际完成净利润/承诺净利润)× 投资额 ×[1 +(年利率)% × 投资资金使用天数/365];初始投资金额 = Y0 投资方投资金额。

Y1 年补偿情况:

Y1 应补偿金额 =(1 - Y1 实际完成净利润/Y1 承诺净利润)× Y0 投资方投资金额 ×[1 +(年利率)% × 投资资金使用天数/365] = Y1 应补偿投资本金 ×[1 +(年利率)% × 投资资金使用天数/365]。

Y1 补偿重置估值后,Y1 投资方重置后投资金额 = Y0 投资方投资金额 - Y1 应补偿投资本金。

Y2 年补偿情况:

Y2 应补偿金额 =(1 - Y2 实际完成净利润/Y2 承诺净利润)×(Y1 重置估值后的投资方投资金额)×[1 +(年利率)% × 投资资金使用天数/365] =(1 - Y2 实际完成净利润/Y2 承诺净利润)×(Y0 投资方投资金额 - Y1 应补偿投资本金)×[1 +(年利率)% × 投资资金使用天数/365] = Y2 应补偿投资本金 ×[1 +(年利率)% × 投资资金使用天数/365]。

Y2 补偿重置估值后,Y2 投资方重置后投资金额 = Y0 投资方投资金额 - Y1 应补偿投资本金 - Y2 应补偿投资本金。

Y3 年补偿情况:

Y3 应补偿金额 =(1 - Y3 实际完成净利润/Y3 承诺净利润)×(Y2 重置估值后的投资方投资金额)×[1 +(年利率)% × 投资资金使用天数/365] =(1 - Y3 实际完成净利润/Y3 承诺净利润)×(Y0 投资方投资金额 - Y1 应补偿投资

本金 - Y2 应补偿投资本金）×［1 +（年利率）% ×投资资金使用天数/365］= Y3 应补偿投资本金 ×［1 +（年利率）% ×投资资金使用天数/365］。

Y3 补偿重置估值后，Y3 投资方重置后投资金额 = Y0 投资方投资金额 - Y1 应补偿投资本金 - Y2 应补偿投资本金 - Y3 应补偿投资本金。

②股权补偿

股权补偿公式：应补偿的股权比例差额 =（承诺净利润/实际完成净利润 - 1）×投资方持股比例；初始投资股权比例 = Y0 投资方持股比例。

Y1 年补偿情况：

Y1 应补偿的股权比例差额 =（Y1 承诺净利润/Y1 实际完成净利润 - 1）× Y0 投资方持股比例。

Y1 补偿重置估值后，Y1 投资方重置后持股比例 = Y0 投资方持股比例 + Y1 应补偿的股权比例差额。

Y2 年补偿情况：

Y2 应补偿股权比例差额 =（Y2 承诺净利润/Y2 实际完成净利润 - 1）×（Y1 重置估值后的投资方持股比例）=（Y2 承诺净利润/Y2 实际完成净利润 - 1）×（Y0 投资方持股比例 + Y1 应补偿的股权差额）。

Y2 补偿重置估值后，Y2 投资方重置后持股比例 = Y0 投资方持股比例 + Y1 应补偿的股权差额 + Y2 应补偿股权比例差额。

Y3 年补偿情况：

Y3 应补偿股权比例差额 =（Y3 承诺净利润/Y3 实际完成净利润 - 1）×（Y2 重置估值后的投资方持股比例）=（Y3 承诺净利润/Y3 实际完成净利润 - 1）×（Y0 投资方持股比例 + Y1 应补偿的股权差额 + Y2 应补偿股权比例差额）。

Y3 补偿重置估值后，Y3 投资方重置后持股比例 = Y0 投资方持股比例 + Y1 应补偿的股权差额 + Y2 应补偿股权比例差额 + Y3 应补偿股权比例差额。

二、最优惠条款

（一）典型文本

本轮投资后，原股东或其他新进投资方若取得比本协议更加优惠的条款，投资方自动取得同等优惠的条款。

(二)内含机理

1. 一般要点

(1)最惠国条款在股权投资中的适用

最惠国条款(MOST - FAVORED - NATION CLAUSE),系指两国间协议中的一项条款,规定双方将像对待其他得到优惠待遇的国家一样对待对方①。这个原适用于国际贸易中的条款,在私募股权投资领域中被大量采用,用以保证本轮投资方能够享受到不劣于其他轮(包括前轮和后轮)投资方的待遇,因此实务中也经常被称为"最惠国条款"(或"MFN 条款")。

(2)加强版"反稀释"

反稀释条款的核心在于对抗次轮低价融资(参见下篇第五章第二节"十七、反稀释条款"),而最优惠条款是对抗第三方获得更好的融资条款,广义上来说不管是融资价格还是融资特殊权利,都是融资条款,因而最优惠条款可以视为加强版的"反稀释"。

(3)避免被动"吃亏"

在投资方本轮次融资中,一般历史上的融资协议是要给投资方全面披露的,但不排除在极端情况下,创始团队和前轮的投资方向本轮次投资方隐瞒了部分融资协议,而相应的融资协议中给前轮投资方的条款条件要比本轮投资方更优惠。

而就项目公司的未来融资而言,即使本轮投资方就融资约定了优先认购权/一票否决权/反稀释条款,但基于届时的具体融资情形,可能项目公司发展不及预期但急需融资,或者届时的投资方有强大资源背景要求更优惠条款,届时本轮投资方基于自身及公司整体发展利益考虑,可能很难行使优先认购权/一票否决权/反稀释条款。

前述两种情形中,第三方比本轮投资方更优惠的情况,前者是被动接受,后者是被迫接受,两种情形对本轮投资方都没有相应补偿,对本轮投资方来说是很不利的。最优惠条款即被创制出来,而且一般约定"自动无偿"适用,这能有效对抗第三方融资更优惠的情形,避免本轮投资方被动"吃亏"。

---

① MOST - FAVORED - NATION CLAUSE 释义:"most - favored - nation clause. 1. A clause in an agreement between two nations providing that each will treat the other as well as it treats any other nation that is given preferential treatment."参见 Black's Law Dictionary (8th ed. 2004),page 3207。

2. 类型及变种

（1）适用时间

常见的是面向未来适用，即仅针对未来融资中的最优惠条款，但同时针对既存融资的最优惠条款也不少见。

面向未来最常见，原因是在本轮融资时点，未来的融资情况是不确定的，有必要通过最优惠条款预先覆盖不确定的情况。同时针对既存融资也不少见，原因是既存融资中可能存在披露不完整的情况，或者在之后调整了既存投资者的特殊权利导致更加优惠，通过最优惠条款覆盖既存融资，能在适用情况上更全面防止漏洞。

（2）覆盖主体

比较常见的是覆盖其他投资者，但也有最优惠条款覆盖所有第三方股东。

覆盖其他投资者是比较容易理解的，因为本轮投资者与其他投资者都是"投资方"，其地位相同——"同等地位同等优惠"——适用最优惠条款的理由也更为充分。覆盖所有第三方股东的理由在于，有的股东虽然不是财务投资者，但实际上也并非核心创始团队，可能是创始人的朋友等身份，这类股东有一定"投资人"的属性，将其纳入覆盖主体对本轮投资方的保护就更加全面了。

（3）实现方式

最优惠条款的实现方式，可以是本轮投资方"自动无偿享有"，也可以是本轮投资方"有权选择适用"。

（4）针对客体

一般常见的是泛列"条款"，但该类型在实务中适用，会有比较大的问题，具体见本部分下文"（三）适用及其他"。

另外，实务中需要特别指出的一点是，如果发生后轮融资，而后轮的条款要优于前轮，即便前轮同意融资，从公司的角度来看，需要前轮同意后轮融资不适用最优惠条款（或者具体适用哪些最优惠的条款）且以书面形式确认，否则可能会导致前轮投资者之后再要求适用最优惠条款。

（三）适用及其他

最优惠条款在适用上有其难点，最重要的是，后轮条款更优惠的"优惠"如何理解，比如是否能够适用"前者无，后者有，前者适用"，再如最优惠是否需要建立在条款其他要素完全一致的基础上，又如说如果后轮之后调整了条款，调整之后不再更优惠，则如何适用。

泛泛而写的最优惠条款,有可能会沦为“一纸空文”。杨春宝等的《案析“最惠国待遇”在私募股权投资领域的适用》①一文以特定案例进行分析,对最优惠条款的具体适用有详细的讨论,可以作为一个案例参考。案件详情参见原文,法院裁判逻辑及相应的建议梳理见表 6 – 1。

表 6 – 1　法院裁判逻辑

裁判观点	具体认定	建议
1. 前后两轮投资所涉对赌协议之业绩承诺系根据标的公司在不同时期的经营情况做出,并非孰优孰劣	一审法院认为,前轮协议签订于 2016 年 3 月,标的公司 2016 年的年度经营刚刚开始,而后轮协议签订于 2016 年 12 月,标的公司 2016 年的年度经营已接近尾声,经营情况已逐渐明朗。标的公司在 2016 年根据不同的经营时段、市场行情,对前轮投资者和后轮投资者作出了不同的业绩承诺,符合市场经济规律,故上述两份协议的业绩承诺只是不同而已,并非孰优孰劣。二审法院亦认为,前轮投资者、后轮投资者作为投资人相隔 9 个月基于不同时期的市场环境对目标公司的业绩作出不同的预测而签订业绩承诺有别、估值调整机制以及回购价格确定方式不同的对赌协议	在投资协议的最惠国条款中可添加如下表述,如后轮投资协议项下标的公司的承诺业绩高于本轮投资协议的承诺业绩,且届时本轮投资协议的业绩承诺期尚未届满的,则后轮投资协议项下的标的公司承诺业绩将自动适用于本轮投资方
2. 前后两轮投资所涉对赌协议之估值调整方式和回购权不同,亦非孰优孰劣	一审法院认为,前轮协议估值调整的方式无现金补偿,后轮协议估值调整的方式也无超额投资款和资金占用费。此外,前轮协议与后轮协议所约定的回购权的条件和情形均不同,虽然后者约定的条件、情形较之前者更为苛刻,且回购价格较之前者相对较高,但从权利义务相对称原则上看也符合常理	在投资协议的最惠国条款中可添加如下表述,如后轮投资协议所涉对赌条款(包括但不限于估值调整方式、触发回购的情形和回购价格等)与本轮投资协议存在差异,则本轮投资方有权选择继续适用本轮投资协议之对赌条款,或选择适用后轮投资协议之对赌条款,但应在后轮投资协议签署后的 30 日内书面通知各对赌义务人

① 参见杨春宝、孙瑱:《案析“最惠国待遇”在私募股权投资领域的适用》,载微信公众号“PE 与 TMT 法律桥”2023 年 6 月 8 日,https://mp.weixin.qq.com/s/wUcj_L9HuozmjYvMzA1RlQ。

续表

裁判观点	具体认定	建议
3. 如前轮投资协议对估值调整和回购权利进行了限制而后轮投资协议并未设置该等限制，则可认为在签订后轮投资协议时，后轮投资方在相关权利上确实优于前轮投资方，但该优先权利可因后轮投资协议各方通过补充约定归于消灭	一审法院认为，前轮协议约定了估值调整和回购权有效期，即在满足相关净利润指标、新三板挂牌或投后估值达到一定金额这 3 个条件中任何一个的情况下，前轮投资方的估值调整权限、回购权限从标的公司满足条件时起自动失效。而后轮协议未约定估值调整和回购权有效期。但在 2018 年 10 月，后轮投资方向标的公司发出确认函，在后轮协议中增加了条件相同的估值调整和回购权有效期条款。而对比前轮投资方和后轮投资方的估值调整有效期及回购权有效期，二者并无优劣之分。二审法院认为，前轮投资方并未在前轮协议中对于下轮融资在履行期限内可否变更作出限制性约定，亦未提供证据证实后轮投资方与创始人恶意串通损害其利益，故在后轮投资方的估值调整权和回购权受有效期约束的情况下，前轮协议的估值调整和回购权有效期对前轮投资方应当继续有效	在该案中，前轮投资方诉请标的公司的创始人履行回购义务在先，而后轮投资方向标的公司发出增加估值调整和回购权有效期的确认函在后，前轮投资方认为该确认函存在恶意串通之嫌亦情有可原。但二审法院的观点亦无疑启发了我们，前轮投资方要规避此类风险，可以考虑在投资协议项下的最惠国待遇条款中增加一个限制，即在本轮投资方担任目标公司股东期间，且在后轮投资协议履行期限内，不得对后轮投资方优于本轮投资方的各项权利进行不利调整（包括但不限于减少或删除任何或全部后轮投资方优于本轮投资方权利的权利，或对任何/全部后轮投资方优于本轮投资方权利的权利进行任何限制）
4. 目标公司控股股东与后轮投资方就目标公司签署的对赌协议，不及于目标公司的利益，其变更无须经目标公司层面的程序通过	二审法院认为，虽然在后轮协议明确约定“本协议的任何修改、修订或补充必须以各方签署书面文件的方式进行”。但在后轮协议项下，享有现金补偿、股权补偿以及回购权等权利的主体是后轮投资方，作出经营业绩承诺以及向后轮投资方履行前述义务的主体是标的公司的控股股东，确认函系对事关后轮投资方与标的公司控股股东之间前述权利义务内容的调整，且系对后轮投资方权利的限缩，与标的公司作为权利主体的利益并不直接相关，其效力无须经标的公司股东大会特别决议通过，该对赌协议亦非关联交易	在对赌义务人并非目标公司的情况下，针对后轮对赌条款的调整确实与目标公司的利益没有直接关系，作为目标公司股东的前轮投资方试图通过目标公司层面的决策程序来限制或禁止该等调整，自然是说不过去的。如前所述，较为可行的方式是在前轮投资协议项下的最惠国待遇条款中添加对后轮对赌条款的限制性约定

三、再创业条款

(一)典型文本

如在公司股权赎回/清算/解散/投资方退出持股时,投资方获得低于按股权赎回条款取得的收益,创始人重新创立新的创业项目,投资方有权无偿获得新创业项目股权,所获得的股权比例不低于投资方在公司的持股比例。

(二)内含机理

1. 一般要点

创业始终是与风险相伴的,没有百分之百的成功率。如果被投企业创业失败,投资方投入企业的投资就很难收回,在没有回购等保障条款或者回购等义务方没有相应保障能力的情况下,投资方的投资很有可能归零,这在“烧钱模式”的创业项目中,尤其常见。

股权投资/创业投资毕竟不同于债权投资,其看中的并非被投企业的现金流等偿债能力指标,归根结底看中的是被投企业团队能做成事的能力,所谓“投资即投人”。好的创业团队,A 项目不顺利,能很快转到 B 项目,A 项目不成功,有可能在 B 项目上取得成功。

基于“创业风险高”和“好的团队可以连续创业”这两个点,衍生出来“再创业条款”,投资方看好特定团队投了该团队 A 项目,如果 A 项目上没有获得成功,可以在同一团队的 B 项目中(无偿)占有一定股权,期望 B 项目成功能覆盖 A 项目的损失。

2. 类型及变种

(1)新获得股权的比例

通常会约定新获得的股权比例和老项目中投资方持有的股权比例一致。可以有个性化安排,如以老项目未退出金额(如回购价款和实际回收金额差额)除以新项目首轮市场化融资估值获得的比例。

(2)新获得股权的对价

一般来说,要求是 0 对价。在具体操作上,可以要求创始团队/实际控制人无偿将新项目实缴增资款/投资款支付给投资方,投资方再行投资到新创业项目。

(3)老项目之后收益

有一种情况需要特别考虑,就是投资方如果已经“无偿”获得了新项目的股权,但老项目又"起死回生"给投资方创造了收益,这部分之后收益是否影响投资方在新项目中的股权? 从投资方有利的角度而言,要明确之后收益对投资方新项目股权不产生影响;从创始团队有利的角度,倒是可以要求约定此类之后收益归属/部分归属创始团队。

四、创始人责任限制

(一)典型文本

创始人以直接及间接持有的公司股权为限,对本协议项下(包括但不限于)回购义务承担责任。

(二)内含机理

1. 一般要点

如下篇第四章第一节"一、特殊权利安排的必要性"部分所述,基于私募股权投资"信息不对称、参股不控股、投资不经营、投后有增值、投资要退出"等核心特征,投资合同条款是以规定创始人(加重)义务为主基调的。

鉴于私募股权融资额度少则几百万元,多则上亿元甚至几十亿元,相应地规定创始人回购等义务一旦触发并实际执行,将会给创始人造成极重的负担,轻则多年创业成果化为乌有,重则倾家荡产。

创始人责任限制条款即在此种情形下被创设出来,从创始人的角度来说,将违反投资合同导致的义务限定在其能承受的合理范围之内,也属于其合理诉求。在创始人对投资机构有议价能力的情况下,争取并在私募股权合同中设定类似条款,在实务中有越来越多的适用案例。

2. 类型及变种

就创始人责任限制条款的类型及变种,《股权融资合同中,创始人如何防范个人责任过重的风险》①这篇文章有很好的总结,其要点提炼列示如下。

(1)以"股权"或"股权价值"为限的约定

①适用情形和范围

一般以"股权"或"股权价值"为限,但投资人可能会要求出现欺诈、诚信等问

---

① 参见 WWWMMM:《股权融资合同中,创始人如何防范个人责任过重的风险》,载微信公众号"法律与投资"2022 年 9 月 12 日,https://mp. weixin. qq. com/s/vfyoxrJNTMtjadoUwh8n6A。

题时突破。

一般适用于回购责任,但创始人也可以争取适用于整个投资合同项下的责任。

②创始人股权变动的影响

创始人持有公司股权可能因为后续融资、转让等情况发生变化,所以应当明确是签订投资协议时,还是发生回购时持有的股权。

③股权变现的问题

创始人是仅以持有股权作为承担责任的全部财产范围,还是需要同时承担股权变现的责任。

实务中,经常出现的问题是股权难以变现,为了避免创始人重新承担现金支付责任,可以约定如果一定期限内变现不了,创始人有权以零对价或名义价格转让股权给投资人而承担责任。

除了该文作者所列上述变现问题外,笔者实务中涉猎的另一股权变现/套现的问题也值得探讨——在设定了以持股为限承担回购责任的案例中,如果同时安排了允许创始人转让一定比例的股权,如果创始人在投资方持股过程中实际转让了部分股权,该部分股权变现/套现所得,是否应当纳入回购责任承担范围?从创始人的角度,安排了同意转让的比例,一般而言系有正当的理由——如充实实缴、税务合规等成本支出,以至于改善生活,这部分套现所得被妥当使用后,再让创始人在回购时针对该部分套现金额承担责任就不是很合适;但从投资人的角度而言,创始人已经是以持股为限承担责任而不波及创始人其他个人财产,创始人的创业风险得到了较好的控制,将部分股权转让的套现金额纳入责任承担范围,理由也非常充足。实务中,如果同时安排了持股比例为限承担责任 + 一定的限制转让例外安排,那么应当在协议中明确转让所得部分是否承担责任,以免疑义。

④股权价值的确定

部分条款约定以创始人持有的公司股权价值为限承担责任,股权价值如何确定是个问题,以后轮融资价格为依据比较少见,以评估机构评估结果为依据比较常见。

评估机构评估涉及两个问题:一是评估机构选定可能不能达成一致;二是如果评估出了结果,创始人是否以该金额为限承担现金支付责任。

从对创始人有利的角度考虑,要明确股权价值并非其承担现金支付责任的依据，其次要明确其通过变现股权之价款承担责任，同时有权零对价/名义对价向投资方转让以承担责任。

⑤对每个投资人重复适用问题

如果项目涉及多轮投资人，明确约定持股/持股价值为限的上限针对的是所有投资人，否则如果每个投资人都单独重复适用，则失去了保护创始人的意义。

在不重复适用的基础上，如持股/持股价值为限不能满足每一位投资人，则各轮次投资人可以约定优先劣后顺位。

（2）优先清算差额之补偿责任上限

要求创始人对投资人优先清算金额与实际获得清算金额的差额承担补差义务，这类义务可能导致类似于回购的沉重责任，可以将创始人补差义务限定为以其从清算实践中实际获得的分配金额为限。

（3）反稀释及业绩补偿责任的上限

可以约定反稀释和业绩补偿的上限，如约定特定股权比例，或者约定反稀释和业绩（股权）补偿以不导致公司实际控制权发生变更为限。

（4）违约金及赔偿责任上限

创始人可以争取将合同项下所有责任（回购等特别责任和违约金等一般责任）均限定为以持有股权/股权价值为限。

部分案例中也有将创始人责任上限限定为投资人实际投资金额的一定比例，如30%。

（5）夫妻共同财产与共同债务问题

一方面，如果创始人持有公司股权属于夫妻共同财产范围，那么投资人要面对配偶异议风险；另一方面，如果回购等责任属于夫妻共同债务，那么对投资人来说又是有利的。

投资人可以要求创始人及其配偶明确股权不属于夫妻共同财产范围；创始人可以要求明确仅以公司股权承担责任，不应涉及其配偶财产、夫妻共同财产，创始人责任不属于夫妻共同债务范围。

（6）创始人退出后的责任承担

如果创始人违约转让/转让给关联方退出公司，免责理由是不充分的；如果履行规定程序并不再参与公司经营,要求继续履行协议可能不是很公平[①]。

(7)多名创始人的责任承担

①争取按份责任约定

对创始人最理想的状态是,约定创始人对投资人的回购等责任承担按份责任,即分别以各自持股比例向投资方承担责任。

②连带责任或共同责任下的约定

一般而言,投资方会要求创始人承担连带责任,该种情形下,创始人之间建议明确各自责任及内部追偿机制。

---

① 就该点,笔者持不同意见,如在有的投资案例中,投资方仅约定了回购权利,而未约定转让限制、优先出售、优先购买等权利,创始人如果转让退出了公司,以该种方式免除回购义务"金蝉脱壳"是不合适的,投资方的回购权利指向的对象是创始人而不以创始人持股/控制公司为前提条件。